国際商事仲裁法の研究

国際商事仲裁法の研究

高桑　昭著

〔学術選書〕

信　山　社

まえがき

本書は、これまでに発表した国際商事仲裁に関する法と仲裁規則についての論文及び解説に最小限度の加筆、修正を加えたところを収録したものである。

仲裁に関する著作としては、このほかに、小島武司教授との共同編集にかかる『注解仲裁法』（青林書院、一九八八年）のなかでの、民事訴訟法の条文の注釈、二国間条約及び多数国間条約についての解説と注釈、国際商取引法委員会の仲裁規則と仲裁模範法（モデル・ロー）についての解説と注釈並びに若干の判例評釈があるが、これらは論文集に収めるには必ずしも適当ではなく、内容も他の論文と重なるところもあるので、あえて収録しなかった。しかし、仲裁研究会で作成した仲裁法試案の解説は渉外的仲裁に関する規定についての立法論であり、それは論文と似たところもあるので、ここに加えることにした。

仲裁についての関心は、「国家と他の国家の国民との間の投資紛争の解決に関する条約」（投資紛争解決条約）の批准の作業に参加して以来、国際商事仲裁についての法規範にあり、仲裁について書いたもののほとんどは、それに関するものである。ここに収録した論文等は次のとおりである。

第一章は、仲裁一般に関するものである。***1***は『ブリタニカ日本語版百科事典』の一項目として執筆した。これは仲裁全体について解説しているので、仲裁について鳥瞰するには便利かと思われる。しかし、同事典の出版後に連合王国（英国）で新しい仲裁法が制定され、ドイツ連邦共和国でも民事訴訟法第一〇編の改正がなされたほか、多くの国で仲裁に関する立法あるいは法の改正がなされたため、*1*については多少の修正をしないと適当ではないことになった。もっとも、これらの変化によって修正あるいは補充を必要とするところは*1*以外の論文でも少なくない。そのため各国における新たな仲裁法、仲裁法の改正等についての解説を書き加えることも考えたが、種々の理由で当面はこれを諦め、*1*の末尾にその後の変化について附記するにとどめることにした。*1*以外の論文でも、その後の変化についてはこの附記を参照していただきたい。*2*は日本の仲裁に関して概観したものであるが、明治中期以後のわが国の仲裁の情況を簡単に知るには役立つであろう。

第二章は、仲裁に関する条約を扱った部分である。そのうち、*3*は仲裁に関する条約の適用についての研究を記したものである。*4*は海上物品運送に関する実体法の統一条約のなかの仲裁に関する規定について検討したものである。*5*はわが国で仲裁法を制定して、条約の規定を国内法に優先させたときにどのようになるかについて検討したものである。これは*3*よりも前に書かれたものであり、*3*と重複するところもある。

第三章では、仲裁に関する法の抵触に関する問題を扱っている。*6*と*7*は、それぞれ仲裁契約の準拠法と仲裁手続についての準拠法とそれらの適用範囲を論じたもの、*8*は仲裁の対象となる実体的法律関係について判断するための法規範は何かを論じたものである。これらは、いずれも、これまでの国際私法、仲裁法の多数説を批判しながら、自説を展開している。

第四章は、外国仲裁判断のわが国における承認、執行を扱った部分である。*9*は現在のわが国の国内法、わが国が締約国となっている二国間及び多数国間の条約の規定はどのように適用さるべきかを論じたものであり、***10***は将来の仲裁法においてどのような規定を設けるべきかを検討したものである。

第五章の***11***と***12***は、国際商取引法委員会で作成した「仲裁規則」と「仲裁模範法（モデル・ロー）」についての解説であるが、単なる条文の解説と注釈にとどめず、各項目のはじめに仲裁に関する基本的な事項、重要と思われる問題についての筆者の見解を述べているので、仲裁規則及び仲裁法に関する概説の性格も有している。

収録した論稿については、当初は公表当時の形で掲げることを考えていたが、校正刷の段階で読み直してみると、内容の未熟なところ、表現の適当でないところも少なくないので、論文によってはかなりの修正を加えたところがある。また、論文により表現の異なっているところ、著者の現在の考え方と異なるところもないではなかったが、これらの修正、補充は技術的に難しいので、加筆は最少限度にとどめた。附記や補注等を加えたのは外国での仲裁法の立法あるいは改正、日本におけるその後の変化に関する部分である。

全体としてみると、最も古いものは一九七九年（昭和五四年）の国際連合国際商取引法委員会（UNCITRAL）仲裁規則の解説であり、最も新しいものは一九九九年（平成一一年）の仲裁契約の準拠法に関する論文であって、その間二〇年にわたるため、内容において重なるところもあり、現在の考え方と異なるところもある。また、論文発表当時の都合から、文献引用の仕方、略号、文献発表年次の記載の有無などが揃っていないところもあり、全体として態裁上の統一に欠けるところもある。これらのことについての批判のあることは当然のことと思うが、このような事情から、若干の違いのあることについては大方の御海容のほどをお願い申し上げる。

国際商事仲裁法の問題に直接かかわることとなったのは、法務省民事局及び外務省条約局において国際連合国際商取引法委員会に関する事務を担当していた際に、同委員会のテーマの一つに商事仲裁があげられていたことに始る。それは今から三〇年も前のことである。当時、国際商取引法委員会では商事仲裁に関する各国の法の調和と統一をテーマに掲げてはいたものの、特別報告者としてイオン・ネストール教授（ルーマニア）に研究報告を委嘱したにとどまり、特定の作業をしてはいなかった。また、同委員会ではとくに商事仲裁に力を注いでいたわけではなく、個別の（ad hoc）仲裁において当事者が利用することのできる仲裁規則を作成し、ひとまずこのテーマを終了することを予定していた。それが一九七六年に作成された「UNCITRAL仲裁規則」である。その頃までは、わが国では仲裁についての関心に乏しく、文献も少なかった（もっとも、それまでに見るべき文献がなかったというわけではない）。欧米諸国でも仲裁に関する文献は現在に比べてはるかに少なかった。そのような情況のもとで、一人でしかもいわば手探りで研究しながら、仲裁規則作成の作業部会に参加し、その間に仲裁に関するいくつかの法律問題について考えることとなった。その結果の一つが社団法人国際商事仲裁協会の委託によってまとめた「国際連合国際商取引法委員会仲裁規則」（本書***11***の論文）である。

ところが、内外における大方の予想と異り、この「UNCITRAL仲裁規則」には国際的に意外な反響があり、しかも好感をもって迎えられたこともあって、国際商取引法委員会では、さらに仲裁手続に関する統一法の作成が主張され、その結果、一九八五年に仲裁法の統一を目的とした「国際商取引法委員会国際商事仲裁に関する模範法」（「UNCITRAL仲裁模範法（モデル・ロー）」）が作成された。このような国際的な動きと、その当時、米国等で代替的紛争解決方法（ADR）についいての関心が高まっていたこともあって、欧米の多くの国で仲裁への関心が著しくなり、仲裁に関する文献も多くなった。日本でもその影響を受け、その頃から仲裁手続と仲裁実務に関する研究論文が著しく増加し、今や情報過剰というべき状態にある。

商取引法、国際私法等の統一の仕事にかかわってから、手続法についての私の関心は渉外的法律問題に関する民事手続法の調和と統一であって（沢木敬郎＝青山善充編『国際民事訴訟法の理論』（有斐閣、一九八七年）所収の「民事手続法に関する多数国間条約」参照）、必ずしも仲裁が中心となっているわけではない。しかし、国際商事仲裁における法律問題を扱ったものもかなりの分量となった。読み返してみると未熟なところもあり、その後考え方の変ったところもあるので、このようなものをまとめるについては大いにためらいを感じないではなかったが、多少とも参考になるところがあればよいと考えて、あえてまとめることにした。ここにまた余計な文献を加えたことにならなければ幸である。

ここに収めた拙い論文でも、それが成るには多くの学者、実務者の研究の成果の負うところが大きい。とくに、浅学菲才の私がまがりなりにもこのようなものを書くことができたのは、四〇年以上も前に三ケ月章先生の最初の講筵に連り、民事手続法の基礎を教えていただいたことと、その後、先生の御誘いにより、菊井維大先生を代表者とする仲裁研究会（現在は著者が代表者）に加えていただいたことにある。ここに記して、三ケ月先生並びに民事手続法について御教示下さった多くの方々に御礼申し上げる。

本書の出版についてはかなり以前に信山社からすすめられたのであるが、私の怠慢のため今日に至った。出版の労をとられた袖山貴氏と信山社の方々に謝意を表する。

平成一二年（西暦二〇〇〇年）三月二五日

高桑　昭

目　次

はしがき

第一章　仲裁制度と課題……1

1　仲　裁……1

一　概　説（*1*）

㈠　仲裁の意義（*1*）　㈡　仲裁契約・仲裁人・仲裁手続・仲裁判断・仲裁適格性（*2*）　㈢　仲裁鑑定と契約の適応・補充（*3*）　㈣　仲裁の種類（*3*）　㈤　訴訟・調停との比較（*5*）　㈥　仲裁の特色（*5*）　㈦　仲裁法（*7*）　㈧　仲裁規則（*8*）

二　各国の仲裁（*9*）

㈠　イギリス（*9*）　㈡　アメリカ（*11*）　㈢　フランス（*12*）　㈣　ドイツ（*13*）　㈤　その他の大陸法系諸国（*14*）

(1)　イタリア（*14*）　(2)　オランダ（*14*）

㈥　旧ソ連および東欧諸国（*15*）　㈦　日本（*16*）

三　仲裁法・仲裁規則についての国際的動向（*22*）

㈠　仲裁法の統一（22）
㈡　仲裁規則の統一（24）
(1)　モンテビデオ条約（24）　(2)　ジュネーブ議定書・ジュネーブ条約（24）　(3)　ニューヨーク条約（25）　(4)　モスクワ条約・パナマ条約（25）　(5)　国際商事仲裁に関する欧州条約（26）　(6)　国際連合欧州経済委員会仲裁規則（26）　(7)　仲裁に関する統一法を定める欧州条約（26）　(8)　国際商取引法委員会仲裁規則（27）　(9)　国際商事仲裁に関するモデル・ロー（模範法）（27）
［附記］

2　わが国における仲裁制度の情況と今後の課題……………………29
一　まえがき（29）
二　わが国の仲裁制度（31）
三　わが国の仲裁の今後の課題（36）
四　結　び（41）

第二章　仲裁に関する条約……………………47

3 仲裁に関する条約……47

一　仲裁法の統一と条約（47）

二　条約と国内法の関係（51）

三　条約相互の関係（53）

4 海上物品運送条約における仲裁条項……61

一　船荷証券における仲裁条項（61）

1　海上物品運送条約と仲裁条項（61）

2　船荷証券と仲裁条項（63）

二　海上物品運送条約における仲裁条項作成の経緯（66）

三　仲裁条項の検討（71）

1　仲裁条項の概要（71）

2　仲裁の合意（72）

3　仲　裁　地（74）

4　仲裁判断の準拠法（75）

5　この条約の規定に適合しない合意（78）

6　紛争発生後の仲裁の合意（78）

四　結　び（80）

5　仲裁法試案における条約の適用に関する規定……87
1　本条の趣旨（87）
2　立　法　例（87）
3　内容の説明（88）
(1)　わが国が締結している条約（88）　(2)　条約と国内法の関係（89）　(3)　条約相互の関係（91）
4　立法上・解釈上の問題点（92）

第三章　仲裁に関する法の抵触……93

6　仲裁契約の準拠法……93
一　仲裁と仲裁契約（93）
二　仲裁契約の準拠法に関するわが国の学説と判例（95）
三　仲裁契約の準拠法の適用範囲（99）
四　仲裁契約の準拠法の決定（101）
五　結　び（107）

7　仲裁手続の準拠法……119

一　仲裁手続と準拠法（119）
二　仲裁手続の準拠法の決定（121）
三　仲裁手続の準拠法の適用範囲（123）
(1)　仲裁付託（123）　(2)　仲裁人の選定・選任及び仲裁裁判所の構成（124）　(3)　仲裁裁判所の権限（124）　(4)　仲裁審理手続（125）　(5)　仲裁判断（126）

8　仲裁判断の基準……129

一　問題の所在（129）
二　仲裁判断の基準についての各国の仲裁法、仲裁規則及び国際的立法（131）
三　仲裁判断の基準についてのわが国の判例及び学説（134）
四　問題点の検討（136）
(1)　問題点（136）　(2)　検討の方法（137）　(3)　友誼的仲裁・善と衡平による仲裁の是否（138）　(4)　仲裁判断の基準となるべき規範（138）　(5)　結　論（142）

第四章　外国仲裁判断の承認及び執行……147

9　外国仲裁判断の承認・執行に関するわが国の国内法、二国間条約及び多数国間条約の適用……147

一　序　説（147）

二　わが国の国内法と外国仲裁判断（151）

三　国内法、二国間条約、多数国間条約の適用（163）

四　結　論（177）

10　仲裁法試案における外国仲裁判断の承認及び執行に関する規定……181

一　規定の趣旨（181）

二　立　法　例（182）

三　内容の説明（185）

四　立法上・解釈上の問題点（186）

第四六条　承認及び執行（186）

1　本条の趣旨（187）

2　立　法　例（187）

3　内容の説明（187）

4　立法上・解釈上の問題点（190）

第四七条　提出すべき文書（190）
1　本条の趣旨（190）
2　立　法　例（190）
3　内容の説明（191）
4　立法上・解釈上の問題点（191）
第四八条　承認及び執行の拒否事由（192）
1　本条の立法趣旨（193）
2　立　法　例（193）
3　内容の説明（193）
4　立法上・解釈上の問題点（198）
第五章　国際連合国際商取引法委員会（UNCITRAL）の仲裁に関する立法……201
11　国際連合国際商取引法委員会仲裁規則（UNCITRAL Arbitration Rules）……201
一　国際商取引法委員会における仲裁規則の作成（202）
1　国際商取引法委員会の設立と活動（202）
2　国際商取引法委員会における仲裁規則の作成（206）

3　作成後の情況（209）
二　国際商取引法委員会仲裁規則の構成と特色（211）
1　仲裁規則の構成（211）
2　仲裁規則の特色（213）
三　国際商取引法委員会仲裁規則の解説（216）
1　仲裁規則の適用（216）
2　通　則（225）
3　仲裁の付託（仲裁手続の開始）（226）
4　仲裁裁判所の構成（仲裁人の選任）（227）
5　仲 裁 手 続（232）
6　仲 裁 判 断（256）
7　仲裁手続の終了（270）
8　費　用（272）
国際連合国際商取引法委員会仲裁規則（276）

12 国際連合国際商取引法委員会の国際商事仲裁に関する模範法（UNCITRAL MODEL LAW on International Commercial Arbitration）……293
一　序　説（293）
1　模範仲裁法試案の作成（293）

2　模範法の構成と特色（297）

二　模範法の解説（304）

1　模範法の適用範囲（304）
2　仲裁契約（323）
3　仲裁裁判所の構成（332）
4　仲裁裁判所の権限（343）
5　仲裁手続（349）
6　仲裁判断と仲裁手続の終了（361）
7　仲裁判断の取消（383）
8　仲裁判断の承認及び執行（391）

三　補　説——仲裁に関する二、三の問題（397）

1　仲裁規則と仲裁法（397）
2　仲裁手続の準拠法（399）
3　仲裁法に関する国際的立法の必要性とその形式（400）
4　将来への展望（404）

国際連合国際商取引法委員会の国際商事仲裁に関する模範法（一九八五年六月二一日採択）（408）

事項索引（巻末）

〈初出一覧〉

第一章　仲裁制度と課題

1　仲　裁 ……………………… 『ブリタニカ日本語版百科事典』（ＴＢＳブリタニカ、平成七年）

2　わが国の仲裁制度の情況と今後の課題
…………………… 『貞家裁判官退官記念論文集』㈳民事法情報センター、平成七年）

第二章　仲裁に関する条約

3　仲裁に関する条約 …………………………………… 『現代仲裁法の論点』（有斐閣、平成一〇年）

4　海上物品運送条約における仲裁条項 ……………… （海法会誌復刊24号、日本海法会、昭和五五年）

5　仲裁法試案における条約の適用に関する規定
…………… 『仲裁法の立法論的研究・仲裁法試案とその解説』㈳商事法務研究会、平成元年）

第三章　仲裁に関する法の抵触

6　仲裁契約の準拠法 ………… 法学論叢144巻４・５号（京都大学法学会、平成一一年）

7　仲裁手続の準拠法 ………………………… 『現代仲裁法の論点』（有斐閣、平成一〇年）

8　仲裁判断の基準 …………………………… 『現代仲裁法の論点』（有斐閣、平成一〇年）

第四章　外国仲裁判断

9　外国仲裁判断の承認・執行に関するわが国の国内法、二国間条約及び多数国間条約の適用

10 仲裁法試案における外国仲裁判断の承認及び執行に関する規定
……………………………………法学論叢142巻5・6号（京都大学法学会、平成一〇年）
……………………『仲裁法の立法論的研究・仲裁法試案とその解説』㈳商事法務研究会、平成元年）

第五章　国際連合国際商取引法委員会の仲裁に関する立法

11 国際連合国際商取引法委員会仲裁規則（UNCITRAL Arbitration Rules）
…………………………………………………………………………㈳国際商事仲裁協会、昭和五四年）

12 国際商取引法委員会の国際商事仲裁に関する模範法（UNCITRAL MODEL LAW on International Commercial Arbitration）…………………㈳国際商事仲裁協会、昭和六二年）

第一章　仲裁制度と課題

1　仲　裁

一　概　説

㈠　仲裁の意義

仲裁とは、一般的には、当事者が合意により一定の紛争を私人たる第三者の解決にゆだね、その判断に従うことをいう。このような紛争解決方法は個人、団体のみならず、主権国家間においても用いられている。この方法による紛争の解決が強制的に実現しうるものとされたときに、それはその社会において法的な紛争解決制度として認められたことになる。これが法的な意味における仲裁である。

仲裁と呼ばれる制度は、基本的にはこのような仕組みであるが、歴史的にみると、時代と地域によって異なっている。現在、世界の各地で行われている仲裁は、西ヨーロッパの中世における商人間の紛争解決方法（同業者団体〔ギルド〕内部での紛争の解決、定期市、開港都市などにおける商事裁判）から発達してきたものであるといわれている。その要素は、㈠当事者間の紛争の解決にあたる者は私人であって、その社会において正統性を有する政治権力（公権力）に基づいて紛争の解決にあたる者（裁判官）ではないこと、㈡当事者の合意に基づいて第三者の判断にゆだねること、㈢ このような合意があるときは裁判所の裁判管轄権が排除されること、㈣ 紛争解決のための手続が非公開であること、㈤ そのようにしてなされた解決を公権力によって強制的に実現することが認められていることなどにある。このほかに、紛争の解決は必ずしも実定法による必要はなく、「善と衡平」によるなど適宜の基準により、それぞれの事案に適した解決をすることができることを、その特色としてあげることもある。

㈡ 仲裁契約・仲裁人・仲裁手続・仲裁判断・仲裁適格性

仲裁によって紛争を解決する旨の合意を「仲裁合意」あるいは「仲裁契約」という。すでに生じている紛争を仲裁にゆだねる合意を仲裁付託と呼び、将来生じることのある紛争を仲裁によって解決する合意を仲裁契約と呼んで区別する国もないわけではないが、現在ではあえてこれを区別することなく、両者を仲裁契約（仲裁合意）ということが多い。仲裁契約に基づいて紛争の解決にあたる第三者を「仲裁人」といい、そのための手続が「仲裁手続」であり、仲裁人の判断が「仲裁判断」である。仲裁契約は仲裁の対象となる法律関係（例えば売買契約）のなかで定められていることが多いが、性質上それとは別個の合意であるとされている。私人間の紛争がすべて仲裁で解決しうるとはかぎらず、仲裁で解決する紛争は当事者が任意に処分しうる性質の紛争であり、裁判所、行政当局などの公権力の専権に属さず、それ以外の者の判断にゆだねてよいとされる紛争であるとされている。このことを紛争の「仲裁適格（可能）性」という。仲裁適格性の有無は、各国における実体法の規定、司法政策などによるのであって、国によって異なることもある（例えば、当事者間の契約が独占禁止法の規定に違反するとの理由で、一方の当事者が損害賠償を求めた場合には、裁判所が独占禁止法違反についての判断を独占するか、私人たる仲裁人もこれをなしうるかは国によって異なるであろう）。

㈢　仲裁鑑定と契約の適応・補充

仲裁は当事者間の権利義務または法的地位についての紛争解決方法であるが、それにとどまらず、商品などの価額の鑑定（評価）、損害額の算定、また長期契約における契約条項の修正、調整なども仲裁の方法で行われることもある。前者を「仲裁鑑定（仲裁評価）」といい、後者を「契約の適応・補充」という。

㈣　仲裁の種類

仲裁は多くの国において商取引、海事等から生ずる紛争の解決に利用されているほか、建設工事などの技術的な性格を有する紛争、労使間の紛争のように既になされた行為の是非についての判断だけでなく、将来に向って当事者間の関係を形成する場合にも用いられている。また、国際商取引では、その技術的性格、各国の民商法の不統一、国際的裁判管轄権に関する法則の不明確などのために、当事者は裁判所を避け、専門の仲裁機関による仲裁を利用することも少なくない。

仲裁は仲裁人、仲裁機関、紛争の内容・性格、仲裁判断の基準などによっていくつかに分類することができる。

(1)　仲裁機関による仲裁と個別仲裁　　既存の団体あるいは専門の仲裁機関の仲裁規則に従い、その機関の施設、組織を利用して行われる仲裁とそのような機関によらない個別仲裁（ad hoc arbitration）とがある。前者では、原則として、仲裁人の選定および仲裁手続はその機関の定める規則による。後者では当事者が仲裁人を直接選任し、当事者の合意に基づいて、または仲裁人の定めるところに従って仲裁手続を行う。歴史的には仲裁は商人団体における仲裁から発達し、現在でも仲裁機関による仲裁が多く行われている。

(2)　強制仲裁と任意仲裁　　当事者の合意がある場合に開始される仲裁が任意仲裁であり、当事者の一方または双方が同意していないにもかかわらず職権に基づいて開始される仲裁が強制仲裁である。任意仲裁が通常の仲裁であり、強制仲裁は法律で決めた特定の場合（たとえば、公営企業の労使間の紛争の解決など）に行われる。

(3) 紛争の内容に基づく各種の仲裁　商取引から生じた紛争の仲裁を一般に「商事仲裁」という。これに対して、民事仲裁という言葉はあまり用いられていないが、市民生活から生じる紛争も仲裁によって解決することはできる。このほか、海事に関する海事仲裁、労働関係の調整のために行われる労働仲裁があり、建設工事紛争、公害に係る紛争などにも仲裁が用いられることがある。特殊の分野の仲裁は、各国の国内法によることが多い。

(4) 国内仲裁と国際仲裁　紛争の生じた法律関係が渉外的性質を有する場合の仲裁を「国際仲裁」といい、そうでない場合の仲裁を「国内仲裁」という。もっとも、いかなる仲裁を国際仲裁というかは国によって異なることもあり、また、特にこのような区別をしない国もある。国内仲裁と国際仲裁では、何を仲裁判断の基準とするかに関して違いがあり、特に国際仲裁では、いかなる法または基準を適用するかという問題が生じる。

(5) 内国仲裁と外国仲裁　これは仲裁判断の承認、執行にあたって意味をもつ区別である。仲裁が法的に意味をもつのは、法が仲裁判断の効力を認めることによる。そこで、自国の国内法によって効力を与えるべき仲裁判断と、それとは別に取扱うべき仲裁判断とを区別することがある。これが、内国仲裁と外国仲裁の区別である。この区別の基準としてはいくつかありうるが、従来から有力に主張されてきたのは、仲裁契約の準拠法とする立場、仲裁手続の準拠法とする立場、仲裁手続および仲裁判断の行われた地とする立場である。どの基準によって区別するかは各国の司法政策の問題であり、仲裁判断の承認、執行にあたっては実定法上の解釈の問題である。この点の統一を目的とした「外国仲裁判断の執行に関する条約」（一九二七年）および「外国仲裁判断の承認及び執行に関する条約」（一九五八年）では、仲裁判断のなされた国を基準として内国仲裁判断と外国仲裁判断とを区別している。

なお内国仲裁と外国仲裁の区別は、国内仲裁と国際仲裁との区別とは異なることに注意すべきである。たとえば、国際仲裁であっても自国でなされた仲裁は内国仲裁である。他の国では外国仲裁とされても、仲裁判断のなされた国では渉外的要素のまったくない国内仲裁であることもある。

㈤　訴訟・調停との比較

民事訴訟は、私人間の紛争をその社会（国家）の正統的な政治権力（公権力）の設営する機関（裁判所）で解決し、それを強制的に実現する手続である。それは、社会における私人間の秩序を終局的に保障するための制度である。訴訟と仲裁は第三者による紛争の強行的解決のための制度という点で共通ではあるが、訴訟では当事者間の合意を特に必要とせず、一方の当事者の申立てがあれば当然に開始されること、紛争は実定法を適用して解決すること、その手続および判断を行う者は国家の任命した裁判官であることにおいて、訴訟は仲裁と異なっている。仲裁は当事者が信頼し、それぞれの紛争の解決に適した能力を有する第三者により、その事案に応じた公平、妥当な基準を適用するという点において、訴訟よりも紛争に応じた適切な解決を得ることができるといわれている。

調停は、第三者が紛争の当事者の間を仲介し、当事者が互いに譲歩し、合意の成立をはかることによって、その紛争の解決をはかる手続をいう。調停は、一方の当事者の申立てがあれば開始されることと当事者の合意が成立しないかぎり調停が成立しない点で、仲裁と異なっている。仲裁では、その手続の開始について当事者の合意を必要とするが、仲裁判断には当事者の合意を必要としない。

㈥　仲裁の特色

訴訟と対比していわれている仲裁の特色は、一般に次のとおりである。もっとも、仲裁がいかなる特色を有するかは、どのような仲裁をもって典型的な仲裁とみるかによって異なるのであって、国により時代により必ずしも同じではない。

仲裁の利点としては、㈠訴訟は解決までに長い時間がかかるが、仲裁では迅速な解決が得られること、㈡訴訟に比べて仲裁のほうがその費用も安いこと、㈢裁判官は、商取引についての知識や専門的、技術的な知識を有するとはかぎらないが、仲裁ではそれらについての知識と経験を有する者を仲裁人に選ぶことができるので、実際的で妥当な解決が得られやすいこと、㈣訴訟は公開であるが、仲裁は非公開であるから第三者に知られないですむこと、㈤訴訟では裁判管轄権の問題があるが、仲裁ではこのようなことはなく、渉外的な紛争の解決に適していること、㈥訴訟では法によって判断しなければならないが、仲裁は法による必要はなく、善と衡平によって妥当な結論が得られること、などがあげられる。これに対して仲裁の欠点としては、㈦仲裁には上訴の制度がないので、不当な判断を是正する方法がないこと、㈧仲裁の基準が明確ではないことから、法的安定性と予測可能性に欠けるところがあること、などがあげられる。

しかし、常にこのようにいいうるわけではない。たとえば、㈠については、仲裁人が仲裁事件の処理のための時間を容易にとることができない場合も少なく、仲裁は必ずしも迅速であるともいえない。㈡については、仲裁手続の経費、仲裁人の報酬などを当事者が支払わなければならないので、仲裁の費用が低廉であるとはかぎらない。㈥については、仲裁では紛争の実情に応じた解決を得やすいようにも思われるが、仲裁人の主観の入る余地も大きくなる。現在多くの国で、特に国際的な商事仲裁において、法による仲裁が原則となり、善と衡平による仲裁、友誼《ゆうぎ》的仲裁は当事者が仲裁人にその権限を与えたときに限るようになってきているのは、法的安定性、予測可能性を必要とすることによるものであろう。このようにみてくると、訴訟に対する仲裁の特色としては、紛争の解決に必要な知識と経験を有する者を仲裁人として選定することができること、しかも当事者の意思によって選ぶこと、仲裁手続も仲裁判断も非公開であって直接の関係者以外には知られないことにあるといえよう。

(七) 仲裁法

仲裁に関する法規範を「仲裁法」という。仲裁は当事者の合意に基づいて選任された私人の判断による紛争解決方法であって、一定の社会における正統性を有する政治権力（公権力）によって行われる紛争解決方法ではない。それゆえ、仲裁はその社会の公権力によって承認されることによって法的な意味を有することになる。近代国家では私人間の紛争解決のための強制力を国家が独占しているので、国家が仲裁を紛争解決方法として承認し、これに強制力を与えることによって、仲裁が紛争解決制度の一つとして認められるにいたる。仲裁による紛争の解決を国家が認めることが仲裁判断の承認であり、それを公権力によって実現することが仲裁判断の執行である。したがって、仲裁に関する法律問題は仲裁判断の承認と執行の問題に集約されるということもできよう。仲裁判断の承認、執行あるいは仲裁判断の取消しの申立てがなされたときに、仲裁契約が有効か、いかなる紛争について、どのような手続でなされ、いかなる内容の仲裁判断であるかを国家（裁判所）が審査して、仲裁判断に法的な効果を与えるかどうかを決定するためには、国家が基準を設定しておかなくてはならない。このようなことを定めたものが仲裁法である。その内容は各国の司法政策によって必ずしも同じではない。

一般に仲裁法では仲裁契約に関する規定、仲裁の対象となる法律関係に関する規定、仲裁判断の承認、執行、取消しに関する規定のほかに、仲裁手続における適正、公平を担保するための規定、仲裁人の選定、忌避、仲裁手続に関する規定、裁判所による協力の規定などを設けている。このうち、仲裁判断の承認、執行、取消し、仲裁契約の有効性、紛争の仲裁適格性、仲裁と訴訟との関係、仲裁判断の形式、仲裁判断の寄託・預置については法によって定めておかなければならない。これに対して、仲裁人の選定、忌避、仲裁手続は、当事者の合意にゆだねてもよい事項であるから、これらについての規定は、後見的、補充的な規定ということになる。このように、仲裁に関する法律の規定にも性質の違いがあって、仲裁人の選定、忌避、仲裁手続の進行に関する事項は当事者の合意または仲裁規則によることもできるが、仲裁契約の有効性、仲裁適格性、仲裁判断の効力、仲裁判断の承認、執行、取消しなどは法によって定めておくべき事項であるから、当事者がこれらに関する法律の規定と異なる合意をすることは許されない。

(八) 仲裁規則

仲裁は当事者の合意に基づく紛争解決方法であるから、一般に仲裁の申立て、仲裁人の選定、忌避、仲裁の手続などについては、当事者が任意に定めることができるとされている。しかし、当事者が仲裁のたびにこれらについて合意することは少く、既存の規則(仲裁規則)を用いることが多い。当事者が一定の仲裁規則によることを明示的または黙示的に定めたときは、その仲裁規則は仲裁に関する当事者の合意としての効力を有することになる。

仲裁規則は常設仲裁機関の規則のほか、国際的な団体などでつくられたものが多い。常設仲裁機関の仲裁規則はそこで行われる仲裁手続に用いるためであり、それ以外の団体による仲裁規則は、仲裁機関による仲裁であると否とにかかわらず、広く仲裁手続において利用されることを目的として作成されている。特定の仲裁機関に仲裁を申立てたときは、原則として、その機関の仲裁規則による旨の合意があるものとみなされる。もっとも、一般的には、当事者は特定の仲裁事件において、これらの規則の全部または一部の適用を排除し、あるいはそれとは異なる規定に合意することができる。しかし、仲裁規則はなんらの制限もなく適用されるわけではなく、強行的に適用されるべき仲裁法の規定に反する仲裁規則の規定は効力を有しない。いかなる事項について、また、どの限度まで仲裁規則で定めることができるかは、各国における正義、公平の観念と司法政策による。

現在、広く用いられている仲裁規則としては国際商業会議所（ICC）などの常設仲裁機関の仲裁規則、国際連合欧州経済委員会（ECE）、国際連合国際商取引法委員会（UNCITRAL）などの国際的団体の作成した仲裁規則がある。

二　各国の仲裁

司法制度における仲裁の位置づけ、仲裁法制、仲裁の利用状況は国によってかなりの相違がある、。

(一)　イギリス

イギリスでは古くから仲裁が行われていたといわれているが、それはコモン・ロー(普通法)に基づく仲裁であった。コモン・ローのもとでは仲裁契約は仲裁判断のあるまで取消しが可能であり、仲裁を強制する方法がなかったので、この欠陥を是正するため、一六九八年仲裁法Arbitration Actが制定された。その後、一八八九年仲裁法が制定され、三回の改正を経たが、これらを取入れて新たに一九五〇年仲裁法が制定された。七五年にはニューヨーク条約(後出)の規定に国内としての効力を与える立法がなされ、さらに七九年には従来からの制度に大きな修正を加えた仲裁法が制定された。(附記参照)

イギリスの仲裁の特色は、国家の裁判所による仲裁への監督および介入にある。イギリスでは、(一)仲裁判断は必ずしも最終的なものとされず、仲裁判断に明白な法律上の誤りがあるときには裁判所に不服を申立てることができること、(二)裁判所は仲裁判断の取消しあるいは差戻しをすることができること、(三)仲裁手続において生じた法律問題について裁判所の判断を求めることができること(特別事件special case)、㈣このようなことを当事者の合意で排除することができないこと、とされていた。ところが、一九七九年仲裁法によって特別事件の手続は廃止され、また、明白な法律上の誤りによる仲裁判断の取消し、差戻しの制度も廃止された。仲裁判断に対する不服申立ておよび裁判所による法律問題の審査も制限された形で残されてはいるが、一定の要件のもとに、これらを排除する旨の合意exclusion agreementも認められるにいたった。イギリスでは仲裁判断については法による仲裁が原則であって、友誼的仲裁は認められていない。そこでいう法はイギリスの法をいうものとされていたが、近時、判例により、渉外事件にあっては、イギリスの国際私法を介して決定される準拠法を適用するとされている。仲裁判断には、当事者の合意がないかぎり、理由を付することを要しない。

イギリスでは多くの同業組合、各都市の商業会議所が仲裁機関としても機能しているといわれているが、ロンドンにおける仲裁が圧倒的に多い。国内仲裁事件については仲裁人協会(CIA。一九一五年設立)、国際仲裁事件についてはロンドン国際仲裁裁判所(LCIA。一八九二年設立、一九八一年まではロンドン仲裁裁判所〔LCA〕と称した)があり、海事仲裁事件ではロンドン海事仲裁人協会(LMAA)があって、これらの機関の取扱う仲裁事件の当事者は世界の各国に及んでいる。

なお、カナダ、オーストラリアなどイギリス法系諸国で、従来仲裁が盛んでなかった国においても、近年新たに各州および連邦で仲裁法を制定しまた仲裁機関を整備し(オーストラリア)、従来は労働事件が中心であったが、商事事件についても仲裁によらしめ、国際商取引法委員会の模範法(後出**12**)を取入れる(カナダ)などの動きがある。

(二) アメリカ

アメリカ合衆国のほとんどの州ではイギリス法を継受したため、コモン・ローに基づく仲裁しか認められなかったが、一九二〇年にニューヨーク州で仲裁法が制定され、現在の紛争のみならず将来の紛争も仲裁契約の対象とし、仲裁契約の取消し（撤回）を認めないこととした。その後、多くの州でこれにならって仲裁法が制定された。さらに五五年には模範法として統一仲裁法 Uniform Arbitration Act が作成され、これを採用した州は三六を数える。他方、一九二五年には合衆国仲裁法 United States Arbitration Act が制定され、州際取引、国際取引から生じる紛争に適用されることとなった。この結果、アメリカでは仲裁法には各州の州法と連邦法とがある。各州の仲裁法は同じではないが、基本的なことについては大差がないといわれている。アメリカは七〇年にニューヨーク条約の締約国となり、これに伴って合衆国仲裁法に外国仲裁判断の承認および執行に関する一章を追加した。なお、アメリカは多くの国との間の友好通商航海条約において、合衆国国民と相手国の国民との間の仲裁契約および仲裁判断の承認、執行に関する規定を設けている。

アメリカの仲裁にはイギリスの仲裁のような裁判所の監督、介入はない。仲裁判断には当事者間で特に合意しないかぎり理由を付す必要はないというのが判例であり、また実際にも仲裁判断に理由を付さないことが多い。仲裁判断の基準は原則として法によるとされている。アメリカでは会社法、証券取引法、反トラスト、特許法などに関する紛争について仲裁適格性が問題となることがある。

仲裁事件の数はほかの国に比べて多いが、そのうち半分以上は交通事故に基づく事件、約三分の一が労働事件、残りが商事事件である。アメリカでは非常に訴訟事件が多いので、それと対比すれば仲裁事件ははるかに少く、訴訟に代る機能を果しているとはいえない。アメリカにおける仲裁の多くは、一九二六年に設立され、ニューヨーク市に本部のあるアメリカ仲裁協会(ＡＡＡ。アメリカ国内に二一支部)による機関仲裁であり、同協会では国内仲裁事件のほか、各州の委託による医療過誤、公害などに基づく仲裁事件、国際商事仲裁事件を取扱っている。同協会では労働、交通事故、商取引、建設、不動産評価、特許など、それぞれの仲裁事件に関する仲裁規則を作成している。

(三) フランス

フランスでは、かつては仲裁は民事訴訟法一〇〇五〜一〇二八条および民法第二〇五九〜二〇六一条によって規律されていたが、一九八〇年および八一年の民事訴訟法の改正により、国内仲裁と国際仲裁について新たな規定(第一四四二〜一五〇七条まで)が設けられた。新法は、旧法のもとで判例によってなされた解決の多くを取入れたといわれている。従来、現在の紛争を仲裁にゆだねること(仲裁付託 compromis)と将来の紛争を仲裁によって解決する旨の合意(仲裁条項 clause compromissoire)とを区別し、後者は商事事件に限り認められていたが、新法ではいずれをも仲裁合意 convention d'arbitrage として認めることになった。仲裁人の権限について争いのあるときは、それについて仲裁人は判断することができるが、この仲裁人の判断については、のちに裁判所で争いうるものとされている。仲裁人は当事者により友誼的仲裁をする権限を与えられていないかぎり、法規 règles de droit に従って判断する。この法規は、フランスの国内法をいうものと解されている。仲裁人が友誼的仲裁をする権限を与えられているときは、仲裁人は法規によらず、公平の観念に基づいて判断することができる。仲裁判断に対しては、当事者が仲裁契約で控訴権を放棄していないかぎり、控訴をなしうる(もっとも、実際には多くの場合当事者は控訴権を放棄しているといわれている)。友誼的仲裁にあっては、当事者が控訴権を明示的に留保している場合に限り、控訴をなしうる。

国際商取引上の利害に関する仲裁については、これを国際仲裁とし、特則を設けている。すなわち、㈠仲裁手続については当事者の合意にゆだね、仲裁手続を特定の国家法と無関係のものとすることも、特定の国家法に服するものとすることもありうるとしたこと、㈡仲裁判断の基準について当事者の選択した法規によるべきこと、㈢それがないときは仲裁人が適当と考える法規を適用することなどである。

なお、パリに本部のある国際商業会議所（ICC）は、一九二〇年から常設仲裁機関としてその仲裁規則によって多くの国際商事仲裁を行なっているが、国際商業会議所の仲裁はフランスに限らず、世界各地で行われていることに注意すべきである。

㈣　ド　イ　ツ

ドイツの仲裁は民事訴訟法第一〇編仲裁手続に基づく。同法は一八七七年に制定され、日本の民事訴訟法第八編はこれをほぼそのまま導入したものであるが、日本とは対照的に、ドイツでは数次の改正を経て現在にいたっている。(附記参照)

現在のドイツの仲裁には次のような特色がある。仲裁契約については、すべてを当事者の自治に委ねず、経済的、社会的に有利な地位を利用してなされた仲裁契約を無効とする。仲裁判断の基準については立法当初は実体法に拘束されず、正義と公平に従うとの立場をとっていたが、現在では当事者が正義と公平に従うとの意思を表示していないかぎり、原則として実体法を適用すべきであるとするのが通説である。ドイツ仲裁委員会仲裁規則も当事者がほかの国の法の適用を合意していないかぎり、ドイツ法を適用する旨を定めている。仲裁判断の執行は執行判決によらず、執行許容宣言（決定）で足り、常に仮執行宣言が付される。また、仲裁上の和解の制度が導入され、これに執行許容宣言が与えられている。不動産賃貸借契約、長期的供給契約について、事情変更の原則を適用して契約条件を変更することが認められており、遺産の分割などを仲裁人の判断にゆだねる形式的仲裁判断も認められている。

ドイツ連邦共和国は一九九〇年一〇月にドイツ民主共和国（東ドイツ）を併合し、新たに編入された領域にもドイツ連邦共和国の法令が適用されている。

なお、ドイツ仲裁委員会とドイツ仲裁協会は合併し、一九九二年一月から一つの組織となった。

㈤　その他の大陸法系諸国

(1)　イタリア　一九四〇年民事訴訟法（第八〇六～八三一条）に基づくものと、民法の規定に基づくものとがある。前者が正式仲裁 arbitrato rituale であり、後者が非正式仲裁または自由仲裁 arbitrato irrituale, arbitrato libero である。正式仲裁による仲裁判断は、執行許可により判決と同一の効力を有するが、非正式仲裁による仲裁判断は当事者に対する拘束力はあるものの、これを執行するためには支払命令または判決を得なければならない。仲裁の合意としては仲裁付託と仲裁条項とがある。仲裁判断は、正式仲裁では、当事者が衡平によって判断すべきことを仲裁人に授権している場合を除いて、法により、非正式仲裁では善と衡平によるのが通例であるが、当事者は法による判断を要求することもできるといわれている。

(2)　オランダ　一九八六年に一八三八年民事訴訟法を改正し、仲裁に関する新たな規定を設けた。その特色は、仲裁を仲裁地によってオランダにおける仲裁とオランダ国外における仲裁とに分けて、前者については仲裁全般にわたる規定をおき、後者については外国における仲裁の合意のある場合の裁判所の措置、外国仲裁判断の承認、執行などについて定めている。新法の特色としては、㈠当事者自治を広く認め、仲裁手続を柔軟に行いうること、㈡仲裁人は契約補充権によって、当事者間の争いとなっている契約の条項の足りないところを補充し、事情の変更に応じて契約条項の修正を行うことができることがあげられる。

㈥　旧ソ連および東欧諸国

旧ソ連および計画経済体制を採用した東欧諸国では、仲裁は商取引、特に国際商取引から生じる紛争の解決方法として用いられた。旧ソ連では一九三〇年に海事仲裁委員会が、一般の国際商取引については三二年にソビエト連邦商業会議所外国貿易仲裁委員会が設立された。第二次世界大戦後に計画経済体制をとるようになった東欧諸国では、旧ソ連にならって、商業会議所に外国貿易から生じる紛争を取扱う常設仲裁機関を付設し、さらには特定の分野（たとえば海事）に関する仲裁機関を設置した。四九年に創設された経済相互援助会議（ＣＭＥＡ、いわゆるコメコン。一九九一年に解散）では加盟各国間の貿易などの取引に関し、五八年に「物品の引渡に関する一般条件」（一九六八年に改定）を作成するとともに、加盟国の外国貿易団体間の取引によって生じた紛争は商事仲裁によって解決することとした（なお、旧ソ連などの国では外国貿易を外国貿易公団が独占し、仲裁機関も外国貿易省の監督下にあり、仲裁人も自国民に限られていた）。しかし、加盟国の仲裁法制は必ずしも同じではないので、七二年にモスクワ条約（後出）を採択して、仲裁契約の承認、仲裁への付託、仲裁判断の効力、仲裁判断の承認および執行について、仲裁法の統一をはかった。これらの国の間では、この条約が一九五八年のニューヨーク条約に優先して適用される。さらに七四年には、加盟国の商事仲裁機関の仲裁手続に関する統一規則が採択された。これに基づいて、各国で仲裁規則が修正された。これらの国は、ニューヨーク条約および一九六一年の「国際商事仲裁に関する欧州条約」（後出）の締約国でもある。

旧ソ連、東欧諸国が商事仲裁を国際的取引から生じる紛争の主たる解決方法とした理由としては、㈠各国での商事に関する法規範の形成が十分ではなかったこと、㈡国内裁判所がこれらの紛争を処理するに適していなかったこと、㈢外国貿易を行う団体は政府関係機関であって他の国家の裁判権に服することを好まなかったことなどがあげられる。

一九九〇年から九一年にかけて東欧諸国における変革、ソ連邦の解体という事態が生じたが、これらの国の政治的変化は、仲裁制度にはただちには影響を及ぼさなかった。そのなかには新たに独立した国、二つ以上に分れた国などもあるが、それまでに締結した条約はおおむね承継している。たとえば旧ソ連邦を構成した共和国（バルト三国を除く）では、外国仲裁判断の承認および執行に関する条約（ニューヨーク条約）の締約国の地位は承継する。また国内における従来の法規は、新たな体制のもとでの法令に反しないかぎり効力を有するとされ、仲裁機関なども形のうえでは変っていない。しかし、ハンガリー、チェコ、ポーランドでは旧ソ連にならった仲裁制度を改め、ロシアも九三年に国連国際商取引法委員会のモデル・ローの規定を取入れて、国際商事仲裁に関する法を制定し、従来の仲裁制度を改めた。これによってロシア・東欧諸国の仲裁は西欧諸国に近いものとなった。

㈦ 日　本

近代的な仲裁制度は、一八九〇（明治二三）年に制定された民事訴訟法第八編に始る。法典取調委員会に提出された民事訴訟法議案には仲裁に関する規定はなく、その最終段階で、当時のドイツ民事訴訟法第一〇編を翻訳したものに若干の修正を加えて「第九編 仲裁裁判手続」を作り、これが「第八編 仲裁手続」となった。同編の規定は、制定以来実質的にはまったく改正されていない（附記参照）。

日本において明治・大正期に仲裁がどのようにして、どの程度行われていたかは明らかではない。一九一二（大正元）年頃から二六（大正一五）年まで神戸海運業組合（シップ・ブローカーの集り）が仲裁を行なっていたといわれているが、日本海運集会所が二六年に仲裁業務を開始してから、同組合の仲裁は行われなくなった。また、事業所団体では定款に仲裁条項があり、それに基づいて紛争の仲裁が行われていたが、第二次世界大戦後、事業所団体法でそのような仲裁が禁止された（日本海運集会所を除く）。第二次世界大戦終了前は、日本では民事訴訟法に基づく仲裁のみであった。その後、四六（昭和二一）年の労働関係調整法で労働争議について労働委員会における仲裁の制度が導入され、四八年の国営企業労働関係法、および五二年の地方公営企業労働関係法では当事者の申請による仲裁のほかに強制仲裁をも認めた。五六年には建設業法の改正によって、建設工事の請負契約に関する紛争の解決をはかるために、中央建設工事紛争審査会と都道府県の建設工事紛争審査会において、仲裁を行うことができることとした。さらに、七〇（昭和四五）年に公害紛争処理法において、公害に係る紛争について仲裁も一つの解決方法とされている。日本で行われている仲裁は、建設工事、海事、国際取引から生じた紛争の仲裁である。

日本における常設仲裁機関としては、法令の規定に基づく労働委員会、建設工事紛争審査会などを別とすれば、日本海運集会所と国際商事仲裁協会がある。社団法人日本海運集会所（東京に本部、神戸に支部）は海運、造船、保険、貿易などの海運関係の企業の出資によって一九二一（大正一〇）年に神戸市で設立され、二六年から仲裁業務を開始した。六一（昭和三六）年からは国際仲裁も行なっている。仲裁事件は船舶の所有、船舶賃貸借、傭船《ようせん》などの海上運送、海上保険、船舶売買、造船、船舶の修繕、海難救助、海損などに関する紛争に及ぶ。仲裁人は、同所の海事仲裁委員会が海事仲裁人名簿のなかから三名（場合によりそれ以上の数で奇数名）を選定するが、仲裁人の大多数は海事関係の企業の実務家であることに特色がある。社団法人国際商事仲裁協会（東京に本部、名古屋、大阪、神戸に事務所）は一九五〇（昭和二五）年日本商工会議所に設けられた国際商事仲裁委員会をもとに、五三（昭和二八）年に設立され、国際商取引から生じる紛争の仲裁業務を行なっている。同協会は、その商事仲裁規則に従って仲裁業務を行う。仲裁人は原則として一名とし、当事者の合意で選定する。同協会が実際に行なってきた仲裁のほとんどは国際商事仲裁である。九一（平成三）年より、同協会では国際商取引法委員会仲裁規則による仲裁も行うこととした。このほか、第二東京弁護士会からはじまり、一九九〇年以降に東京、大阪など各地の弁護士会で仲裁センターを設けて、比較的少額の民事紛争について、法律相談などで当事者に仲裁によって解決する意思のあるときに、その意思を確認したうえで仲裁手続をすることも行われている（附記参照）。

仲裁に関する条約については、多数国間条約として一九二三（大正一二）年の「仲裁条項ニ関スル議定書」を批准し（日本については一九二八（昭和三）年六月四日発効）、二七（昭和二）年の「外国仲裁判断の執行に関する条約」（日本については一九五七（昭和三二）年一〇月一一日発効）と五八年の「外国仲裁判断の承認及び執行に関する条約」（日本については一九六一（昭和三六）年九月一八日発効）を批准した。仲裁に関する条項を有する二国間条約（多くは通商条約）は一五ヵ国との間で締結されているが、その内容は一様ではなく、㈠両国民間の仲裁契約の承認、仲裁判断の承認、執行についての要件、手続を定めるもの（アメリカ、アルゼンチンなど）、㈡外国貿易団体との商事契約から生じる紛争の仲裁判断の承認、執行の要件、手続を定めるもの（旧ソ連ほか東欧諸国）、㈢両国間に共通する多数国間条約によるとするもの（イギリス）、㈣外国貿易団体との商事契約から生じる紛争を当事者の友好的協議と仲裁とによって解決すべきことを宣言するにとどまるもの（中国）、に分れる。

〔附記〕　仲裁に関する法の改正、新たな立法は一九八五年に国際連合国際商取引法委員会の模範法（モデル・ロー）が作成されてから増加した。その影響もあって、一九九六年には連合王国（英国）で新たな仲裁法が制定され、ドイツ連邦共和国でも一九九七年に民事訴訟法中の仲裁に関する部分が改正された。そのような動きとは別に、わが国でも仲裁法と実務の面で若干の変化があった。これらについてここで附け加える。

なお、連合王国の一九九六年仲裁法及びドイツの一九九七年改正、日本の現状については簡単な説明にとどめる。

1　一九八五年以後の各国の仲裁法の制定と改正

一九八六年　カナダ商事仲裁法
一九八六年　オランダ民事訴訟法（改正）
一九八七年　スイス国際私法（仲裁に関する規定がある）
一九八八年　スペイン仲裁法
一九八九年　香港仲裁法（改正）
一九八九年　オーストラリア国際仲裁法（改正）
一九九〇年　アメリカ合衆国連邦仲裁法（改正）
一九九一年　スコットランド仲裁法
一九九三年　ロシア仲裁法
一九九四年　シンガポール仲裁法
一九九五年　中華人民共和国仲裁法
一九九六年　連合王国仲裁法
一九九六年　インド共和国仲裁・調停法
一九九六年　ブラジル仲裁法
一九九七年　ドイツ民事訴訟法（改正）
一九九七年　ニュージーランド仲裁法

一九九八年　台湾仲裁法
一九九九年　スエーデン仲裁法

2　イギリス

連合王国(英国)は一九八九年頃から新たな仲裁法の制定作業をはじめ、一九九六年六月に一九九六年仲裁法を制定した。その目的は一九五〇年仲裁法とその後の法律を時代に適合したものとすることはあったが、諸国における仲裁法の改正があったため、国際商事仲裁の中心地の一つとしてのロンドンの地位を維持することも隠れた目的であったと考えられる。新たな立法に当っては、国際連合国際商取引法委員会の模範法（モデル・ロー）を採り入れることも検討されたが、英国には仲裁についての永い伝統と蓄積があること、模範法の規定をそのまま採用することは適当でないことを理由に、独自の新しい仲裁法を制定した。これにより、一九五〇年仲裁法及び一九七九年仲裁法のほか、関連する多くの法令中の仲裁に関する規定が廃止された。

一九九六年仲裁法の概略とその特色は次のとおりである。同法は一一〇ヶ条の規定と四つの附属書から成る。法律の条文は四部に分れており、第一部が仲裁全般に関する規定(一般的規定、仲裁契約、訴訟との関係、仲裁人の選定と仲裁裁判所の権限、仲裁手続、裁判所の関与、仲裁判断、仲裁費用、仲裁判断の執行、仲裁判断の取消と法律問題についての不明申立及びその他の附随的事項)、第二部がいくつかの仲裁についての特則（国内仲裁、消費者仲裁、少額仲裁、他の制定法で定めた仲裁)、第三部は外国仲裁判断の承認及び執行（一九五八年のニューヨーク条約の規定の攝取)、第四部雑則となっている。その大きな特色としては、費用と時間をかけることなく紛争を公正に解決するための手続の合理化、当事者の意思の尊重、裁判所の監督・介入の範囲を極力制限することにあるとされ、そのほかに仲裁人と仲裁機関の免責、仲裁における救済方法を拡張して仲裁人の裁量の幅を広くしたこと、仲裁における和解内容を仲裁判断となしうること、仲裁判断の基準として各国の国内法、国際的に共通な法原則、善と衡平などを用いることができるようにしたこと、仲裁費用に関する規定を設けたこと、仲裁人は自己の権限について判断しうるとしたことなども挙げられている。

なお、国内仲裁とは当事者が同国の国民又は居住者であり、かつ、仲裁地が同国内にある場合の仲裁をいうとされている。

3　ドイツ

ドイツ連邦共和国の民事訴訟法第一〇編仲裁手続は一九九七年一二月に改正された。それは仲裁手続で定める規定の全体に及ぶものであり、国際連合国際商取引法委員会の一九八五年の模範法を大幅にとり入れたものである。その概略は次のとおりである。

新たな第一〇編は、仲裁地がドイツ国内にある場合だけでなく、仲裁地が外国にある場合、仲裁地が定まっていない場合にも適用される。

仲裁契約については、一定の法律関係について現に生じ又は将来生ずる紛争を仲裁人の判断に附託する旨の合意をいうとし（すべての財産上の請求権が仲裁の対象となる（ただし、内国における住居の賃貸借の存在に関するものを除く）、非財産上の請求権についても仲裁契約をすることは排除されない）、その方式として書面によることを要求している。仲裁契約の存在は妨訴抗弁となる。また、当事者は裁判所に保全処分の申立をすることは妨げられない。

仲裁人は、自己の権限について判断する権限を有する。また、仲裁人は係争の事案について必要と認めるときは暫定的処分又は保全的措置を命ずることができ、裁判所はこの措置の執行を許可することができる。

当事者は仲裁地について合意することができるし、仲裁地が定まっていない場合には、仲裁人が仲裁地を決定する。

仲裁判断は当事者の指定した国の実質法（実体法）により、当事者の指定がなければ、仲裁人が紛争に最も密接な関係のある法を適用しなければならない。また、当事者が明示的に授権している場合に限り、衡平に従い判断しなければならない。仲裁手続で当事者が和解したときは、手続は終了し、その合意の内容を記した仲裁判断を作成する。仲裁判断は確定判決と同一の効力を有する。内国仲裁判断の取消事由は模範法の規定と同じである。外国仲裁判断の承認、執行は一九五八年の外国仲裁判断の承認及び執行に関する条約(ニューヨーク条約)によるが、他の条約の規定を適用することは妨げない。

4　日　本

日本では仲裁法を改正すべきことについてはほぼ異論をみないが、立法作業では倒産関係の法令が優先し、仲裁に関する規定の改正作業は進んでいない。

他方、一九七九(昭和五四)年に民事執行法、一九八九(平成元)年に民事保全法、一九九六(平成八)年に民事訴訟法が制定されたために、大正一五年法律第六一号による民事訴訟法は第七編公示催告手続と第八編仲裁手続を残すだけになった。そこでこの法律は「公示催告手続及ビ仲裁手続ニ関スル法律」に題名を変更した。しかし、仲裁手続に関する規定は何ら変っていない。

わが国との間の二国間条約のうち、ドイツ民主共和国との間の通商条約はドイツ連邦共和国が承継しなかったため効力を失い、チェコスロヴァキアとの通商条約は一九九二年一〇月に終了した。

仲裁実務について特記すべきことは、一九九九年から、工業所有権に関する紛争の解決のために、工業所有権仲裁センターが弁護士会と弁理士会の共同によって設置されたことである。

三　仲裁法・仲裁規則についての国際的動向

(一)　仲裁法の統一

各国の仲裁法の規定のうちで統一しておくことが必要な事項は、各国の国内法のみでは十分に規律できない事項であり、それは自国以外でなされた仲裁判断(外国仲裁判断)の承認、執行に関する要件、手続ならびにその前提となる仲裁契約の効力の承認である。自国でなされた仲裁判断にいかなる効力を与えるかは自国のみで決めてもよいが、他国でなされた仲裁判断を自国で執行し、自国でなされた仲裁判断を他国で執行する場合には、各国に共通の基準の存在することが望ましいからである。仲裁に関する法の統一が外国仲裁判断の承認、執行から始まり、またこの分野の条約に多くの国が参加したのもこのような理由による。

一八八九年にラテンアメリカ諸国間において採択された「民事手続に関する条約」（モンテビデオ条約）、一九二三年に国際連盟で採択された「仲裁条項ニ関スル議定書」Protocol on Arbitration Clauses（ジュネーブ議定書）、二七年にこれを補うものとして採択された「外国仲裁判断の執行に関する条約」Convention for the Execution of Foreign Arbitral Awards（ジュネーブ条約）、五八年に国際連合で採択された「外国仲裁判断の承認及び執行に関する条約」Convention on the Recognition and Enforcement of Foreign Arbitral Awards（ニューヨーク条約）、七二年にソ連を中心とする東欧諸国の間で採択された「経済及び科学・技術協力関係から生ずる民事法紛争の仲裁による解決に関する条約」（モスクワ条約）、七五年に採択された「国際商事仲裁に関する米州国間条約」（パナマ条約）がある。

次いで国際商事仲裁を主たる対象として、仲裁契約、仲裁人の選定、仲裁手続、仲裁判断などを仲裁の全体についての統一法を作る試みもなされた。一九六一年にジュネーブで採択された国際連合の欧州経済委員会による「国際商事仲裁に関する欧州条約」European Convention on International Commercial Arbitration、六六年に欧州評議会で作成し、ストラスブールで採択された「仲裁に関する統一法を定める欧州条約」European Convention Providing a Uniform Law on Arbitrationがある。八五年には国際連合国際商取引法委員会が「国際商事仲裁に関する模範仲裁法」UNCITRAL Model Law on International Commercial Arbitrationを作成した。

また、一九六五年には国際復興開発銀行（いわゆる世界銀行）の提唱で、「国家と他の国家の国民との間の投資紛争の解決に関する条約」Convention on the Settlement of Investment Disputes between States and Nationals of Other Statesが採択された（日本については一九六七（昭和四二）年九月一六日に発効）。これは、同銀行に付置された投資紛争解決センターでの仲裁手続と、そこでなされた仲裁判断がこの条約の加盟国において効力を有することを定めたものである。もっとも、これは私人と外国国家との間における投資（たとえば、国家と外国私企業間の資源開発契約など）にかかわる紛争の解決に関するものであって、通常の商取引から生じる紛争の仲裁とは異なり、特殊な仲裁であることに注意すべきである。

㈡　仲裁規則の統一

仲裁規則の統一の試みは、仲裁法の統一の試みよりも遅れた。一九六六年に「国際連合欧州経済委員会の仲裁規則」が作成され、これにならって、同年「国際連合アジア極東経済委員会国際商事仲裁規則」が作成された。七六年には、国際連合で「国際商取引法委員会仲裁規則」UNCITRAL Arbitration Rulesが作成された。その後、七八年に米州商事仲裁委員会はこれにならって従来の規則を全面的に改正して「米州商事仲裁委員会手続規則」を作成した。

(1)　モンテビデオ条約　　一八八九年のモンテビデオ条約では仲裁判断の承認、執行についての簡単な規定をおくにとどまったが、これをもとにラテンアメリカ諸国間では一九四〇年のモンテビデオ条約で仲裁判断について詳しい規定を設け、さらに七五年のパナマ条約にいたっている。

(2)　ジュネーブ議定書・ジュネーブ条約　　一九二三年のジュネーブ議定書は仲裁契約の承認、仲裁手続の準拠法および執行について規定しているが、外国仲裁判断の承認と執行については規定がなかったため、この部分を補うものとして二七年九月にジュネーブ条約が採択された。この条約はジュネーブ議定書に規定する仲裁契約に基づく仲裁判断の承認、執行に関するものであり、この条約の批准、加入は議定書の批准、加入を前提としている。この条約によって国際的に仲裁法の統一が進み、国際商取引から生じる紛争の解決に仲裁を利用することが従来より容易になった。しかし、㈠条約の対象となる外国仲裁判断の範囲が狭いこと、㈡外国仲裁判断の承認、執行の要件が十分に整理されていないこと、㈢立証責任について解釈上疑義がないわけではなく、また仲裁判断の確定を証するために、仲裁判断のなされた国で執行判決を得ておかなければならないことなどのために、五八年に国際連合経済社会理事会の条約案をもとに、ジュネーブ条約に代るものとしてニューヨーク条約が採択された。

(3)　ニューヨーク条約　　ニューヨーク条約では、自国の領域外でなされた仲裁判断を外国仲裁判断とし、仲裁契約の承認についての規定を設け、仲裁判断の承認、執行のために提出すべき書類を定めるとともに、仲裁判断の承認、執行についての拒否事由を明確にした。この条約の適用される仲裁判断は、非締約国を含めて自国の領域外でなされた仲裁判断のほかに、締約国は、自国内でなされた仲裁判断ではあるが、自国においては国内仲裁判断とされない仲裁判断についても条約の規定を適用することができるとされている。それとともに、締約国でなされた仲裁判断に限定する旨の留保（相互主義）、および国内法で商事と認められる法律関係から生じる紛争に関する仲裁判断に限定する旨の留保をなしうるとしている。相互主義の留保をしている締約国は多く、日本もこの留保をしている。この条約は多くの国が採用し（一九九一年一二月末で八五ヵ国）、画期的な成果をあげた条約の一つといってよい。

(4)　モスクワ条約・パナマ条約　　ニューヨーク条約のあとに採択されたモスクワ条約は、いわゆるコメコン諸国間における仲裁についてニューヨーク条約に優先して適用されるとし、パナマ条約はラテンアメリカ諸国における国際商事仲裁に関する法制を統一するために作成された。いずれもニューヨーク条約にならうところが多い。

(5) 国際商事仲裁に関する欧州条約　一九六一年の「国際商事仲裁に関する欧州条約」は国際取引、特に西欧の企業と東欧の企業の取引から生じる紛争の仲裁について、仲裁の組織および運営に伴う困難を除くために定められた。これは、東欧諸国の企業が国際商業会議所に加盟していなかったことにもよる。したがって、この条約では国際取引から生じる紛争を仲裁の対象とし、仲裁人の選定、仲裁機構、仲裁と国家の司法裁判所との関係、仲裁判断の準拠法、仲裁判断の取消しについて定めている。

(6) 国際連合欧州経済委員会仲裁規則　「国際商事仲裁に関する欧州条約」による仲裁を実施し、また、この条約を補うために、一九六六年に「国際連合欧州経済委員会仲裁規則」が作成された。この規則は主として常設仲裁機関によらない仲裁を対象とし、仲裁人の選定について仲裁人選定機関を設け、仲裁手続について詳しい規定をおき、仲裁判断の基準としては法による仲裁を原則としている。当事者が準拠法を指定したときはそれにより、その指定がないときは仲裁人が相当と認める法の抵触に関する規則によって定まる準拠法を適用し、友誼的仲裁は当事者が合意し、かつ、仲裁手続きに適用される法律がそれを認めるときに限るとしている。

(7) 仲裁に関する統一法を定める欧州条約　一九六六年の欧州評議会による「仲裁に関する統一法を定める欧州条約」は、ヨーロッパ共同体（EC）諸国において国内仲裁と国際仲裁の区別をすることなく、これらの国の仲裁法を統一することを意図して作成された。したがって、この条約（付属書Iが統一法）は仲裁の対象について特に限定していない。そして仲裁契約の効力、仲裁人の選定、忌避、仲裁の手続について規定し、当事者による別段の定めがないかぎり、仲裁判断は法によるものとした。仲裁判断取消事由についてはニューヨーク条約と共通のところもあるが、列挙された事由と立証責任にはかなり異なるところがある(この条約は一九九一年一二月末現在、効力を生じていない)。

(8)　国際商取引法委員会仲裁規則　　国際商事取引法の調和と統一をその任務とする国際連合国際商取引法委員会は、国際商事仲裁をもその議題として取上げ、仲裁規則の作成から始めることとし、一九七六年に「国際商取引法委員会仲裁規則」を作成した。この仲裁規則はその対象を限定せず、仲裁機関によらない仲裁で利用することができるように配慮し、仲裁人の選定、忌避、仲裁手続、仲裁判断、仲裁費用について規定を設けている。仲裁判断の基準については、法による仲裁を原則とし、当事者が準拠法を指定しているときはそれにより、当事者の指定がないときは、仲裁人が相当と認める抵触規則によって指定される準拠法を適用することとし、善と衡平による仲裁および友誼的仲裁は当事者の明示の授権があり、かつ、仲裁手続の準拠法でそれを認めている場合に限るとしている。常設仲裁機関の仲裁であっても、当事者がこの規則によることに合意し、その仲裁機関が当事者の意思を尊重するときは、この規則によることができる。国際商取引法委員会仲裁規則は、まずアメリカ仲裁協会とソ連商業会議所間において、アメリカ国民とソ連外国貿易団体との間の仲裁でこれを用いることもできることとされ、次いで各国の仲裁機関でも、当事者の選択によるときは、この規則によることができるようにそれぞれの仲裁規則を改めた。また、米州商事仲裁委員会ではこの規則をほぼそのまま採用し、これが七八年の米州商事仲裁委員会手続規則である。

(9)　国際商事仲裁に関するモデル・ロー(模範法)　　仲裁規則に次いで、国際商取引法委員会では仲裁法の統一をはかることとし、一九八五年に「国際商事仲裁に関するモデル・ロー」を作成した。これは、国際商事仲裁すなわち二つ以上の国にまたがって行われる商業活動または企業活動から生ずる紛争の仲裁をその適用の対象とし、仲裁地がその施行されている領域にある場合に適用される。このモデル・ロー（模範法）では、仲裁契約、仲裁裁判所の構成・管轄権、仲裁手続、仲裁判断、仲裁判断に対する不服申立て、仲裁判断の承認・執行について規定している。仲裁判断の基準については「国際商事仲裁に関する欧州条約」「国際商取引法委員会仲裁規則」と同じく、法による仲裁を原則とし、善と衡平による仲裁および友誼的仲裁は当事者の明示の授権のある場合に限るとしている。また、仲裁判断の承認については内国仲裁判断と外国仲裁判断とを区別せず、ニューヨーク条約と実質的に同趣旨の規定を採用している。これらの規定はモデル・ローであるから、これを採用する国がその規定を修正し、別の規定を加えることもでき、一部のみをとることもできる。これによるときは、条約の採択および効力の発生に伴ういくつかの困難を避けることはできるが、法の統一のための方法としては条約による場合よりもゆるやかになることもありうる。もっとも、外国仲裁判断の承認、執行について条約で統一がなされているならば、その他の規定についてはモデル・ローによることで足りるということもできよう。このモデル・ローは仲裁法の全体にわたる、世界的な規模での国際的立法の試みである。

2　わが国における仲裁制度の情況と今後の課題

一　まえがき

近時、仲裁に関する情報ははなはだ多い(1)。内外仲裁機関の規則、実務、外国法、新たな立法などの解説、仲裁に関する法律問題、実務上の問題についての研究、仲裁の利用、改善などについての種々の提案などが数多くなされており、そのほかに、講演、セミナーなど随時行われている。このような多くの情報を処理し、消化することは、専門の研究者にとってもおそらく極めて困難なことであろう。

このような現象は、第二次大戦後の欧米にはじまり(2)、わが国にも及んでいる。その原因としてはさまざまなことが考えられるが、その一つとして、第二次大戦後に欧米において商取引から生ずる紛争の解決方法として仲裁が注目され、利用されるに至ったことがあげられよう。それは、いいかえれば、訴訟よりも仲裁を適当な紛争解決方法と考え、あるいは訴訟がうまく機能してないと考えられたからであろう。ここで訴訟と仲裁の長短を比較することはあえてしないが、当事者にとって関心のあることは、仲裁は非公開であること、手続が簡易、迅速であって、解決までに時間がかからないこと、判断をするに適した人を得ることができること、その判断が適当であること、判断の結果が容易に実現しうることなどであろう。仲裁をめぐっての内外の文献におけるさまざまな議論は、ほとんどが、これらの点に関するものである。

しかし、わが国における仲裁への関心は、国内における民事紛争の解決方法の改善、強化にあるというよりも、戦前は各種の事業者団体の構成員間の紛争の解決、戦後は企業の渉外的活動から生じた紛争の解決という面が強い。戦後は事業者団体における仲裁は行われず、国内仲裁は著しく減少し、渉外取引に関する紛争に仲裁が用いられるだけとなった。その一つは貿易取引における、いわゆるクレームの処理についてであり、他は日本企業の海外への進出、外国での事業展開から生ずる取引で仲裁に巻き込まれるようになったことにある。そのほかに一九五八年の外国仲裁判断の承認及び執行に関する条約(ニューヨーク条約)、国際連合による仲裁規則と仲裁モデル法の作成、各国における仲裁法の改正、米国における紛争解決方法の多様化、代替的紛争解決方法(いわゆるＡＤＲ)の利用などの影響もあろう。ともかく、わが国においては、若干の例を除いて、仲裁について、とくに国内における民事紛争の解決方法としての仲裁について自発的な関心が生じたことはあまりなかったように思われる。民事訴訟の機能の低下がいわれ、その改善の必要が叫ばれたときも、仲裁の利用とその改善についてはあまり主張されなかったのである。しかし、昨今ではわが国で仲裁の利用についての自主的な動きもあらわれ(3)、また、国際取引との関連で、外圧によって生じたとはいえ(4)、商事仲裁を国内取引にも拡張しようとする動きもある。

そこで、この機会に、民事訴訟法制定以来のわが国の仲裁制度と仲裁法の情況についての整理を試みることにする。その理由は、仲裁に関する文献の洪水にもかかわらず、わが国の仲裁制度と仲裁法の情況について簡単にまとめた文献が少ないからである。また、仲裁の改善、拡充を考えるに当っても、そのような整理をしておくことは基礎的な作業としての意味があると考えたからである。

ところで、仲裁とは、一般的には、当事者が合意により(仲裁合意、仲裁契約)、一定の紛争を私人たる第三者の解決に委ね、その判断（仲裁判断）に従うことをいうのであるが、それが紛争解決方法として意味をもつためには、その国または社会において法的に認められなければならない。それは、仲裁はそれぞれの国または社会の公権力による紛争解決方法ではないからである。したがって、一定の手続によってなされた私人たる第三者の判断が一定の国または社会で承認され、それが強制的に実現しうるとされたときに、その判断がその国または社会で法的な紛争解決方法として認められたことになる（仲裁判断の承認）。これが法制度としての仲裁である。これまでのところ、国家を越えた社会の枠組が成立するには至っていないので、仲裁をどのように取扱うか、どのような仲裁判断を承認するか、というようなことは、それぞれの国または社会の法的価値判断によるのであり、そのことは、結局、それぞれの国または社会における政策的判断すなわち司法政策によるということになる。このような観点から、わが国の仲裁制度をみることにする。

二　わが国の仲裁制度

(1)　現在わが国で行われている仲裁制度は明治二三年（一八九〇年）に制定され、同二四年一月一日から施行された民事訴訟法第八編仲裁手続にもとづく。明治期以前にもわが国には私人間の紛争を「内々にて相済」す方法（いわゆる「内済」）があり、これが仲裁に相当するとの説[5]もあるが、これは当事者が私人たる第三者の判断に服し、その判断を公権力が承認するという制度ではないから、これは現在わが国で行われている仲裁には該当せず、現在のわが国の仲裁とつながるところはない[6]。また、明治二〇年の取引所条例における仲裁[7]も民事訴訟法にもとづく仲裁とのつながりはない。法典取調委員会に提出された民事訴訟法議案には仲裁に関する規定はなく、同委員会ではその審議の最終段階で一八七七年のドイツ民事訴訟法第一〇編仲裁手続を翻訳したものに若干の字句の修正を加えて「第九編　仲裁裁判手続」をつくり、これがのちに「第八編　仲裁手続」となった[8]。この仲裁手続に関する規定は制定以来実質的には改正されていない。このことからもわかるように、わが国が認めることにした仲裁は近代ヨーロッパで行われていた仲裁である。

(2)　この仲裁が明治、大正の頃にどのようにして、どの程度行われていたかは明らかではない。それに関する文献、統計などがほとんどないからである。わずかに、裁判所に預置かれた仲裁判断の数は知ることができる[9]。それによれば、明治四五年までに二九件、大正元年から同六年まで一一件、大正七年から同一一年まで四一件、大正一二年から昭和二年まで四一件、昭和三年から同七年まで六九件、昭和八年から同一二年まで一四件となっている[10]（大正七年以降に件数が増えたのは神戸地方裁判所と長崎区裁判所に預置かれた仲裁判断が増加したことによる。なお、東京地方裁判所に預置かれた件数も多いが、それは他の裁判所にくらべて著しく多いとはいえない）。また、この時期に仲裁に関する裁判例もかなりあり、内容のある判断も少なくないことからみると、単純な推測の域を出ないが、民事訴訟法上の仲裁は一般に理解されていたと思われる。仲裁の申立があっても、そのすべてについて仲裁判断がなされるわけではないから、実際の仲裁事件の数は預置かれた仲裁判断の件数よりも多いということができよう。

仲裁が組織的に行われるようになったのは、大正元年頃から同一五年頃まで神戸海運業組合(シップ・ブローカーの集り)で行われた仲裁からといわれているが[11]、それがどのようなものであったかは明らかではない、そして、大正一〇年に海運、造船、保険、貿易、海運仲立等の海運関連企業の出資による株式会社神戸海運集会所が設立され、集会所による標準契約書式の制定とその普及をはかるとともに、大正一五年から仲裁業務を開始した。これは常設仲裁制度機関による仲裁であり、その後神戸海運業組合の仲裁は行われなくなった。海運集会所は昭和八年に社団法人日本海運集会所となり今日にいたっている。[12] このほかに、いくつかの事業者団体では定款に仲裁事項を定めて、会員間の紛争について仲裁が行われていたが、その実態は明らかではない。また、仲裁機関、その他の団体によらない、個別仲裁についても、その性質上明らかではない。

戦後、昭和二三年に事業者団体法が制定され、事業者団体による仲裁は禁止されたが、同年の海事仲裁等に関する法律によって、日本海運集会所は海事に関しては会員間の仲裁を行うことができるものとされた。事業者団体法は従来各種事業者団体の定款にもとづいて行われていた、その構成員間の紛争の仲裁を禁じたものであるが、司法政策という観点から民事紛争解決制度の問題としてみたときに、このような措置の当否ははなはだ疑問といわなければならない。

ここで留意すべきこととして、調停制度の新設と民事訴訟法の改正がある。大正一一年に借地借家調停法が制定され、その後小作調停法、商事調停法及び金銭債務臨時調停法が制定され、それらは戦後民事調停法にまとめられた。わが国の調停は、いうまでもなく、国家の裁判所の組織と設備によるものであり、当事者の合意がなければ調停が成立しないところから、間もなく広く利用されるようになり、わが国の社会に定着した感がある。[13] また、大正の中頃から訴訟事件が増加し、それによる訴訟の遅延を解消するために、大正一五年に民事訴訟法の判決手続の部分の大改正がなされた。しかし、その当時に仲裁手続を活用するという考え方は出なかったようである。

(3)　第二次大戦後、昭和二一年の労働関係調整法で労働争議について労働委員会における仲裁の制度が導入され、同二三年の国営企業労働関係法及び二七年の地方公営企業労働関係法では当事者の申請による仲裁のほかに強制仲裁も認められた。労働関係を仲裁で解決するという発想は米国の影響によると思われるが、ここでの仲裁の対象となったのは、使用者または使用者団体と労働組合その他の労働者の団体との間の紛争である。しかし、最も多く用いられているのは斡旋であって、仲裁は極めて少ない。(14) さらに、昭和三一年には建設業法の改正によって建設工事紛争の解決をはかるために、中央建設工事紛争審査会と各都道府県の建設工事紛争審査会を設けて、仲裁を行うことができることとした。この仲裁は事件数がとくに多いということはできないが、毎年、中央建設工事紛争審査会で十数件、都道府県建設工事紛争審査会で約二〇〇件ほどの申立があり、仲裁判断にまで至る事案は少ないが、建築関係の専門家も加わった実質的な審理が行われ、調停で終ることが多い。(15) 昭和四五年には、公害紛争処理法が制定され、公害等調整委員会及び都道府県公害審査委員会による仲裁も解決方法の一つとされたが、調停が圧倒的に多く、仲裁は極めて少ない。(16) このほかの裁判外紛争処理のなかで仲裁と類似の機能をもつものとして、昭和五三年に設立された財団法人交通事故紛争処理センターがあるが、それは同センターと損害保険会社との間で、任意保険に関しては審査会の裁定に従うという協定により、保険会社は審査会の制定に拘束されるというものである。(17)

さらに平成二年（一九九〇年）に第二東京弁護士会で法律相談事件で両当事者が仲裁で解決することに合意したときは仲裁手続を行うことをはじめた。これは個人、小企業の比較的少額の債権の取立に利用されている。その後大阪弁護士会でも同様の仲裁を行うようになった。(18)

(4)　渉外的仲裁事件を取扱う機関としては昭和二八年に設立された社団法人国際商事仲裁協会がある。わが国の商工会議所は当初から商取引の紛争に関する仲裁をその事業の一つとして今日に至っている（商工会議所法第九条第一二号）。戦後に民間貿易の再開にともない、日本商工会議所等の関係団体によって昭和二五年に貿易クレームの処理の機関として国際商事仲裁委員会が設立され、これがのちに国際商事仲裁協会となった。(19) 同協会は海外からの貿易クレームを日本側当事者に取次ぐほか、調停、仲裁をその業務としているが、調停は当初はあったが現在は一件もなく、仲裁は一年間で一〇件以内にとどまっている。このほかに日本海運集会所の海事仲裁では当事者が外国企業のことも少くない。

(5)　このような仲裁を規律する法は、第二次大戦終了前までは民事訴訟法第八編であった。その後幾つかの仲裁が設けられ、労働関係調整法、建設業法、公害紛争処理法にはそれぞれの仲裁のための規定がある。労働関係調整法では民事訴訟法第八編を準用する規定はないが、労働争議の仲裁を労働委員会に専属させることにはしていない（労調法第二九条、第三五条）。建設業法と公害紛争処理法には民事訴訟法第八編の規定を適用するとの規定がある（建設業法第二五条の一六第四項、公害紛争処理法第四一条）。

外国仲裁判断の承認、執行に関しては、わが国は一九二三年の「仲裁条項ニ関スル議定書」、二七年の「外国仲裁判断に関する条約」及び五八年の「外国仲裁判断の承認及び執行に関する条約」の締約国である。また、仲裁に関する条項を有する二国間条約（多くは通商条約）が一五ケ国との間で締結されている。その内容は一様ではなく、わが国と相手国の両国民間の仲裁契約の承認、仲裁判断の承認、執行についての要件と手続を定めるもの（たとえば、日米友好通商航海条約）、外国貿易団体との商事契約から生ずる紛争の仲裁判断の承認、執行の要件と手続を定めるもの（たとえば旧ソ連邦ほか東欧諸国との通商条約）、両国に共通の多数国間条約によるとするもの（日英通商航海条約）、当事者の友好的協議と仲裁とによって解決すべきことを宣言するにとどまるもの（日中貿易協定）に分れている。

三　わが国の仲裁の今後の課題

(1)　これまで述べたところからわかるように、わが国では、若干の例外を除いて、民事紛争の解決方法として仲裁手続は多く利用されてきたとはいえない。若干の例外は海事に関する仲裁と建設工事に関する仲裁である。これらは仲裁手続の特色にかなった使われ方であるとはいえ、海事関係の取引、建設工事の全体の数などからみれば、それでも多いとはいえないであろう。もっとも、多くの国でも仲裁事件は数において訴訟事件よりもはるかに少ない。仲裁事件の著しく多いといわれているアメリカ仲裁協会では、米国全土で年間約六万件の仲裁事件があるといわれているが[20]、そのうち最も多いのは労働関係をめぐる仲裁であり、次いで交通事故にともなう損害賠償に関する仲裁であり、そのほかに一般の商取引から生ずる紛争に関する仲裁、消費者紛争に関する仲裁があり、また、医療過誤による損害賠償、公害補償などについて州法により委託をうけて行う仲裁もある。そしていわゆる国際商事仲裁は年間一五〇件程度とのころである。米国の各州の裁判所と連邦の裁判所に毎年係属する訴訟の件数と比較するならば、仲裁の件数は少ないし、しかも、労働関係、交通事故による損害、消費者紛争、医療過誤、公害補償などのように、わが国ではその解決が仲裁以外の手続で行われている紛争をこれから除くならば、米国でも仲裁は訴訟に劣らず盛んに行われているということは、いささか誇張の嫌いがある。しかし、それにしてもわが国では仲裁手続の利用ははなはだ少ないといってよいであろう。仲裁事件の数は調停事件にくらべて著しく少ないし、裁判外紛争処理方法のなかでも、仲裁よりは斡旋、調停を用いるものが多い。これらのことは、当事者が紛争の解決に当って何らかの方法で自己の意思の働く余地のあるものを選択することを好むことを意味している。それではわが国における仲裁の情況をどのようにみるか、そして民事紛争の解決方法としての仲裁制度をどのように取扱うべきか。これが今後の課題であろう。

(2)　わが国における仲裁の不振あるいはその低調の原因は必ずしも明らかではない。これを明らかにするには、企業関係者の意識調査を含めた社会学的調査を必要とするであろうが、差当りこれまで研究者、実務家の述べてきたところでは、おおよそ、次のごとくである。国内事件の仲裁については、わが国では民事紛争の解決方法としての仲裁制度が一般に知られていないこと、ことに企業関係者の仲裁に対する関心のうすいこと、人々が自ら第三者を選んで、その判断に服することに馴染んでいなかったこと、そして、当事者の互譲と同意にもとづく和解、調停のような解決が好まれること、具体的に仲裁を利用するための方法が明らかでなかったこと、とくに裁判所の調停の利用が奨励されたことなどである。

これらの指摘は、わが国における仲裁手続の利用の仕方をみるかぎり、妥当な指摘といってよいであろう。現行法上の仲裁は中世の西欧における同業者団体における会員間の紛争の解決方法、商人間の紛争の解決方法に由来する西欧的発想にもとづくものであり、わが国の社会になかった制度であるから、人々に知られなかったのはやむをえない。そして、その後に裁判所の組織と施設を用いる調停制度がつくられ、その利用が奨励されたことも影響しているであろう。わが国には戦前は日本海運集会所を除いて常設の仲裁機関はなく、また、戦後につくられた仲裁機関も貿易クレームの処理、国際商取引から生ずる紛争の解決を目的とした国際商事仲裁協会であったことは、このことを物語るものである。仲裁に関する知識、理解が浅いことは、国内において通常の民事紛争の解決に当る常設仲裁機関がないならば、どのようにして仲裁の申立をし、手続が運ばれるかについて見当がつかないから、多くの人々は仲裁を利用することを躊躇するであろう。

しかし、私人たる第三者の判断に服することに馴染んでいなかったとしても、日本人の国民性として調停ないし和解を好み、仲裁を避ける傾向にあるとも断定できない。一般的にいって、自ら選んだ者であるとはいえ、第三者の判断に従うよりも、当事者の意思にもとづく解決のほうを好むことは当然である。これは米国のように訴訟が非常に多い社会でも、それが損得についての打算によるとの要素が大きいにしても、和解で終る事件が圧倒的に多いことからもわかる。訴訟において和解で終了する事案が多いことは、判決結果の予測、訴訟に要する費用と時間など、さまざまな理由があろうが、右に述べたようなこともその大きな理由といえよう。また、調停が好まれるのは当事者が法的な解決を好まないからであり、したがって法令等の一定の規準による判断に服することを避ける傾向にあるという見解がある。[21] 確かに、かつて調停が利用されたのはそのような理由による面もあったが、昨今では法によらない解決というよりも、当事者の意思による互譲的解決という面が大きい。[22] このようにみれば、仲裁はわが国の国民性にあわないとも考えられない。むしろ、仲裁は訴訟とともに第三者の判断に委ねる紛争解決方法ではあるが、訴訟と異なる紛争解決方法であるので、それに適した事件で利用することができるようにしておく必要があろう。民事紛争のすべてを訴訟で解決するとか、和解で解決するというような制度をとる社会は必ずしも好ましいとはいえないのであって、具体的事案の解決に当って、訴訟、仲裁、調停あるいはその他の方法のいずれによるかは当事者の選択に委ねることとし、司法政策としてはいくつかの紛争解決方法を設けておくことが妥当であると考えられる。

(4)　仲裁を積極的に利用する政策をとるとすると、次に現在行われている仲裁の欠点は何か、そしてそれをどのように改善すべきかについて検討しなければならない。もっとも、わが国では、その欠点を指摘し、改善を提案するに足りるまでの仲裁事件の積み重ねがあるとはいえない。しかし、それとは別に、これまでの研究の蓄積によって、改善すべきことが考えられないわけではない。まず、法令の面では民事訴訟法第八編の改正が必要である。同法の規定では、たとえば、仲裁人の数、仲裁人の忌避の裁判、仲裁契約の有効性の判断などの規定は適当とはいえないところがあり、また、送達、証拠調、外国仲裁判断の承認などについては明文の規定がない。このようなことは従来から指摘されていたが、それをも含めて、仲裁手続の利用を促す方向で仲裁法全体を改める必要がある。(23) もっとも、外国仲裁判断の承認、執行については一九五八年のニューヨーク条約によって世界的統一が形成されてきているので、この枠組を採用することが相当であろう。

しかし、法律を改め、或は仲裁機関の規則を整備すれば、仲裁が利用されるようになるとはかぎらない。むしろ仲裁実務の運用とそれに関連する状況を改善することが必要であろう。一般に仲裁の利点としては、① 仲裁は訴訟よりも迅速な解決の得られること、② 仲裁のほうが訴訟よりも費用が安いこと、③ 訴訟は公開であるが仲裁は非公開であること、④ 裁判官は商取引についての専門的知識を有するとはかぎらないが、仲裁人にはそれについての知識と経験のある者を選ぶことができること、⑤ 訴訟では法によって判断しなければならないが、仲裁では具体的に妥当な判断をなしうることなど、欠点としては、① 仲裁には不服申立の方法がないので、不当な判断を是正する方法がないこと、② 仲裁では判断の規準が明確でなく、法的安定性と予測可能性に欠けることなどが挙げられている。しかし、常にそうであるとはかぎらない。手続の簡易、迅速は、そのことを追求するならば、公平を欠き、拙速に陥るおそれもある。また、解決の具体的妥当性と判断の規準の不明確は表裏の関係にある。そのようにみてくると、訴訟に対する特色は、一定の紛争の解決に必要な知識と経験を有する者を仲裁人として選定できること、仲裁手続も仲裁判断も非公開であって、直接の関係者以外には知られないことにあるといえよう。

そこで、差当って仲裁の利用をすすめるには、まず、仲裁制度の存在と機能について広く企業関係者の認識を深め、仲裁契約の利用をはかるようにすべきである。そして、仲裁が訴訟と異なるところは、仲裁人とその判断についての信頼にあるから、専門家としての知識と経験を有し、かつ、法的判断能力のある仲裁人を養成することである。仲裁人に対する信頼がなければ、仲裁制度は成立たないからである。仲裁契約を普及させるには、仲裁機関、司法当局の広報活動も必要であろうし、契約書式での利用を促すことも適当であろうが、結局は仲裁手続の実績を積み重ねて、仲裁に対する一般の信頼感を得るようにするほかはないであろう。

(3)　わが国における国際商事仲裁の不振の原因は、これまで述べたところとは多少異なるように思われる。国際商事仲裁は渉外的性格を有する仲裁である。渉外的性格は当事者の住所、営業所が外国にあったり、契約の内容及び性格などが外国とかかわることにある。典型的なものとしては、日本の企業と外国の企業との間の売買契約、技術援助契約などから生じた紛争がある。この場合には両当事者の住所、営業所が同じ地域または国になく、契約にも日本法が適用されるとはかぎらないし、判断をするに当っても国際取引に関する知識を必要とする。このような国際仲裁では、いずれの地で仲裁を行うかが当事者にとって大きな関心事である。それをきめる要素としては、個別仲裁の場合には当事者にとっての便宜というようなことで足りるかもしれないが、常設仲裁機関による仲裁の場合には、地理的に便利なだけではなく、国際取引紛争の仲裁についてのその仲裁機関の実績と信頼性が重要である。仲裁の信頼性は、結局、国際取引紛争について的確な判断をなしうる仲裁人が存在するか、具体的にいえば、そのような仲裁人となりうる者を容易に見つけることが可能か、そのような仲裁人に仲裁地に来てもらうことができるかということであろう。しかし、それだけではなく、仲裁を行うための前提となるいくつかの条件も重要である。それは、仲裁で用いる言語は何か、英語、仏語等国際的に広く用いられている言語を用いることができるか、有能な翻訳者を利用できるか、外国弁護士の活動が可能か、日本の仲裁法、仲裁規則等を国際語で入手することが可能か、というような、仲裁手続を円滑にすすめるに必要となる事柄である。

しかし、それにしても、国内で仲裁がかなりの程度において行われていない国で、国際商事仲裁が盛んに行われるとは考えられない。人々は仲裁の経験の蓄積に乏しいところで仲裁をすることをあやぶむからである。

東京、大阪はかつてに比べるならば国際化したが、上に述べたようなことについてさらに欧米の大都市と同様な機能をそなえるようになる必要があろう。これまで、日本に常設仲裁機関がありながら、日本の企業の結ぶ契約の紛争解決方法として外国での訴訟、仲裁によることが少なくない。それは日本の企業関係者の紛争解決方法に対する無関心のほかに、日本のおかれた地理的条件の不利、言語の不自由もあろうが、契約の相手方を納得させるに足るだけの仲裁の実績がないということもその原因であろう。

四　結　び

わが国における仲裁手続の利用は低調であったが、それだからといって、これをわが国における民事紛争の解決方法として適当ではないとして、このまま放置しておいてよいとは思われない。仲裁は訴訟と同じく、第三者の判断に服することによる紛争解決方法であるが、当事者の合意の存在を前提とし、仲裁人に当該紛争を解決するに足る知識と経験のある者を選定しうること、手続が非公開であることにおいて訴訟と異なる特色がある。したがって、争点についての判断に専門的、技術的な知識、経験を必要とする紛争において活用することが適当であろう。既に建設工事紛争では利用されているが、それのみならず一般の商取引から生ずる紛争で多く利用されることが望ましい。商取引の多くは専門的、技術的性格の強いものであり、紛争の存在が他に知られないことに意味があるからである。

また、国際商取引から生ずる紛争についても、仲裁が利用されてよい。国際商取引から生ずる紛争を訴訟で解決する場合には、まず国際的裁判管轄権の有無をめぐって争いが生じ、そのほかにも時間のかかる要素があるうえ、裁判官に国際商取引についての専門的、技術的な知識と経験を求めることに困難なことが少なくないからである。したがって、仲裁のような紛争解決方法も利用しうるようにしておいて、当事者が適当な方法を選ぶことができることにしておく必要がある。

仲裁の利用を促すための重要な点は、仲裁契約の普及と仲裁人の養成であろう。当事者が仲裁契約を結ぶためには、多くの人々が仲裁について知ることが前提となる。これには仲裁関係者の努力にまつだけではなく、国の司法政策上の措置も必要である。その一つとして、仲裁法を改めて仲裁を利用しやすいものとすることが考えられる、しかし、仲裁制度への信頼は、結局、仲裁人への信頼に帰するので、さまざまな分野についての有能な仲裁人を見出すことができるような仕組みをつくるとともに、仲裁手続を容易に利用できるようにしておく必要があろう。

仲裁は当事者による自主的な紛争解決方法であるから、国家の支援には自ずから限度がある。したがって、法律家及び経済活動にかかわる人々の間で仲裁制度を活用する方策を積極的に講ずる必要があろう。

（1）　菊井維大＝松浦馨「仲裁邦語文献目録（著者別）」法律時報五二巻一一号一六二頁をはじめとして、その後内外の仲裁関係の文献目録が出されている。

（2）　西欧諸国では仲裁の重要性が認識されていたので、一九二七年の外国仲裁判断の執行に関する条約が作成されたのであるが、第二次大戦後はさらに仲裁に関する論文、著書の数が増し、仲裁に関する雑誌も数紙をかぞえるに至っている。

（３）　第二東京弁護士会は平成二年に「仲裁センター」を設けた。ここでは、弁護士会に法律相談に来た人とその相手方について、仲裁で解決するとの意思を確めた上で、仲裁手続を行う。この仲裁は個人、小企業に関する比較的少額の金銭上の紛争を迅速に解決するという機能を果している。その後、大阪弁護士会でも同様の仲裁を行っているとのことである。

（４）　一九九二年の日米構造問題協議第二回フォロー・アップ会合において、企業活動から生ずる紛争の解決を促進するために、日本国政府は民事訴訟制度の改革とともに、仲裁制度の改善のための努力を支援することを表明した（日米構造問題協議フォロー・アップ第二回年次報告　日本側措置Ⅳ５紛争解決⑴民事訴訟手続の見直し作業⑵国際商事仲裁　平成四年）。これをうけて、平成四年に国際商事仲裁システム高度化研究会が発足した。

（５）　池田寅二郎「仲裁」岩波法律学辞典一八八五頁

（６）　小山昇・仲裁法〔新版〕一八頁

（７）　菊井維大「明治期仲裁管見」法律時報四巻八号八頁以下

（８）　小山昇・仲裁法〔新版〕二〇―二一頁

（９）　村本一男・我国仲裁制度の実情に就て（司法研究報告二八輯六号）は裁判所に預置かれた仲裁判断をもとにした研究である

（10）　村本・前掲一〇八頁―一三五頁

（11）　村本・前掲二一頁―二五頁

（12）　谷本裕範「社団法人日本海運集会所」法律時報五四巻八号九〇頁

（13）　司法統計年報によれば、昭和二〇年代後半の民事調停事件の新受事件の件数は約六万件ないし約七万五千件であったが、その後昭和三〇年代から五〇年頃までは五万件台に減少し、再び六万件ないし七万件台になっている。平成三年には約七万四千件である。人口の増加と経済活動が盛んになったにもかかわらず調停時件の数が増加していないのは、民事調停は経済活動の紛争解決には利用されていないということであろう。これに対して、第一審における訴訟事件の新受事件件数は、地方裁判所と簡易裁判所をあわせて、昭和二〇年代後半には約一〇万件であったが、漸次増加し、昭和五五年には二〇万件を越し、平成三年には約三三万件に達している。いずれも調停事件よりもはるかに多い。最近の情況からすると、日本では調停のほうが訴訟よりも多く利用されているとはいえないであろう。

(14)　小島武司＝高桑昭・注解仲裁法（萩沢清彦執筆）二五二頁以下
(15)　小島＝高桑・注解仲裁法（由良範泰＝高橋俊雄執筆）二六四頁以下
(16)　小島＝高桑・注解仲裁法（佐久間重吉執筆）二八六頁以下
(17)　小島＝高桑・注解仲裁法（釘沢一郎執筆）四七七頁
(18)　原後山治「『相談』から『仲裁』への道程」法の支配八〇号、第二東京弁護士会「少額仲裁制度導入に関するシンポジウム」判例タイムズ七二一号四頁以下
(19)　服部弘「社団法人国際商事仲裁協会」法律時報五四巻八号八七頁
(20)　Arbitration and the Law: The Annual Report of the American Arbitration Association 1991-1992 (Kluwer, 1993)では事件の内容別の統計は公にしていない。しかし、アメリカ仲裁協会関係者の言によれば、この数年間の仲裁事件の件数は全体で約六万件、そのうち労働仲裁が二七％、商事仲裁が二〇％、建設仲裁七－八％、交通事故に起因する仲裁事件が約三五％であり、渉外的な仲裁事件は約二〇〇件であるとのことである。事件の種類にもよるが、仲裁判断のほうが和解よりも多く、労働仲裁では取下もかなりみられるという。
(21)　川島武宜「調停と仲裁」二－三頁
(22)　小島武司「調停の役割とその機能的限界」判例タイムズ四二〇号四二頁
(23)　民事訴訟法第八編を改める試みとして、仲裁研究会による「仲裁法試案」（一九八九年）がある（菊井維大ほか・仲裁法の立法論的研究、一九九三年）。そのほか、三ケ月章「仲裁研究の現状と課題」民事訴訟法研究第九巻一五五頁、一八三頁、青山善充「仲裁法改正の基本的視点と問題点」三ケ月章先生古稀祝賀・民事手続法の革新上巻五二

九頁参照。

第二章　仲裁に関する条約

3　仲裁に関する条約

一　仲裁法の統一と条約

(1)　仲裁法の特色

仲裁は当事者の合意に基づいて選任された私人の判断による紛争解決方法であって、一定の社会において正当性を有する政治権力によってなされる紛争解決方法ではない。それ故、仲裁はその社会において正当性を有する権力によって承認されることによって、法的な意味を有することになる。近代国家では、私人間の紛争解決のための強制力を国家（公権力）が独占しているので、国家が仲裁を紛争解決方法の一つとして承認し、これに強制力を付与することによって、仲裁が法的に意味をもつに至る。これが仲裁判断の承認と執行にほかならない。したがって、仲裁に関する法律上の問題は、結局、仲裁判断の承認と執行の問題に集約される(1)といっても過言ではない。すなわち、仲裁判断の承認、執行に際して、また仲裁判断の取消しに際して、仲裁契約が有効か、いかなる事項について、どのような手続でなされ、いかなる内容の判断であるかを国家が審査して、仲裁判断に法的な効力を付与するかを決定するからである。そのために、当事者間の仲裁契約を認めるか、いかなる紛争について認めるか、それにいかなる効力を与えるかなどについて、国家の側からの基準を設定しておかなくてはならない。仲裁手続における当事者自治は必ずしも自明のことではなく、国家法でそのことを認めたことによるのである。そして、国家の司法政策として仲裁をその国における紛争解決方法の一つとして認めることになると、これに加えて、仲裁手続における適正、公平を担保するための規定も必要になる。さらに、当事者の意思の明確でないところ、当事者の意思の足らないところを補うために、たとえば、仲裁人の選定、忌避、手続の運営に関する規定をおき、仲裁を効果あらしめるために国家（裁判所）による協力の規定をおくこともある。

これらのうち、仲裁判断の承認、執行、仲裁判断の取消し、仲裁契約の有効性、対象となる紛争の仲裁可能性・適格性、仲裁と訴訟の関係、仲裁判断の形式、仲裁判断の預置きなどは自国において行われる仲裁を私的紛争の解決方法として法的に認めるためには定めておかなくてはならない規定である。これに対して、仲裁人の選定、忌避、手続の進行に関する規定は、本来、当事者の合意（当事者の指定した仲裁規則をも含む）によることができる事項についての規定であるから、当事者の意思を補充する規定ということができよう。このようにみてくると、仲裁に関する規定にも性質のちがいがあって、仲裁人の選定、忌避、仲裁手続の進行に関する当事者の合意及び仲裁規則は法律の規定に優先して適用されるが、仲裁契約の有効性、仲裁可能性、仲裁判断の効力、仲裁判断の取消しは当事者の合意によって定めることが適当ではない事項であるから、これらに関する法律の規定に反することは許されない。これが仲裁法の特色である。

(2)　仲裁法の統一の必要性と可能性

各国の仲裁法の内容が同じであるに越したことはないが、渉外的法律関係に関する紛争であっても、各国で仲裁法の内容が異なっているからといって、とくに不都合があるとはいえない。仲裁が当事者の合意に基づく紛争解決方法であることからすれば、仲裁手続の進行に関する規定は原則として当事者の合意によって定めることができるのであり、それに関する仲裁法の規定は補充的な意味を有するにとどまる。このような規定について、あえて各国で統一しておかなければならないものではないであろう。このような補充的規定だけではなく、強行規定である仲裁判断取消事由に関する規定についても同様のことがいいうる。いかなる場合にその国でなされた仲裁判断に法的効力を与えるかは、各国の政策によって異なることはやむをえないからである。

　そこで、仲裁に関する各国の法を統一する必要があるか、またそれが必要であるとすれば、それはいかなる事項であるか。仲裁法として統一しておくことが必要な事項は、各国の国内法のみでは十分に規律できない事項である。それは自国以外でなされた仲裁判断の承認、執行に関する要件とそのための手続並びにその前提となる仲裁契約の効力の承認ということになろう。自国でなされた仲裁判断にいかなる効果を与えるかは自国のみできめてもよいが、他国でなされた仲裁判断を自国で執行し、自国でなされた仲裁判断を他国で執行する場合には、各国に共通の基準が存在することが望ましいからである。仲裁に関する多くの多数国間条約[2]（一八八九年の民事手続に関する条約〔モンテビデオ条約〕[3]、一九二七年の外国仲裁判断の執行に関する条約〔ジュネーヴ条約〕[4]、一九五八年の外国仲裁判断の承認及び執行に関する条約〔ニューヨーク条約〕[5]、一九七二年の経済・科学・技術協力関係より生ずる民事紛争の仲裁による解決に関する条約〔モスクワ条約〕[6]、一九七五年の国際商事仲裁に関する米州国間条約〔パナマ条約〕[7]など）が外国仲裁判断の承認、執行に関する条約であるのはこのような理由による。

　このほかに渉外的仲裁に関して仲裁契約、仲裁人の選定・選任、仲裁手続、仲裁判断のすべてにわたる統一仲裁法を作成する試みもなされた。それは一九六一年の国際商事仲裁に関する欧州条約[8]と一九八五年の国際商取引法委員会模範仲裁法[9]である。前者は、西欧と東欧間の貿易上の紛争を仲裁によるとする契約において、東欧諸国間の貿易団体が国際商業会議所（ICC）に加盟していなかったこともあって、仲裁の全体にわたる法規範を作成する必要があったためである。後者は世界的な規模で仲裁に関する法の統一をはかる目的で作成されたものである。ただし、国際商事仲裁のみに適用されるものであることに注意すべきであろう。

次に、仲裁法の統一の可能性についていえば、仲裁の全体にわたって仲裁法を統一することは必ずしも不可能ではないであろう。しかし、その可能性の多いのは渉外的な紛争、とくに国際的商取引、国際的企業活動から生ずる紛争についてであろう。国内的な紛争に関する仲裁法の規定については、これを統一するに足るだけの必要があるかどうかは疑問である。したがって、統一の可能性は渉外的法律関係から生ずる紛争の解決に関する事項が最も大きいということになろう。

(3)　仲裁法に関する国際的立法の形式と内容

仲裁法の統一はほとんどが多数国間条約の形で行われ、それ以外の形式としては国際商取引委員会（UNCITRAL）の作成した国際商事仲裁に関する模範法（モデル法）があるにすぎない。仲裁法の統一について条約によるか模範法によるかは、それぞれ利害得失があって、一概にいうことはできない。仲裁法の統一を必要とする事項は、前述のごとく、各国で同一内容の規定を設けておく必要のある事項である。そうすると、模範法では各国の国内法が必ず統一されるとの保証はないが、条約の形式をとると各国は同一の規定を採用することを義務づけられることになる。したがって、仲裁法の統一が強く必要とされる事項については条約によるべきであろう。外国仲裁判断の承認、執行、仲裁契約の承認に関する規定を統一するための条約が作成されたのはこのような理由による。そのほかに仲裁人の選定、仲裁手続について定めた条約もあるが、これらについてそのような強い統一を必要とするかは疑問であろう。

通商条約、貿易協定など二国間条約で仲裁に関する規定を設けている例も少なくない。その内容の多くは、一方の国の国民（法人を含む）と他方の国の国民（法人を含む）との間の仲裁契約の承認、仲裁手続での協力、仲裁判断の承認、執行に関するものである。日本が締結した条約（一九九五年三月現在で仲裁について規定しているものは一三ヵ国との間の条約）にかぎってみても、条約の規定は相手国によって異なっている。

これらの条約の規定はいくつかの類型に分けることができる。すなわち、(イ)締約国の国民の間の仲裁契約の承認、仲裁判断の承認、執行のための要件を定めるもの（たとえば、日米友好通商航海条約など[10]）、(ロ)締約国の国民の間の貿易から生ずる紛争についての仲裁判断の承認・執行を原則として認めることとし、それに対する拒否の要件を定めるもの（たとえば、日ソ通商条約など[11]）、(ハ)締約国がともに加わっている多数国間条約の規定によるとするもの（日英通商居住航海条約）、(ニ)仲裁に関する具体的な規定をとくに設けることなく、外国貿易から生ずる紛争の解決はそれぞれの締約国の仲裁手続によるとするもの（日中貿易協定）である。なお、これらの二国間条約における仲裁に関する規定は、その二国間における仲裁に関するすべての事項をとり上げているわけではない。

仲裁に関する条約は、それが二国間条約であっても多数国間条約であっても、いわゆる立法的性格を有する条約である。

二　条約と国内法の関係

(1)　条約の実施

条約を実施するに際してどのような措置を必要とするかは、それぞれの国の法制によって異なる。条約を批准し、これに加入したことによって条約の規定が当然に国内法としての効力を生ずるとする国もあるが、条約の規定が当然に国内において効力を生ずることにはならず、そのために国内法を制定しなければならないとする国もある。わが国では、条約の規定がそのまま適用しうる性質のものである場合には、条約の規定を実施するための法律の制定をあえて必要とせず、条約の規定が国内法として効力を有するものとして適用される。もちろん、条約の規定が条約を実施するための国内法の制定を義務づけるものであるときは、条約の規定が直接適用されるものでないことはいうまでもない。このことは二国間条約であるか多数国間条約であるかを問わない。これまでのところ、わが国は仲裁に関する条約の締結にともなって、それを実施するための国内法を制定し又は既にある国内法を改正するという措置はとっていない。

(2)　条約の規定と国内法の関係

条約の規定と国内法の関係についても各国の法制によって異なる。わが国では条約の規定と法律とが競合する場合には、一般的には条約の規定が法律に優先して適用されると解されている(憲法九八条二項)。したがって、仲裁に関する条約の規定は、条約が効力を生じた後は、公示催告手続及ビ仲裁手続ニ関スル法律第八編の規定に優先して適用されることになる。

条約で国内法との関係についてとくに規定を設けているときは、それによることはいうまでもない。多数国間条約ではそのような規定を設けていることが多い。ジュネーヴ条約五条では、同条約一条から四条までの規定は、関係当事者から仲裁判断が援用される国の法令又は条約により認められる方法及び限度でその判断を利用する権利を奪うものではないとし、ニューヨーク条約七条一項では、同条約の規定は締約国が締結する仲裁判断の承認及び執行に関する多数国間又は二国間の合意の効力に影響を及ぼすものではなく、また、仲裁判断が援用される国の法令又は条約により認められる方法及び限度で関係当事者が仲裁判断を利用するいかなる権利をも奪うものではないと定めている。これらの規定の趣旨は、ジュネーヴ条約、ニューヨーク条約のいずれについても、これらの条約の規定が当然に他の条約又は国内法の規定に優先して適用されなければならないものではないことを宣言したにとどまると解される。(12) すなわち、これらの規定の趣旨は、ジュネーヴ条約又はニューヨーク条約の締結国では、当事者は、外国仲裁判断の承認、執行を求めるにあたって、他の条約の規定によることもその国の国内法の規定によることもできるということにある。(13) わが国はジュネーヴ条約及びニューヨーク条約の締約国であるから、当事者は、わが国においては、それぞれの条約又は国内法の規定のいずれかによって、外国仲裁判断の承認、執行を求めることができる。

二国間条約と国内法との関係については、わが国が締結している二国間条約には、国内法を二国間条約に優先させ、又は、二国間条約によらず、国内法によることを認める規定は存在しない。したがって、二国間条約の規定が国内法に優先して適用されると解すべきである。

三　条約相互の関係

同一の事項に関して多数国間条約が競合する場合及び二国間条約と多数国間条約とが競合する場合にいかなる条約の規定が適用さるべきかについては、結局、それぞれの条約の趣旨、具体的な規定の内容から合理的な解釈をとるほかはないであろう。

(1)　一般的条約相互の関係

一般的条約として競合するのは、ジュネーヴ条約とニューヨーク条約である。後者は前者に代わる一般的条約として作成されたのであるが、ジュネーヴ条約五条、ニューヨーク条約七条一項のいずれも、これらの条約の規定は仲裁判断が援用される国の法令又は条約によって認められる方法及び限度で関係当事者が仲裁判断を利用する権利を奪うものではないとしているので、そのかぎりでは両者の間に優先劣後の関係はないことになる。しかし、ジュネーヴ条約とニューヨーク条約の両方の締約国となっている国の間では、ニューヨーク条約七条二項によって締約国がニューヨーク条約に拘束される時から、そしてその限度において、それらの国の間ではジュネーヴ議定書とジュネーヴ条約は効力を失い（ジュネーヴ条約の締約国となるためには、ジュネーヴ議定書の締約国となることを要する。なお、ジュネーブ議定書には外国仲裁判断に関する規定はない）、ニューヨーク条約が適用されることになる。しかしながら、ジュネーヴ条約の締約国であってニューヨーク条約の締約国でない国との間では、依然としてジュネーヴ議定書及びジュネーヴ条約は効力を有していることになる。

(2)　地域的条約と一般的条約

地域的条約と一般的条約とが適合する場合にも、それぞれの条約が具体的にいかなる規定をおいているかによる。国際商事仲裁に関する欧州条約（一九六一年）一〇条七項は、この条約の規定は締約国が締結した仲裁に関する多数国間又は二国間の協定の効力に影響を及ぼすものではないとしている。これに対して、経済・科学・技術協力関係より生ずる民事紛争の仲裁による解決に関する条約（一九七二年）六条一項では、締約国間でこの条約加入以前に締結された二国間協定及び多数国間協定は、この条約により扱われる事件には適用されないと規定し、同条約の規定の優先的適用を明示している。また、国際商事仲裁に関する米州国間条約（一九七五年）には他の条約との関係に関する規定はなく、条約の適用範囲についての規定もない。この条約の締約国の中にはニューヨーク条約の締約国も少なくないが、両者が競合するときはこの条約が適用されるという趣旨[14]であろうか。

(3)　二国間条約と多数国間条約の関係

二国間条約と多数国間条約の関係についても一概にいうことはできない。一般にいえば、それぞれの条約でどのように定めているかによる。また、二国間条約と多数国間条約とでは適用範囲が必ずしも同じではないことに注意すべきである。一般に前者は両国の国民（法人を含む）間の仲裁に適用され、後者は外国又は他の締約国でなされた仲裁に適用され、通例、当事者の国籍等は問わない。

(イ)　締約国間において多数国間条約の効力が生じた後に二国間条約を締結した場合には、とくに何らの規定もないならば、二国間条約が多数国間条約に優先して適用される趣旨と解すべきであろう。従来から存在する多数国間条約を前提として、これにさらに二国間で新たな条約を加えたからである。ジュネーヴ条約五条もニューヨーク条約七条一項も、これらの条約の規定は締約国が締結する二国間の合意の効力に影響を及ぼさないとしている。したがって、この場合には、二国間条約の規定はジュネーヴ条約、ニューヨーク条約の規定に優先して適用されることになる。ところが、一九七八年に締結された日本国とポーランド人民共和国との間の通商航海条約の議定書五項(一)（日本とドイツ民主共和国間の通商航海条約の議定書二項も同趣旨）では、これらの条約の規定はニューヨーク条約又はこれを補足し若しくは改正する条約による当事者の権利義務を害するものとしない旨を定めている。その趣旨は文言上明らかとはいい難いが、これらの規定は、要するに、通商航海条約の規定はニューヨーク条約又はこれを補足し若しくは改正する条約の規定に優先するのではないことを定めた趣旨と解され、したがって、当事者は二国間の通商航海条約の規定によることもニューヨーク条約又はこれを補足し若しくは改正する条約の規定によることもさまたげない趣旨(15)と解される。

(ロ)　締約国間で二国間条約が効力を生じた後に多数国間条約が効力を生じた場合には（たとえば、日米友好通商航海条約、日ソ通商条約は、いずれもニューヨーク条約が効力を生ずる以前に効力を生じている）、それにともなって二国間条約を修正し、または廃棄しないかぎり、多数国間条約が効力を生じたからといって、これによって当然に二国間条約の効力に影響が及ぶということはできないであろう。しかも、ジュネーヴ条約五条及びニューヨーク条約七条一項では、これらの条約が当然に二国間条約に優先するものではないことを明示している。したがって、この場合にも二国間条約が優先して適用されると解すべきであろう。このような場合に多数国間条約に加盟するのは、二国間条約を締結していない国との間での仲裁判断の承認、執行のためである（なお、ソ連邦〔当時〕は、自国及び相手国についてニューヨーク条約が効力を生じた後は、日ソ通商条約のごとき規定は設けず、ニューヨーク条約によるべきことを定めている〔ソ連邦とインド共和国間の通商協定九条(二)〕。[16]

(ハ)　日中貿易協定で仲裁判断の承認、執行が求められた国の国内法によるとしているのは、協定締結当時（一九七四年）、中華人民共和国（中国）はジュネーヴ条約、ニューヨーク条約のいずれの条約の締約国でもなく、日本もニューヨーク条約で相互主義の留保をしていたためである。その後、ニューヨーク条約は中国について一九八七年一月二二日から効力を生じたので、それ以後は両国とも相手国でなされた仲裁判断については同条約の規定が適用される（もっとも、当事者は、同条約七条一項により、条約の規定ではなく、国内法の規定によって仲裁判断の承認、執行を求めることは可能である）。ただし、日本国民（自然人及び法人）と中国の外国貿易機構との間の商事契約から生じた紛争についての仲裁判断であっても、同条約の締約国の領域内でなされたものでないときは、同条約の規定は適用されないことになる。これに対して、中国の外国貿易機構以外の者（自然人及び法人）と日本国民との間の仲裁判断は、日中貿易協定の対象となる仲裁判断ではないので、仲裁判断のなされた地がいずれであるかによって、ニューヨーク条約が適用される場合と適用されない場合とが生ずる。同条約の規定が適用されない場合には、両国の国内法の規定によるほかはない。

（1）小山〈新版〉六頁。
（2）仲裁に関する条約の情況については、小島＝高桑・注解仲裁三〇三―三〇六頁、八三一―八三三頁参照。
（3）Organization of American States, Treaty Series, No. 9.
（4）League of Nations, Treaty Series, vol. XCII, p. 302 (1929-30).
　一九二七年のジュネーヴ条約は一九二九年七月二五日に効力を生じ（二ヵ国の批准による）、現在三八ヵ国が締約国となっているが、このうち二八ヵ国は一九二九年から一九三二年までにこの条約を批准している。これからみても、当時から外国仲裁判断の執行についての規定の統一の必要があったということができよう。日本については一九五二年七月一一日から効力を生じている。
（5）League of Nations, Treaty Series, vol. 330, p. 38, No. 4739 (1959). 一九五八年のニューヨーク条約に関する文献ははなはだ多い。その作成の経緯及びその記録については、G. Gaja, New York Convention (New York, 1978-80)、この条約の注釈については、Albert J. van den Berg, The New York Arbitration Convention of 1958, The Hague, 1981が詳しい。日本語による注釈としては、小島＝高桑・注釈仲裁三五九―三九七頁。
　一九五八年のニューヨーク条約は一九五九年六月七日に効力を生じ（三ヵ国の批准又は加入による）、世界の主要国を含む一一一ヵ国が締約国となっている（一九九七年三月三一日現在）。仲裁に関してはもちろん、私法の分野において、最も成功した条約といってよいであろう。日本については、一九六一年六月二〇日から効力を生じている。
（6）International Commercial Arbitration (Soviet Commercial and Maritime Arbitration), Oceana, 1989, p. 185 f.
（7）Yearbook Commercial Arbitration vol. III (1978), p. 15.
（8）United Nations, Treaty Series, vol. 574, p. 160, No. 8359 (1966).
（9）UNCITRAL Yearbook vol. XVI (1985), p. 393 f. 国際商取引法委員会の仲裁模範法についての文献ははなはだ多い。これに関するまとまった解説として、Constantin Calavros, Das UNCITRAL Modellgesetz uber die Internationale Handelsschiedsgerichtsbarkeit, Bielefeld, 1988. 日本語の文献として、青山善充「国際商事仲裁の現代的課題と問題点(1)―(4・完)――UNCITRAL国際契約実務作業部会の資料と会議の紹介を兼ねて――」法律時報五四巻八号―一一号（一九八二年）、澤田壽夫・UNCITRAL国際商事仲裁模範法（一九八六年）、高桑昭・国際商取引法委員会の国際商事仲裁に関する模範法（一九八七年）参照。

(10)　日米友好通商航海条約のほかに、わが国とペルー、アルゼンチン、エル・サルバドル、パキスタンとの間の通商航海条約（エル・サルバドルとの間では通商協定）に同様の規定がある。

(11)　旧ソ連邦との通商条約（ロシア連邦が承継）のほかに、わが国とポーランド、旧ユーゴースラヴィア、チェコスロヴァキア、ルーマニア、ブルガリア、ハンガリーとの間の通商（航海）条約に同様の規定がある。ドイツ民主共和国との間の通商条約は一九九〇年一〇月に同国がドイツ連邦共和国との統一条約により、ドイツ連邦共和国の一部となり、ドイツ連邦共和国は上記通商条約を承継しなかったため、同条約は効力を失った。また、チェコスロヴァキアとの通商条約は一九九二年一〇月一七日に終了した。

(12)　小島＝高桑・注解仲裁三〇七頁以下。

(13)　反対、阿川清道「外国仲裁判断の承認及び執行に関する条約について(下)」ジュリスト二三二号（一九六一年）四九頁、村上謙「通商航海条約における仲裁判断条項について」外務省調査月報二巻九号（一九六一年）二五頁、小林秀之・国際取引紛争（一九八七年）二〇三頁。阿川説及び小林説はニューヨーク条約の規定よりも緩い要件を定めていない二国間条約、国内法の規定は効力を有しないとし、ジュネーヴ条約、同議定書の適用がある場合でもニューヨーク条約の適用がある限度でそれらの効力は失われるとする。村上説はそのような規定は修正または廃止さるべきであるとする。しかし、これらの解釈の根拠は明らかとはいい難いし、条約の文言からはこのように解することは無理である。

(14)　同旨、van den Berg, op. cit., pp. 102-103.

(15)　小島＝高桑・注解仲裁三〇六頁、三一八頁及び三三六—三三七頁〔高桑昭〕の説明を、本文のように改める。

(16)　ソ印通商協定（一九八五年一二月二三日）九条については、International Commercial Arbitration (Soviet Commercial and Maritime Arbitration), Oceana, 1989, p. 222を参照されたい。

4　海上物品運送条約における仲裁条項

一　船荷証券における仲裁条項

1　海上物品運送条約と仲裁条項

一九七八年三月にハンブルクで採択された「海上物品運送に関する一九七八年国際連合条約」（The United Nations Convention on Carriage of Goods by Sea, Hamburg, 31 March, 1978）（以下「海上物品運送条約」または「ハンブルク・ルールズ」（Hamburg Rules）という）には、紛争解決のための規定として、裁判管轄権（Jurisdiction）に関する規定（第二一条）とともに、仲裁（Arbitration）に関する規定（第二二条）がある。この条約の作成過程[1]、この条約の特色[2]――荷主の利益に対する配慮（例えば航海過失免責の廃止）、紛争解決に関する手続的規定等――については既に述べたので、ここではあえてくり返すことをしない。本稿は実質的には「海上物品運送条約における裁判管轄条項」を承けたものだからである。そこで当面の検討事項である仲裁条項についてみると、この条約は次の点で注目すべき条約といわなければならない。

それは、一言でいえば、海上物品運送契約から生ずる紛争が仲裁によって解決されることを予定しているところにある。物品の海上運送に関する条約としては、これに先立つものとして、一九二四年のブリュッセル条約

（Convention internationale pour l'unification de certaines règles en matière de connaissement, Bruxelles, 25 août 1924. いわゆるヘイグ・ルールズ（The Hague Rules））と一九六八年の追加議定書（Protocole portant modification de la Convention internationale pour l'unification de certaines règles en matière de connaissement signée à Bruxelles le 25 août 1924, Bruxelles, 23 février 1968. いわゆるウィスビー・ルールズ（Visby Rules））があるが、このいずれにも仲裁に関する規定はない。また、これまでの海事私法に関する条約においても、仲裁に関する規定を有する条約は非常に少ない。一九六二年の原子力船の運航者の責任に運する条約(3)（Convention relative à la responsabilité des exploitants de navires nucléaires et Protocole additionnel, Bruxelles, 25 mai 1962）第二〇条に規定する仲裁は、この条約の締約国間の紛争に関する仲裁である。仲裁を私人間の紛争解決の手段として規定しているのは一九六七年の建造中の船舶についての登録に関する条約（Convention internationale relative a l'inscription des droits relatifs aux navires en construction, Bruxelles, 27 mai 1967）第一一条であるが、この仲裁は当事者間においてこの条約の適用または解釈について争があるときの解決方法とされている。わずかに一九七四年の旅客及びその手荷物の運送に関するアテネ条約（Convention d'Athènes de 1974 relative au transport par mer de passagers et de leurs baggages, Athènes, 13 décembre 1974）第一七条第二項では、事故発生後に当事者間で裁判管轄または仲裁について合意することを認めてはいるが、本条約のように、仲裁が一般的な解決方法であることまで認めたとはいえない。一九八〇年五月にジュネーブで採択された国際複合運送条約(4)（The United Nations Convention on Multimodal Transport of Goods）第二七条は仲裁を訴訟と並んで紛争解決方法として規定している。しかし、この条約は海上物品運送条約を半ば下敷きにして作成されたものであるから、結局、海事私法の条約において、私人間の紛争の解決のための一般的な方法として仲裁を正面から認めた条約は一九七八年の海上物品運送条約であるといってよいであろう。すなわち、この条約は海事私法のみならず、私法（実質法）に関する条約に仲裁の規定を採用したはじめての条約であろう。

しかし、実際には、従来から運送契約にもとづいて作成される船荷証券上の記載（いわゆる裏面約款）には、裁判管轄に関する記載はあっても、仲裁に関する記載は存在しなかったといってよいであろう。(5)

このような情況をふまえると、本条約は、海事私法に関する国際条約の規定としては注目に値するものであるけれども、本条約の規定が適切であるか、またこのような規定のあることによって今後実務に大きな影響を及ぼすかは、必ずしも明らかではない。しかし、これまで海上物品運送契約に関する紛争の解決方法として仲裁が利用されていなかったからといって、今後も利用されないとはかぎらない。最近、世界的に仲裁制度を拡充しようとの動きもみられるので、今後、海上物品運送契約についての紛争を仲裁で解決するという方向に進んでいくことも考えられないことではない。(6)そこで、仲裁について現に行われている一般的な原則との関連において、海上物品運送条約第二二条がどのような意味を有するかについて検討するのが本稿の目的である。

2　船荷証券と仲裁条項

船荷証券中の条項（約款）では、既に**1**で述べたように、従来裁判管轄条項はあったが、仲裁条項はなかった。ところが、これとは逆に、傭船契約書では、紛争の解決は一定の仲裁機関の仲裁によるとの条項があるが、裁判管轄条項は存在しない。これは興味ある現象である。このような相違はどのような理由によるのであろうか。訴訟と仲裁は中立の第三者による強制的な紛争解決の方法である点で共通するところが多いが、両者の主な相違として、訴訟の公開と仲裁の非公開、訴訟よりも仲裁において実際に通じた者の判断を得やすいこと、訴訟よりも仲裁が紛争の実情を汲んでの解決が可能なこと、仲裁のほうが時間がかからないこと等があげられている。ところがこれらの相違を検討してみても個々の物品の運送契約から生ずる紛争の解決には訴訟が適当であり、傭船契約から生ずる紛争の解決には仲裁が適当であるとしなければならない理由は必ずしも明らかではない。裸傭船であれ定期傭船であれ、傭船契約から生ずる紛争を訴訟で解決することにとくに不都合があるとは考えられないし、物品の運送契約から生ずる紛争の解決を仲裁に付託することにとくに差支えがあるとも考えられない。また、筆者の知るかぎりにおいて、これまでこの点に言及した文献もないようである。おそらく歴史的由来をたどる必要があるのであろうが、筆者にとって、現在この現象を十分に解明する余裕はない。しかし、差当って、次のように理解すべきであろうか。

　運送契約に基づいて荷主に交付される船荷証券は、予め運送人が作成しておくものであるから、そこに記載されている約款も運送人が作成したものである。このような船荷証券は一九世紀後半以来のことであるが、世界的にみて、当時は現在行われているような仲裁が紛争解決方法として十分に発達していなかったこと[7]と、運送人の営業の本拠地その他便利な地に適当な仲裁機関が存在しなかったことなどの理由によって、いわば当然のこととして運送人の本拠地または運送人にとって便利な地の裁判所を管轄裁判所とすることが採用され、それがその後とくに疑問とされることなく今日に至ったのであろう。もちろん当事者間で別に管轄裁判所を合意するとか、裁判管轄条項に代えて仲裁条項を挿入することは可能であったと思われるが、実際にそのようなことはほとんど行われなかったようである。これに対して傭船契約、とくに定期傭船契約は遅れて発達し、各国とも明文の法規、判例が十分に存在していなかったことと、特定の機関の作成した契約書式が広く利用されたため、その契約の解釈等をめぐる紛争は一定の仲裁機関で解決することが統一的で迅速な解決に役立つと考えられたためであろう。もっとも、必ずしもそうでなければならないという強い理由があるとは考えられない[8]。あるいは、当事者が少数で確定している傭船契約では仲裁が可能であるが、当事者が必ずしも特定せず、地域的にも散在している運送契約にあっては仲裁によることは必ずしも容易ではないためであろうか。結局、海運関係者の間で、船荷証券については訴訟、傭船契約[9]については仲裁が適当であると一般に信じられてきたということであろう。

ともかく、このような理由で、運送契約から生ずる紛争には仲裁が適当ではないと考えられているとすれば、今後も船荷証券中に紛争解決は仲裁によるとの条項が記載される可能性は少ないであろう。[10] そうすると、この条約における仲裁に関する規定はあまり機能しないかもしれない。しかし、この段階で検討しておくことは、今後の海事私法条約との関係で必要であろう。

(1)　一九七八年海上物品運送条約の作成過程については、谷川久「海上運送人の責任の強化(1)—(7)」ジュリスト五七一号—五七九号、同「海上運送人の責任の強化（続）」ジュリスト五八七号、高桑昭「海上物品運送条約案について」NBL一三四号、一三五号及び一三七号参照。

(2)　一九七八年海上物品運送条約については、落合誠一「ハンブルク・ルール（一九七八年国際海上物品運送条約）について」（運送責任の基礎理論二三七頁以下）、桜井玲二「ハンブルク・ルールの成立(1)—(5)」海運六一〇号—六一二号、六一六号及び六一七号、高桑昭「国際海上物品運送条約（一九七八年）について」NBL一六四号、同「海上物品運送条約における裁判管轄条項」海法会誌復刊第二三号九一頁参照。条約の訳文については、日本海運振興会国際問題研究会「一九七八年国際連合海上物品運送条約」（国際海運問題資料I—6）、前掲NBL一六四号六頁以下等参照。

(3)　これらの条約の正文については、Comité Maritime International, Conventions Internationales de Droit Maritime, Textes, Bruxelles, 1987参照。

(4)　一九八〇年の国際複合運送条約については国際コンテナ輸送協会「国連国際複合運送条約」参照。

(5)　社会主義諸国間では、貿易その他の取引から生ずる紛争の解決に仲裁が用いられている。その理由は資本主義諸国での仲裁が用いられる理由とは異なる。しかし、筆者の知るかぎりにおいて、社会主義国の船荷証券に仲裁を紛争解決の方法として記載したものは見当らず、ほとんどが裁判管轄の記載をしている。

(6) 例えばUNCITRAL仲裁規則の採用や、世界の各地域に仲裁センターを設けるような動きがこれである。どの程度活用されるかは今後の問題である。

(7) 各国の仲裁法の発達は訴訟法よりも遅れて、英国は一九世紀後半であるが、その他ほとんどの国では二〇世紀前半から中葉へかけて仲裁に関する法制が整備されるようになった。

(8) 契約書式または標準契約を作成した特定の団体あるいは特定の機関で、その契約から生じた紛争について仲裁を行うことは一見合理的のようでもあるが、契約書の実質的な作成者が契約の解釈、適用に当る結果となり必ずしも適当であるとはいえないのではなかろうか。

(9) 一九七五年から国際連合貿易開発会議（UNCTAD）の海運立法作業部会では傭船契約の問題をとりあげている。ここで標準書式を制定するとか、統一条約を採択するということになれば、おそらく訴訟、仲裁等の紛争方法もとりあげられることになろう。

(10) 谷川教授も、本稿とは異なる観点から、船荷証券中に仲裁条項が利用されることになるとは到底考えられないとされる（谷川久「海上運送人の責任の強化」ジュリスト五七七号一四四頁）。

二 海上物品運送条約における仲裁条項作成の経緯

1 条約作成の際の議論

ハンブルク・ルールズにおける仲裁に関する規定は次のような経緯で作成された。(1) 一九七二年二月に国際商取引法委員会（UNCITRAL）の海運立法作業部会で新たな条約案作成の活動が開始されたときに、運送人の責任範囲の拡大、運送人の免責規定の改正などとともに裁判管轄に関する問題もとりあげられた。新たな条約案における裁判管轄権に関する問題は、運送契約から生ずる紛争について、当事者の便宜、訴訟経済等を考慮して裁判管轄に関する妥当な規定を作成することにあるとされたが、実際には、運送人が予め作成した船荷証券に記載されている裁判管轄条項を何らかの形で制限し、荷主の利益を擁護する規定を作成することにあった[2]。このような動きに対して、わが国から、条約の裁判管轄条項で荷主に有利な規定を設けること、とくに当事者による管轄の合意を他の管轄原因に優先させないことにすると、運送人としては船荷証券中に裁判管轄条項に代えて仲裁条項を記載することとなろうと指摘したことに端を発する。この指摘の趣旨は荷主に一方的に有利な裁判管轄条項の作成されることを阻止することにあった。ところが国際商取引委員会の多数意見は、この指摘を利用して、さらに一歩をすすめ、船荷証券中で仲裁を紛争解決の方法とした場合についてもこの条約で規定を設け、当事者の合意の働く余地をできるだけ制限しようとした。このような経過で、従来船荷証券中に仲裁に関する条項は存在しなかったにもかかわらず、条約で仲裁についての規定が設けられることとなった。

そして、国際商取引法委員会海運立法作業部会では、新たな条約中に仲裁地及び仲裁人の指定に関する条項を規定することとし、その具体的な内容を検討した。作業部会における多数意見は、仲裁においても裁判管轄の場合と同様、仲裁地を一定の範囲に限定し、仲裁を申立てる者がそのなかから選択することにすること、当事者の合意による仲裁地または仲裁人（機関）の選択については、事前の合意（多くは船荷証券中に記載されている）を優先させることはしないこととした。そして、さらに、いかなる地を仲裁地決定の要素とするか、仲裁地は特定の地とするか、仲裁地は荷主（荷送人または荷受人）の選択によって決定されるべきか、あるいはそのような限定をしないかという点が問題となった。そして起草委員会に委ねられ、その結果は次のとおりである[3]。

（イ）　仲裁の行われる地は、荷主の利益を考慮し、船積地、荷揚地、被告の主たる営業所（またはそれがなければ常居所）の所在地、契約締結地のいずれかの属する国、または契約で指定した地に限定した。なお、契約で指定した地を選択しうるのは荷送人または荷受人に限るべきであるとの発展途上国の主張は容れられなかった。

（ロ）　仲裁ではこの条約の規定を適用しなければならない。この点については、仲裁においても当然にこの条約の規定が適用されるかのごとき論調が大勢であったが、仲裁地が締約国であることを要するとの指摘もなかったわけではない。

（ハ）　前記（イ）と（ロ）に反する船荷証券中の記載その他の合意は無効とする。

（ニ）　紛争発生後にした仲裁の合意の効力を妨げるものではない。

2　条約の規定

一九七八年二月の条約採択会議において仲裁条項は次のように確定した。(4)

第二二条　仲　裁

1　本条の規定に従い、当事者は、この条約に基づく運送契約から生ずる紛争を仲裁に付することを、書面により合意することができる。

2　傭船契約中に仲裁によって紛争を解決すべき旨の記載があり、かつ、その傭船契約に基づいて発行された船荷証券において、その仲裁条項は船荷証券の所持人を拘束する旨の特別の記載がない場合には、運送人は善意の船荷証券の所持人に対しては、その仲裁条項を援用することができない。

3　仲裁手続は、申立人の選択に基づき、次の各号に掲げる地の一において開始されなければならない。

(a)　その領域内に次の地がある国の地

(ⅰ)　相手方の主たる営業所又は、それがないときは、その常居所

(ⅱ)　契約を締結した地。但し、相手方がその地に契約を締結した営業所、支店又は代理店を有する場合に限る。

(ⅲ)　船積港又は陸揚港

(b)　仲裁に関する合意で指定した地

4　仲裁人又は仲裁機関は、この条約の規定を適用しなければならない。

5　第三項及び第四項の規定は、すべての仲裁に関する合意の一部とみなす。この規定に適合しない合意は、無効とする。

6　本条の規定は、海上運送条約に基づく請求権が発生した後になされた仲裁に関する合意の効力を妨げるものではない。

(1)　谷川久「海上運送人の責任の強化(1)—(7)」ジュリスト五七一号—五七九号、とくに五七七号及び同「海上運送人の責任の強化（続）」ジュリスト五八七号、高桑昭「海上物品運送条約案について」ＮＢＬ一三四号、一三五号、一三七号参照。

(2)　高桑昭「海上物品運送条約における裁判管轄条項」海法誌復刊第二三号九一頁以下。

(3)　仲裁条項に関する当初の条文は次のとおりである（谷川・前掲論文、ジュリスト五七七号一四四頁による）。

「1　本条の規則に従い、運送契約に基づいて生ずる紛争を仲裁に付する旨の条項又は合意は許容される。

2　仲裁手続は、申立人の選択に基づき、次の各号に掲げる地の一において開始されなければならない。

(a) その領域内に次の地が所在する国の中の地
(i) 船積港又は荷揚港
(ii) 相手方の主たる営業所又は、それがないときは、その常居所
(iii) 契約締結地。但し、相手方がその地に契約を締結した営業所、支店又は代理店を有する場合に限る。
(b) 仲裁条項又は仲裁契約で指定された地

3 仲裁人又は仲裁法廷は、本条約の規則を適用しなければならない。

4 本条2及び3の規定は、各仲裁条項又は仲裁の合意の一部であると看做され、かつ、前二項に適合しない条項又は合意は、無効とする。

5 本条においては、運送契約に基づく請求が生じた後に当事者によりなされた仲裁に関する合意の協力は妨げられない。」

（4） 第二二条の英文は次のとおりである。

<u>Article 22. Arbitration</u>

1 . Subject to the provisions of this article, parties may provide by agreement evidenced in writing that any dispute that may arise relating to carriage of goods under this Convention shall be referred to arbitration.

2 . Where a charter-party contains a provision that disputes arising thereunder shall be referred to arbitration and a bill of lading issued pursuant to the charter-party does not contain a special annotation providing that such provision shall be binding upon the holder of the bill of lading, the carrier may not invoke such provision as against a holder having acquired the bill of lading in good faith.

3 . The arbitration proceedings shall, at the option of the claimant, be instituted at one of the following places:

(a) a place in a State within whose territory is situated:

(i) the principal place of business of the defendant or, in the absence thereof, the habitual residence of the defendant, or

(ii) the place where the contract was made, provided that the defendant has there a place of business, branch or agency through which the contract was made; or

(iii) the port of loading or the port of discharge; or

(b) any place designated for that purpose in the arbitration clause or agreement.

4. The arbitrator or arbitration tribunal shall apply the rules of this Convention.

5. The provisions of paragraphs 3 and 4 of this article are deemed to be part of every arbitration clause or agreement, and any term of such clause or agreement which is inconsistent therewith is null and void.

6. Nothing in this article affects the validity of an agreement relating to arbitration made by the parties after the claim under the contract of carriage by sea has arisen.

三　仲裁条項の検討

1　仲裁条項の概要

まず、個々の問題の検討に先立って、第二二条の規定を概観しておく。

第一は仲裁の合意に関する規定である。本来、当事者間の紛争を仲裁で解決するためには、当事者間に仲裁の合意があれば、それで十分であって、とくに一定の方式を要しないが、仲裁の合意の存在についての争を避けるために、通常は書面による合意を要求している。この条約が適用される場合にも、書面による当事者の合意(仲裁に付する合意または仲裁契約)がなければならず、単なる口頭の合意では足りないとされている(第一項)。仲裁の合意は通常は事前の合意であろうが、紛争発生後に合意することも差支えない(第六項)。また傭船者が運送人として船荷証券を発行した場合には、仲裁の合意として、傭船契約中の仲裁条項を引用するだけでは足りないとされている（第二項）。仲裁の合意に関しては、そのほかとくに規定はない。

第二は、仲裁地に関する規定である。仲裁地の範囲はこの条約によって限定されている。仲裁地はこの範囲内で、仲裁を申立てる者の選択によってきまる（第三項）。仲裁地に関する予めの合意は優先的な効果を有しない。第三項で限定している地以外の地を仲裁地とする合意は無効とされる（第五項）。しかし、仲裁人の選任、仲裁機関の選定については何らの規定も存在しない。

第三は、この条約の適用に関する規定である。仲裁人または仲裁機関はこの条約の規定を適用しなければならない（第四項）。この条約の規定の適用を排除する合意は無効とされる（第五項）。

ともかく、以上の規定以外は仲裁について現に行われている諸原則、各仲裁機関の手続規則によることとなる。そのような場合にいかなる問題が生ずるか、本条の規定がいかなる意味を有するかについては、以下に検討する。

2　仲裁の合意

仲裁の合意（仲裁契約）は、一般にはとくに方式を必要としないとされているが、この条約では書面によるべきこととされている（第一項）。これは仲裁に付する合意の存否をめぐって争が生ずることを避けるための規定である。仲裁をもって紛争解決方法とするときは、実際には船荷証券中に仲裁条項（arbitration clause）を記載するという方法がとられるであろう。仲裁と訴訟とは性質上紛争解決方法として両立しえないものであるから、船荷証券中には仲裁条項か裁判管轄条項のいずれか一つしか記載しえないし、またそれで十分である。

ところで仲裁の合意（仲裁契約）の成立及び有効性はいかにして判断するか。この条約ではこの点に関して何らの規定もないから、仲裁についての一般原則に従うほかはないが、実務上はかなり重要な問題となると思われるので、ここで検討しておこう。仲裁契約の成立及び有効性に関する統一法もないし、これらの準拠法の決定に関する統一された規則も存在しない。また仲裁は裁判所その他の国家の機関の行う手続ではないから、仲裁地の抵触規則（国際私法の規則）が当然に適用されるとはかぎらない。したがって、どのようにして仲裁契約の有効性を判断する規則を決定するかが問題となる。これについては仲裁契約の成立、有効性が問題とされる具体的な場合を考えてみることが問題の解決に役立つであろう。

実際に即してみると、およそ次の四つの場合が考えられる。(イ)まず、仲裁手続において、仲裁を申立てられた者が、仲裁契約の成立または有効性を争い、あるいは仲裁契約の効力が消滅したと主張している場合、(ロ)訴訟において被告となった者が妨訴抗弁として仲裁契約の存在を主張している場合、(ハ)仲裁を申立てられた者が仲裁手続に応じない（例えば仲裁人の選任に応じないなど）ため、仲裁の申立をした者が裁判所等に必要な申立（例えば仲裁人選任の申立など）をした場合、(ニ)外国仲裁判断の承認を求める際に、相手方から仲裁契約の不成立、無効等が主張される場合である。

このうち、(ロ)から(ニ)までは裁判所における手続であるから、裁判所においてその国に行われている抵触規則に従って仲裁契約の準拠法を決定し、これによって判断することとなる。(イ)については、仲裁の申立を受けた仲裁人または仲裁機関が仲裁手続のなかで判断せざるをえないであろう。この場合には、仲裁人または仲裁機関は、仲裁地の抵触規則に従って準拠法を決定するか、あるいは自らが適当と考える方法で準拠法を決定するかのいずれかであろう。(1)この条約の規定からはこの点は明らかではない。実務上は仲裁地または仲裁機関の選定が重要な意味をもつことになろう。(2)

第二項の趣旨はわかりにくいが、傭船契約にもとづいて運送人として船荷証券を発行した場合に、運送人と船荷証券の所持人との法律関係については船荷証券中の記載で傭船契約中にある仲裁条項を明示的に引用しないかぎり、船荷証券中に仲裁条項があるものとはしないということである。要するに、単に他の証券中の記載事項を引用するだけでは、仲裁の合意が成立したものとは認めないという意味である。この規定は当初の案には存在しなかった。しかし、単に他の書面にある条項を引用することで間に合わせている実務もあるので、このことを明らかにするために設けられたものである。

3　仲 裁 地

仲裁条項には単に仲裁によるとの合意にとどまらず、仲裁を行うべき地または仲裁機関を定めるのが通常である。実際上は単に仲裁地を指定しておくよりも、仲裁機関を指定しておくことのほうが多いであろう。その場合には、本条第三項の解釈としては、その仲裁機関の本拠地、またはその仲裁機関の仲裁手続が通常行われる地を仲裁地と解することとなろう。これらについては運送人が予め船荷証券に記載するとなれば、運送人に便利ではあるが必ずしも荷主に便利ではない地を記載するおそれがあるので、この条約では仲裁手続の行わるべき地の範囲を限定しておき、仲裁を申立てる者がこのうちから選択できることとした。第三項によれば、(a)(i)相手方の主たる営業所のある地、それがないときは常居所、(ii)契約を締結した地(相手方が契約をした営業所、支店、代理店を有する場合に限る)、(iii)船積港または陸揚港のいずれかが存在する国、または、(b)仲裁の合意で指定した地に限定している。

この規定は裁判管轄に関する規定[3]と一見類似しているけれども、若干異なっている。(a)についてみると、裁判管轄権の場合は相手方の営業所所在地を管轄する裁判所、契約締結地を管轄する裁判所等のごとく具体的な裁判所に限定しているけれども、仲裁地については、(i)から(iii)までに掲げた地のある国の地となっていて、仲裁地の選択の幅は裁判管轄の場合よりも広いことである。他方、(b)については、仲裁に関する合意で指定した地であってその地のある国とはされていない。これらの相違は、おそらく、裁判所と仲裁機関の相違によるものであろう。すなわち、いわゆる個別仲裁はともかくとして、常設の仲裁機関はそれほど多くはないから、(a)の(i)から(iii)までに掲げた地には常に仲裁機関、とくに海事紛争に関する仲裁機関があるとはかぎらない。それがないことのほうが多いであろう。このことは発展途上国や従来から仲裁に馴染んでいない国はもちろんのこと、先進海運国でも十分にありうることである。したがって、このような規定となったのであろう。そうすると、(i)から(iii)までに掲げる地の存在する国にある仲裁機関によるということにならざるをえなくなるが、このような規定を設けたからといって実際に当事者にとって便利な結果を生ずるかどうか疑問の余地があるといわなければならない(例えば、ハワイが陸揚地でニューヨークに仲裁を申立てるような場合)。このようにみてくると、(b)の規定は実際的な面を考慮した規定といえよう。仲裁条項では特定の仲裁機関の仲裁に付する旨の記載をするのが通常であるからである。しかし、本条の規定からは、仲裁の合意で指定した仲裁地または仲裁機関が優先することにはならない。しかも第三項の規定に適合しない合意は無効とされるので(第五項)、予め仲裁地について合意をしていても、その合意が当然には働かないことになる。列挙された仲裁地の範囲は何らかの意味で運送契約に関係があるから、それらがとくに不当ともいえないが、それだからといって仲裁が有効に機能するとも考えられない。要するに第三項の規定の趣旨は船荷証券中に一方的に挿入されるかもしれない仲裁地または仲裁機関が優先することを阻止することにあるといえるであろう。

4　仲裁判断の準拠法

第四項では、仲裁人または仲裁機関はこの条約の規定を適用しなければならないとし、また第五項では当事者がこの条約の規定に適合しない合意をしても無効であるとしている。これらの規定の趣旨は、この条約をできるかぎり広く適用して統一の実をあげたいということにあると思われる。しかし、仲裁は訴訟と異なり、裁判所等の国家機関の行う判断ではないから、仲裁地の実質法はもちろんのこと、そこの抵触規則についても、必ずしも仲裁地の法律を適用することを義務づけられているとはかぎらない。それでは、仲裁手続において、いくつかの国、いくつかの法域にまたがる事案にはいずれの法律を適用すべきであろうか。現在までのところ、この問題については国際的な立法もなく、一般に確立された考え方があるとはいえない。しかし、差当って次のように考えるべきではなかろうか。

この条約はその第二条で適用範囲に関する規定をおいているが、これは、この条約の適用の対象となる運送契約の範囲に関する規定である。しかも、第二条の適用範囲にある契約であれば、常にこの条約が適用されるというわけではない。それは条約という法形式をとることによって生ずる別の制約があるからである。

私法の統一を目的とする条約であっても、その条約が適用されるのは、その国がその条約の締約国である場合にかぎられることはいうまでもない。そして、直接に条約に拘束されるのは締約国の国家機関であって、私人が直接これに拘束されるものではない。したがって、締約国の裁判所に係属した訴訟においてはこの条約の規定が直接、あるいは抵触規制を介して、間接的に適用される。しかし、非締約国における訴訟においてこの条約が直接に適用されることはない。非締約国の訴訟においてこの条約の規定の適用の可能性が考えられるのは、非締約国における抵触規則によって締約国の法律が準拠法とされる場合であろう。

ところが、仲裁は私人による紛争解決手続であるから、原則として、直接条約に拘束されるものではない。もっとも、仲裁地の抵触規則により、あるいは仲裁人、仲裁機関が相当と考える法則で準拠法を選択したことにより、締約国の法律が準拠法となる場合には、この条約の規定が適用されることがありうる。

それとともに、締約国で行われる仲裁について、仲裁地の法令を適用しなければならないとされている場合に[4]は、条約の規定を適用しなければならない場合がありうる。それはいかなる場合に条約の規定が直接に適用されるかということにかかわっている。[5]この場合には、締約国で行われる仲裁にもその条約が直接に適用されることもありえよう。

本条約においてはどうであろうか。解釈上の手がかりとなる規定は第二二条第四項の「仲裁人又は仲裁機関は、この条約の規定を適用しなければならない」という規定である。条約の規定が適用されるのは締約国で行われる仲裁でなければならないから、同項の趣旨は、この条約の第二条で定めている適用範囲の事柄についてはこの条約の規定によること及びそれは仲裁においても適用さるべきことにあると思われる。すなわち、極端な、あるいは単純な法廷地法主義を宣言したもののごとくである。それ故、仮に当事者の合意によって準拠法を指定したとしても、それが締約国の法律であれ、非締約国の法律であれ、この条約が直接に適用されるとすれば、準拠法指定の効力は認められないこととなろう。そうだとすれば、船荷証券において準拠法を指定しておくことは、この条約の締約国で仲裁が行われる場合には、意味をなさないことになる。もちろん、善と衡平による仲裁も認められないのではなかろうか。なぜならば、それは善と衡平の名においてこの条約の適用を回避するという結果に導くおそれがあるからである。

立法論としてみると、このような仲裁地法の直接適用が妥当かどうかには疑問もある。例えば、運送人、荷送人または荷受人のいずれも非締約国の国民であるか、または非締約国にその営業所を有する場合であっても、たまたま仲裁地が締約国であることによってこの条約の規定が適用され、仮に当事者間で非締約国の法律を準拠法に指定したとしても、その指定は何らの効果も生じないことになる。しかし、非締約国に営業所のある当事者間においては、この条約とはかかわりなく取引をしていることも少なくなく、したがって、当事者が非締約国の法律を準拠法として指定している場合にもなおこの条約を適用しなければならないとすることが、適当かどうかという問題がある。このようにみてくると、第四項は妥当ではないとの批判は免れないであろう。また非締約国にある仲裁地を予め合意したとしても、それが必ずしも有効に機能しないことは前に述べたとおりである。

最近、海事私法のみならず動産売買等の私法の分野において、渉外実質法の統一に関する条約の作成が多くなっているが、実質法の統一に急な余り、この条約のように法の抵触の解決という観点からはなお十分に検討を要すると思われる条約が少なくない(補注)。

5　この条約の規定に適合しない合意

第三項（仲裁地）及び第四項（この条約の規定の適用）に適合しない合意は無効とされる。この趣旨は、仲裁地として第三項の定める地以外の地を仲裁地として合意すること、この条約の実質規定に適合しない条項を船荷証券中に記載しても効力を生じないということにある。この条約の規定は強行規定ではなく、最低限度の統一をしたものと考えられるので(6)、この条約の実質規定に適合しない条項とは、この条約の規定に反し、あるいはこれを潜脱する規定をいうと考えられる。もちろん、この条約の規定よりも荷主に有利な条項は有効である。このことは第二三条第一項、第二項の趣旨に照してもそのようにいうことができるであろう。

6　紛争発生後の仲裁の合意

第二二条第一項から第五項までの規定は、海上物品運送契約に基づく請求権が発生したと主張された後になされた仲裁に関する合意の効力を妨げない（第二二条第六項）。この趣旨は、事前の合意すなわち船荷証券中の記載は運送人の作成した一方的なものであり、契約を締結する際にこれを修正することは難しいけれども、紛争発生後であれば当事者の自由意思に基づいて合意することができるので、これを無効とする必要はないということにある。紛争発生後の合意の主たるものは仲裁地、仲裁機関についての合意であろう。第六項の規定からみると、第一項、第四項及び第五項と異なる合意も可能なように見受けられる。しかし、実際に紛争発生後の仲裁に関する合意を証するためには、単なる口頭の合意では足りず、書面によらねばならないであろう。各仲裁機関でも仲裁の合意については書面の提出を求めるのが通常である。また紛争発生後に仲裁の合意をしたとしても、そのことによって、第四項、第五項の規定の適用がなくなるという解釈は、この条約及び第二二条の全体の趣旨からみて直ちに採り難い。第六項の規定を文字通り解すると、当事者は自由に準拠法を定めることができること、仲裁人、仲裁機関はこの条約の規定にとらわれないで判断することができることとなるが、第四項はこの条約の適用を確保するため規定であるから、事後であっても、準拠法を合意することは可能とは考えられない。

（1）　仲裁の合意（仲裁契約）が、主たる契約（この場合は海上物品運送契約）のなかの一箇条とされている場合であっても、仲裁の対象となっている契約の成立または有効性とは分離して考えるべきこと（separability）は一般的にみとめられた原則である。仲裁人は、仲裁の合意の成立または有効性が争われたときには、仲裁の対象となっている契約の問題とは別に、適宜に規準によって判断することとなる。実際上、多くの場合には、仲裁の対象となっている主たる契約の準拠法によることが多いであろう。この点に関し、いかなる規準によって判断すべきかについては、具体的な統一規則もなく、一般的な原則も明らかではない。

（2）　一般に、契約中における準拠法条項よりも、仲裁地を定める条項のほうが実務上影響するところが大きいといわれている（喜多川篤典「国際商事仲裁における準拠法の指定」国際商事仲裁の研究一四四頁以下）。

（3）　海上物品運送条約における裁判管轄権に関する規定については、高桑昭「海上物品運送条約における裁判管轄

条項」海法会誌復刊第二三号九一頁以下参照。

（4）　筆者の知るかぎりでは、各国の仲裁に関する法令、仲裁規則のなかで仲裁判断の準拠法について規定しているのは、ドイツ仲裁委員会仲裁裁判所規則（一九五七年）、ソ連商工会議所外国貿易仲裁委員会手続規則（一九七五年）とドイツ民主共和国外国貿易会議所仲裁裁判所規則（一九七五年）であるが、要するに契約の規定に従い、かつ商慣習を考慮に入れて、関係する法律の規定に基づいて事件を判断するという趣旨のものである、明らかに仲裁地の抵触規則、実質法の適用を義務づけた法令、仲裁規則は見当らない。

（5）　従来、仲裁についてこのような観点から統一法条約の適用を論じたものは少ないように思われる。これまでの文献としては喜多川篤典「国際商事仲裁における準拠法の指定――国際商事仲裁と国際私法」（国際商事仲裁の研究所収）、沢木敬郎・国際契約における仲裁条項と準拠法条項（昭和四九年三月、国際商事仲裁協会）がある。なお、統一私法と国際私法という観点からのものとしては、烋場準一「渉外実質法・直接適用法」国際私法の争点（昭和五五年、ジュリスト増刊・法律学争点シリーズ8）一九頁、高桑昭「国際私法と統一私法」（同上）一五頁等。

（6）　谷川久「企業の国際的活動と法」現代法と企業（岩波講座・現代法第一五巻）三〇八参照。

（補注）　統一法と抵触法の関係についての筆者の現在の考え方については、「船荷証券に関する一九六八年議定書と統一法の適用」国際法外交雑誌九〇巻五号一頁（一九九一年）、「国際取引に関する統一私法と国際私法」法学論叢一三六巻四・五・六号（一九九五年）七五頁以下参照。

現在、筆者は一九二四年の船荷証券の条約と一九六八年の議定書の適用に関し、一定の船荷証券については、締約国の裁判所は条約又は議定書の規定を直接適用すべきであるとの立場をとるが、仲裁地が締約国にあるからといって、渉外的事案に当然に締約国の実体法はもちろん、抵触法が適用されるとの立場はとっていない（この点については後掲第三章「**8**仲裁判断の基準」を参照されたい）。

四　結　び

海上物品運送条約第二二条の規定の内容についてはおよそ前項で述べた。そこからもわかるように、この条約の規定は仲裁手続について詳しく規定したり、新たな考え方を導入したものではない。第二二条の規定の眼目は仲裁地を限定しておくこと、仲裁においてもこの条約の規定が適用されることにあると思われる。それでは、この規定が物品の運送契約との関係でどのように機能するであろうか。

(1)　まず、船荷証券に仲裁条項としていかなる記載がなされるであろうか。多くの場合は、具体的な仲裁地または仲裁機関が記載されるであろう(1)。そして、運送人が予め特定の仲裁地または仲裁機関を記載しておくことが多いであろう。しかし、第三項によれば、仲裁の申立をする者が相手方の主たる営業所(それがないときは営居所)のある地、契約締結地、船積地若しくは陸揚地のある国、または仲裁に関する合意で指定した地のいずれかに仲裁の申立をすることができるとされているので、予め特定の仲裁地、仲裁機関を指定しておいても当事者がこれによって拘束され、それ以外の地や仲裁機関に仲裁の申立をする途が閉ざされることにはならず、単に選択の可能性がふえるにすぎない。このことは、同条第三項(a)(i)から(iii)までの地を指定したときでも同様である。そうすると、船荷証券には単に仲裁の合意のみを記載し、仲裁地、仲裁機関をあえて記載する必要もなくなる。そうすると、このような紛争解決の仕組みが果して、従来から行われてきた、そしてまた現在行われている「仲裁」と同じものといえるかどうか疑問が生ずる。なぜならば、現在行われている仲裁では、多くの場合当事者が仲裁人若しくは仲裁機関を指定し、または仲裁地を指定することに重要な意味があるのであり、それは当事者の仲裁に対する信頼に基づいているからである。ところが、この条約が適用される場合には、仲裁地の選択の余地が限られるのみならず、仲裁人または仲裁機関を予め指定することまでも実質的に否定されることになれば、当事者の仲裁人に対する信頼に基礎をおいている仲裁(2)と矛盾することにならないであろうか。したがって、仲裁機関の選択に限りがあるとすれば、当事者としては特定の仲裁機関によらないで、いわゆる個別の（ad hoc）仲裁を利用することになろう。そうでなければ、仲裁本来の意味は失われるのではなかろうか。

(2)　次に当事者による準拠法の指定は意味があるか、意味があるとすればそれはいかなることになるであろうか。この問題は仲裁人または仲裁機関は常にこの条約の規定を適用しなければならないか、という問題の裏返し(3)である。この点については、既に前項(4)で述べたので、くり返すことを避けるが、仲裁人または仲裁機関が必ずこの条約の規定を適用しなければならないかどうかはいちがいにいうことはできない(4)。渉外的実質法の統一のために条約の形式をとるかぎり、この条約の非締約国においてはこの条約の規定の適用はないから、準拠法を指定しておくことに意味がないわけではない。それが締約国でも効力を有するかどうかはこの条約の規定の解釈の問題である。ともかく、この条約の規定が先例となり、標準的なものとされ、このような規定を有する条約が重なっていくということは(5)好ましいこととはいえまい。

(3)　ここに述べたような問題は、船荷証券中に仲裁条項が記載されることによって生ずる。しかし、今後も、これまでのように、船荷証券中には裁判管轄条項しか記載されないとすれば、立法者の配慮は、幸か不幸か、杞憂に終ることとなろう。既に述べたように、仲裁地に関する規定（二二条三項）と裁判管轄に関する規定（二一条一項）とはよく似ている規定である。実際の紛争を解決すべき地について両者にほとんどちがいがないとすれば、しかも、世界的にみて、海事に関する信頼すべき仲裁機関の存在する地が限られているとすれば、制度として整っている訴訟のほうがより適切ということにならないであろうか。この点が、傭船契約のごとく、特定の少数の者の間の紛争の解決の場合と異なるところであろう(6)。そうだとすれば、海上物品運送条約における仲裁条項は実際にはあまり働かないことが予想される。

しかし、次の点に留意すべきである。この条約は裁判管轄及び仲裁について比較的詳しい規定を設けた数少ない条約であり、そのことによって今後の海事関係の条約あるいは渉外的私法関係の条約のなかに、先例として、半ば無批判にとり入れられる可能性のあることである。手続法と抵触規則の両面にわたる規定について、専門家による十分な検討を経て作成されたのであればともかく、事務当局の作成した試案をもとに少数の起草委員会――例えば、国際連合またはその専門機関においては起草委員会が専門家によって構成されるという保障はない――でまとめ、実質的な審議に十分な時間をかけることなく承認され、これが下敷きとなってそれ以後の条約で踏襲されていくことは好ましいとはいえない。(7)

また、最近、私法の統一の容易でないこと、国際私法の規定が不十分であること等を理由に、漠然とあるいは単純に、法廷地の法律をもって準拠法とするのが適当であるとの考え方も、実体法の専門家から主張されているし、(8)標準契約と仲裁をもって私法の統一の中心とすべきであるとの説もないではない。前の考え方が必ずしも適当でないことは前項において述べたとおりである。後の考え方については、差当って次のような疑問を述べておく。すなわち、標準契約は必ずしも法律に代りうるものではないこと、いいかえれば契約で定めることと法律の規定とは本来その役割が異なること、標準契約は一定の国際的、経済的、社会的条件のもとでなければ有効に機能しないのではなかろうか。また、仲裁、ことにいわゆる国際的商事仲裁によって国際的に私法の統一が促進されるとか、商人社会の法が実現されると論ずることは、(9)信条としてはともかく、客観的にみていかがなものであろうか。今後の国際的立法活動に際して十分に留意すべきであろう。

(1)　契約書または約款では単に仲裁地、すなわち仲裁の行れるべき地を指定することよりも、特定の仲裁機関を指定することが多いであろう。仲裁地を指定している場合でも、それは個別の（ad hoc）仲裁ではなく、仲裁の行わるべき地に存在する仲裁機関による仲裁を予定していると解される場合が多いと思われる。

(2)　仲裁と訴訟の相違については、いろいろな角度から説明がなされている。これらの点については多くの概説書、論文に書かれているので、ここでとくに掲げる必要はないであろう。ところで、従来あまり触れられていないことは、仲裁が仲裁人による判断に対する信頼に基礎をおいているということである。このことは多くの仲裁手続規則では仲裁人の選任に関する手続に反映されており、仲裁人の選任について公平にして慎重な手続となっているのはこのためである。このようなことを考慮すると、仲裁機関の事務局が、事務局内部の基準により、あるいは適宜の方法により、当事者の意思にかかわらず仲裁人を指定することの是否は疑問である。高桑昭・国際連合国際商取引法委員会仲裁規則（UNCITRAL Arbitration Rules・以下ＵＮＣＩＴＲＡＬ仲裁規則と記す）八頁、三六頁（昭和五四年三月、国際商事仲裁協会）参照。

(3)　渉外的実質法に関する条約の適用及びそれと国際私法との関係については、池原季雄・国際私法（総論）（法律学全集）七頁—九頁、炳場準一「渉外実質法・直接適用法」国際私法の争点（昭和五五年、ジュリスト増刊・法律学争点シリーズ8）一九頁及び高桑昭「国際私法と統一私法」（同上）一五頁等参照。

(4)　仲裁が法による仲裁であっても、仲裁判断の規準となる準拠法の選択について、仲裁地の法原則を適用すべきかの問題については、沢木敬郎・国際契約における仲裁条項と準拠法条項（昭和四九年三月、国際商事仲裁協会）、高桑昭・ＵＮＣＩＴＲＡＬ仲裁規則二八、九頁参照。

(5)　一九八〇年五月二四日ジュネーヴにおいて採択された「国際連合国際物品複合運送条約」（The United Nations Convention on International Multimodal Transport of Goods）二七条は、本条約二二条一項、三項—六項と同じである。

(6)　傭船契約から生ずる紛争に仲裁が利用される理由は、限られた範囲での傭船契約の当事者間の紛争であることのほか、各国とも、傭船契約に関する明文の規定がないことにも原因があると思われる。

(7)　国際連合またはその専門機関の事務局の組織が、私法の専門的、技術的分野について、それに適した専門家をかかえているかは疑問である。また、各国からの会議出席者についても、やはり同様の事情にある。実際には、とくに専門的、技術的な事柄については部外の専門家に相談し、あるいはその援助を求めることも少なくない。しかし、国際的立法においても事務官僚のもつ実質的権限は大きい。したがって、多数国間条約では、既にある条約のなかの規定を当然に利用することもありうる。事務局主導型の条約では、知識は広いが浅いという官僚機構の影響を受けやすい。今後大いに留意すべきところであろう。

（8）　法廷地法（法廷地の渉外的実施法）を当然に適用すべきであるとの考え方は、一九六四年の有体動産の国際的売買に関する統一法に関する条約の当時からあり、最近においても私法の統一のための国際的立法作業の場でも主張されている。

（9）　商事仲裁を通じて商人社会の法（lex mercatoria）が形成されるという見解がかなり有力に主張されているが（例えば、喜多川篤典「仲裁制度」（岩波講座現代法・第五巻）、どのような過程を経てそうなるかについては十分な説明があるとはいい難い。

〔附記〕　この論文は、統一法と国際私法、仲裁等について、著者の考え方が十分に固まっていない当時に作成したものであるため、かなりの修正を加えた。それでも随所に考え方や表現の未熟なところが残っている。問題は、統一法が、国際私法を介することなく、直接適用されることを定めることができるか、それができるとすれば、いかなる法律関係あるいはいかなる場合に統一法が適用されるとするのが妥当か、そしてそれは仲裁にも及ぶかにある。統一法と国際私法の関係については、拙稿「国際取引に関する統一私法と国際私法」法学論叢一三六巻四・五・六号七五頁以下（一九九五年）を、仲裁については、本書***1***、***11***、***12***等を参照していただければ幸いである。

［補足］　一九九九年五月二八日にモントリオールにおける外交会議で採択された「国際航空運送についてのある規則の統一に関する条約」の第三四条には、貨物運送契約の当事者間の紛争の解決のための仲裁に関する規

定がある。

第三十四条　仲　裁

1　貨物運送契約の当事者は、この条の規定に従い、この条約に基づく運送人の責任に関するいかなる紛争も仲裁によって解決することを求めることができる。そのような合意は、書面によるものとする。

2　仲裁手続は、請求者の選択により、前条に規定する裁判所の管轄のうち一の管轄内で行う。

3　仲裁人又は仲裁裁判所は、この条約を適用する。

4　2及び3の規定は、仲裁について定める条項又は合意の一部であるとみなし、これらの条項又は合意中2又は3の規定に抵触するいかなる規定も無効とする。

この規定は一九七八年の国際海上物品運送条約第二二条、一九八〇年の国際複合運送条約第二七条にならったものと思われるが、本条の趣旨は、この条約の締結国で貨物の国際航空運送に関して、生じる紛争の解決のための仲裁手続が行われるときは、仲裁契約の方式、仲裁地の範囲及び仲裁判断の規準についてこの条約の規定を直接適用するということにある（第一項――第三項）。第四項では第二項と第三項を仲裁契約の一部とみなしているが、立法技術の観点からはいささか疑問である。本条は仲裁手続への仲裁地法令の強制的適用或は、介入を定めたものと解すべきである。

5　仲裁法試案における条約の適用に関する規定

第五条（条約の規定の適用）　仲裁に関し、条約に別段の定めがあるときは、その規定による。

1　本条の趣旨

本条は、仲裁に関してわが国が締結している二国間条約または多数国間条約がある場合に、それらの条約の適用の対象となる仲裁については条約の規定が適用されることを明示した規定である。これは特許法、著作権法でいずれも総則でこのような規定を置いていることにならったものである（特許法二六条、著作権法五条）。条約に規定がない事項に国内法が適用されることはいうまでもない。

2　立法例

仲裁に関して、条約と国内法の関係について定めている例としては、一九二七年の外国仲裁判断の執行に関する条約（ジュネーヴ条約）五条と一九五八年の外国仲裁判断の承認及び執行に関する条約（ニューヨーク条約）七条一がある。

3　内容の説明

(1)　わが国が締結している条約

わが国が締結している条約であって、仲裁について定めている二国間条約としてはアメリカ合衆国ほか一四ヵ国との間に通商航海に関する条約（名称は必ずしも同じではない）があり、多数国間条約としては一九二四年の「仲裁条項ニ関スル議定書」（ジュネーブ議定書）、一九二七年の「外国仲裁判断の執行に関する条約」（ジュネーヴ条約）および一九五八年の「外国仲裁判断の承認及び執行に関する条約」（ニューヨーク条約）がある。

(ア)　わが国との間で仲裁について取決めをしている国は一九八八年一二月三一日現在でアメリカ合衆国（米国）、ソヴィエト社会主義共和国連邦（ソ連邦）、ポーランド人民共和国、ユーゴスラヴィア連邦人民共和国、チェコスロヴァキア共和国、パキスタン、ペルー共和国、アルゼンチン共和国、連合王国（英国）、エル・サルバドル共和国、ルーマニア社会主義共和国、ブルガリア人民共和国、中華人民共和国、ハンガリー人民共和国およびドイツ民主主義共和国の一五ヵ国（1末尾の附記参照）である。

わが国が締結した二国間条約における仲裁に関する条項は大別して四つの型に分かれる。一は一方の締約国の国民、法人と他方の締約国の国民、法人間の仲裁契約またはこれに基づく仲裁判断の承認、執行のための要件として、仲裁契約に従って正当にされた判断であること、仲裁地の法令に基づいて確定し、かつ、執行できることおよび執行国の公序良俗に反しないことを定め、執行手続については内国仲裁判断と同様に扱うことを定めるものである。この類型に入るものとしては、米国、アルゼンチン、エル・サルバドル、パキスタンとの間の通商条約がある。二は主として相手国の外国貿易団体との間の商事契約から生ずる紛争の仲裁判断の承認、執行について相手国で執行できるものとし、それに対する拒否の事由として、仲裁判断が確定しなかったこと、執行国の法律に反する行為を当事者に義務づけることおよび執行国の公序に反することを定め、執行手続は執行国の法律によるものとするものである。この類型に入るものとしては、ソ連邦、ポーランド、ユーゴスラヴィア、チェコスロヴァキア、ルーマニア、ブルガリア、ハンガリー及びドイツ民主共和国との通商条約がある。三は両国がともに締約国となっている多数国間条約の規定によるとするものであって、英国との間の通商条約がこれである(仲裁判断の承認および執行に関して、日英両国間では、かつてはジュネーブ議定書とジュネーヴ条約によることとなっていたが、現在ではニューヨーク条約の規定によることになる)。四は、外国貿易団体との間の商事契約から生ずる紛争の解決は、まず、当事者の友好的協議に委ね、それによって解決できないときは仲裁によるとするが、とくに仲裁判断の承認、執行について具体的な規定を定めることはしないで、仲裁判断の承認、執行に関してはそれぞれの国の国内法によるとするものである。これには中華人民共和国との間の貿易協定がある。

(イ)　多数国間条約のうち、ジュネーヴ議定書は仲裁契約の承認、仲裁手続の準拠法、内国仲裁判断の執行、妨訴抗弁について、ジュネーブ条約は外国仲裁判断の執行について、また、ニューヨーク条約は仲裁契約の承認および外国仲裁判断の承認、執行について定めている。

なお、「国家と他の国家の国民との間の投資紛争の解決に関する条約」(投資紛争解決条約)は、投資紛争の解決に関して、投資家と相手国との仲裁、調停の手続を定めたものであって、通常の仲裁に関して定めたものではないので、本条の問題は生じない。

(2)　条約と国内法の関係

(ア)　わが国では、条約の規定がそのまま適用しうる性質のものである場合には、条約の規定を実施するための法律の制定をあえて必要とせず、条約の規定が国内法としても効力を有するものとして適用される。もちろん、条約の規定が国内法の制定を義務づけている場合、あるいは国内法の定めを許容するものである場合には、それが直ちに適用されるものでないことはいうまでもない。しかし、条約の規定と法律とが競合する場合には、条約の規定が優先して適用されることになる（憲法九八条二項）。したがって、本条は注意的規定ということになる。

(イ)　条約で国内法との関係についてとくに規定を設けているときは、それによることはいうまでもない。ジュネーヴ条約五条では、同条約一条から四条までの規定は、関係当事者から仲裁判断が援用される国の法令または条約により認められる方法および限度でその判断を利用する権利を奪うものではないとし、ニューヨーク条約七条一項では、同条約の規定は締約国が締結する仲裁判断の承認および執行に関する多数国間または二国間の合意の効力に影響を及ぼすものではなく、また、仲裁判断が援用される国の法令または条約により認められる方法および限度で関係当事者が仲裁判断を利用するいかなる権利をも奪うものではないとする。これらの規定の趣旨は、ジュネーヴ条約またはニューヨーク条約が当然に他の条約または国内法の規定に優先して適用されなければならないものではないことを宣言したにとどまると解される。すなわち、ジュネーヴ条約またはニューヨーク条約の締約国では、当事者が外国仲裁判断の承認、執行を求めるに当たって、他の条約の規定またはその国の国内法の規定のいずれをも選択することができるという趣旨と解される。わが国はジュネーヴ条約およびニューヨーク条約の締約国であるから、外国仲裁判断がこれらの条約の規定と国内法の規定のいずれかの要件をみたしているならば、そのいずれによっても、仲裁判断の承認、執行が認められることになる。二国間条約と国内法の関係については、二国間条約には、ジュネーブ条約五条、ニューヨーク条約七条一項のような規定が見当たらない。したがって、二国間条約の規定が国内法の規定に優先して適用されると解すべきであろう。

(3) 条約相互の関係

そこで問題となるのはわが国が締約国となっている二以上の多数国間条約が競合する場合および二国間条約と多数国間条約が競合する場合である。これは本条の規定するところではないが、便宜上ここで説明を加える。

(ア) わが国が締約国となっている多数国間条約はジュネーヴ条約とニューヨーク条約であるが、それぞれジュネーヴ条約五条、ニューヨーク条約七条一項の規定があるため、その限りでは両者の間に優先劣後の関係はないことになる。しかし、ニューヨーク条約七条二項によってジュネーヴ条約とニューヨーク条約の両方の締約国となっている国の間ではニューヨーク条約が適用されることになる。

(イ) 二国間条約と多数国間条約の関係は一律にいうことができない。結局、それぞれの条約でどのように定めているかによる。

まず、(i)締約国間で多数国間条約の効力が生じた後に二国間条約が効力を生じた場合には、特に何らの規定もないならば、競合する事項については二国間条約が多数国間条約に優先して適用される趣旨と解すべきであろう。従来から存在する条約にさらに新たな条約を加えたからである。もっとも、二国間条約でとくに取決めをしていない事項については、二国間条約の規定と相容れないものでなければ、多数国間条約の規定を適用することは可能であろう。ところで、一九七八年に締結された日本国とポーランド人民共和国との間の通商航海条約の議定書五条(1)および日本とドイツ民主共和国間の通商航海条約の議定書二項では、これらの条約の規定はニューヨーク条約またはこれを補足しもしくは改正する条約による当事者の権利義務を害するものとしない旨を定めている。その文言は適当とはいい難いが、これを合理的に解釈すると、これらの条約の規定はニューヨーク条約またはこれを補足しもしくは改正する条約の規定に優先するのではなく、同条約によることもニューヨーク条約またはこれを補足しもしくは改正する条約の規定によることも妨げない趣旨と解される。

次に、(ii)締約国間で二国間条約が効力を生じた後に多数国間条約が効力を生じた場合には（たとえば、日米友好通商航海条約、日ソ通商条約は、いずれも両締約国についてニューヨーク条約が効力を生ずる以前に効力を生じている）、それにともなって二国間条約を修正または廃棄しないかぎり、多数国間条約が効力を生じたからといって、これによって当然に二国間条約の効力に影響が及ぶということはできない。したがって、この場合にも二国間条約が優先して適用されると解すべきであろう（なお、ソ連邦は、ソ連邦についてニューヨーク条約が効力を生じた後は、日ソ通商条約一四条のごとき規定は設けず、相手国との間でニューヨーク条約によるべきことを定めているようである（ソ連邦とインド共和国間の通商協定九条(2)。しかし、アメリカ合衆国は相手国との間でそのような措置を講じていないようである）。

なお、ジュネーヴ条約五条およびニューヨーク条約七条一項の規定は、前述のごとく、これらの条約が当然に二国間条約に優先するものでないことを明示した規定である。

4　立法上・解釈上の問題点

本条のごとき規定は必要か。すなわち、3(2)(ア)で説明したように、条約の適用の対象となる事項については、かりに条約の規定と国内法（この場合は試案）の規定の内容が同一であるとしても、条約の規定が適用されることが当然であり、したがって、本条のごとき規定をあえて設ける必要はないとも考えられるからである。

第三章　仲裁に関する法の抵触

6 仲裁契約の準拠法

一　仲裁と仲裁契約

(1)　仲裁とは、一般に、当事者が法的紛争についての判断を私人たる第三者に委ねて、それに従う手続きをいうものとされている。このような方法による紛争の解決が一定の社会で強制的に実現しうるものとされる場合に、その社会においてそれが法的な紛争解決方法として認められたことになる。[1] これが、現在多くの国で行われている民事紛争の解決制度としての仲裁である。手続の面からみるならば、民事訴訟も仲裁も、当事者は第三者たる裁判官あるいは仲裁人の判断に従わざるをえないが、民事訴訟においては、当事者の一方が手続きの開始を求めたときに相手の応諾のいかんにかかわらず手続が行われるのに対し、仲裁においては、当事者間に仲裁によって紛争を解決することについての合意がなければ手続を行うことができないとされている。すなわち、仲裁においては、仲裁によって一定の紛争を解決するとの合意がなければ、当事者は仲裁手続に拘束されることはなく、仲裁判断に従う必要もない。したがって、仲裁による紛争の解決を申立てる当事者はこのような合意[2]の存在を主張し、かつ、立証しなければならない。このような合意を、一般に、仲裁契約または仲裁合意という[3]（以下では「仲裁契約」ということとする）。

(2) 仲裁による紛争の解決に仲裁契約が必要とされることは、仲裁契約で定める紛争でないかぎり仲裁手続によることはできず、それに反してなされた仲裁判断は取消され、あるいはそれは仲裁判断として承認されず、それにもとづく執行も許されないことを意味する。その場合に問題となるのは、仲裁契約の成否、その有効性、仲裁の対象となる紛争あるいは法律関係、仲裁契約に拘束される者の範囲である。これは法律問題であるから、法規範によって判断しなければならない。すなわち、一定の国家において仲裁が法的な紛争解決方法として承認されることは仲裁契約の成立、有効性等が一定の法規範にかなったものであることを前提としている。これは仲裁法の重要な部分である。

現代の国家では、その支配する領域において仲裁による紛争解決を認めるとともに、そこで行われる仲裁には各国とも自国の法を適用することとしている。そして、同じ国に居住し、あるいは営業所を有する当事者間の法律関係から生じた紛争がその国で仲裁に付託された場合に、その国の仲裁法によって規律されることには、おそらく異論はないであろう。その場合には、仲裁契約の成立、有効性等について、その国の仲裁法が適用されることになる。

しかし、仲裁に外国とのかかわり（渉外的要素）がある場合にもその国の仲裁法が適用されるか。ここでの渉外的要素としては、当事者についての要素、すなわち当事者の国籍、住所・居所、営業所所在地等が異なる国にあることと、仲裁の対象となる実体的法律関係における諸要素とが考えられる[4]。後者は仲裁判断の基準となる法規範の問題であるので、手続法的観点からの問題は前者にある。前者については、国籍の相違を重視すべきかは疑問であり、当事者の住所・居所または営業所所在地等が異なる国にある場合に渉外的要素があるということになろう。その理由は当事者の通常の活動範囲が法を異にする国にあるということにある。

それでは、このような仲裁の場合に、仲裁契約の成立、有効性等はいかなる国の法律によって規律さるべきか。これが仲裁契約の準拠法の問題である。

二　仲裁契約の準拠法に関するわが国の学説と判例

(1)　仲裁契約の準拠法[5]の決定について、わが国のほとんどの学説は仲裁契約の当事者による準拠法の指定を認めるとともに[6]、当事者による準拠法の指定のない場合には当事者の黙示の意志を探求すべきであるとし、仲裁契約中に仲裁地についての合意があるときは、仲裁地法を準拠法とする黙示の指定が認められるとして、仲裁地法によるとしている[7]。そして多数の学説は、仲裁契約には法例第七条の規定が適用されると解している[8]。もっとも、仲裁契約に法例第七条を適用する理由については必ずしも明らかではないが、仲裁契約が法例第七条の適用外となるべき合理的な理由がないかぎり、法例の規定によるべきであり、また、仲裁契約の準拠法について当事者自治を認めている「外国仲裁判断の承認及び執行に関する条約」第五条第一項aとも整合的に解釈すべきであり、それは国際的な学説の大勢にも合致するので、国内法の解釈として採用して差支えないものと考えると述べている[9]。

これに対して、法例の適用について次のような立場がある。一つは法例の適用にとくに言及することなく、仲裁契約は民事訴訟を排除することを目的としている点において訴訟契約たる一面をもつけれども、当事者が仲裁人の裁断行為に服し、争いをやめることを目的とする点において和解契約に類似する性質であるので、国際私法上の当事者自治の原則の適用を認めるべきであるとする説[10]であり、他は、仲裁の問題は国際民事訴訟法に属するべき問題であって、国際私法上の問題ではなく、その合意が訴訟において一定の法的効果を発揮しうる点で法例第七条の当事者自治とは区別すべきものであるとする説である。[11]

(2)　大審院判例は仲裁契約の性質を訴訟契約であるとしたが、[12]そのことによって法廷地法を仲裁契約の準拠法としてものはない。往々にして学説上引用される大審院大正七年四月一五日判決は、上告人が上告理由において、訴訟法規はいずれの国においても絶対の属地主義を採るものであるから、わが国においても、たとえ仲裁法ないし民事訴訟法の禁止規定に触れない範囲であっても、英国法を仲裁手続の準拠法とすることは認められず、絶対に英国法によって手続きを進めることはできないと主張したことに応えて、「民事訴訟法第七百八十六条以下ニ規定セル仲裁契約ハ……民事訴訟法上ノ契約ニシテ実体法上ノ契約ニアラズ従イテ其ノ内容ノ如キモ実体法上ノ契約ノ如ク自由ナルヲ原則トセズ民事訴訟ニ於テ特ニ認メラレアル範囲ニ於テノミ始メテ当事者ノ自由協定ヲ許スモノトス然ルニ同法第七百九十四条ニ拠レバ仲裁手続ニ付テハ当事者ノ合意ヲ認メテアルガ故ニ当事者ハ自由ニ其ノ手続ヲ定ムルヲ得ベク其結果或外国法ノ下ニ行ワルル手続ニ拠ルベキコトヲ定ムルモ亦有効ナリ但違ハ単ニ手続ソノモノニ付キテハ当該外国法ニ於ケルト同一行動ニ出ヅベキ旨ヲ定ムルコトヲ許サレアルニ留マリ其手続ニ依拠シ若クハ依拠セザルコトガ仲裁判断ニ如何ナル効果ヲ及ボスヤトノ問題ニ付テ迄モ当該外国法ノ支配ヲ変クベキ旨ノ合意ヲ許ス法意ニアラズ」と述べたのであり、その趣旨は仲裁地の手続法は属地的に適用されること、仲裁地手続法で当事者の合意が認められているときは当事者は外国法のもとに行われる手続によることを定めることができるということにあるから、仲裁手続の準拠法は仲裁地法であり、その許容する範囲で外国法によることもできる（いわゆる実質法的指定）としたものであって、[13]これは仲裁契約の準拠法について判示したものではない。

その後、この問題についての上告審判決はなかったが、下級審裁判例では仲裁契約については民事訴訟法に特別の規定がないかぎり民法の規定に従うものであるから、その準拠法は法律行為に関する原則に従い当事者の意志により決定すべきものであるとし、当事者の合意または法例第七条の準用によるべしとしている[14]（なお、そこで注意すべきことは、これらの裁判例では、そのいずれにおいても当事者による明示の準拠法の指定は存在しないにもかかわらず、準拠法の決定については当事者の合意によることを認めていることである）。そして、近時のいわゆるリング・リング・サーカス事件の第一審判決も、一定の仲裁機関の仲裁に委ねることとした場合には、特段の事情がないかぎり、仲裁契約の成立及び効力はその地の法律によるとの合意をしたとみるのが合理的であるとし[15]、その控訴審判決では仲裁契約の準拠法は法例第七条によって定めるが、当事者の意志が明確を欠く場合には、仲裁手続を行う地の法律によるのが当事者の意志であると推定すべきであるとする[16]。そして、平成九年九月四日の最高裁判決は「当事者間の合意を基礎とする紛争解決手段としての仲裁の本質にかんがみれば、いわゆる国際仲裁における仲裁契約の成立及び効力については、法例七条一項により、第一次的には当事者の意志に従ってその準拠法が定められるべきものと解するのが相当である。そして、仲裁契約中で右準拠法について明示の合意がされていない場合であっても、仲裁地に関する合意の有無やその内容、主たる契約の内容その他諸般の事情に照らし、当事者による黙示の準拠法の合意があると認められるときには、これによるべきである」と述べ、「本件仲裁契約においては、仲裁契約の準拠法について明示の合意はないけれども、『リングリング社の申し立てるすべての仲裁手続は東京で行われ、上告人の申し立てるすべての仲裁手続はニューヨーク市で行われる』旨の仲裁地についての合意がなされていることなどからすれば、上告人が申し立てる仲裁に関しては、その仲裁地であるニューヨーク市において適用される法律をもって仲裁契約の準拠法とする旨の黙示の合意がされたものと認めるのが相当である」と判示した[17]。

この最高裁判決の趣旨は、仲裁契約の準拠法の決定は「仲裁契約の性質上」法例第七条第一項によること、したがって、当事者による明示の準拠法の指定があるときはそれにより、明示の指定のないときは仲裁地に関する合意の有無とその内容、主たる契約の内容、その他諸般の事情から、準拠法に関する当事者の黙示の意志を探求して準拠法を決定するというものと解される。しかし、この判決は、黙示の合意が認められないときに法例第七条第二項が適用されるか否かについては述べていない[18]。仲裁契約が訴訟法上の契約か実体法上の契約かについても触れていない。これらのことからみると、この判決は、契約の準拠法の決定に当たっては、それが実体法上の契約であると訴訟法上の契約であるとにかかわらず、法例第七条第一項の規定を適用すべきであるとしたものと解される。これは結論において通説と同様の立場をとるものとみるべきであろう。

(3)　このような判例、通説の考え方には疑問がないわけではない。形式的なことからいえば、法例の規定は国際民事訴訟法上の法律関係にも適用されるべきか、その理由は何かという疑問である。それよりも、実質的なこととして、仲裁契約の準拠法を当事者の指定に委ねるのが適当か、その理由は何かという疑問であり、また、実際にはほとんどの仲裁契約には準拠法についての明示の合意がないにも関わらず、当事者自治に固執するのは何故かという疑問である。これらの点について、通説も最高裁判決も十分に説明しているとは思われない。それについて十分な説明がなければ、契約あるいは合意であれば、その性質、内容を検討することなく、法例第七条第一項を適用したという批判を免れないであろう。

次に仲裁契約の準拠法の決定について、日本法の解釈という観点から、私見を述べることにする。それには、まず、仲裁契約はいかなる事項に適用されるか、いいかえれば仲裁契約はいかなることをきめているのかとはいかなるものについて検討する必要がある。

三　仲裁契約の準拠法の適用範囲

(1)　仲裁契約は、一定の当事者間における一定の法的紛争を仲裁手続によって解決することを約する合意である。現実の契約では一定の紛争を仲裁で解決するとの条項[19]のほかに、特定の仲裁人を指名したり、仲裁人の数、その選定方法、仲裁機関、仲裁地、仲裁手続規則などについても定めていることもある。これらのうち、特定の仲裁人または仲裁機関の指定は紛争の解決に当たる第三者についての合意であるから、仲裁契約の内容ということができるが、仲裁人の数、資格、選定方法、仲裁地、仲裁手続規則などについての合意は仲裁手続に関する事項[20]というべきである。したがって、仲裁契約の内容は、当事者間における一定の法的紛争を仲裁手続によって解決するとの合意であり、それに附随して仲裁地、仲裁人または仲裁機関が指定されているときもあり、そうでないこともあるということになる。

なお、仲裁契約の締結能力の問題は属人法によるとされ、仲裁契約の方式についても仲裁契約そのものとは区別して扱うことに異論はない。

(2)　契約の準拠法は、契約の成立及び効力を規律するとされている。契約の成立には意志表示と合意の成否、その時期、合意の有効性も含まれる。このことは実体法上の契約についていわれていることではあるが、仲裁契約にもあてはまるといっていいであろう。

ここで注意すべきことは仲裁契約の「効力」の意味である。実体法上の契約における効力とは、有効に成立した合意によって生ずる効果すなわち当事者の権利義務をいう。しかし、そのような意味での効力が仲裁契約にあるかどうかは疑わしい。すなわち、有効に成立した仲裁契約があるにもかかわらず、当事者が訴訟を提起したり、あるいは申立てられた仲裁に応じないことは当事者間の合意に反しており、そのような当事者の義務違反の責任を追及する余地のあることを全く否定するものではないが、仲裁契約の目的は一般の契約のごとく、当事者の義務の履行を求めたり、その義務違反に対する救済を与えることではない。仲裁契約の目的は仲裁手続によって当事者間の紛争を解決することにあるからである。(21) このような仲裁契約の主たる効果は、当事者が仲裁手続においてその適否を争った場合、裁判所に仲裁手続への援助、協力の申立てがある場合、仲裁手続を許すべきでないとの訴を申立てた場合、訴訟において仲裁手続を理由に訴の不適法を主張する場合(いわゆる妨訴抗弁)、仲裁判断の取消の訴または仲裁判断の承認、執行を求める場合などに判断されることになるが、その判断の規律はそれぞれの問題についての判断の規準によるべきであって、その前提として、仲裁契約が有効に成立しているかについて仲裁契約の準拠法によらしめるにすぎない。このことは、仲裁契約の重要な部分あるいは本質的効果の部分は仲裁契約の準拠法によらないことを意味する。このことからみて、筆者は、仲裁契約はわが国の実質法の次元においては訴訟行為であり、抵触法の次元においては実体に関する法律関係ではなく、手続に関する法律関係に関する行為であって、国際民事訴訟法の原則をもって規律すべきものと考える。

そうはいうものの、仲裁契約の効力に関する事項がないわけではない。すなわち、いかなる紛争が仲裁の対象となるか（例えば、当事者間の一定の取引関係に限るか、それ以外の関係も含まれるか）は仲裁契約の解釈の問題であるから、それは仲裁契約の準拠法によるべきであり、また、仲裁の対象となる紛争について、いかなる者が仲裁の当事者になるか（例えば、主たる債務者についての仲裁契約は保証人に及ぶか）についても仲裁契約の準拠法によるというべきである。[22]

(3)　仲裁契約の有効性といわれる事柄については三つの種類がある。第一はその仲裁契約が契約として有効かどうかの問題であり、第二は手続法の観点から仲裁をなしうるかという問題であり、第三は一定の紛争についてそれに適用される実体法において仲裁手続をなしうるかという問題である。第一は当該仲裁契約の準拠法によるべきことは当然である。すなわち、意志表示に瑕疵があるか、その内容が公序良俗に反するかなどについては、仲裁契約の準拠法による。[23]第二は、たとえば将来の争いに関する仲裁はいかなるときに可能かというような事柄であり、これは仲裁契約の目的そのものに関わる問題であるから、これも仲裁契約の準拠法によるべきであろう。第三は、一定の種類の紛争について仲裁手続で解決することが可能かということである（いわゆる、仲裁可能性または仲裁適格性といわれるものがこれである。[24]例えば、特許権の権利範囲についての争い、私的独占禁止法に抵触するかどうかについての争いなど）。この問題は仲裁手続及び仲裁判断の取消の段階では仲裁地法に関係があり、仲裁判断の承認、執行の段階では承認、執行の求められた国の法にも関係が生ずるが、基本的には仲裁の対象となる実体的法律関係の準拠法に関係が深いといえるであろう[25]（この実体的法律関係準拠法をどのようにして決定するかという問題はある）。しかし、仲裁契約の準拠法にとくに密接な関連があるとは思われない。

要するに、仲裁契約の準拠法の適用される事項は仲裁契約の合意としての成立とその有効性、仲裁契約の対象となる紛争、仲裁契約に拘束される人の範囲ということになる。

四　仲裁契約の準拠法の決定

(1)　前節で述べた事項を規律する仲裁契約の準拠法はどのようにして決定すべきか。これは日本法の解釈論としては、法例第七条が仲裁契約に適用されるか、その適用がないとするならば、いかなる法則によるべきかということである。

第二節で述べたように、わが国の判例と学説の多くは仲裁契約について法例第七条の適用を認めている。法例の規定の適用の是非はしばらく措くとして、問題の核心は仲裁契約の準拠法の決定について、当事者による準拠法の指定に委ねること（当事者自治）を認めることが適当かということにある。この観点からすれば、法例第七条の適用か類推かという問題は本質的な問題ではない。当事者自治を肯定する理由として、最高裁判決は「当事者の合意を基礎とする仲裁の本質にかんがみ」と判示し、学説では「仲裁の自治的性格」をあげている(26)。仲裁が当事者の合意を基礎とすること及び仲裁の自主的性格については異論はないが、これらの説明は、要するに、「当事者の合意だから」というだけのことであって、そこではそれ以上の実質的な理由は述べられているとは思われない。

私人間の契約の準拠法について当事者自治を認めるのは、それについて国家の側における積極的な関心がなく、それを当事者に委ねておいてよいと考えられる場合、また、契約の内容が多様であって連結可能な要素がいくつかあり、その組合せも複雑、多岐になる可能性があり、したがって、それに一律に従わせることが困難であり、適切でないと考えられる場合であろう。しかし、仲裁契約をそのような性格の契約とみることはいささか疑問がある。すなわち、既に述べたように、仲裁契約は一定の当事者間の一定の紛争を仲裁によって解決するとの合意であって、売買等の実体に関する契約とは異なり、その内容が区々に分れるわけではなく、通常の債権契約と同じように当事者自治を認めなければならないとは思われないからである。しかも、紛争解決の方法について国家に積極的な関心がないとはいえないから、仲裁契約における合意の成否、有効性、仲裁の対象となる紛争の範囲、仲裁の当事者となるべき者の範囲について、仲裁契約の当事者による法選択に委ねてよいというためには、判例のいう「仲裁契約の性質」、学説のいう「仲裁の自主的性格」よりも実質的な説明がなければならないのではなかろうか。

これに加えて、実際の圧倒的に多くの仲裁契約あるいは仲裁条項では準拠法の指摘された例はなく、多くの仲裁機関の推奨する標準仲裁条項の文言にも準拠法についての記載はない。[27] 主たる契約については当事者が準拠法を指定することが多いが、主たる契約と仲裁契約（条項）とは目的を異にし、仲裁契約が主たる契約に従属するものでない（仲裁契約の分離可能性）との立場をとるならば、[28] 主たる契約についての準拠法の指定をもって仲裁契約の準拠法の指定とすることはできないことになる。また実際にも明示の準拠法の指定は存在しないに等しいのである。このことは、当事者は仲裁契約の準拠法にはほとんど関心がないということではなかろうか。そうだとするならば、仲裁契約の準拠法について、何を措いてもまず当事者の指定によるべきであるとする積極的理由に乏しいと考えられる。

(2)　仲裁契約の準拠法を当事者自治によらしめないとすれば、どのような連結点によることが適当と考えられるか。仲裁契約との間に関連のあるものとして一応考えうるものは、各当事者の主たる営業所所在地法、各当事者の当該取引に関する営業所所在地法、仲裁地法などが考えられるが、このうち仲裁地が決まっているならば、もっとも関係の密接なものは仲裁地法であろう。[29] その理由は、仲裁契約は仲裁地において仲裁が行われることを目的としていることにある。[30] この問題は、具体的には、仲裁地において仲裁契約の成立が否定され、あるいは仲裁契約が有効とされない場合であっても、仲裁契約の存在を妨訴抗弁とすることができるか、仲裁手続不許の裁判をすることができるかという形であらわれる。仲裁地法において仲裁契約の成立、有効性が否定される場合には、仲裁判断がなされても、それは、結局、取消されることになろう（仲裁判断の取消の裁判管轄権は原則として仲裁地にあるとされるであろう）。その場合には、外国においてもその仲裁判断は承認されず、また、一度なされた承認も取消されるであろう。このようなことからすれば、仲裁地法を仲裁契約の準拠法とすることが適当である。(31)

通説の立場でも、当事者による準拠法の指定がない場合には、このような結論を導くことは不可能ではない。しかし、当事者自治を認め、明示の指定のない場合に当事者の黙示の意志の探求という方法によることは、論理的には必ずしも仲裁地法を準拠法とすることにはならない。仲裁地法以外の法を準拠法とする余地もあるからである。その場合に、最高裁判決のいうように、仲裁地についての合意がなされているときには、仲裁地法を仲裁契約の準拠法とする旨の黙示の合意がなされたものと認めるとすれば、それは黙示の意思の探求という説明の下に客観的連結を導入するに等しいといえよう。しかも、その連結点は一見して明らかではない、すなわち、連結点は「客観的に」定まってはいないのである。したがって、当事者自治の建前をとりながら、黙示の意思の探求という方法で客観的連結をとることは適当とは思われない。それならば、むしろ、直截に仲裁地法を仲裁契約の準拠法とすることが相当である。このことは、国際民事訴訟法上の法律関係には法例は適用されないとの解釈をとるならば、現行法のもとでも解釈論として十分に可能であろう。

(3)　このような考え方をとると、仲裁地が決まっていないときに仲裁契約の準拠法をどのようにして決定すべきかという問題が残る。仲裁機関が指定されている場合にはその所在地を仲裁地とみることができよう。仲裁機関も指定されていない場合には、最高裁判決によれば「主たる契約の内容その他諸般の事情」によって当事者の黙示の意思を探求することになる。しかし、客観的連結によるとの立場からはこのような場合にも客観的連結の方法を維持し、仲裁地に代る連結点を見出すべきであろう。その場合に当事者の住所、営業所の所在地法を除けば、当該仲裁条項を含む主たる契約の準拠法と仲裁契約の締結地法（これは主たる契約の締結地法でもある）が考えられるが、前者のほうが後者よりも契約内容との関連が強いと考えられるので、仲裁地が定まっていない場合には、主たる契約の準拠法によると解すべであろう。[32] そして、仮に仲裁契約中に当事者による具体的な法選択があったとしても、客観的連結の立場ではこれを実質法的指定とみることになる。

なお、仲裁契約の方式については、仲裁契約の準拠法または仲裁契約の締結地法のいずれかの定めるところに合致すればよいと考える。

(4)　仲裁契約の成否、有効性等が仲裁手続不許の訴、妨訴抗弁の主張、仲裁判断の取消の訴で問題となった場合には、仲裁契約の準拠法は仲裁地法とすべきであろう。

問題は仲裁判断、とくに外国仲裁判断の承認、執行の場合である。一九五八年にニューヨークで採択された「外国仲裁判断の承認及び施行に関する条約」[33]（昭和三六年法律第一一号）（いわゆるニューヨーク条約）の第二条では、各締約国は仲裁による解決が可能である事項に関する一定の法律関係についての紛争を仲裁に付記する合意を承認すべきこと、当事者がこの合意をした事項について訴が提起されたときは、締約国の裁判所は、その合意の無効、執行または履行不能の場合を除き、当事者の一方の請求により、仲裁に付託すべきことを命じなければならないことを定めている（第一項及び第三項）。これは明らかに訴訟における仲裁契約の抗弁（妨訴抗弁）に関する規定である。ところが、ニューヨーク条約第二条では仲裁契約の準拠法についての定めはないので、これをどのような規準で判断すべきかが問題となる。

これについて同条約第五条１(a)の定める準拠法によると解する立場がある。[34] すなわち、第五条１(a)では、「前記の合意が、当事者がその準拠法として指定した法令により若しくはその指定がないときは判断のされた国の法令により有効でない」ときには、締約国は外国仲裁判断の承認、執行を拒否することができるとしているので、仲裁契約の承認の段階でも、仲裁契約の成立及び有効性の規準は第五条1(a)の規準と同じでなければならないと解すべきであるという説である。その理由は、訴訟において仲裁契約の抗弁を認めながら、同じ国で仲裁判断の承認、執行が求められた場合に、それとは別の規準によって仲裁契約の成立または有効性を否定することは相当ではないということにある。[35] この説では、仲裁契約の承認の段階では仲裁判断はなされていないから、仲裁「判断のされた国」を「仲裁判断のなされる地」または「仲裁判断のされるべき地」と読み替える必要はある。そうすると、準拠法は、まず当事者の指定したところにより、当事者の指定がないときは仲裁地法によることとなる。そして、仲裁地が明らかでなければ、法廷地の抵触規則によることとなる。

これに対して、同条約の締約国であっても、仲裁契約の準拠法については同条約第五条1(a)の規定と同様に解する必要はないとする立場[36]がある。それは、第五条1(a)は外国仲裁判断の承認、執行についての要件であり、これに対して、仲裁契約の成否、有効性は妨訴抗弁の場合に限らず、さまざまな局面で問題となることを理由とする。この説は同条約の締約国であっても、外国仲裁判断の承認、執行の場合以外の場合には、法廷地の抵触規則によって仲裁契約の準拠法を決定すべきであるとする。筆者にはニューヨーク条約の文言からはこれが当然の解釈のように思われるが、これらの解釈のいずれが適当かは別とし、ニューヨーク条約第二条の規定からは当然には仲裁契約の準拠法を引出すことは困難であるというべきではなかろうか。[37]

仮に前説をとったとしても、同条約第二条の適用される場合は明確ではない。第二条の適用については外国仲裁判断の承認、執行に関する条約の適用範囲の規定の適用はなく、実質的にはジュネーヴ議定書第一条を改正したものであるから、とくに限定はないとの解釈もあり、[38] これに対して、第一条と第二条とを整合的に解釈[39]する説もある。まず、第二条は、仲裁地が自国の領域外にある仲裁についての仲裁契約と内国仲裁とされない仲裁についての仲裁契約に適用される。この場合でも締約国でなされる仲裁または商事仲裁に限定する旨の宣言(第一条第三項)をしているときは、そのような仲裁についての仲裁契約に限定されると解すべきことになろう。(40) それでは自国で行われる仲裁(内国仲裁)の場合に第二条は適用されるか。これについては外国仲裁に限るとする国と、(41) 一定の要件のもとに内国仲裁にも適用する国とに分かれている。後者も、一の当事者が外国の国籍を有するか外国に居住する場合に限るとする国と、(42) そのほかに仲裁の対象となる法律関係に渉外性のある場合をも認める国とがある。(43) 仲裁地が明らかでない場合についても同様である。このように見てくると、ニューヨーク条約第二条の適用についても条約上明確とはいい難い。(44) したがって、同条約の締約国であるからといって、仲裁契約の準拠法の法則は同条約第五条1(a)によると解すること、これがいかなる場合にも国内法の規定に優先して適用されると解することには疑問がある。

もちろん、明文で当事者自治を定めた規定があれば、(45) それと異なる解釈の存在する余地のないことはいうまでもないが、筆者が本稿で問題としたのは、そのような明文の規定がある場合であっても、そのような立法の是非なのである。

五　結　び

最近、いわゆるリングリング・サーカス事件の最高裁判決の解説し、また、仲裁研究会が一九八九年に発表した「仲裁法試案」のうち、準拠法及び国際裁判管轄に関する部分の見直し作業に関わった。その際に仲裁契約の準拠法の決定について当事者の自治の原則に委ねることについて再び疑問を感じたので、そのことを述べたのが本稿である。

問題は仲裁契約の準拠法の決定について当事者自治の原則を適用すべき理由は何か、仲裁契約についての当事者の黙示の意思の探求はどこまで可能か、また、客観的連結の方法をとるときはどのような連結点を選択すべきかというようなことである。これは、従来から論じられ、また、近時条約の立案等で再び論じられている、契約における当事者自治の原則の妥当性の範囲をめぐる問題の一つにすぎない。本稿で述べたことは「蝸牛角上の争い」のごときものであり、本稿での立論はわが国の現在の学説の傾向からいえば少数説とされることは承知している。それにもかかわらず敢えてとりあげたのは、仲裁契約の準拠法の問題は渉外的仲裁において避けることができない問題であるからである。

このような問題については、主要国の立法判例を調査し、内外の文献を渉漁することが有益なことはいうまでもない。しかし、多くの国でみられるように、自国法の解釈論として展開することも無意味ではないであろう。疑問とするのは、要するに、当事者による明示の準拠法の指定がほとんど存在しないにもかかわらず、仲裁契約の準拠法の決定に当たって当事者自治の原則をとるのはいかなる理由によるか、当事者自治を認むべき積極的理由は何か、仲裁契約に関する国内法はいかなる事項について定め、それは何のためにあるのか、外国法を準拠法とする仲裁契約について国内法はどのようにかかわるのかということである。これらのことに納得のゆく説明が得られれば、私見を改めることに吝かではない。

（1）　小山昇・仲裁〔新版〕（一九八三年）六頁、松浦馨「仲裁と国家・裁判所」松浦馨＝青山善充編・現代仲裁法の論点（一九九八年）二七頁、高桑昭「外国仲裁判断の承認・執行に関するわが国の国内法、二国間条約及び多数国間条約の適用」法学論叢一四二巻五・六号（一九九八年）二頁。

(2)　この合意は、既に生じている紛争を仲裁に委ねる合意（compromis）と将来生ずることのある紛争を仲裁に委ねる合意（compromissoire）があり、前者のみを認め、後者を認めない国もある。
(3)　わが国では明治二三年及び大正一五年の民事訴訟法並びに平成八年の公示催告手続及ビ仲裁手続ニ関スル法律では「仲裁契約」の語を用いているが、講学上では「仲裁合意」ということもある。本稿では「仲裁契約」ということにする。
(4)　もっとも、いかなる場合に渉外的要素があるかについては見解が一致しているわけではない。これは、いかなる場合に法の抵触を解決するための規則によって準拠法を決定すべきかという問題である。具体的には「法例」の規定を適用すべきかどうかという形であらわれる。これについて、筆者は、問題となる法律関係によって渉外性についての判断の基準は事柄によって異なると考えている。これに対して、国内関係か渉外関係かにかかわらずすべての場合に抵触規則が適用されるという立場もある。このような説明の仕方をすると、国内的法律関係に国内法を適用することについてさらに説明をする必要が生ずる。なお、溜池良夫「国際私法の概念について——私法秩序の構造と国際私法」法学論叢七〇巻二号（一九六一年）二八頁以下、高桑昭「国際取引に関する統一私法と国際私法」法学論叢一三六巻四・五・六・号（一九九五年）八八、八九頁参照。
(5)　仲裁契約の準拠法については、川上太郎「仲裁」国際私法講座第三巻（一九六四年）八四〇頁以下（とくに八四八頁—八六〇頁）、小島武司＝高桑昭編・注解仲裁法（一九八八年）二二四頁以下（沢木敬郎）（以下「注解」として引用）、沢木敬郎「仲裁契約及び仲裁可能性の準拠法」（前出注(1)の松浦＝青山編・現代仲裁法の論点三七一頁以下）（以下「論点」として引用）、谷口安平＝井上治典編・新・判例コンメンタール民事訴訟法（6）（一九九四年）六四六頁以下（青山善充）等参照。
(6)　川上・前出(5)八四九頁、沢木・前出(5)注解二一七頁、同・前出(5)論点三七三頁等。ただし、坪田潤二郎・国際取引法の基本問題（一九七一年）二五三頁以下は、国際仲裁契約の準拠法について、法例の規定にも、当事者自治の原則にもとくに考慮を払わず、客観的連結を当然のこととして論じている。それによれば、仲裁契約の有効性の準拠法については、三つの局面があるとし、仲裁手続の履行を裁判所を通じて強制しうるかについては仲裁地法による、妨訴抗弁とされる仲裁契約の有効性の決定については仲裁地法による、仲裁判断の執行の場合には執行地法による（仲裁地法もあながちしりぞけ難いとする）としている。前の二つの場合に仲裁地法をとる理由として、仲裁地において仲裁契約が有効とされることが必要であり、それ以外の国の法で有効であることを要求する理由に乏しいこと、それは当事者の合理的な期待に反することをあげている。仲裁判断の執行の場合執行地法をとる理由については、外国判決についての裁判管轄権を執行地のルールで判断することのバランスにあるとしている。

(7) 川上・前出(5)八五四頁、沢木・前出(5)注解二一八頁。
(8) 小山・前出(1)一〇七頁、喜多川篤典・国際商事仲裁の研究（一九七八年）一四頁、沢木・前出(5)注解二一七頁、岩崎一生「仲裁の準拠法（上）」ＪＣＡジャーナル三五巻六号（一九八八年）五―六頁。小林秀之「国際仲裁に関する序説的検討」上智法学二三巻二号一九八〇年五六頁、石黒一憲・国際民事訴訟法（一九年）三〇九頁、道垣内正人「国際取引紛争の解決手続」江頭憲治郎＝高桑昭編・国際取引法（第二版）（一九九三年）八八頁、斎藤秀夫編・注解民事訴訟法（第二版）（5）四二一頁、青山善充・私法判例リマークス一九九五年（下）一七四頁等。
(9) 沢木・前出(5)論点三七三頁。
(10) 川上・前出(5)八四九頁、八五三―四頁。
(11) 桜田嘉章・民商法雑誌七八巻六号（一九七八年）八五四頁。
(12) 大判大正七年四月一五日民録二四輯八六五頁。
(13) 高桑昭「仲裁手続の準拠法」松浦馨＝青山善充編・現代仲裁法の論点三八一頁。
(14) 東京高判昭和一〇年八月五日新聞三九〇四号五頁、東京地判昭和二八年四月一〇日下民集四号四巻五〇二頁、大阪地判昭和三四年五月一一日下民集一〇巻五号九七〇頁。
(15) 東京地判平成五年二月二五日判例時報一四七二号八八頁。
(16) 東京高判平成六年五月三〇日判例時報一四九九号六八頁。

(17)　最判平成九年九月四日民集五一巻八号三六頁（判時一六三三号八三頁、判タ九六九号一三八頁）。この判決についての解説として、高桑昭・平成九年度重要判例解説（ジュリスト臨増一一三五号、一九九八年）二九四頁、判例批評として、国友明彦・民商法雑誌一一八巻六号（一九九八年）八五三頁以下がある。第一審と控訴審の各判決の評釈等についてもそこに記してある。

(18)　この最高裁判決は法例第七条一項の適用に当たって、当事者による黙示の準拠法の合意に留意すべきことを述べたのであって、黙示の合意が認められないときは、同条第二項を適用することを否定していないとみるべきであろう。

(19)　多く用いられている常設仲裁機関で推奨している仲裁契約の文言は一一五〜一一七頁にある。

(20)　沢木敬郎・前出(5)注解二二七頁以下、高桑・前出(13)三八三頁以下。

(21)　小山・前出(1)七九頁—八〇頁では、仲裁契約は純然たる私法上の契約に当たらないとし、「訴えを提起しない義務の確認の訴えなるものを不要にするのみならずこれを認めないことを意味する」「訴えを提起されたことにつき、原則として、訴訟費用の償還以上の財産的請求は認められない」「訴えの提起が不法行為に当たる場合にその賠償を求めうるに止まり（大判昭和一八・一一・二民集二二巻一一七九頁）、訴えを提起しない責務の不履行による損害の賠償という観念の入る余地がないことを意味するものと解する」と述べている。また、注解仲裁法の第七八六条の注釈（執筆者小島武司＝豊田博昭）においても、仲裁契約の効力として実体法上の効力については述べていない（同書七頁以下）。坪田・前出注(6)二五四頁は当事者に裁判手続の履行を強制しうるとの効力をあげているが、そこで述べている仲裁付託命令は、訴を却下する代りに、一定期間内に仲裁申立をすることを命ずる裁判をいうものと思われる。これは実体的法律関係上の義務ではない。また、一般には、当事者は仲裁の申立をすることを強制されるわけではない。

(22)　平成九年九月四日の最高裁判決の争点の一つは仲裁契約の効果の及ぶ人的範囲は仲裁契約の準拠法によるか、妨訴抗弁の主張されている訴訟の法廷地法によるかであった。最高裁は仲裁契約の準拠法によるとしたが、その具体的内容（条文、判例等）は示さなかった。本稿の筋道からはずれるが、外国法の内容について職権調査事項であるか当事者の立証事項であるかにかかわらず、判決では具体的な外国法の内容についての認識を示すべきであろう。

(23)　沢木・前出(5)注解二一九頁。

(24)　沢木・前出(5)論点三七六頁以下。

(25)　わが国では、おそらく、仲裁の対象となる実体的法律関係の準拠法によるとの説が多数説といえるであろう。川上・前出(5)八五八頁、小山・前出(1)四九頁など。

(26)　たとえば沢木・前出(5)論点三七三頁。

(27)　前出注(19)に掲げた国際商業会議所の冊子では、通常の仲裁条項を示したのちに、仲裁契約の準拠法、仲裁人の数、仲裁の場所と仲裁の言語を定めることが望ましいのかもしれないとし、同所の仲裁規則に拘束されず、当事者は準拠法と仲裁地、仲裁用語を選択することができるとしている。しかし、仲裁契約の準拠法の合意があった例には未だ接していない。

(28)　沢木・前出(5)注解二一九頁。

(29)　川上・前出(5)八五三―四頁は、当事者による準拠法の指定を認めながら、その指定がない場合には当事者の推定意思を求める仕方と契約の客観的特徴にもとづいて準拠法を見出すやり方とがあるとし、理論的には第二の仕方のほうがすぐれているとする。そして仲裁手続がなされた地またはなされるべき地が明示されているか、明らかに判断しうる場合には仲裁地法によるべきであるとし、仲裁地が明らかでなければ、仲裁契約締結地法、仲裁契約の締結地が偶然的であるときは係争法律関係の準拠法によるとする。しかし、当事者による明示の準拠法の指定のない場合に、多くの学説が仲裁地法を選ぶ理由は明らかではない。学説のなかには、少数ではあるが、仲裁地は偶然的であって、仲裁契約と密接なかかわりはないという見解もある。

(30)　仲裁地法説に対する疑問は、仲裁地の概念が明確でないことと、仲裁地が決まっていないときにどうするかということによると思われる。仲裁地とは仲裁判断地または仲裁判断のなされるであろう地をいうことが多いが、問題の生じた段階によって異なることもありうるし、当初の地とは異なる地が仲裁となることもないわけではない。仲裁地が定まっていないときは仲裁人または裁判所が決定する仕組みを作っておく必要がある。

(31)　坪田・前出注(6)二五八頁は、仲裁判断の執行の場合には仲裁契約の有効性を執行地法によらしめているが、むしろ、仲裁地法において仲裁契約が有効とされることを重視すべきであり、執行地における司法政策、法秩序からの考慮は公序則によるべきではなかろうか。

(32)　高桑昭・ＪＣＡジャーナル一九八九年三月号四頁は、仲裁地法が決まっていないときは法廷地法によるとしたが、これを本文のように改める。

(33)　一九五八年の外国仲裁判断の承認及び執行に関する条約については、Albert J. van den Berg, The New York Arbitration Convention of 1958, T.M.C. Asser Institute, The Hague, 1981参照。

(34)　van den Berg, ibid., pp. 126-128.

(35)　van den Berg, ibid., p. 127. 道垣内正人・ジュリスト一〇二九号（一九九三年）一六六頁。

(36)　van den Berg, ibid., p. 128. それによれば、このような解釈をとるのは米国の裁判例であるという。

(37)　前記最高裁判判決はニューヨーク条約について何ら触れていない。その理由は明らかでないが、ニューヨーク条約第二条を適用すべき事案とはみていないこと、少なくとも同条約に仲裁契約の成立及び効力に関する抵触規定は存在しないと解していると思われる。

(38)　道垣内・前出注(35)一六六―七頁は、仲裁契約の準拠法の決定については法例第七条ではなく、ニューヨーク条約第二条が適用されるとする。その根拠は本文で述べたように、同条第五条１ａと整合的に解釈すべきこと、同条約第二条は同条約第七条第二項によって、ジュネーヴ議定書第一条の規定を実質的に承認したものと解することにある。この説では第二条には第一条の適用範囲の規定の適用はないと解するので、法例の規定の余地はないことになる。しかし、ニューヨーク条約第二条の適用についてジュネーヴ議定書との関係で解釈すべき根拠はない。また、ニューヨーク条約第七条第二項は、同条約の締約国間ではジュネーヴ議定書の拘束から免れることを定めたにすぎない。同議定書第一条では「締約国ノ裁判権ニ服スル当事者間ニ於」ける仲裁契約を承認することとしているが、ニューヨーク条約第二条では仲裁契約についてとくに限定はしていない。また、第二条と第五条とを整合的に解釈するのであれば、第二条と第一条の適用範囲の規定との整合性も問題にしなければならない。

(39)　van den Berg, ibid., cit., p. 56ff.

(40)　van den Berg, ibid., p. 60.

(41)　スェーデンの一九七一年外国仲裁契約及び仲裁判断に関する一九二九年仲裁法一条。

(42)　これは英国がニューヨーク条約を採用したことによって制定したときの内国仲裁についての定義規定であるが、一九九六年仲裁法八五条二項にも同様の規定がある。

(43)　米国の合衆国仲裁法二〇二条及び二〇六条。

(44)　ニューヨーク条約第二条は、条約採択の最終段階において、その適用範囲、他の条文との関係もよく検討されないままに挿入された規定である。その趣旨は、仲裁契約は書面によるべきこと、一定の仲裁契約を各締約国で有効としなければならないとすることにある(仲裁契約に関する実質規定の一部を統一するための規定)。この規定はそれ以上のことを定めたものとは解されない（筆者の、平成九年重要判例解説（ジュリスト臨増一一三五号二九四頁）にこの点を付加して、解説の不足を補うこととしたい)。

(45)　明文の規定で当事者自治を認めた立法例としては、スイス国際私法一七八条二項がある。

(i)　日本海運集合所

ARBITRATION AGREEMENT

________________ 19 ____

It is hereby mutually agreed between ______________________________
and ______________________________ for the settlement of all disputes arising from ______________________________
______________________________ that:

1. The disputes shall be submitted to the Tokyo Maritime Arbitration Commission of The Japan Shipping Exchange, Inc. ("TOMAC") for arbitration in Tokyo.

2. The arbitration proceedings and all other related matters shall be conducted in accordance with the Rules of Maritime Arbitration of The Japan Shipping Exchange, Inc. (the "TOMAC RULES").

3. The award given by arbitrators appointed in accordance with the TOMAC RULES shall be final and binding upon both paries.

4. Other arbitration agreements, if any, with regard to such disputes shall become null and void upon the making of this agreement.

____________________　　____________________

____________________　　____________________

仲 裁 契 約 書

____________________と____________________との間で
______________________________に関する紛議を解決するため、下記の仲裁契約を締結した。

記

1. 社団法人日本海運集会所海事仲裁委員会に、本件紛議に関する仲裁を申請する。
2. 仲裁判断に関する手続その他これに関連する一切の事項は社団法人日本海運集会所海事仲裁規則（以下、「仲裁規則」という）による。
3. 当事者は仲裁規則によって選任された仲裁人の判断を最終として、それに服従する。
4. 本件紛議事項について当事者間に別段の仲裁契約があった場合は、本契約締結と同時にその効力を失う。
5. 本件の仲裁地は東京とする。

上記契約を証するため、本書を作成し各自記名捺印する。

年　　月　　日

____________________　　____________________

（同所・仲裁ハンドブック（平成9年）による）

(ii)　国際商事仲裁協会

標準仲裁事項

この契約からまたはこの契約に関連して、当事者の間に生じることがあるすべての紛争、論争または意見の相違は、㈳国際商事仲裁協会の商事仲裁規則に従って、日本国（都市名）において仲裁により最終的に解決されるものとする。仲裁人によりなされた判断は最終的であり、当事者を拘束するものとする。

STANDARD ARBITRATION CLAUSE

All disputes, controversies or differences which may arise between the parties hereto, out of or in relation to or in connection with this Agreement shall be finally settled by arbitration in (name of city). Japan in accordance with the Commercial Arbitration Rules of The Japan Commercial Arbiyration Association. The award rendered by the arbitrator(s) shall be final and binding upon the parties hereto

（商事仲裁規則 平成９年10月１日施行）

(iii)　国際商事会議所

Standard ICC
Arbitration Clause

The ICC recommends that all parties wishing to make reference to ICC arbitration intheir contracts use the following standard clause:

English

"All disputes arising in connection with the present contract shall be finally settled under the Rules of Conciliation and Arbitration of the International Chamber of Commerce by one or more arbitrators appointed in accordance with the said Rules."

Japanese

この契約に関連して生じるすべての紛争は、ICCの調停及び仲裁規則にしたがい、この規則にもとづいて選定される１または２以上の仲裁人により、最終的に解決されるものとする。

Parties are reminded that it may be desirable to stipulate in the arbitration clause itself the law governing the contract, the number of arbitrators and the place and language of the arbitration. The parties' free choice of the law governing the contract and of the place and language of the arbitration is not limited by the ICC Rules of arbitration.

Attention is called to the fact that the laws of certain countries require that parties to contracts expressly accept arbitration ciauses, sometimes in a precise and particular manner

(ICC Publication No. 447-2)

(iv)　アメリカ仲裁協会

> Parties can arbitrate future disputes under these rules by inserting the following clause into their contracts:
>
> "Any controversy or claim arising out of or relating to this contract shall be determined by arbitration in accordance with the International Arbitration Rules of the American Arbitration Association."
>
> The parties may wish to consider adding:
>
> (a) The number of arbitrators shall be (one or three);
>
> (b) The place of arbitration shall be (city and/or country);
>
> (c) The language(s) of the arbitration shall be：

(American Arbitration Association, International Arbitration Rules, 1991)

7　仲裁手続の準拠法

一　仲裁手続と準拠法[1]

(1)　仲裁手続とは、仲裁付託、仲裁人の選定・選任から審問手続を経て、仲裁判断を当事者に与えるまでの過程(仲裁判断の預置き、送達を含む)をいう。仲裁手続の準拠法に関しては次のような問題がある。まず、仲裁手続は当事者の合意(当事者の指定した仲裁規則をも含む)又は仲裁人の裁量によって行うことができるので、とくに仲裁手続の準拠法を必要とするかという問題であり、次に、仲裁手続の準拠法の必要があるとしても、仲裁手続を独立した法律関係とみるべきかという問題である。仲裁をいかなる性質の紛争解決方法とみるかによって、この問題についての考え方は異なってくるであろう。

(2)　仲裁の特色は国家法からの離脱あるいは解放にあるとし、仲裁手続は当事者の合意、仲裁機関の仲裁規則、仲裁人の裁量によって行われるのであって、各国の仲裁法の定める手続によらないで仲裁判断をすることができるとする見解[2]がある。この立場では、このような仲裁判断を国際仲裁判断("international arbitral award", "sentence flottante", "sentence apatride", "denationalised award", "a-national award"などと表現される)と称している。このような仲裁はすべて当事者の合意によって行われ、特定の国家法の援助、介入を必要としない仲裁であるという。

しかし、このような考え方には疑問がある。まず、各国の仲裁法は自国の領域内で行われる仲裁手続に関する事項について、当事者の合意の足らない部分を補う規定を設けるとともに、手続の適正、公平を担保するための規定をも定めている（たとえば公示催告及ビ仲裁手続ニ関スル法律七九九条・八〇一条一号第三—第六はこのようなことを定めたものと解すべきである）。このように、仲裁手続は全く当事者の自治に委ねられているのではなく、国家法の観点から仲裁手続に関する規定を補充し、あるいはこれに介入する部分がある。加えて、仲裁手続における当事者自治の根拠は、国家が、その法において、仲裁を私人間の紛争の解決方法として承認するに際して当事者自治を認めたことにあるのであって、現代の国家法秩序のもとでは仲裁手続も国家法の枠組の外にあるということはできない。このように考えると、仲裁手続において当事者自治が大きく認められているといっても、そのことによって仲裁手続の準拠法の概念が不要になり、あるいは意味を失うことになるわけではない。

(3)　牴触法において仲裁手続を独立した法律関係と認むべきかという問題は、仲裁手続は当事者の仲裁契約に基づくものであるから、これを仲裁契約という法律関係の内容の一つとして考えるか、あるいは、仲裁契約とは異なる性質の法律関係とみるべきかということにある。仲裁は当事者の合意に基礎をおくものであるから、仲裁手続も仲裁契約の準拠法によるとの考え方もありえようが、仲裁によって紛争の解決をはかるという合意の成否及びその有効性の問題と仲裁手続の問題とは事柄の性質からみて同じとはいえないであろう[3]。すなわち、前者はどのような合意があるときに仲裁による紛争解決を認めるかの問題であるのに対して、後者は仲裁手続を行うについての適正、公平の問題であるからである。仲裁判断の取消事由又は仲裁判断の承認、執行の要件においても両者を区別しているのが多くの例[4]である。

二　仲裁手続の準拠法の決定

(1)　仲裁手続の準拠法については、仲裁が当事者の合意に基づいて行われる紛争解決方法であることから、これを当事者の意思に委ねる考え方[5]と、手続法の属地性を重視して、これを仲裁地法によらしめる考え方[6]とが対立している。仲裁手続は当事者による紛争の自主的解決であって、それが行われる地の司法制度と必然的な結びつきはないから、当事者が合意によって仲裁手続の準拠法を指定することは、私的自治の範囲内の問題として許されるとするのが通説[7]である。これに対して、大判大正七年四月一五日民録二四輯八六五頁は、民事訴訟法の属地主義を理由に、仲裁手続について、民事訴訟法七九四条によれば、当事者が外国法のもとに行われる手続によることは有効ではあるが、それは当事者の仲裁手続における行動を定めたにすぎず、その外国法の定める手続に依拠し、もしくは依拠しなかったことが仲裁判断に影響を及ぼすものではなく、当該外国法の支配を受くべき旨の合意を許す法意ではないとし、仲裁地法によるとの立場をとる。

一九五八年のニューヨーク条約五条一項(d)は、仲裁手続は当事者が明示又は黙示に合意した法があれば、それにより、当事者の合意がなければ仲裁地法によるとしている。一九八五年に作成された国際商取引法委員会模範仲裁法一条二項は仲裁手続は仲裁地の存在する国の法律が適用される旨の規定をおいて、属地主義を採用[8]し、わが国の仲裁法研究会の仲裁法試案四五条もこれにならって日本を仲裁地とする仲裁手続及び、仲裁地が定まっていないときは、日本と密接な関係のある仲裁手続について裁判所が援助又は協力することとした[9]。

(2)　仲裁手続は準拠法は当事者の意思に基づいて決定すべきであるとの考え方の根拠は、仲裁は当事者の合意に基づく紛争解決方法であるから、仲裁手続においても当事者の合意が優先すべきであるということにある。それによれば、当事者による明示の指定があればそれにより、明示の指定がなければ当事者の黙示の意思を探求し、準拠法を決定すべきであるとする。それでは、当事者の意思を知りえないときはどうするか。このようなときも、当事者の黙示の意思の名のもとに合理的な準拠法を決定すべしとする立場と当該仲裁手続が密接なつながりがあると認められる地の法を準拠法とするという立場とがあろう。実際には当事者が仲裁地のみを合意していることが多いが、そのようなときは、前説によればそれが仲裁手続の準拠法の指定の意思をも含むものと解することになろう[(10)]。後説では仲裁地法が仲裁手続の準拠法となる。多くの場合、結果において相違はないであろう。

なお、仲裁手続の準拠法の規定について、わが国では法例七条が手続法についても適用されるべきかについては明確な議論はなされていない。学説では、仲裁手続についても法例七条一項によって当事者が明示的に又は黙示的に合意した法により、当事者の合意がないときは、同条二項によらず、仲裁地によるとするのが大方の立場であろう。

しかし、仲裁手続の準拠法を当事者の意思に委ねることには、次のような疑問がある。まず、当事者が仲裁地以外の法を準拠法として指定することによって、仲裁地における強行法規の適用を免れることができる（全く渉外的要素のない仲裁事件において、当事者が仲裁手続について仲裁地の国内法以外の法を指定することを認めるのは適当ではないであろう）。当事者による仲裁手続の準拠法の指定を渉外的性質を有する仲裁に限るというのであれば、渉外的性質を有する仲裁とはいかなるものをいうか、仲裁手続の準拠法の決定について、渉外的性質を有する仲裁とそうでない仲裁とを区別する理由は何かが問われることになろう。また、仲裁地法以外の法を仲裁手続の準拠法として指定したときは、仲裁地において仲裁手続の準拠法の定めに従った手続をなしえないこともありうる（通説では、そのような危険は準拠法の選択をした当事者が負うことになるという）。加うるに、現実には当事者が仲裁手続の準拠法について指定した例は実際にはほとんどないということが挙げられる。このことは、当事者は仲裁地が決まることによって、その地の手続法が適用されることを暗黙の前提としているとみることもできよう。

仲裁手続の準拠法には、仲裁手続の進行に関する当事者の合意、仲裁人の裁量を補う規定だけでなく、仲裁手続の適正、公平を担保するための規定があり、加えて、仲裁判断に法的効力を与えるための規定もあることからすれば、当事者の意思にかかわらず、仲裁地（仲裁判断がなされる地又は仲裁手続の主要な部分が行われる地）の法を仲裁手続の準拠法とすることが適当ではなかろうか。このような理由で、仲裁地法を仲裁手続の準拠法とすることが妥当と考えられる。このような立場をとれば、たとえ当事者が一定の国の法によるとの合意をしていたとしても、それは当事者の合意の内容あるいは仲裁規則の一部としてとり入れることを意味し（いわゆる実質法的指定）、準拠法の指定とは解されないということになろう。筆者は仲裁手続の準拠法の決定については、法例七条によることなく、また、当事者による仲裁手続法の指定は実質法的指定とみるべきであり、仲裁地法が属地的に適用されるという見解をとる。

なお、内国仲裁判断と外国仲裁判断の区別は仲裁地が内国にあるか否かによる。

三　仲裁手続の準拠法の適用範囲

仲裁手続の準拠法はいかなる事項に適用されるか、主なものを挙げると次のごとくであろう。

(1)　仲裁付託

仲裁手続の開始に必要な行為（仲裁付託）がなされたか否かは、仲裁手続の準拠法らよる。これを仲裁契約の効力の問題とする考え方もあろう。仲裁付託をなしうるかどうかは仲裁契約に関する問題であるが、一定の行為が仲裁手続を開始するための行為かどうかは仲裁手続法上の問題というべきであろう[11]。

なお、仲裁手続の開始が請求権の時効の中断事由となるかどうかは、実体法上の問題であるから、その請求権の準拠法によるのであって、仲裁手続の準拠法によるのではないとする国（わが国はこれに属する）と、出訴期限の問題として手続法上の問題であるとする国とがある。後者の立場では、仲裁手続の準拠法（仲裁地法）によることとなる。

(2)　仲裁人の選定・選任及び仲裁裁判所の構成

仲裁人の選定・選任の手続は仲裁契約の準拠法によるべきか、仲裁手続の準拠法によるべきか。仲裁人の選定手続は、多くの場合、仲裁規則で定められていること、仲裁人を容易に選定できないときは裁判所その他の第三者に委ねることなどからすれば、仲裁人の選定・選任は、その性質上、仲裁契約の問題ではなく、仲裁手続の問題というべきであろう。

いかなる者を仲裁人に選ぶことができるか（仲裁人となる者の国籍、資格、職業等）、その選定・選任の手続はどのようにするか、当事者による仲裁人の指定は有効か、仲裁人の数と仲裁裁判所の構成、仲裁人を忌避することができるか、その事由及びその手続、仲裁人の補充などは仲裁手続の準拠法による[12]。

当事者と仲裁人の関係又は仲裁機関と仲裁人の関係は仲裁人契約（委任契約）の問題であって、仲裁手続の問題ではない。

(3)　仲裁裁判所の権限

仲裁人又は仲裁申立てがなされている事項について判断する権限を有するかについて、自ら判断することができるか、あるいは一定の機関（たとえば裁判所）の判断をまたなければならないかは、仲裁手続の準拠法による。

これについて不服申立てができるかということも仲裁手続の準拠法による。しかし、その判断の対象となる仲裁契約の存否、仲裁契約の有効性、仲裁契約の人的及び物的範囲については、仲裁契約の準拠法によるべきである。

仲裁可能性（仲裁適格性）については、仲裁契約の準拠法、仲裁手続の準拠法（とくに仲裁地法を仲裁手続の準拠法とする場合）、法廷地法（仲裁判断の承認、執行の場合）、仲裁判断の基準となる準拠法（実体関係の準拠法）などが考えられる。ニューヨーク条約二条一項では、仲裁契約の承認について、仲裁による解決が可能とされることを必要としているが、具体的な基準を定めているわけではない。国際商取引法委員会の模範法にもとくに規定はない。仲裁研究会の試案では仲裁契約の準拠法と仲裁地法（日本法）がともに仲裁可能性を否定していないかぎり、仲裁をなしうるとしている（試案四四条）[13]。仲裁可能性は紛争の対象となる実体関係の準拠法の問題であるとともに、仲裁地及び法廷地の司法政策にも関係があるように思われる。したがって、仲裁地の仲裁手続法で仲裁可能性を認めていないときは、仲裁人は仲裁手続をすすめることはできないのではなかろうか。

(4)　仲裁審理手続

仲裁審理手続に関する事項は、仲裁手続の準拠法の問題である。これに属する事項ははなはだ多い。仲裁人又は当事者が裁判所の協力を求めることができるかどうかも仲裁手続の準拠法による。司法共助条約又は仲裁地法に根拠があれば、仲裁地の裁判所の有する司法共助の経路を通して外国の裁判所の協力を求めることもできると解される。

当事者が仲裁手続の準拠法を指定することができるとの立場では、準拠法によれば裁判所の協力を認めることができるとしても、仲裁地では当事者の合意した仲裁手続の準拠法を適用することが困難あるいは不可能なこともありえよう。また、外国の裁判所の措置を仲裁地で実施できないこともありうる。

仲裁地法試案で仲裁手続の準拠法を仲裁地法としたのは、このようなことを考慮したためである。

(5)　仲裁判断

仲裁判断の成立、その形式が仲裁手続の準拠法によることはいうまでもない。そのなかには仲裁判断に理由を付すことが必要がどうかも含まれる。[14]

仲裁判断の送付・送達、預置・登録なども仲裁手続の準拠法によることとなるが、送付・送達は仲裁地でそのための手続がなされるものであり、必ずしも当事者の指定した仲裁手続の準拠法の予定する方法を当然にはとりえないこと、また、預置・登録も仲裁地でなされるのが通常であることを考慮すると、仲裁地法によるとすることが適当というべきであろう。仲裁地法が仲裁手続の準拠法であるとすれば、このようなことでとくに問題は生じない。

仲裁判断の取消しについても、仲裁手続の準拠法によるべきかという問題がある。[15] 仲裁判断の無効、取消しの問題は、仲裁判断が成立したのちにそれにどのような法的効果を認めるかという問題であるから、仲裁手続の問題ではなく、それ自体独立した問題とみるべきである。[16]

（1）仲裁手続の準拠法については、小島＝高桑・注解仲裁二二四頁以下〔澤木敬郎〕参照。

（2）P. Fourchard, L'arbitrage commercial international, Paris, 1985, no. 508; Sanders, "Trends in Field of International Commercial Arbitration", Recueil des Cours, 1975 vol, II, pp. 207, 270.

（3）わが国の学説は仲裁手続の準拠法の概念を認めている（川上太郎「仲裁」国際法学会・国際私法講座三巻〔一九六四年〕八六六頁、小山〈新版〉一五四頁、小島＝高桑・注解仲裁二二四頁〔澤木〕）。そして、仲裁手続の準拠法が内国法であるか否かによって、内国仲裁裁判所と外国仲裁判断とを区別する説が多い（小山・〈新版〉二九九頁、小島＝高桑・注解仲裁二四〇頁〔小林秀之〕参照）。

（４）たとえば、公示催告及ビ仲裁手続ニ関スル法律（公催仲裁）八〇一条一項一号、ジュネーヴ条約一条(a)、ニューヨーク条約五条一(a)は仲裁契約に関する規定であり、公催仲裁八〇一条一項三号―六号、ジュネーヴ条約一条(c)、ニューヨーク条約五条一(d)は仲裁手続に関する規定である。

（５）これが多数説であろう。中田・法理四一九頁、川上・前出注（３）八六六頁、小山・〈新版〉一五四頁、小島＝高桑・注解仲裁二二六―二二七頁〔澤木〕、青山善充「仲裁法改正の基本的視点と問題点」三ケ月古稀上五五五頁（一九九一年）。

（６）高桑昭・UNCITRAL仲裁規則（一九八七年）一一頁。

（７）前出注（５）の文献。

（８）仲裁研究会・仲裁法試案とその解説（民事訴訟法学会シンポジウム資料　平成元年五月二一日）七四頁では、日本を仲裁地として、日本でなされた仲裁につき、日本の裁判所が援助、協力を行う場合、外国法を手続準拠法として指定することを認めると困難な調整問題が生ずることを考慮し、属地主義を採用したと説明されている（仲裁研究会・研究一〇七頁も同趣旨である）。

（９）一九五八年のニューヨーク条約五条一(d)は、当事者の合意がない場合には、仲裁地法に従うとしている。ここにいう当事者の合意とは準拠法の合意をいうのか、仲裁手続規則そのものをいうのか争いがある。模範法三四条(2)(a)(iv)では、準拠法の指定を認めず、実質法的指定のみを認める趣旨のように思われる。

（10）小島＝高桑・注解仲裁二二七頁〔澤木〕。

（11）同旨、小島＝高桑・注解仲裁二二七頁〔澤木〕。

（12）同旨、小島＝高桑・注解仲裁二二八頁〔澤木〕。

（13）仲裁研究会・研究一〇五―一〇六頁。

（14）同旨、小島＝高桑・注解仲裁二三〇頁〔澤木〕。

（15）この場合に仲裁地法を仲裁手続の準拠法とするならば、仲裁地の属する国と準拠法所属国は同じであるから、仲裁判断の取消しの管轄権を有する国は仲裁地であり、取消事由も仲裁地法となる。これに対して、仲裁手続について当事者の選択を許すとすれば、仲裁判断取消しについての管轄は仲裁地か仲裁手続の準拠法の属する国かという管轄の抵触の問題が生ずることになろう。このようなことは望ましくない。

(16)　同旨、小島＝高桑・注解仲裁二三〇頁〔澤木〕。

8　仲裁判断の基準(1)

一　問題の所在

(1)　仲裁判断は私人間の権利義務に関する紛争を解決するための仲裁人の判断である。仲裁判断の内容は権利義務の存否に関する判断であるが、それは事実に価値判断を加えることによって導き出される。その際の価値判断の基準が仲裁判断の基準である。仲裁判断の基準が問題となるのは、仲裁人が仲裁判断の内容を形成するための規範としてであるが、仲裁判断における法律問題について裁判所の審査に服せしめている国又は仲裁判断の理由の不備、不当を仲裁判断の取消事由としている国では、そのような場合にも問題となろう。わが国の現在の法制は仲裁判断の内容について裁判所の審査に服せしめていないので、仲裁判断の基準は判断を形成する際に問題となるだけである(公示催告及ビ仲裁手続ニ関スル法律八〇一条では仲裁判断に理由が付されているかぎり仲裁判断の基準まで問われることはないし、一九五八年の外国仲裁判断の承認及び執行に関する条約（ニューヨーク条約）でも同様である。しかし、そのことによって何を基準として仲裁判断をなすべきかという問題がなくなるわけではない。

(2)　仲裁判断の基準の問題は、一定の事件について、いかなる基準によって判断するかという問題である。これには二つの面がある。一つはいかなる規範が仲裁判断の基準となりうるかであり、他は仲裁人はこれらの規範のうちからどのようにして具体的な規範を選択するかである。前者について具体的にいえば、国家法（国内法）、条約による統一法、法の統一のためのモデル法、統一規則、標準（一般）契約条件、一定の地域又は一定の取引における慣習、実務の慣行、一定集団の規則・慣行、文明国に認められている法の一般原則、善と衡平などが仲裁判断の基準となりうるかということである。後者については、当事者は仲裁判断の基準を任意に指定することができるか、仲裁人は当事者の指定に拘束されるか、仲裁人は当事者が判断の基準を指定していない場合には特定の国家法を適用すべきか、仲裁人は適用さるべき法をどのような法則によって選択するか、また、このような場合に仲裁人は国家法以外の一定の規範を仲裁判断の基準として選択することができるかというようなことが問題となる。また、商事事件の仲裁と民事事件の仲裁、渉外的要素を含む紛争の仲裁（渉外仲裁）とそうでない紛争の仲裁（国内仲裁）というような相違があるかということも問題となる。

(3)　これらの問題は、結局、仲裁を民事紛争の解決方法のなかでどのような位置におくか、すなわち、一つの国あるいは社会における仲裁についての司法政策に帰着するといえよう。現実の仲裁事件において、いかなる規範が仲裁判断の基準として用いられているかは明らかではない。それは、仲裁判断の多くは公表されず、仲裁判断に対する不服の申立てのある国は少なく、また、通常、仲裁判断の取消しにおいても仲裁判断の当否は取消事由とされていないため、仲裁判断の基準が問題とされることはほとんどないからである。このように、仲裁判断の基準の適用を制度上保証する仕組みのないことが多い。しかし、仲裁判断の当否あるいは仲裁判断の基準を審査する仕組みがないことのために、仲裁判断の基準が明確でなく、あるいはそれが適当でない方向に流れるとすれば、結局は人々の仲裁に対する信頼が失われるに至るであろう。このような意味で、仲裁判断の基準は仲裁に関する基本的な問題ということができよう。

二　仲裁判断の基準についての各国の仲裁法、仲裁規則及び国際的立法

(1)　各国の仲裁法では、従来、仲裁判断の基準に関する規定は存在しなかった。また、そこではとくに国内仲裁と渉外仲裁とを区別していない。各国の仲裁の状況を報告したものによれば、多くの国の仲裁では法令の規定を適用することを原則とし、友誼的仲裁あるいは善と衡平による仲裁は当事者の授権のある場合に認めることとしているようである。(2)　最近になって、仲裁法を改正した国ではいずれも仲裁判断の基準について明文の規定をおいている。

一九八一年改正のフランスの民事訴訟法(3)は国内仲裁について、仲裁人は、仲裁契約によって友誼的仲裁人としての権限を与えられていないかぎり、法律の規定（règles de droit）に従って紛争を解決しなければならないとし（一四七四条）、国際仲裁について、仲裁人は当事者の選択した法律の規定に従って紛争を解決しなければならず、当事者の選択のない場合には仲裁人は適当と考える法律の規定に従って判断する（一四九六条一項）、仲裁人はいかなる場合にも商事の慣習を斟酌するとし（同条二項）、仲裁人は、当事者の合意により友誼的仲裁人としての権限を与えられたときにのみ、友誼的仲裁人として紛争を解決することができるとしている（一四九七条）。一九八六年に改正されたオランダ民事訴訟法(4)では、仲裁裁判所は、友誼的仲裁人として判断するよう当事者が合意していないかぎり、法に従って仲裁判断をしなければならないとし（一〇五四条一項・三項）、国際的要素を有する仲裁がオランダ国内でなされる場合には、当事者が選択した準拠法により、当事者による準拠法の選択のないときは、仲裁裁判所が適切と認める法により仲裁判断がなされ、いずれの場合でも仲裁裁判所はすべての商慣習を考慮しなければならないとする。一九八七年に制定されたスイス国際私法に関する連邦法(5)では、仲裁は紛争の実体につい

て両当事者の選択した法により、このような法の選択のないときは、紛争の実体に最も密接な関係のある法によって判断するとし（一八七条一項）、両当事者は、仲裁裁判所に衡平に基づいて判断する権限を与えることができるとしている（同条二項）。連合王国では伝統的に仲裁人は法によって判断することとされていたが、一九九六年仲裁法では、仲裁人は当事者の選択した実体法によって判断すべきこと（四六条(1)(a)、(2)）、当事者間に合意のある場合は、当事者が合意しもしくは仲裁人の決定した他の基準によるべきこと（同条(1)、(b)）、当事者の法選択又は合意のない場合には、仲裁人が適用されると考える抵触規則によって指定される準拠法を適用するとしている（同条(3)）[6]。一九九七年改正のドイツ民事訴訟法第一〇編では、当事者の指定した実体法によって判断すべきこと（一〇五一条一項）、準拠法の指定のない場合には最も密接に関連する法を適用すべきこと（同条二項）、当事者による明示の授権ある場合に限り、衡平によって判断しうること（同条三項）、いかなる場合も契約の定めに従い、商慣習を考慮すべきこと（同条四項）を定めている[7]。

(2)　各国の仲裁機関の仲裁規則では、仲裁判断の基準に関する規定を設けているものと、設けていないものとがある。ロンドン仲裁協会（CIA）の仲裁規則、アメリカ仲裁協会（ＡＡＡ）仲裁規則には、仲裁判断の基準についての定めはない。これに対して、国際的仲裁事件を多く扱う国際商業会議所（ＩＣＣ）仲裁規則では、当事者が紛争の実体に適用さるべき法を自由に決定することができること、当事者がそれを定めていない場合は、仲裁人は、適当と思われる法の抵触に関する規則によって指定される適切な法を適用しなければならないこと（一三条三）、仲裁人は権限を与えられたときのみ、友誼的仲裁人として行動すること（同条四）、いずれの場合においても契約の文言及び商慣習を考慮に入れなければならないこと（同条五）[8]を定めている。ロンドン国際仲裁裁判所（LCIA）仲裁規則では、当事者が判断基準となる法を予め定めることを前提とし、その書式では英国法によることを推奨しているが、他の法によることもさしつかえない（四条(1)）。[9] しかし、当事者が準拠法を選択していない場合についての規定はない。ドイツ仲裁委員会仲裁規則は、近時、一九七八年の国際商取引法委員会(UNCITRAL)仲裁規則三三条にならった規定に改めた。[10]

(3)　仲裁に関する条約では、渉外的要素を含む仲裁を前提としていることもあって、仲裁判断の基準について規定を設けている。一九六一年の国際商事仲裁に関する欧州条約[11]は、当事者は合意により紛争の実体に適用さるべき法律を決定できること、当事者が準拠法の指定をしていない場合は、仲裁人は適当と判断した衝突（抵触）規則によって決定される法律を適用すること、そのいずれの場合にも契約の条項及び商慣習を考慮することを原則とし（七条一項）、当事者が仲裁人を友誼的仲裁人とすることに決定し、かつ仲裁に適用する法律によりその決定をすることができるときは、仲裁人は友誼的仲裁人として行動するとしている（同条二項）。これに対して、一九六六年の欧州統一仲裁条約[12]では、別段の定めのある場合をのぞき、仲裁人は法の原則に従って仲裁判断を下すとのみ規定している（二一条）。一九八五年の国際連合国際商取引法委員会模範仲裁法[13]二八条は、当事者が仲裁判断の基準となる法を選択したときはそれによること、当事者の指定がない場合は仲裁裁判所が適当と認める牴触規則によって決定される法を適用すること、当事者の明示の授権のある場合にかぎり善と衡平により、又は友誼的仲裁人として判断しうるとし、実質的に一九六一年欧州条約七条と同趣旨のことを定めている。

(4)　国際機関が渉外的要素を含む仲裁に適用するために作成した仲裁規則では、仲裁判断の基準についての規定を設けている。一九六六年の欧州経済委員会の仲裁規則[14]三八条、三九条、アジア極東経済委員会の仲裁規則[15]七条四では、仲裁人は当事者が紛争の実体に適用さるべきものとして指定した法律に基づいて仲裁判断をしなければならないこと、当事者による準拠法の指定のない場合は、仲裁人は、法の牴触に関する規則によって定まる準拠法を適用しなければならないこと、いずれの場合にも、仲裁人は契約の文言及び商慣習を考慮すべきことを原則とし、当事者が合意し、かつ仲裁手続に適用される法律により認められるときに、友誼的仲裁人として、あるいは善と衡平により判断しなければならないとしている。一九七六年の国際連合国際商取引法委員会仲裁規則(16)三三条及びこれにならった一九七八年米州商事仲裁委員会手続規則(17)三三条でも、これとほぼ同じ趣旨のことを定めている。

三　仲裁判断の基準についてのわが国の判例及び学説

(1)　わが国の「公示手続及ビ仲裁手続ニ関スル法律」第八編には仲裁判断の基準についての規定はない。この問題を扱った裁判例が公表されることは、問題の性質からみて、ほとんどありえない。すなわち、仲裁判断に理由を付さないことは、仲裁判断の取消事由とされているが(公催仲裁八〇一条一項五号)、理由が付されているかぎり、いかなる基準によっているかはとくに問題とはされないからである。大判昭和三年一〇月二七日民集七巻八四八頁では、傍論ではあるが、「仲裁判断ハ裁判所ノ判決ト異リ専ラ法律ノ規定ニノミ依拠スルコトナク種々ノ事情ヲ参酌シ公平ノ見地ヨリ判断ヲ為スコトヲ得ル」と述べている。戦前の仲裁判断を調査した文献(18)によれば、仲裁判断において採られている法則は事情斟酌の法則、事情変更の法則、主張折半の法則に大別され、具体的事件における事情により、契約条項の解釈の変更、予定賠償額の変更など、かなり思い切った判断のなされた例が報告されている。

(2)　学説は分かれている。従来から大方の学説のとる見解は、仲裁判断にあたって国家法、とくに実定法を適用しなければならない理由はなく、成文の法規に拘泥せず、具体的事情に即し、衡平の見地から適宜判断すればよいとし、また、仲裁人は、国家機関でないから、裁判官と同様に法規を適用する義務を負うものではなく、当事者の仲裁契約において仲裁人がその自由なる意思に従って判断すべきこと、又は、法律の規定に従い判断すべきことが合意されているときは、仲裁人はこれに従い、当事者の意思が明示されていない場合には、当事者の意思は衡平と善に従い判断せしめんとする意思を有するものと推定すべきであるとする。もっとも、法律の強行法規を全く無視して仲裁することは許されず、その内容が公序良俗に反する仲裁判断は無効であるとさえいいうるとする。[19]国際取引に関する紛争についても、仲裁判断は特定の国家法又は実定法の適用でなければならないものではなく、国際取引に知識、経験を有するものが業界の慣行や良識に従って判断を下すこととした方が妥当な結果を得やすいとする見解がある。[21]これに対して、仲裁判断には実定法を適用すべきであるとの説もある。[22]また、両者の中間に位置するように思われる見解として、仲裁判断の基準は当事者の合意があるときはこれに従い、その指定がないときは仲裁人が裁量によってこれを選択することができるし、仲裁人は実定私法か、しからずんば法の一般原則ないし善と衡平を判断基準とするほかなく、そのいずれによるかは仲裁人の選択に委ねられているとの見解もある。[23]

ここでそれぞれの学説の主張する善と衡平の概念あるいはその内容は必ずしも明らかではない。この点について、紛争解決方法としての訴訟、仲裁、調停を比較検討し、法、善と衡平、条理はあたかも重なりあって円錐を形成するように、いずれも紛争解決規範としての共通の理念に導かれ、共通の目標を目指しており、これらは異質のものではないとする有力な説があらわれた。それによれば、西欧においては仲裁を裁判の一変型とみるのに対して、日本では仲裁を訴訟と併立する紛争解決方法とみること、常設仲裁機関による仲裁が多くなり、当事者と仲裁人の信頼関係が変わってきたこと、とくに国際仲裁では価値観の相違があることによって、近時、善と衡平による仲裁から法による仲裁へと移ってきてはいるが、国際仲裁においても、実体法への拘束は厳格でなく、仲裁判断の理由づけもゆるやかであり、仲裁判断の事後審査の欠如、後退という特色からもうかがわれるように、実定法のみが紛争解決範ではなく、法による仲裁のみに徹しきれないという。[24]

なお、しばらく前に発表された仲裁研究会による仲裁法試案によれば、原則として仲裁判断は法律によるものとし（試案三〇条(1)）、当事者が判断基準について別段の合意をした場合には、その合意にかかる判断基準によるとしている[25]（同条(2)）。

四　問題点の検討

(1)　問　題　点

仲裁判断は必ずしも法による必要はないとの説と、仲裁判断は原則として法によるべきであるとする説のいずれにおいても、当事者が契約の準拠法又は当該契約から生ずる紛争についての仲裁判断の基準としての法規範を明示しているときは、指定された準拠法又は特定の法規範によるとすることでは異なるところはない（もっとも、当事者が準拠法を指定できるのは、ほとんどが契約に関する法律関係である）。また、当事者が善と衡平による判断又は友誼的仲裁若しくは和解的解決によることを明らかに認めているときはそれによることについても、とくに異論はないであろう。そして、いかなる場合でも、当事者間の契約の文言、取引の慣行、商慣習を考慮しなければならないことについても、恐らく異論はあるまい。

そうすると、仲裁判断の基準についての考え方の相違は、当事者が具体的に準拠法又は適用さるべき基準を明示していない場合に、いかなる基準によって仲裁判断をなすべきかということと、当事者がいずれかの国の実定法以外の基準（例えば、文明国における法の一般原則、特定の条約の規定など）を指定しているときはそれによらなければならないか、また、それのみによることでよいかということにある。

このほかに、国際商事仲裁では、国際私法を介することなく、商人社会で行われている法規範（これをlex mercatoria〔商人法〕という）が直接適用さるべきであるとの主張もある。商人法の内容は国際商取引において行われている統一法、統一規則、標準契約条件、商慣習、実務の慣行などである。そして商人法は国家法とは異なる法秩序を形成しているという。(26) これは法による仲裁ではあるが、この場合には国家法が補充的な地位に立つことになる。

(2)　検討の方法

この問題を仲裁一般についての問題として検討することは適当ではなく、いくつかの類型に分けて検討することが適当であろう。論者によってこの問題についての考え方が分かれているのは、それぞれが前提として考えている仲裁の種類と内容の相違にもよることがあると思われるからである。

仲裁の種類をその紛争の内容という点からみると、一般の商取引から生ずる紛争の仲裁、海事仲裁、建設工事仲裁、労働関係についての仲裁などがあるが、ここでの問題の性質からみて国内仲裁と渉外仲裁、民事仲裁と商事仲裁という類型に分けて検討することが適当かと思われる。前者は一定の法体系の行われている地域内での紛争か、いくつかの異なる法体系あるいは価値基準に関連する紛争かという観点からの区別である。後者はいわゆる市民的生活関係から生じた紛争か、商取引、経済活動から生じた紛争かという観点からの区別である。ただし、市民的生活関係に基づく紛争に渉外仲裁が用いられた例はほとんど存在しないから、渉外仲裁における仲裁判断の基準については渉外商事仲裁という観点から検討してよいであろう。

これらの仲裁に共通する問題点として友誼的仲裁、善と衡平による仲裁の是否がある。そこでまずこの点について検討する。

(3)　友誼的仲裁・善と衡平による仲裁の是否

友誼的仲裁 (amiable composition) とは、仲裁判断の基準にとらわれることなく、仲裁人が実情にかなうと考える解決をすることをいう。善と衡平 (ex aequo et bono, Billigkeit) による仲裁とは、仲裁判断の基準が善と衡平によるものをいう。善と衡平は概念的には区別されるが、実際の機能としてはほぼ同じであろう。仲裁人がいかなる判断基準によるかは当事者にとって大きな関心事であるから、これを全面的に仲裁人の裁量に委ねることは、多くの場合、当事者にとって好ましくないであろう。近代国家における国家法は一定の手続を経て制定され、それが広く明示されているのであって、抽象的な善と衡平、具体的事件における妥当性よりも、客観的で明確な基準として存在する。このことからみれば、国家法を仲裁判断の基準とすべきことは当然ともいえよう。ことに、商事仲裁では経済的合理性、予測可能性の観点から仲裁判断の基準が明らかであることが好ましい。また、渉外事件であれば、当事者の属する国の法律が異なり、当事者の価値観、行動様式が異なることからして、判断の基準は明確である必要がある。このような理由で、一般的にいえば、友誼的仲裁あるいは善と衡平による仲裁は、当事者がその権限を仲裁人に与えた場合に限定することが適当であろう。

(4)　仲裁判断の基準となるべき規範

(イ)　渉外仲裁

法体系あるいは価値基準を異にする地域に在る者の間の紛争について、仲裁ではいかなる判断基準を用いるべきか。仲裁判断の基準となる規範としては、各国の国内法とそれ以外のものが考えられる。前者は制定法、判例、慣習及び統一法、統一規則、標準契約条件をも含む。後者は国内法の体系の外にある条約、統一法、統一規則、標準契約条件、国際公法上の条約、憲章、宣言、文明国に認められた法の一般原則などをいう。問題は、当事者が一定の国内法によることなく、これらの規範を選択することができるか、また、仲裁人は、当事者の選択がない場合に、これらのいずれの規範によって判断することができるかにある。

まず、仲裁人は当事者が仲裁判断の基準を指定しているときは、仲裁は当事者間の合意に基づく紛争解決方法であることからすれば、当事者がこれらを仲裁判断の基準として選択したことまでも否定する理由はないように思われよう。しかし、国際公法上の条約、憲章、宣言などに規範的性格があるとしても、これらの多くは本来私人間の紛争の解決を目的としたものではないことからみて、これらを私人間の紛争解決のための基準とすることが適当かについては大いに疑問がある。したがって、当事者がこのような仲裁判断の基準を指定していたとしても、仲裁人は他に適当な判断基準を求めざるをえないのであって、当事者の指定に従わなければならないとはいえないであろう。また、文明国に認められた法の一般原則も、その内容が具体的とはいい難く、しかもこれによるときは、実質的に善と衡平による仲裁にも等しいこととなり、これを仲裁判断の基準とすることも適当とはいえない。

それでは、私人間の紛争の解決を目的とした、具体性のある規範（法規範）を当事者が仲裁判断の基準として選択した場合はどうか。当事者が契約に関する法律関係について一定の国家法又は地域的法体系を選択した場合には、これを判断基準とすることにはとくにさしつかえないであろう。私人間の紛争の解決のための、現実に存在する具体的な価値基準であり、当事者がそれを選択したからである。このことは、一定の国家法又は地域的法体系の規定が本来内国の法律関係を前提としたものであっても、当事者がそれによる判断を求めているのであるから、渉外的仲裁においてもその適用を否定すべき理由はないであろう。

当事者が私法を統一するための条約、特定の法律、統一法、統一規則、標準契約条件、商慣習等を判断基準として指定している場合はどうか。仲裁が当事者の合意に基づく紛争解決方法であることからすれば、仲裁人がその指定に従わなくてもよいとすべき理由は見出し難い。契約に関する法律関係には多くの国で当事者自治が認められているからである。従来、仲裁判断の基準としては、通常、いずれかの国家法又は法体系の適用が考えられてきたが、それらに限定すべき必然性はないと思われる。これはいわゆる実質法的指定と同じことになる。しかし、特定の条約、法律、統一法、統一規則、標準契約条件、商慣習等はいずれも限られた範囲の事柄に関するものであるから、一定の法律関係のすべてにわたって適用されるわけではない。したがって、これらの適用範囲外の事項については準拠法で補わざるをえないことになろう。

当事者が判断基準を指定していない場合、又は指定した判断基準の範囲外の問題がある場合は、仲裁人は、いかにして判断基準を決定すべきか。これについては、仲裁地の抵触規則によって定まる準拠法によるとする説、仲裁人が適用法規を直接決定する説などがある。訴訟における裁判管轄権と異なって、仲裁地と当該紛争の実体との結びつきがそれほど強くないとすれば、仲裁人が相当と考える抵触規則によって定まる準拠法を適用することが妥当と考えられる。もっとも、仲裁地法において、抵触規則がそこで行われる仲裁にも適用されるとしているときは、仲裁人は仲裁地の抵触規則に従わなければならない。

なお、「商人法（lex mercatoria）」の適用を主張する立場では統一規則等の直接適用を認めるが、その根拠は明らかとはいい難い。渉外的仲裁事件において国家法の適用を避ける主張がなされる原因は、国家法の内容が現実に行われている商取引を規律するのに適当な内容でないことが多いこと、また、国際私法を介するために、適用法規が必ずしも明らかではないことにある。しかし、これまでに「商人法」というべき法規範が形成されているかは疑問であり、また、その具体的内容は必ずしも明らかではない。仮に「商人法」の概念を認めるにしても、「商人法」を適用する根拠は契約の拘束力に求めるほかはない。そうだとすれば、さしあたり、あえて「商人法」という概念を用いるほどの必要があるか疑問なきをえない。

(ロ)　国内仲裁

国内仲裁事件においても、渉外仲裁事件におけるが如く、当事者が仲裁判断の基準を自由に定めることができるという考え方もありえないわけではない。しかし、国内における私人間の通常の紛争について、当該国家の法律と異なる規範によることが果して妥当か、そのような規範による仲裁判断に判決と同一の効力を与えてよいかという問題が生ずる。国家法で当事者自治の原則の認められる範囲において、当事者が一定の基準を指定することは何らさしつかえない(これは法による仲裁である)。問題は、当事者又は仲裁人が国家の法律の定めと異なる基準あるいはそれと抵触する基準を適用することができるかにある。善と衡平を基準とするときは、その内容が明確でないから、このようなこともありうるし、そうなると一国の法秩序の外に出ることになろう。これは渉外仲裁の場合とはやや異なる問題である。

国内仲裁では、仲裁判断の基準は仲裁の対象となる紛争の性質によっても異なるという考え方もありえよう。すなわち、市民的生活関係から生ずる紛争と商取引、経済活動から生ずる紛争とでは、解決のための基準は必ずしも同じでなくてもよいと思われるからである。前者（民事仲裁）については個々の事情に応じた配慮（これを善と衡平ということもできよう）によることもありうるが、後者（商事仲裁）についてはできるだけ客観的であり、予測可能な基準が適当であるといえよう。そのようなちがいがあるにしても、法による権利の実現、秩序の維持を原則とする社会にあっては、民事仲裁においても実定法に基づいて私人の権利を明らかにし、そのうえで事情に応じた解決方法を見出すことが望ましいのであって、実定法秩序と異なる基準によることが適当であるとは思われない。商事仲裁においては、商取引はもっぱら営利を追求して合理的に行われるものであるから、基準が客観的であり、予め明確であることが好ましく、原則として実定法によって判断すべきである。最近の立法例をみても、法による仲裁を原則とし、善と衡平による仲裁あるいは友誼的仲裁を例外としていることはこのような理由によるものと思われる。もちろん、ここにいう法による仲裁とは実際の取引において用いられている統一規則、標準契約条件、具体的な契約条件、商慣習等も含まれていることはいうまでもない。

要するに、国内仲裁においては、民事仲裁にあっても商事仲裁にあっても、国内法の規定が仲裁判断の基準となるべきである。しかし、民事仲裁では当事者の合意又は当事者による授権があるときは、国内法の強行法規、基本的法原則に反しない限度において、当事者間の公平、具体的事案における妥当な解決を得られるような配慮をすることは認められてもよいと思われる。

(5)　結　論

このようにみてくると、次のようにいうことができよう。

渉外的要素のない仲裁（国内仲裁）においては、民事仲裁、商事仲裁のいずれにおいても、原則として国内法を適用する。また、民事仲裁では、具体的事案における妥当な解決を得るための配慮を加えてもよい。

渉外的要素を有する仲裁（渉外仲裁）においては、当事者による準拠法の指定がある場合はそれによる。また、当事者は特定の条約、法律、統一法、統一規則、標準契約条件、商慣習などの具体的な規範を判断基準として指定することができる。当事者による明示の準拠法の指定がない場合は、仲裁人が適当と考える牴触規則によって準拠法を決定し、それを適用する。いずれにおいても統一規則、標準契約条件、個別の契約における特約、当事者間における取引の慣行、商慣習が考慮される。法規範の適用の順序としては、まず、当事者間の特約、当事者が明示的に援用した標準契約条件、統一規則等により、次で当事者間の取引の慣行、その種の取引における商慣習により、その後に統一法あるいは準拠法の規定が適用されることとなろう。商取引の分野では一般に当事者自治の原則が認められており、任意規定が多いからである。このほかに、特定の国の強行法規の適用の問題が生ずることもある。

当事者がとくに善と衡平による仲裁、友誼的仲裁を合意している場合には、それによる。

なお、筆者としては、国際商取引に関する法規範としての、いわゆる「商人法（lex mercatoria）」を主張する見解には未だ検討すべきことがあり、その立論の内容にも疑問なしとしないので、直ちにこれに賛成することはできない。

（1）　仲裁判断の基準については、Julian Lew, Applicable Law in International Commercial Arbitration, 1978; Rene David, L'Arbitrage dans le commercial international, 1981 (chapitre IX) 参照。なお、本稿では近時の用例に従い、「規準」ではなく、「基準」と表記することとした。

（2）　Yearbook Commercial Arbitration vols. I–XXI (1976–96) までの各国の法制の報告による。

（3）　一九八一年のフランス民事訴訟法の仲裁に関する規定については関口晃・フランスの新仲裁法――仲裁判断について（一九八七年）、小島＝高桑・注解仲裁五二九頁以下〔多喜寛〕参照。

（4）　オランダ民事訴訟法第四編の改正については、小島＝高桑・注解仲裁六六九頁以下〔貝瀬幸雄〕参照。

（5）　スイス国際私法の仲裁に関する規定については、Schnyder, Das neue IPR-Gesetz, 2 Aufl. 1990, Karrer et al, Switzerland's Privat International Law, 1994 参照。

(6)　Richard Lord & Simon Salzedo, Guide to the Aribitration Act 1996, p. 40, 1996.
(7)　Baumbach-Lauterbach-Albers-Hartman, *Zivilprozeßordnung*, 56. Aufl., S. 2729 ff, (1998).
(8)　ICC Rules of Arbitration (Publication No. 447) Article 13, 3-5.
(9)　The Arbitration Rules of the London Court of International Arbitration, Rule 4(1).
(10)　Statut des stäudigen Schiedsgericht beim Deutschen Ausschuss für Schiedsgerichtswesen Artikel 21 (21.1-21.4).
(11)　European Convention on International Commercial Arbitration, Geneva, 1961.
(12)　European Convention Providing a Uniform Law on Arbitration, Strasbourg, 1966.
(13)　UNCITRAL Model Law on International Commercial Arbitration (1985).
(14)　Arbitration Rules of the United Nations Economic Commission for Europe, 1966.
(15)　Rules for International Commercial Arbitration and Standards for Conciliation of the United Nations Economic Commission for Asia and the Far East, 1966.
(16)　UNCITRAL Arbitration Rules, 1976.
(17)　Rules of Procedure of the Inter-American Commercial Arbitration (1978).
(18)　村本一男「我国仲裁制度の実情について」司法研究報告書二八輯（一九四〇年）六頁。
(19)　池田寅二郎「仲裁」岩波法律学辞典（一九三六年）一八八六頁。
(20)　中田・法理一四七―一四八頁。
(21)　喜多川・研究一五三―一五四頁、澤木敬郎「国際契約における仲裁条項と準拠法条項」ＪＣＡジャーナル二一巻六号（一九七四年）二―三頁、澤田壽夫「国際商事紛争の仲裁と調停」国際法外交雑誌八二巻五号（一九八三年）六一頁。
(22)　川上太郎「仲裁」国際法学会編・国際私法講座(3)（一九六五年）八六〇頁。飯塚重男「国際取引に伴う紛争の解決」澤田壽夫ほか・国際取引法講義（一九八二年）三四四頁。

(23)　小山・〈新版〉一七八―一八〇頁。

(24)　三ケ月章「紛争解決規範の多重構造――仲裁の判断基準についての裁判法学的考察」三ケ月・研究(9)二三五頁以下。

(25)　仲裁研究会「仲裁法試案とその解説(6)」ＮＢＬ四二二号（一九八九年）六一―六二頁〔高橋宏志〕。

(26)　lex mercatoriaについての代表的文献として、Berthold Goldman, Frontiêrs du droit et《lex mercatoria》, Archives de philosophie du droit, 1964; B. Goldman, La lex mercatoria dans les contrats et l'arbitrage internationaux, Clunet 1979, p. 499. Clive Schmitthoff, "The Law of International Trade, its Growth, Formation and Operation" (The Sources of the Law of International Trade, London, 1964) pp. 3-38.

第四章　外国仲裁判断の承認及び執行

9　外国仲裁判断の承認・執行に関するわが国の国内法、二国間条約及び多数国間条約の適用

一　序説

(1)　仲裁とは、当事者が、その合意にもとづき、一定の法律関係から生じた紛争を私人たる第三者の判断に委ね、その判断に従うことによって、その紛争を解決する方法をいう。このような方法による当事者間の紛争の解決が一定の社会において強制的に実現しうるものとされた場合、すなわち、そのようにしてなされた判断(仲裁判断)が正当性を有する政治権力（公権力）によって承認される場合に、その社会において紛争解決方法として認められたことになる。

近代国家においては私人間の紛争解決のための強制力を国家が独占しているため、国家が仲裁判断を承認し、これに強制力を与えることによって、仲裁が紛争解決方法として認められることになる。すなわち、仲裁判断に国家法で一定の効力を認めることが仲裁判断の承認であり、そのような仲裁判断の内容を公権力によって実現することが仲裁判断の執行である。これが仲裁に関する法制度の核心である。(1) したがって、仲裁判断の承認、執行に関する事項は法で定めておかなければならない。(2) 仲裁に関する法律問題は、結局、仲裁判断の承認と執行の問

題に集約されるということができよう。

現在、欧米諸国で行われている仲裁は西欧中世における商人間の私的自治にもとづく紛争解決方法から発達してきたものであり、多くの国では一定の範囲で私的自治を認めて、私人たる仲裁人の判断（仲裁判断）を原則として承認することとし、仲裁判断の成立について定めるとともに、仲裁のための合意が存在しないか或いは有効でないとき、手続が適正、公平を欠いているときなど、一定の場合に個別の仲裁判断の承認を拒否することとしている。そのため、仲裁判断の執行に当たっては、国家の裁判所が承認の障害となる事由の有無を審査することになる。これが仲裁判断についての承認、執行の制度であり、仲裁判断の効力を失わしめるための手続が仲裁判断の取消の制度である。

(2)　仲裁が私的自治にもとづく紛争解決方法であることは、仲裁が国家の裁判所の関与していない紛争解決方法であるということである。そうすると、仲裁がいずれの地で行われようと、国家の裁判所からみると、その仲裁判断に自国の裁判所の関与がないということについては異なるところはないように思われる。ところが、多くの国では内国仲裁判断と外国仲裁判断とを分けて扱っている。各国で何故にそのような区別をしているのかは、今のところ、筆者は明らかになしえない(3)。おそらく、仲裁が各地の商工業者の団体によって行われ、それぞれの地域又は国家の法の制約をうけつつ発達したことによるのではないかと推測される。したがって、内国仲裁判断と外国仲裁判断の区別は内国において内国法に従ってなされた仲裁判断とそうでない仲裁判断というほどの意味であり、その区別の基準とその根拠は必ずしも明かではないのである。

(3)　わが国の国内法(平成九年一二月三一日までは大正一五年改正の民事訴訟法第八編、平成一〇年一月一日からは公示催告手続及ビ仲裁手続ニ関スル法律第八編。以下「仲裁法」という）には外国仲裁判断の承認、執行に関する明文の規定はない。そこで、わが国で外国仲裁判断の承認、執行についてどのように規律するかという問題が生ずる。ところが、わが国は一九二七年の「外国仲裁判断の執行に関する条約」（ジュネーヴ条約）及び一九五八年の「外国仲裁判断の承認及び執行に関する条約」（ニューヨーク条約）の締約国であり、これらの条約では自国の領域以外の地で行われた仲裁判断を外国仲裁判断としているが、[4] ジュネーヴ条約は締約国の領域でなされた仲裁判断を対象とし（相互主義）、また、ニューヨーク条約の適用についても、わが国は相互主義の宣言をしているので、[5] わが国がこれらの条約の締約国となったことによって、外国仲裁判断の承認、執行についての問題が全て解決することになるわけではない。これらの条約の非締約国でなされた仲裁判断には、わが国では条約の規定は適用されないからである。

また、わが国は二国間の通商に関する条約あるいは協定において、十数ヶ国との間で仲裁判断の承認、執行に関する規定を設けている。このような二国間条約の締結はジュネーヴ条約またはニューヨーク条約がわが国について効力を生ずる以前のこともあれば、それ以後のこともある。そこで、これらの二国間条約の規定が適用される場合に、その規定とジュネーヴ条約及びニューヨーク条約の規定との競合もしくは抵触の問題[6]が生ずることになる。それは具体的な二国間条約の規定の内容とも関係してくる。

(4)　本稿の目的は、まず、わが国の仲裁法において外国仲裁判断の承認、執行についてどのように取扱うべきかを検討し、次いで仲裁判断の承認、執行に関する二国間条約、多数国間条約、国内法の適用関係について検討することにある。これらの問題については、筆者はこれまで判例評釈、仲裁に関するモデル・ローの解説[7]などにおいて断片的に述べたことはある。それにもかかわらず、この問題をとりあげたのは、それ以来、筆者の考えに多少の進展もあるし、若干の附加、修正を要するところもないわけではなく、この機会に見解を述べておくことが適当と考えたためである。

（1）　同旨、小山昇・仲裁法〔新版〕（一九八三年）六頁。わが国では、従来、仲裁の法的意義についてこのような説明はなされていない。

（2）　仲裁に関する法の規定には、仲裁人の選定・忌避、仲裁手続に関する規定と、仲裁契約の有効性、仲裁可能（適格）性、仲裁と訴訟の関係、仲裁判断の成立、仲裁判断の効力、仲裁判断の取消、仲裁判断の執行に関する規定がある。前者については、仲裁が当事者の合意にもとづく紛争解決方法であることから、当事者の合意、仲裁人または仲裁機関の定めるところによることができる。後者は、その性質上、その国における司法制度にかかわることであるから、国家法によらなければならない。中田淳一「外国仲裁判断の承認と執行」訴訟及び仲裁の法理（一九五三年）四一四頁では前者を私的仲裁手続、後者を公的仲裁手続とし、仲裁の特色は前者にあるとしている（この論文は法学論叢三六巻六号、三七巻一号、三号、六号〈一九三七年〉に掲載されたが、本稿での引用は論文集による）。しかし、後に述べるように、筆者は仲裁法の存在意義は後者にあると考える。

（3）　欧米主要国においても、外国仲裁判断の意義、その承認の要件についての裁判例、立法は二〇世紀に入ってかなり変遷している（中田・前掲三二六―三八二頁）。しかし、何のために内国仲裁判断と外国仲裁判断の区別をしているかは、そこからは明かでない。

（4）　ジュネーヴ条約第一条第一項、ニューヨーク条約第一条第一項。

（5）　ニューヨーク条約第一条第三項前段。

（6）　ジュネーヴ条約についても二国間条約との関係が問題になりうるが、同条約の締約国であってニューヨーク条約の締約国でない国はマルタとミャンマー（ビルマ）のみであり、両国とわが国との間に二国間条約はないので、ジュネーヴ条約と二国間条約との競合、抵触問題は生じない。

（7）　高桑昭「米国会社と日本会社間の仲裁判断と執行判決を与えた事例」ＪＣＡジャーナル三四巻七号五頁（一九八七年）、同「中華人民共和国でなされた仲裁判断にもとづく強制執行を許可した事例」ＪＣＡジャーナル四〇巻一

一号四頁（一九九三年）。同・国際商取引法委員会の国際商事仲裁に関する模範法（一九八七年）七三―四頁。

二　わが国の国内法と外国仲裁判断

(1)　仲裁に関するわが国の仲裁法では、仲裁判断は当事者間において確定した裁判所の判決と同一の効力を有するとし(仲裁法第八〇〇条)、仲裁判断による強制執行は執行判決をもってその許すべきことを言渡したときにこれを為すことを得るとしている(同法第八〇二条第一項)。そこでは単に「仲裁判断」とあるのみで、対象となる仲裁判断をとくに限定してはいない。

ところが、かなり以前から、学説では「外国仲裁判断」の概念を導入している。[8] これについては、まず、外国仲裁判断の概念を入れることが妥当かという問題がある。仮にそれを認めるとすれば、これについては二つの問題が生ずる。一はいかなる仲裁判断を「外国仲裁判断」というかであり、他はそのような外国仲裁判断の承認、執行についてわが国の仲裁法の規定が適用されるか、わが国の仲裁法の規定が適用されないとすれば、外国仲裁判断の承認の要件をどのようにすべきかである。

いかなる仲裁判断を外国仲裁判断とするかの基準については、仲裁手続の準拠法が日本法か外国法であるかによるとする説、[9] 仲裁契約の準拠法によるとする説、[10] 仲裁地がいずれであるかによるとする説[11]に分かれているが、おそらく、仲裁手続の準拠法によるとの説が多数説といってよいであろう。次に、外国仲裁判断の承認の要件については、わが国の仲裁法の規定の適用はないとし、条理によってその要件を定めなければならないとする説、[12] わが国の仲裁法の規定を適用するとの説、[13] それを準用するとの説[14]に分かれているが、そのほかに外国仲裁判断をわが国で承認するためには外国で執行判決を得ることを要し、それについてさらにわが国で執行判決を要するとする説[15]もある。仲裁手続の準拠法または仲裁契約の準拠法によって内国仲裁判断と外国仲裁判断を区別する学説の多くは、承認の要件についてのいわゆる条理説をとるものが多いが、そのなかでもわが国の仲裁地法の適用を肯定する有力な見解[9]もある。

外国仲裁判断の承認、執行に関する裁判例があらわれたのは昭和三四年（一九五九年）以後[16]のことであるが、それらの裁判例では二国間条約、多数国間条約の適用されない事案については民事訴訟法の第八〇〇条、第八〇二条を適用または準用している[17]。

承認の要件についての条理説は、外国仲裁判断の承認には仲裁法第八〇一条の規定は適用されないとし、外国仲裁判断の由来する手続がわが国の仲裁法の認めるのと実質的に同一の手続[18]であって、外国仲裁判断がその準拠する手続法上有効であり、確定していること、わが国の公序に反しないこと、当事者の審尋がなされ、適法に代理されていることをもって、承認の要件とするもの[19]、外国仲裁判断について、個別の事項の準拠法に従い、仲裁人の無権限、仲裁手続の瑕疵、若しくは仲裁判断の成立における瑕疵、または強制法規・公序良俗違反があれば、それを承認すべきでないとするもの[20]などに分かれている。適用説は仲裁法の規定が仲裁判断についてとくに区別していないことをその理由とする。準用説は、条理によるとすると条理の内容が明らかでないこと、仲裁法第八〇一条の規定は手続法的にみてほぼ妥当な内容であるとして、それを準用することが妥当であるとする[21]。

(2)　このような条理説、準用説の立論の前提、すなわちとくに理由を示すことなくあたかも当然のごとく内国仲裁判断と外国仲裁判断とを分ける議論にはいささか疑問を感じないであろうか。その疑問を具体的にいえば、仲裁判断を内国仲裁判断と外国仲裁判断とに分ける必要があるか、その必要があるとすればそれはいかなる理由によるか、その区別の基準は何よるかということである。この問題は、わが国の仲裁法の規定はいかなる仲裁判断に適用されるかという、実定法の解釈の問題である。

多くの学説が内国仲裁判断と外国仲裁判断とを区別する理由あるいは根拠は「わが国の民事訴訟法の予想するのは、わが民事訴訟法の規定する私的仲裁手続に従ってなされ及び、必要な場合は、わが裁判所の関与の下に成立した仲裁判断だけであり、従って外国法の下に且つ外国裁判所の干渉の下に成立した仲裁判断を如何に取り扱うかは、わが民事訴訟法の直接考慮しないことがらである」というところにある。すなわち、わが国の仲裁法の明文の規定の対象となる仲裁判断はわが国において、わが国の仲裁法によってなされた仲裁判断であり、これを内国仲裁判断とするのである。そして、「この意味で法律の欠陥（仲裁法の規定が外国仲裁判断に適用されないこと――筆者）を云為することは正当ではあるけれども、しかしこのことから、直ちにわが国法が外国仲裁判断に対して絶対的拒否の態度を採るものと断定することは許されない」として、[22] 外国仲裁判断の承認の要件を検討することになる。

一八七七年のドイツ民事訴訟法第一〇編を模したわが国の仲裁法がわが国の領域において適用されること及びその規定の内容（仲裁手続への管轄裁判所の協力、仲裁判断の管轄裁判所への預け置き、仲裁手続に関する訴訟についての管轄裁判所）からみて、同法はわが国で行われる仲裁、いいかえるとわが国が仲裁地である仲裁を適用の対象として想定したということはできよう。しかし、わが国の仲裁法には、仲裁判断の効力と仲裁判断の執行について、とくに内国仲裁判断と外国仲裁判断を区別し、内国仲裁判断についてのみ適用するとの明文の限定はないので、同法第八〇二条、第八〇〇条の適用は当然にわが国で成立した仲裁判断に限ると解すべき理由はない。[23] 問題を実質的にみるならば、仲裁は私人による紛争の解決であって、その手続は国家の裁判所の外で行われ、判断についても手続についても内国の裁判所の関与するところではないのであるから、仲裁地が内国であろうと外国であろうと、また、仲裁手続がいずれの国の法律に拠ろうと、仲裁判断の承認、執行について、内国の裁判所からみてその間に差異はないというべきであろう。いいかえれば、仲裁判断の承認、執行を求められた裁判所からみれば、仲裁判断として成立しているかぎり、いずれの地で仲裁手続がなされようと、その手続がいずれの法によろうと、それをあえて区別して扱うべき理由はないということである。この点において、外国の国家または公権力による裁判、すなわち外国の裁判の承認、執行と仲裁判断の承認、執行とは異なるといわなければならない。要するに、わが国の仲裁法が明文をもって内国仲裁判断と外国仲裁判断とを区別していないだけでなく、仲裁判断は国家の裁判所によらない紛争解決方法であるから、このような区別の必要はないのではなかろうか。外国仲裁判断の承認、執行について、仲裁法第八〇二条、第八〇〇条を準用すべしとの説があらわれるのもそのためであろう。筆者は、仲裁判断の承認、執行において、あえて内国仲裁判断と外国仲裁判断の区別をする必要がないと考える。(24)

このような解釈に対しては、「外国仲裁判断がなされるときに、外国の手続法に準拠することのほかに、承認、執行国の内国法をも考慮して手続を進めることを要求することは無理であり、不当である。そこまで要求したのでは、およそ外国仲裁判断を承認したことには該当せず、単に内国仲裁判断を確認しただけというべきであ」り、「せいぜいその手続的正義に関する基本概念に合致するかを要件とするにとどめるべきである」との批判がある。(25)しかしながら、仲裁手続が仲裁地法のもとに行われることは当然であるけれども、別の国で仲裁判断を執行するときにその国における承認の要件に従うことも当然であり、このことは敢えて異とするに足りない。(26)このような批判は、仲裁判断の承認と外国判決の承認とを混同するものであろう。仮にそのような立場をとるとすれば、条理によって承認の要件を構築するのではなく、仲裁手続の準拠法において仲裁判断が有効に成立したこと、仲裁手続の準拠法における取消事由のないこと及び内国における手続的正義に関する基本概念（すなわち内国における手続的公序）に反しないことを要件とし、内国裁判所ではその要件のすべてを、したがって当該外国法上仲裁判断が有効に成立し、かつ、取消事由の存在しないことについても審査すべきではなかろうか。

わが国の現行仲裁法の解釈として、仲裁判断の承認、執行については、あえて内国仲裁判断と外国仲裁判断の区別をする必要はないと考える。しかし、内国仲裁判断と外国仲裁判断の区別を全く否定するものではない。それは仲裁判断の成立は仲裁判断のなされた地の法の定めるところによるからであり、内国仲裁判断と外国仲裁判断の区別は仲裁判断取消の訴の国際裁判管轄権を決定するために必要であるからである。多くの国の立法例では、仲裁判断の取消事由の多くは仲裁手続に関するものである。後に述べるように、仲裁地法が仲裁手続を支配するとの立場をとるので、仲裁地が内国にあるか否かによって内国仲裁判断と外国仲裁判断とを区別し、内国の裁判所は内国仲裁判断の取消の訴についてのみ裁判管轄権を有することになる。このような立場をとるならば、外国仲裁判断の承認、執行について統一法を作成する必要があるかとの疑問もありえよう。しかし、仲裁判断の承認、執行について内国仲裁判断と外国仲裁判断を区別する国もあること、また、両者の区別の有無に関わらず、国によって仲裁判断の承認、執行の要件の異なることからすれば、外国仲裁判断の概念を設定し、その承認、執行の要件、手続を統一することは意味のあることと考える。

(3)　これまでに述べた理由により、わが国の現在の実定法の解釈として、仲裁判断の承認、執行については内国仲裁判断と外国仲裁判断の区別を必要としない。しかし、仮に内国仲裁判断であるか外国仲裁判断であるかによって仲裁判断の承認の要件を異にするとの解釈をとる場合、あるいはそのような立法政策をとる場合に、どのような基準で区別すべきかという問題のあることは否定しない。そこで次にこの点について検討する。

この問題について、まず仲裁契約の準拠法によるとの説があるが、相当とは思われない。仲裁契約は当事者間の紛争を仲裁で解決することを約した契約であって、その契約の準拠法が仲裁判断の承認の要件をも支配することについての実質的な理由が明らかではない。この説は、仲裁が当事者の合意にもとづくことに過大な意味を認めるものである。多数説は、前述のように、仲裁手続の準拠法が外国法（内国法以外の法）である仲裁判断を外国仲裁判断であるとする。そして、仲裁手続の準拠法の決定については、法例第七条の適用または準用により、当事者による明示もしくは黙示の準拠法の指定があればそれにより、当事者による準拠法の指定がないときは、最も密接なつながりのある地の法によるとし、最も密接なつながりのある地は仲裁手続のなされる地であることが最も多いであろうとする。(27) 仲裁手続の準拠法によって内国仲裁判断と外国仲裁判断の区別の基準とする説は、仲裁判断の成立が認められるのは仲裁手続の依拠する法によると解することにある。そして、その依拠する法とは仲裁判断までの手続を定めた法、すなわち、論者のいう私的仲裁手続に関する法であって、外国の私的仲裁手続の成果である仲裁判断を外国仲裁判断という(28)ことにある。

しかし、私人による判断が法的な意味をもつのは、それが仲裁判断として認められることによってはじめて生ずるのであるから、特定の法によって仲裁判断として成立したことを認められることが必要となる。各国の民事訴訟法あるいは仲裁法が属地的に適用されることからすれば、私人の判断が仲裁判断として法的な効力を認められるのは仲裁が行われた地、とくに仲裁判断のなされた地の法（仲裁地法）によることとなる（このことは当該紛争に渉外的要素があるか否かにかかわらない）。そして、私人の判断が仲裁判断として認められ、それに法的効力が賦与されるのは仲裁地法のうちの仲裁判断の成立を定める規定によるのであって（例えば、わが国の仲裁法第七九九条第一項）、当事者の合意によって定めることもできる仲裁手続に関する規定によるのではない。仲裁人の選定、忌避を含めて、仲裁手続については当事者の合意もしくは仲裁人の定めるところにより、または仲裁機関の定める仲裁規則によって規律することができるのであって、それは必ずしも仲裁法の規定によらなければならないというわけではないからである。[29] すなわち、いわゆる私的仲裁手続に関する規定は当事者等の定める仲裁手続規則を補うための規定にすぎず、仲裁判断を成立させ、それに効力を与えるのはいわゆる公的仲裁手続法に関する規定である。このような規定はその国でなされる仲裁判断に当然に適用される。このような理由で、内国仲裁判断と外国仲裁判断の区別は仲裁地が内国か否か、すなわち、仲裁判断のなされた地によるというべきこととなる。

さらに、多数説が仲裁手続の準拠法について当事者の選択を認めることにも疑問がある。仲裁が当事者の合意にもとづく紛争解決方法であるからといって、いわゆる公的仲裁手続に関する事項についても当事者による準拠法の指定を認めることは適当ではないであろう。それは仲裁判断のなされた地の司法制度に抵触することになるからである。たとえば、わが国でなされた仲裁判断でありながら、仲裁判断の成立、仲裁判断の承認または取消の要件などを外国法の定めるところによることを認めるとすれば、公的仲裁手続に関する規定を設けたことの目的は達せられないことになる。それでは私的仲裁手続の規定については当事者による法の選択を認めることができるか。このような規定は当事者の選択に委ねることも差しつかえないように考えられるかもしれないが、そのような規定の適用が必要な場合に、その準拠法所属国の裁判所の協力を求めることができるか、また、内国の裁判所に準拠法に従った措置を求めることができるかという疑問がある。各国の仲裁法において、私的仲裁手続と公的仲裁手続とが統一的な全体を形成しているとすれば、[30] 私的仲裁手続に関する規定についても当事者による法の選択を認めることは、適当とは考えられない。当事者による仲裁手続に関する法の選択は準拠法の指定ではなく、実質法的指定と解すべきである。[31] このような理由で、仲裁手続が行われているときは、その仲裁手続の行われている地の法を、仲裁判断に至ったときは仲裁判断のなされた地の法をもって仲裁手続の準拠法とすべきである。そして、内国仲裁判断か外国仲裁判断かの区別は、仲裁手続の準拠法によるべきではなく、仲裁地が内国であるか否かによることで足りると考える。

(4)　それでは仲裁地をもって内国仲裁判断と外国仲裁判断との区別の基準にする場合には、いかなる地をもって仲裁地とみるかという問題がある。仲裁判断の承認、執行という観点からは[32]、仲裁地は仲裁判断のなされた地というべきであろう。常設仲裁機関における仲裁の場合には、仲裁地は、原則として、その機関の所在地である。個別（ad hoc）仲裁の場合には、仲裁判断の成立した地、すなわち、仲裁判断として扱われるべき文書（仲裁判断書）が作成され、それに署名がなされた地である。複数の仲裁人の署名地が異なるときは、仲裁判断書の寄託のなされた地と解すべきであろう。

仲裁地を基準とする立場については、理論上の要求に適合するものではないとの批判[33]もあるが、必ずしもその批判は当を得たものでないことは右に述べたところからも明らかであろう。むしろ、仲裁地法によるとするならば、その基準は通常明らかであり、仲裁判断の承認、執行に当たって、仲裁手続の準拠法を検討する必要もない。ニューヨーク条約が多くの国で採用された大きな原因は、外国仲裁判断の基準として仲裁地を用いていることにあると思われる。

（8）　近時の仲裁法に関する学説では、外国仲裁判断の承認、執行について、何故か中田教授の前掲論文以降の著書、論文のみを引用し、それ以前のものに全く言及するところがない。そのため、外国仲裁判断の承認、執行の問題はわが国では一九三〇年代後半になってはじめて論じられたかの如き印象を受けることになる。しかし、外国仲裁判断については、それ以前から、強制執行法に関する著書では債務名義の問題として論じられている（たとえば、板倉松太郎・強制執行法義海（一九一五年）二二六頁、松岡義正・強制執行要論（一九二四年）四五四―四六〇頁）。

したがって、この問題に関する近時の学説の態度が、先行する研究論文に意を用いてないことにおいて妥当でないことはいうまでもないが、仲裁に関する戦前の代表的な文献たる池田寅二郎・仲裁と調停（一九三二年）、同「仲裁」岩波法律辞典（一九三六年）一八八三―一八九〇頁が外国仲裁判断の承認、執行について説明を加えていないことと、中田・前掲論文、同・特別手続〈新法学全集・民事訴訟法Ⅲ〉（一九三八年）一六一頁以下がそれ以前の文献を全く引用していないこともいささか奇異なことというべきであろう。

（9）中田・特別訴訟手続（新法学全集・民事訴訟法Ⅲ）（一九三八年）一六一頁。中田・前掲四一六頁は、わが民事訴訟法の規定する私的仲裁手続にしたがってなされた仲裁判断を内国仲裁判断とし、外国の私的仲裁手続による仲裁判断を外国仲裁判断とする。この説をとるものとして、川上・前掲八六一頁、兼子一・増補強制執行法（一九五六年）八二頁、菊井維大・強制執行法（総論）（法律学全集・一九七六年）六二―三頁。それ以前の学説においても、板倉・前掲二二六頁は「外国法ニ従ヒテ成立スル仲裁判断」を外国の仲裁判断とし、松岡・前掲四五五頁も明らかに仲裁手続準拠法説をとる。ただし、松岡説、兼子説とも外国仲裁判断の承認については民事訴訟法の規定を適用するものとしているに注意する必要がある（注(13)参照）。

（10）三井・前掲一〇一頁、小山・前掲二二九頁。

（11）山田正三・強制執行法（一九三六年）一五七頁、岩崎一生「一九五八年外国仲裁判断の承認及び執行に関する条約（ニューヨーク条約）の日本における適用に関連する問題3」ＪＣＡジャーナル三二巻二号九頁（一九八五年）、高桑昭・前掲ＪＣＡジャーナル三四巻七号五頁、小島武司＝高桑昭・注解仲裁法（一九八七年）二四二頁［小林秀之］。

（12）中田・前掲四一六頁、川上・前掲八六一頁。なお、関口猛夫「国際商事仲裁制度と民事訴訟法の改正」ジュリスト六五号一七頁は、民事訴訟法の規定は内国仲裁判断にのみ適用され、我が国では外国仲裁判断の承認、執行に関する明文の規定がないとの理由で、その承認、執行は不可能であるとする。

（13）松岡・前掲四五七―八頁、阿川清道「外国仲裁判断の承認及び執行に関する条約について（下）」ジュリスト二三二号四二頁、高桑昭「米国会社と日本会社間の仲裁判断に執行判決を与えた事例」ＪＣＡジャーナル三四巻七号五頁（一九八七年）。また、兼子・前掲八二頁も「仲裁手続の任意性に鑑み、わが第八〇一条に照らして取消事由のない限り執行判決を与えることができると解」している。

(14)　板倉・前掲二二七頁、菊井・前掲六三頁、中野貞一郎・民事執行法上（一九八三年）一七六頁、小林秀之「外国仲裁判断の承認、執行についての一考察」判例タイムズ四六八号（一九八二年）一三頁。

(15)　山田正三・前掲一五七頁。松岡・前掲四六〇頁は、仲裁判断についての外国の執行判決はその国での強制執行を許すにとどまり、外国の執行判決にわが国でさらに執行判決を与えることはできないとする。

(16)　大判大正七年四月一五日民録二四輯八六五頁は、日本において当事者が英国の仲裁手続によることを合意してなされた仲裁判断について、民事訴訟法の規定を適用して執行判決を与えた。この判決では仲裁手続には仲裁地法たる日本法が当然に適用され、当事者による仲裁手続法の合意を実質法的指定と解している。

(17)　東京地判昭和三四年八月二〇日下民集一〇巻八号一七一一頁はジュネーブ条約を適用した事案であり、大阪地判昭和三六年一一月二七日海事判例六巻五号一一八頁は日米友好通商航海条約を適用した事案であるが、傍論として、いずれも外国仲裁判断の承認、執行について、わが国が締約国となっている条約がない場合には、民事訴訟法第八〇一条、第八〇二条が適用されると述べている。

(18)　わが国の仲裁法が認めるのと同様の、当事者の合意にもとづき授与された権限によっておこなわれる私的解決方法をいう。したがって、いわゆる強制仲裁はここにいう要件をみたさないことになる（中田・前掲四一六頁、四二三頁）。

(19)　中田・特別手続一六四頁、川上・前掲八六七―八頁。

(20)　小山・前掲二五五頁以下。なお、これに関する論述はすこぶる難解である。

(21)　板倉・前掲二二七頁、中野・前掲一七六頁、注解仲裁法二四二―三頁〔小林秀之〕。なお、形式的には準用説であるが、実質的には適用説に近く、さらに、場合によっては外国裁判所の執行判決のあることを民事訴訟法第八〇二条の要件に付加するとの説がある（鈴木忠一＝三ヶ月章編・注解強制執行法（1）（一九八四年）三三二―三頁［石川明〕)。それによれば、外国法の定める手続に基づきなされた仲裁判断を外国仲裁判断であるとし、民事訴訟法第八〇二条は外国の仲裁判断には適用されないと一応いうことはできるとしながら、外国の仲裁判断について、わが国の仲裁判断におけるよりも軽微な要件のもとに執行が可能とされることは論理上許されないとし、わが国で執行判決を得るためには外国の仲裁判断も内国のそれと同じ条件で執行が可能か、何らかの加重的要件が付加さるべきを問題にする。そして、外国仲裁判断がわが国の仲裁判断と本質的に同一である場合(仲裁契約にもとづき、私人たる仲裁人のした判断であって、任意性、自律性にもとづく手続で形成され、国家の判断権を排除し、かつ、衡平と善にもとづいてなされた判断であることなど)には外国の仲裁判断を内国の仲裁判断と差別するのは不当であるから、多数説(原著者の表現─筆者)・判例と同様に民事訴訟法第八〇二条に準じて直ちに内国の執行判決を求めうるとするとともに、外国の仲裁判断が内国のそれと比較して低いレベルによるとすれば、少数説の説くごとく、外国裁判所の執行判決の取得を加重的要件として付加すべきものと思われるとする。

この説が内国仲裁判断と本質的に同じような外国仲裁判断を内国仲裁判断と同じように扱うというのであれば、仲裁判断の承認・執行に当っては、まず仲裁手続の準拠法がいずれであるかを検討し、次いで、その外国仲裁判断がわが国の仲裁判断と本質的に同一かどうかを判断することになる。しかし、その判断はいかなる基準によるべきかという問題がある。また、仲裁手続、仲裁判断のレベルの高低の比較の是否の問題はしばらく措くとしても、外国の仲裁判断のレベルが低い場合に、その仲裁判断のなされた国で執行判決を取得したとしても、その国での執行が可能となるだけのことであって、それによってその仲裁判断のレベルがわが国の仲裁判断と本質的に同一の仲裁とみなすことができるというのはいかなる理由によるのだろうか。

(22)　中田・前掲四一六頁、小山・前掲二二六頁。

(23)　日本政府はジュネーブ条約への加盟のときも、ニューヨーク条約への加盟のときも、外国仲裁判断についても民事訴訟法第八編の規定の適用があると解していた(第一三回国会参議院外務委員会会議録二九号五、六頁、第三八回国会参議院外務委員会会議録一七号一頁における政府委員の説明）。

(24)　仲裁判断についての契約説と判決説の相違はこの点にある。しかし、外国仲裁判断の承認の要件について準拠した外国法上有効に仲裁判断が成立したことを承認の要件とすることは果たして妥当であるか。それは外国判決の承認と同じような発想ではなかろうか。

(25)　松浦馨「外国仲裁判断の承認と執行の問題点」染野義信博士古稀記念論文集（一九八七年）二二九頁。

(26)　外国判決の承認、執行では、外国の裁判所の手続と判断を尊重することを前提としているが、仲裁判断は、裁判所の判決とは異り、私人の判断であるから、外国たる仲裁地の手続に合致しているか否かにかかわらず、内国において仲裁判断を承認すべき場合に該当するかどうかを審査することはむしろ当然というべきであろう。

(27)　中田・前掲四一八—四二一頁、川上・前掲八六六頁、注解仲裁法二二六頁［沢木敬郎］。

(28)　中田・前掲四一六頁。

(29)　このことから、いわゆる国籍のない仲裁を主張する学説が生ずる（"denationalized arbitration", "a-national award", "sentence flottante", "sentence apatride"といわれるもの。フランス、スイス、ドイツにおいてかなりの学者の支持がある。P. Fourchard, L'arbitrage commercial international, n.o. 508, 1985, P. Sanders, "Trends in the Field of International Commercial Arbitration", Recueil des Cours, vol. II, pp. 207, 270, 1975 等参照）。当事者の合意によって定めることのできる手続（私的仲裁手続）については、論者の主張のようなことも不可能ではないが、仲裁判断の成否、その効力についてはいずれかの国の法によるほかはない。仮にそれについての法が存在しないということがあるとすれば、それは内国でなされた仲裁判断と同じように扱うことになろう。

なお、国際条約の規定によって手続がなされ、それにもとづいて成立した仲裁として、国家と他の国家の国民との間の投資紛争の解決に関する条約による仲裁判断がある。この仲裁判断の承認、執行については同条約で定めている（同条約第五三条—第五五条）。このような仲裁判断を当該条約の非締約国でどのように扱うかは、それぞれの国の国内法の問題であろう。

(30) 中田・前掲四一五—六頁。
(31) 大判大正七年四月一五日民録二四輯八六五頁。
(32) 仲裁地の概念はそれが必要とされる段階で異なっても差支えないと思われる。たとえば、仲裁判断が進行中の場合には、その手続の行われている地をもって仲裁地とみるべきであろう。しかし、仲裁判断の承認、執行の場合には、仲裁判断のなされた地をもって仲裁地とみるべきであろう。
(33) 川上・前掲八六一頁。しかし、ニューヨーク条約が外国でなされた仲裁判断を外国仲裁判断とし、それ以外の仲裁判断については、仲裁地以外の基準によって外国仲裁判断とする国もあることを考慮して、それについても同条約の規定を適用するとしたことは単なる妥協の産物ではなく、むしろ賢明な措置であり、進歩というべきであろう。

三　国内法、二国間条約、多数国間条約の適用

(1)　わが国が締約国となっている多数国間条約は、一九二七年の「外国仲裁判断の執行に関する条約」(昭和二七年条約第一一号。わが国については昭和二七年一〇月一一日に発効。ジュネーヴ条約)と一九五八年の「外国仲裁判断の承認及び執行に関する条約」(昭和三六年条約第一〇号。わが国については昭和三六年九月一八日に発効。ニューヨーク条約)である。

ジュネーブ条約の締約国となるには一九二三年の「仲裁条項ニ関スル議定書」(昭和三年条約第三号、わが国については昭和三年七月八日に発効、ジュネーヴ議定書)の締約国でなければならない(同条約第七条)。同議定書で、各締約国は自国内でなされた仲裁判断は自国の当局により自国の法令に従って執行することを確保しなければならないとしていること(同議定書第三条)及びジュネーヴ条約で、同条約の締約国の領域内において、締約国の裁判

権に服する者の間[34]になされた仲裁判断に適用されると定めていること[35]（同条約第一条第一項）からみて、同条約では内国仲裁判断と外国仲裁判断とを仲裁判断のなされた地で区別していることは明かである。ニューヨーク条約では、同条約の締約国で承認、執行の対象となる仲裁判断をそれ以外の国の領域内においてなされた仲裁判断としている（同条約第一条第一項前段。もっとも同条第三項で締約国でなされた仲裁判断または商事に関する仲裁判断に限定することはできる）。両条約とも仲裁判断のなされた地が自国の領域以外の地にあるものを外国仲裁判断としている。[36]

それでは、この二つの条約の締約国となっている国では、外国仲裁判断の承認、執行について、いずれの条約の規定を適用すべきか。ジュネーヴ条約とニューヨーク条約の関係については、ニューヨーク条約第七条第二項で、ジュネーヴ条約は、ニューヨーク条約の締約国がこの条約に拘束されるときから及びその限度において、それらの国の間で効力を失うものとしている。この規定の趣旨は必ずしも明らか[37]とはいえない。それは文言が適切でないからである。ニューヨーク条約がジュネーヴ条約を実質的に改めることを目的として作成された条約であること、これらの条約は契約的性格の条約ではなく、立法的性格の条約であることからみて、両条約の締約国では、原則としてニューヨーク条約の規定を適用し、ジュネーヴ条約の規定は適用されないと解すべきである。すなわち、ニューヨーク条約第七条第二項の「それらの国の間で効力を失うものとする」（cease to have effect between Contracting States）の文言は、両条約とも他の締約国の領域内でなされた仲裁判断を外国仲裁判断としているので、両条約の締約国となっている国の領域でなされた仲裁判断については、ニューヨーク条約の締約国ではジュネーヴ条約の規定を適用しないことを定めた文言と解することになる。[38]ただし、両条約の締約国ではあるが、ニューヨーク条約第一条第三項の留保（相互主義の留保と商事仲裁の留保）をした国では、その留保にかかる仲裁判断にはニューヨーク条約の規定を適用しないので、ジュネーヴ条約の規定の適用の余地がある。また、両条約の締約国とジュネーヴ条約のみの締約国との間では依然としてジュネーヴ条約に拘束されるため、両条約の締約国において、ジュネーヴ条約のみの締約国の領域でなされた外国仲裁判断の承認、執行が求められた場合には、ジュネーヴ条約の規定を適用すべきこととなる。(39) ニューヨーク条約第七条第二項の文言は立法技術的には工夫、改善の余地があるように思われる。(40)

わが国はニューヨーク条約の適用について第一条第三項前段の留保（相互主義の留保）をしているので、同条約の非締約国でなされた仲裁判断に同条約の規定を適用することはない。しかし、仲裁判断のなされた国が同条約の締約国であれば、その国が相互主義の留保をしているか否かにかかわらず、わが国では同条約の規定を適用することになる。同項後段の留保（商事仲裁判断の留保）も仲裁判断の承認、執行を求められた国における留保であるから、仲裁判断のなされた国がこの留保をしているか否かは仲裁判断の承認、執行を求められた国でニューヨーク条約の規定を適用することには何の影響も及ぼさない。わが国は商事仲裁判断に限るとの留保はしていないので、同項後段はわが国における条約の適用に影響を及ぼさない。(41)

(2)　仲裁判断の承認、執行に関してわが国が締結した二国間条約は一九九七年三月三一日現在で一三である。(42) これらの条約はその内容に従って次の四つの類型に分けることができる。一は一方の締約国の国民又は会社と他方の締約国の国民又は会社との間の仲裁契約に従って正当にされた判断で、判断がされた地の法令に基づいて確定しており、かつ、執行できるものは、公の秩序及び善良の風俗に反しない限り、いずれか一方の締約国で承認され執行することができるとするもの(43)（第一型）、二は各締約国は一方の締約国の国民又は法人と他方の締約国の国民又は法人との間の商事契約からまたはこれに関連して生ずる紛争に関する仲裁判断を拘束力のあるものとして承認し、それぞれの国の手続規則に従ってこれを執行するものとするが、一定の事由のある場合には仲裁判断の承認、執行を拒否することができるとするもの(44)（第二型）、三は両締約国はその間で効力を有する多数国間条約によるとするもの(45)（第三型）、四は両締約国は、それぞれの国の自然人、法人間の商事契約から又はそれに関して生じた紛争に関する仲裁判断について、その執行が求められる国の法律が定める条件に従い、これを執行する義務を負うとするもの(46)（第四型）である。これらの二国間条約の特色は、いずれもそれぞれの締約国の国民（法人を含む）間の紛争についてなされた仲裁判断の承認、執行を保障することを目的としていることである。これらの仲裁判断は必ずしも一方の締約国の領域でなされるとはかぎらないことに注意する必要がある。

第一型の条約は、仲裁判断のなされた地のいかんを問わず、その地の法令のもとで終局的であり執行することができる（final and enforceable under the laws of the place）仲裁判断については原則として承認するものとし、承認国の公序良俗に反するときに限り、その承認、執行を拒否できることになる。第一型の条約の場合には、仲裁判断の瑕疵の有無は原則として仲裁判断のなされた国で争うべきであり、その瑕疵が承認国の公序良俗にも反するときは承認を主張できないことになる。

なお、ここで「執行することができる」とは、その国の法律上、債務名義とされていることを意味し、直ちに執行に着手するための執行判決を得るまで必要はないと解するのが相当である。(47) また、その国で執行判決がなされていても、内国で承認の対象となるのは仲裁判断であって、外国の執行判決の承認を求める申立(48)は不適法というべきである。外国の執行判決は当該外国で執行することができるというだけのことであって、このことを内国で承認しても意味をなさないからである。また、外国で執行判決がなされていても、その仲裁判断が承認を求められた国の公序良俗に反しているときは、その仲裁判断は承認されない。

第二型の条約は仲裁判断の承認拒否事由を列挙する方法をとっている。これは承認、執行の要件、手続について定めた国内法、多数国間条約と類似の方法である。

第三型の条約は両国がともに締約国となっている多数国間条約を適用することを確認したにすぎない。

第四型の条約は、その条約の締結当時、一方の締約国は多数国間条約の締約国であるが、他方の締約国は何らの条約の締約国でもなく、また、両国の間で仲裁判断の承認、執行について何らの取極にも至らなかったために、このような規定となった。このような二国間条約の規定は、要するに、締約国の国民の間の仲裁判断について、その承認、執行を理由もなく拒否しないということを意味するにすぎないことになる。

わが国との二国間条約の締約国のうち、多数国間条約の締約国でない国は二国(49)であり、これらの国との間では二国間条約の規定が適用される。多数国間条約の締約国でない国でなされた仲裁判断であって、二国間条約も存在しないものについては、わが国がニューヨーク条約の適用について相互主義の留保をしているため、国内法たる仲裁法の規定が適用されることとなる。それ以外の二国間条約の締約国はいずれもニューヨーク条約の締約国であるので、それぞれの二国間条約とニューヨーク条約の関係が問題となる。

なお、相手国がニューヨーク条約の規定を商事と認められる法律関係から生ずる紛争についてのみ適用する旨の宣言（同条約第一条第三項後段）をしているときは、その国では、わが国でなされた仲裁判断であっても、同条約の規定の適用されない仲裁判断がありうる。これに対して、わが国では商事仲裁の留保をしていないので、相手国でなされた仲裁判断はすべてニューヨーク条約の適用の対象となる。

(3)　わが国において仲裁判断の承認、執行が求められた場合に、わが国を締約国とする二国間条約と多数国間条約があるときに、いかなる規定によるべきか。仲裁判断の執行のための手続、すなわち執行決定及び執行手続については、二国間条約、多数国間条約とも、執行の求められた国の法令に委ねている。したがって、問題は承認の要件についていずれの規定によるべきかにある。これはわが国において国内法、二国間条約、多数国間条約の間の競合、抵触をどのように解決すべきかという問題である。

これについては次のような状況に留意する必要がある。

ここで外国仲裁判断には国内法の規定は適用されないとの立場をとれば、二国間条約、多数国間条約における条約間の抵触の問題ということになる。しかし、ジュネーヴ条約第五条、ニューヨーク条約第七条第一項では必ずしも国内法の適用を排除していない。(50) すなわち、ニューヨーク条約第七条第一項では「この条約の規定は、締約国が締結する仲裁判断の承認及び執行に関する多数国間又は二国間の合意の効力に影響を及ぼすものではなく、また、仲裁判断が適用される国の法令又は条約により認められる方法及び限度で関係当事者が仲裁判断を利用する権利を奪うものではない」と定めている。また、ほとんどの二国間条約では多数国間条約との関係についてとくに定めてはいないが、一九七八年に締結された日本国とポーランド人民共和国との間の通商航海条約(前述の第二型に属する条約)の議定書第五項(1)には、条約第一五条のいかなる規定(仲裁判断の承認、執行の要件、手続に関する規定)も、ニューヨーク条約又はこれを改正し若しくは補足する多数国間の協定の締約国としての権利及び義務を害するものと解してはならないとの規定がある。

さらに、二国間条約と多数国間条約ではその定めている事項は必ずしも同じではない。二国間条約とニューヨーク条約の発効の時期については、前者が先のこともあれば、後者が先のこともある。したがって、国内法、二国間条約、多数国間条約の適用関係が問題となる。二国間条約が先に発効した例としては、日米通商航海条約、日ソ通商条約、日英通商航海条約、日中貿易協定などがあり、ニューヨーク条約が先に発効した例としては、ポーランドとの通商条約などがある。なお、わが国がニューヨーク条約の適用についての相互主義の留保をしなかった場合には、相手国が同条約の締約国である必要はないので、わが国についてニューヨーク条約が発効する前に締結された二国間条約は、日米間、日ソ間などの少数の条約にすぎないことになる。また、二国間条約と多数国間条約では条約の規定の適用の基準が異なり、前者では相手国の領域でなされた仲裁判断ではなく、両締約国の国民を当事者とする仲裁判断であるが、後者では自国の領域以外でなされた仲裁判断及び自国で内国仲裁判断とされない仲裁判断である。

わが国に関するこのような情況のもとに、仲裁判断の承認、執行に関する国内法と条約及び条約相互の関係について、ニューヨーク条約は仲裁判断の承認及び執行について画すべき制限の最大限度を定めたものであるから、同条約第七条第一項の趣旨は、他の国際協定または国内法は同条件の規定よりも一層自由な要件を定めている範囲内においてのみ適用が許されると解する立場がある。わが国ではこれのような立場をとる者が多い[51]。この立場には、既に締結された二国間条約であってニューヨーク条約と抵触する条約は有効ではなく、したがって、そのような条約の規定は修正又は廃止さるべきであるとし、あるいは国内法の規定は実質的に修正されたものと解すべきであるとする説[52]、ニューヨーク条約より緩やかな要件を二国間条約が定めている場合には二国間条約が優先するとし、わが国が締結している二国間条約はすべてニューヨーク条約よりも緩やかな要件を定めているとの理由で、もっぱら二国間条約の規定のみを考慮すればよいとの説[53]、ニューヨーク条約よりも緩やかな要件の条約があればそれが優先し、次にニューヨーク条約、以下条約は要件の緩やかな順序に従って適用されるとの説[54]、ニューヨーク条約に加盟する前に締結された二国間条約はニューヨーク条約より緩やかな要件を定めている場合にのみ適用されるが、ニューヨーク条約に加盟した後に締結された二国間条約はニューヨーク条約に優先して適用されるとする説[55]、ニューヨーク条約以前に締結された二国間条約はニューヨーク条約よりも緩やかな要件を定めるものは依然として有効であり、より厳しい要件を定めるものは、締約国の双方がニューヨーク条約の適用を排除したと認める特設の事情がある場合にのみ適用され、ニューヨーク条約以後に締結された二国間条約がニューヨーク条約の適用を排除するかは二国間条約の解釈によって定まるとの説[56]などに分れている。

しかし、このような立論は妥当とはいい難い。まず、ニューヨーク条約第七条第一項をこのように解すべき文理上の根拠はないし、ニューヨーク条約が外国仲裁判断の承認、執行について画すべき制限の最大限度を定めたものであるとの解釈の根拠も明かではない。また、条約と他の条約または国内法の規定とを比較して、いずれが緩やかであるかは必ずしも明らかとはいえないいし、ある要件は緩やかであり、他の要件は厳しいということもありうる。そして、これらの説の導き出す結論そのものにも疑問がある。

ニューヨーク条約第七条第一項は、その文言から明らかなように、同条約の締約国が締結する他の多数国間条約及び二国間条約の効力に影響を及ぼすものでなく、当事者は仲裁判断を援用する国で認められている権利を、この条約の規定のあることによって奪われることはないという趣旨である。同条第一項前段の趣旨は明かである。すなわち、ある国がニューヨーク条約の締約国となったからといって、その国がその定めるところと異なる内容の多数国間条約、二国間条約の締約国となることは妨げられないということである。後段の趣旨は、仲裁判断の承認、執行を求める当事者は仲裁判断の承認、執行の求められている国で認められている、いくつかの方法を用いることができるということ、すなわち、他の条約（二国間及び多数国間条約）または国内法の規定によって仲裁判断の承認、執行を求めることをあえて妨げないという趣旨である[57]。そして、それは他の条約、国内法の規定がニューヨーク条約の規定よりも制限的かどうかにはかかわらない。また、二国間条約とニューヨーク条約の先後にもかかわらない。

そうすると、問題はニューヨーク条約の規定の解釈にあるのではなく、二国間条約において、両締約国においてニューヨーク条約が発効していることをどのように取扱うかということにある。

ニューヨーク条約の発効後に二国間条約を締結した場合には、ニューヨーク条約によることができるにもかかわらず、新たに二国間条約を締結したのであるから、通常は、両締約国の間では二国間条約によることになる(例外は日本国とポーランド人民共和国との通商航海条約(58)の議定書第五項(一))。

ニューヨーク条約の発効前に二国間条約が締結されている場合には、二国間条約の規定によるか否かはその条約の解釈によることとなる。第一型及び、第二型の条約については、新たにニューヨーク条約が締約国間で効力を生じているにもかかわらず、締約国で二国間条約の適用についてとくに問題としていないならば、二国間条約の適用については従前と同様と解するのが相当であろう。これらの二国間条約がニューヨーク条約に優先するという暗黙の合意が存在すると解されるからべきである。第三型の条約の場合にはニューヨーク条約のみが適用されることはいうまでもない。

第四型の条約も論理的には第一型及び第二型の条約の場合と異なるところはない。しかし、この型の条約は、実質的には、仲裁判断の承認の要件については何ら定めなかったのに等しい。すなわち、この型の条約は相手国の国民が仲裁の当事者であることを理由に仲裁判断の承認、執行を拒否することはしないという合意をしたことを意味するにすぎず、そのことを除けば、条約がない場合と変わりはないのである。したがって、両締約国はそれぞれ自国の国内法の定めるところに従い、相当の規定を適用することになる。この限りではとくに問題はない。それでは、その後に両国間でニューヨーク条約が効力を生じたときはどうなるか。これは二国間条約の文言、具体的には日中貿易協定第八条第四項の「仲裁判断について、その執行が求められる国の法律」の解釈の問題である。このような文言からは、執行が求められる国の法律とは、二国間条約においてあえてそれぞれの国の特定の国内法の規定の適用を意図した場合でないかぎり、その解釈は仲裁判断の承認、執行を求められた国において適用すべき法律または条約の規定によると解すべきである。したがって、日中貿易協定についていえば、わが国では、ニューヨーク条約の締約国でなされた仲裁判断の承認、執行については同条約の規定を適用すると解すべきである(それ以外の場合には国内法の規定が適用される)。このように、第四型の条約については、後に両締約国について多数国間条約が効力を生ずることによって、適用される国内法の規定が変わる[59]ことがありうる。[60]

(34) ジュネーヴ条約第一条第一項但書にいう「締約国の一の裁判権に服する者の間」(正文の一つである英語では "between the persons who are subject to the jurisdiction of one of the High Contracting Parties") の文言からは、締約国の国民か、締約国に住所を有するものを含むか、締約国の法で設立された法人、締約国に主たる営業を有する法人、締約国に営業所の一つを有する法人のいずれをいうか、また法人格のない社団、財団をどのように扱うことになるかは明らかでない。

(35) ジュネーヴ条約第一条第一項但書の日本語の文書では、仲裁判断が「締約国の一の領域でなされないか又は締約国の一の裁判権に服する者の間になされたものでないときはこの限りではない」(傍点は筆者) となっているが、正文たる英語及び仏語では「締約国の一の領域において、締約国の裁判権に服する者の間でなされた仲裁判断」との文言である。これはそのような仲裁判断を締約国において承認し、執行するとの趣旨であるから、日本語の訳文は適当ではない。

(36) ジュネーヴ条約の適用は同条約の締約国でなされた仲裁判断に限られるが、ニューヨーク条約の適用は同条約の非締約国でなされた仲裁判断にも及ぶ。もっとも、その適用を締約国でないされた仲裁判断に限定するとの留保(相互主義の留保) をすることはできる (第一条第三項前段)。ともかく、両条約とも自国以外の領域でなされた仲裁判断を「外国仲裁判断」とし、仲裁地をもって仲裁判断の内外を区別する基準としている。

(37)　ニューヨーク条約第七条第二項の解釈については、A.J. van den Berg, The New York Arbitration Convention of 1958, pp. 113-120, 1981.

(38)　注解仲裁法三九一頁［高桑昭］。

(39)　注解仲裁法三九二頁［高桑昭］。一九九七年三月三一日現在で、ニューヨーク条約の締約国は一一一カ国であり、ジュネーヴ条約の締約国二八カ国のうちニューヨーク条約の締約国でない国はマルタとミャンマー（ビルマ）である。この二国の領域内でなされた仲裁判断は、わが国ではジュネーヴ条約の規定が適用されることになる。なお、わが国と両国との間に二国間条約はない。

(40)　多数国間条約の競合を避けるための一つの方法としては、ニューヨーク条約の締約国となる国にはジュネーヴ条約の廃棄を義務づけることも考えられる。後の条約で先の条約の廃棄を義務づけなくとも、後の条約の締約国が先の条約を任意に廃棄することは差支えない。

(41)　注解仲裁法三六七頁［高桑昭］。

(42)　条約の発効した順序で相手国の国名を掲げると、アメリカ合衆国、ソヴィエト社会主義共和国連邦、ポーランド人民共和国、ユーゴスラヴィア連邦人民共和国、チェコスロヴァキア共和国（一九九二年一〇月一七日終了）、ペルー共和国、アルゼンチン共和国、グレートブリテン及び北部アイルランド連合王国、エル・サルバドル共和国、ルーマニア社会主義共和国、ブルガリア人民共和国、中華人民共和国、ハンガリー人民共和国、ドイツ民主共和国（一九九〇年一〇月三日終了）である。

(43)　米国、パキスタン、ペルー、アルゼンチン、エル・サルバドルの諸国との通商条約。

(44)　ソ連邦、ポーランド、ユーゴスラヴィア、ルーマニア、ブルガリア、ハンガリーの諸国との通商条約。

(45)　日英通商航海条約第二四条。

(46)　日中貿易協定第八条。

(47)　この規定で「執行できる（enforceable）」とは、仲裁判断が債務名義とされるとの趣旨であって、他の国で執行判決、仲裁判断の「確認」（confirmation）等を経てそこで現実に執行行為に着手しうるとの趣旨とは解されない。

(48)　東京地判昭和四四年九月六日判例時報五八号七三頁は、米国カリフォルニア州でなされた仲裁判断を確認する判決にもとづいてわが国で執行判決の申立がなされた事案において、民事訴訟法第二〇〇条の要件を具備するとの理由で、その申立を認容した。松浦・前掲二三四頁、二三八頁及び二三九頁では、日米友好通商条約第四条第二項の「執行しうる」の文言について、仲裁判断について執行判決ないし執行許容宣言が要求されていると解するとともに、その執行判決または執行許容宣言について執行判決を与えることを認めている（ただし、それらが単に非訟事件的な審理をするにすぎないとき、当該外国が仲裁判断の国籍の属する国と認められないときを除く）。比較民事訴訟法研究会「外国仲裁判断の執行」比較法雑誌二三巻二号四五頁［猪股孝史］（一九八九年）は、外国仲裁判断の承認と外国判決の承認とで実質的な不均衡はなく、当事者の選択に委ねてよいとする。これに対して、川上太郎・わが国における外国仲裁の執行判決に関する総合的研究（一九七七年）一七頁は、承認の対象は外国仲裁判断そのものであり、これについての外国執行判決は民事訴訟法第二〇〇条の外国判決に含まれないとする。小林・前掲判例タイムズ四六八号八頁では、外国での執行判決の承認による方法を肯定しているかのごとくであったが、注解仲裁法二四八頁では、裁判所の釈明権の行使により、なるべく外国仲裁判断の承認、執行の訴えに変更させるべきであるとする。日米友好通商条約第八条第四項の目的は日米の国民を両当事者とする仲裁判断の両国における承認、執行を容易にすることにあり、内国の裁判所の審査するのは仲裁判断であって、執行判決それ自体ではないから、後者の見解が正当である。

(49)　パキスタン及びエル・サルバドル。

(50)　van den Berg, op. cit. pp. 81-85.

(51)　阿川清道「外国仲裁判断の承認及び執行に関する条約（下）」ジュリ二三二号四九頁、小林秀之「外国仲裁判断の承認、執行についての一考察」判タ四六八号一一頁、注解仲裁法二四四二頁［小林秀之］、松浦・前掲二二七頁など。
(52) 阿川・前掲四九頁、村上謙・外務省調査月報二巻九号二五頁。
(53) 注解仲裁法二四四頁［小林秀之］。
(54) 田辺信彦「外国仲裁判断の承認と執行」(昭和五八年度重要判例解説二六一頁）によれば、条約の適用は、まず、ニューヨーク条約により要件が緩やかな条約、次にニューヨーク条約、そのあとはニューヨーク条約より要件が厳しいがジュネーヴ条約より緩やかな条約、ジュネーヴ条約、ジュネーヴ議定書の順になるという。しかし、いかなる理由でこのような解釈になるかは明かでない。また、要件の緩やかか否かは必ずしも明白ではないし、一律に緩か厳しいかといえないこともあろう。しかも、ニューヨーク条約第七条第一項では、要件の緩厳という基準は全く用いていないのであって、この見解は妥当ではない。また、ジュネーヴ議定書には外国仲裁判断の承認、執行に関する規定はない。
(55) 呉松枝「日本における外国仲裁判断の承認と執行（上）」ＪＣＡジャーナル三二巻二号二三頁（一九八四年）。
(56) 松浦・前掲二二七頁。
(57) 注解仲裁法三八九頁［高桑昭］、比較民事訴訟法研究会・前掲四三頁、四七頁［猪股孝史］。なお、吉野正三郎＝斉藤明美「中国の仲裁判断の日本における承認と執行」判例タイムズ八六一号三四頁は、ニューヨーク条約より要件の厳しい条約は消えてなくなればよいと述べ、筆者の説に言及し、「それらも仲裁判断の承認、執行をより制限するような条約、国内法を認めるためにおかれた規定であると考えているわけではない」と解説しているが、これはニューヨーク条約第七条第一項並びに筆者の説についての明らかな誤解である。
(58) 日本国とポーランド共和国との間の通商条約の議定書第五項については、３「仲裁に関する条約」三(3)(イ)参照。
(59) 日中貿易協定の締結された一九七四年当時は、わが国はニューヨーク条約の締約国であったが、相互主義の宣言をしていたため、同条約の非締約国たる中華人民共和国でなされた仲裁判断に同条約は適用されず、また、両国間では仲裁判断の承認、執行に関する取極も存在しなかった。そのため、両国ともそれぞれの国内法の規定によるほかなく、そのような情況を前提として同協定第八条第四項が設けられたのである。

なお、同協定が対象とした仲裁判断は「日本国の法人又は自然人と中華人民共和国の外国貿易機構との間に締結された商事契約から又はこれに関連して生ずる紛争」についての仲裁判断であるが、そこではそれぞれの国の国内法を適用するとしているので、それ以外の仲裁判断とあえて区別すべき理由はない。したがって、中華人民共和国がニューヨーク条約の締約国となるまでは、同国でなされた仲裁判断にはわが国では国内法たる民事訴訟法の規定が適用されることになる。ただし、同協定の対象とする仲裁判断がニューヨーク条約の締約国でなされたならば、わが国では同条約の規定が適用される。中華人民共和国が同条約の締約国となった後（同国について条約が発効したのは一九八七年一月二二日）は、原則として同条約の規定が適用されることになる。しかし、同条約第七条第一項によって、わが国で仲裁判断の承認、執行を求める当事者はわが国の仲裁法の規定を選択することはできる。当事者がその選択をしないときは、裁判所はニューヨーク条約の規定を適用すべきことはいうまでもない。

もっとも、日本国民（自然人及び法人）と中華人民共和国の外国貿易機構との間の商事契約から又はそれに関連して生じた紛争についての仲裁判断であっても、ニューヨーク条約の締約国の領域内でなされたものでないときは、同条約の規定は適用されない。そのような仲裁判断にはそれぞれの国の国内法の規定が適用されることになる。

また、日本国民と中華人民共和国の外国貿易機構以外の者（自然人及び法人）との間の仲裁判断は日中貿易協定の対象となる仲裁判断ではないので、わが国では、その仲裁判断がニューヨーク条約の締約国でなされたときには同条約の規定が、そうでないときには国内法の規定が適用されることになる。

(60) ここで中華人民共和国でなされた仲裁判断の承認、執行が求められた事件で、日中貿易協定の解釈に関する近時の下級審裁判例について述べておく。

岡山地判平成五年七月一四日（判時一四九二号一二五頁）は「日中貿易協定及びニューヨーク条約が適用され（右条約第七条一項により、日中貿易協定が優先的に適用されると解される部分は右協定が右条約に優先する）、その限度において民事訴訟法は適用されないと解する」というのであるが、本文で述べたことから明らかなように、日中貿易協定の解釈としては妥当ではない。また、本件の中国側当事者が、中華人民共和国の外国貿易機構に該当するかについても疑問がある。本件ではニューヨーク条約の規定を適用すべきである。

東京地判平成五年七月二〇日（判例時報一四九四号一二六頁）は日中貿易協定を根拠に民事訴訟法の規定を適用すべきであるとしたが、これも妥当でない。注（59）で述べたように、当事者が適用法規を選択していないのであるから、ニューヨーク条約の規定を適用すべきである。

東京地判平成六年一月二七日（判タ八五三号二六六頁）が中華人民共和国でなされた仲裁判断（中国側当事者が外国貿易機構といいうるか疑問がないわけではない）についてニューヨーク条約の規定を適用したのは相当である。

東京地判平成七年六月一九日（判タ九一九号二五二頁）が、日中貿易協定第八条第四項によって民事訴訟法の規定が適用されるとしたうえで、ニューヨーク条約の規定は「外国仲裁判断の国際的承認及び執行について画すべき制限の最大限度を定める趣旨に出たものであって、多数国間又は二国間の合意のうち同条約の規定により一層制限的な要件を定めている部分については適用されないものと解すべきであるから、日中貿易協定八条四項により仲裁判断執行の条件とされる民訴法八〇二条二項、八〇一条のうち、ニューヨーク条約の規定より一層制限的な要件を定める部分については本件に適用はなく」と述べて、ニューヨーク条約の規定を適用した。結論はともかくとして、本文及び注（59）から明らかなように、本判決の論理は正当とはいい難い。本件申立人も中華人民共和国の外国貿易機構に該当するかについては疑問がある。本件は民事訴訟法の規定ではなく、ニューヨーク条約の規定を適用すべき事案である。

四　結　論

(1)　わが国において外国仲裁判断の承認、執行についていかなる規定を適用すべきかは、とくに複雑な問題とは思われない。わが国では、わが国が締結した条約の規定と国内法の規定とが競合する場合には条約の規定が優先し（憲法九八条二項）、条約の規定の適用されない場合に国内法でどのように扱うかということになる。

この問題についての議論を複雑にし、あるいは混乱させたのは、次のようなところにある。まず、ニューヨーク条約は外国仲裁判断の承認、執行の要件の最大限度を定めたものであって、他の国際協定または国内法はこの条約よりも緩やかな要件の場合においてのみ適用が許され、それらの規定はこの条約に牴触する限度で修正されたものと解すべきであるとする思込みである。さらに、わが国の国内法においても外国仲裁判断の概念を導入し、民事訴訟法の規定は外国仲裁判断には適用されないとした考え方である。しかも、外国仲裁判断とは外国法に準拠する仲裁判断であり、当事者はその外国法を選択することができるとする考え方がある。このような考え方は、これまでに述べたように、妥当ではない。

まず、ニューヨーク条約が仲裁判断の国際的承認及び執行について画すべき最大限度を定めたという立論には根拠は全く示されていない。そして、二国間条約、多数国間条約の優先関係について、これらの条約の定める要件がニューヨーク条約の定める要件より緩やかな場合にその条約が適用されるとし、より厳しい要件を定めている場合には、ニューヨーク条約を排除したと認められる特段の事情のあるときに限ってその条約が適用されるとする立論についても、条約上の根拠は見出し難い。ニューヨーク条約第七条第一項では、当事者が他の条約、または国内法を選択することを認めていることからみても、そのような考え方は成り立たない。また、二国間条約の効力が生じた後に両国についてニューヨーク条約が効力を生じたとしても、両締約国間で二国間条約をそのまま存続させているのであれば、ニューヨーク条約が優先すると解したり、ニューヨーク条約によって修正されたと解することは適当ではない。ニューヨーク条約第七条第一項はわが国では正当に解釈されていないように思われるが、この規定によって他の条約、国内法によっても仲裁判断の承認、執行を求めることができるのであって、そのことは仲裁判断の承認、執行の可能性を広げることに役立つことになり、適切な規定というべきであろう。

次に、わが国の国内法において外国仲裁判断の概念を導入しなければならない理由も明かではない。具体的な規定、例えば管轄裁判所の規定をみると、民事訴訟法の予想した仲裁判断は内国においてなされた仲裁判断のごとくではあるが、裁判所の関与しない紛争解決方法ということからすれば、内国仲裁判断と外国仲裁判断とで区別しなければならないとは思われない（外国でなされた仲裁判断の執行についての管轄裁判所は仲裁法八〇五条でなく、民事訴訟法の規定の準用（仲裁法第一条）による通常の管轄に関する規定による）。多数説（とくに条理説）によれば、外国仲裁判断の承認に当たって、それが準拠法に従い有効に成立したことを審査しなければならないが、それは準拠法における仲裁判断の取消原因の有無を審査することではなかろうか。それが適当かどうか大いに疑問というべきである。あえて内国仲裁判断と外国仲裁判断とを区別するとすれば、この区別は仲裁判断取消の訴の裁判管轄権の有無を決定するためであり、その基準は仲裁判断のなされた地がいずれであるかによるというべきであろう。その場合であっても、わが国における仲裁判断の承認、執行の要件に当たっては、わが国の仲裁法の規定によることが不合理とはいえないであろう。

(2)　筆者が本題について述べたところの骨子は次のとおりである、まず、二国間条約、多数国間条約のうちの一の条約のみが適用される仲裁判断については、その条約の規定による。次に、前述の第一型と第二型の二国間条約と多数国間条約とが競合する場合には、原則として、二国間条約が適用される。第三型の二国間条約の場合は、両国に共通の多数国間条約による。第四型の二国間条約については、共通の多数国間条約が存在しなければ、それぞれの国内法の規定により、共通の多数国間条約が存在するときは、その条約を適用することとなるが、ニューヨーク条約の適用されるときには、当事者は同条約の規定と国内法の規定のいずれかを選択することも可能となる。そして、いずれの条約の規定も適用されない場合には、わが国の国内法（仲裁法）の規定が適用される。

(3)　わが国においても、近い将来に仲裁法を改正することが予想される。その際に内国仲裁判断と外国仲裁判断の区別をするのであれば、現実の立法に当たっては、わが国がニューヨーク条約第一条第一項の相互主義の留保を廃止することが適当であろう。そうすると、外国でなされた仲裁判断の承認、執行についてはすべて同条約の規定を適用することになり、国内法の規定はわが国でなされた仲裁判断にのみ適用されることになる。仲裁判断のなされた地を基準として内国仲裁判断と外国仲裁判断とを区別することによって、仲裁判断の承認、執行について適用される規定が何であるかということと、仲裁判断取消の訴の裁判管轄権が内国にあるか否かとが明らかになる。仲裁判断の内外を分つ基準を仲裁契約の準拠法または仲裁手続の準拠法とし、しかもそれを当事者の選択に委ねることよりも、このほうが司法政策としてはるかに合理的であるというべきであろう。ニューヨーク条約の適用について相互主義の留保を継続する場合であっても、国内法で内国仲裁判断と外国仲裁判断の区別をして、異なる承認の要件を定める必要はない。それは無用の区別を導入し、事を複雑にするだけのことである。

10　仲裁法試案における外国仲裁判断の承認及び執行に関する規定

一　規定の趣旨

(1)　民事訴訟法は八〇〇条で仲裁判断の効力についての、八〇二条で仲裁判断による強制執行のための執行判決についての規定を設けている。しかし、これらの規定が外国仲裁判断に適用されるかどうかは、明らかではない。そのため、かつては、民事訴訟法の規定は内国仲裁判断の承認、執行にのみ適用されると解し、外国仲裁判断については国内法上明文の規定を欠くとの理由で、その承認、執行を不可能とする見解もあった（関口猛夫・ジュリスト六五号一七頁）。しかし、通説および下級審裁判例では、外国仲裁判断についてもわが国において承認し、これに基づいて執行することができるとしている。

(2)　外国仲裁判断の承認および執行に民事訴訟法の規定の適用があるか否かについては見解が分かれている。多数説（たとえば、中田淳一・訴訟及び仲裁の法理四一六頁、小山昇・仲裁法〔新版〕（法律学全集）二二五頁等）によれば、民事訴訟法の規定は内国仲裁判断の承認、執行に適用されるべき規定であると解し、外国仲裁判断の承認、執行については、解釈によって民事訴訟法の規定とは異なる別の規範を定立すべきであるとする。これに対して、下級審裁判例（たとえば、東京地判昭三四・八・二〇下民集一〇巻八号一七一一頁）では外国仲裁判断の執行に関する特別の規定の存しないわが国においては、民事訴訟法八〇二条によってその執行判決を求めうると解し、わが国が締約国となっている二国間条約または多数国間条約が適用さるべき場合には、我が民事訴訟法の規定にかかわらず、その条約の規定によるとしている。学説のなかには、これを支持する立場もある（阿川清道・ジュリスト二三二号四二頁、高桑昭・JCAジャーナル一九八七年七月号二頁）。日本国政府は、一九二七年の外国仲裁判断の執行に関する条約（ジュネーヴ条約）の批准および一九五八年の外国仲裁判断の承認及び執行に関する条約（ニューヨーク条約）の加入にさいして、外国仲裁判断についても民事訴訟法の規定が適用されると解していた（第一三回国会参議院外務委員会会議録二九号五、六頁、第三八回国会参議院外務委員会会議録一七号一頁における政府委員の説明参照）。もっとも、政府委員の答弁においても、外国仲裁判断の承認、執行について、民事訴訟法を改正して整備することが望ましいと述べてはいたが、そのための作業は未だになされていない。また、そこではいかなる仲裁判断が外国仲裁判断であるかについては、特に説明はしていない。

(3)　この試案では、外国仲裁判断の承認、執行について民事訴訟法の規定によることが適当かどうか問題であること、わが国との間で仲裁判断の承認、執行についての取決めのない国でなされた仲裁判断についても承認または執行の必要が生ずること等を考慮し、新たな仲裁法の立法にあたっては外国仲裁判断の承認、執行についての規定を設けることを適当と考え、そのために一章を設けた。

二　立法例

外国仲裁判断の承認および執行について国内法に規定を設けている立法例は必ずしも多いとはいえない。主要国の国内法の規定は、おおよそ次のごとくである。

(1)　アメリカ合衆国では一九七〇年にニューヨーク条約を批准し、合衆国仲裁法二章の規定（二〇一条以下）を設けた。そこでは同法一章二条（一〇二条）に規定する取引、契約または合意（海事取引または通商であることが明白である契約）を含み、商事と認められる法律関係から生ずる仲裁判断はニューヨーク条約の規定によるとした(Pub. L. 91-369 §1, July 31, 1970)。したがって、アメリカ合衆国はニューヨーク条約の批准に際して、特別の法律を制定することはしていない。アメリカ合衆国は同条約の批准に際して、同条約の適用される仲裁判断については相互主義をとることおよび商事仲裁に限定する旨の宣言をしている。したがって、外国仲裁判断一般に合衆国仲裁法二章の規定が適用されるわけではない。ところで、アメリカ合衆国は自国と相手国との友好通商航海条約で、自国民と相手国の国民との間（いずれも会社を含む）の仲裁判断の執行について規定を設けていることが多い(たとえば、日米友好通商航海条約四条二項、独米友好通商航海条約六条二項等)。したがって、友好通商航海条約中の規定とニューヨーク条約の規定とが競合することもありうるが、そのような場合には、条約の効力の発生の先後にかかわらず、友好通商航海条約の規定が優先すると解すべきであろう（試案五条の説明参照)。

なお、アメリカ合衆国は一九七五年の外国仲裁判断の執行に関する米州国間条約は批准していない。

(2)　連合王国における外国仲裁判断 (foreign awards) の承認、執行は、いささか複雑である(Dicey and Morris, Conflict of Laws, 11th ed., pp. 558-559では八個の方法があるという。もっとも、すべての仲裁判断について八個の方法があるという意味ではないと思われる)。ここでは主要な方法について述べる。同国では外国仲裁判断の承認、執行は、元来、普通法 (common law) によるとされていたが、後にそのための法律 (statutes) がいくつか制定されたので、現在では制定法によることが多いようである。普通法では、外国仲裁判断の執行のためには、仲裁判断に基づいて訴を提起して判決を得なければならない。一九五〇年仲裁法第二部はジュネーヴ条約を批准しこれを国内において実施するための法律であり、また、一九七五年仲裁法はニューヨーク条約を批准し、これを国内において実施するための法律である。連合王国はニューヨーク条約に基づく仲裁判断の承認、執行については、相互主義をとることを宣言している。そのほかに、一九三三年外国判決相互承認法、一九八二年の民事裁判管轄権および判決の承認に関する法律第二部によることもできるとされ、また、仲裁判断を承認した外国判決を承認し、これにもとづいて執行することもできるとされている。(補注)

(3) フランス共和国は一九八一年に民事訴訟法を改正し、四編六章を外国においてなされた仲裁判断または国際仲裁事件についてなされた仲裁判断に関する承認、執行および救済手続とし、外国においてなされた国内仲裁判断と外国またはフランスでなされた国際仲裁(国際商取引上の紛争に関する仲裁、l' arbitrage international, 民事訴訟法一四九二条)に基づく仲裁判断について、仲裁判断が国際公序(ordre public international)に明らかに反するものでないときは、承認、執行を認めるとしている(一四九八条—一五〇〇条)。これに先だって、フランス共和国は一九五九年にニューヨーク条約を批准し、同条約の適用される仲裁判断について相互主義をとることおよび商事仲裁に限定する旨の宣言をしている。

(4) ドイツ連邦共和国では、外国仲裁判断は、それに適用される法律に従い確定しているときは、条約による別段の定めのある場合を除き、内国仲裁判断に関する手続を適用するとしながら、内国仲裁判断の承認、執行の場合とは異なる承認、執行の拒否事由を定めている(一〇四四条二項)。これはジュネーヴ条約の批准にともなって設けた規定である。ドイツ連邦共和国はニューヨーク条約を一九六一年に批准しているが、それにともなって特に国内法を制定または改正することはしていない。なお、同国では同条約の適用される仲裁判断について相互主義をとることを宣言している。(補注)

(5) 国際連合国際商取引法委員会模範法（以下UNCITRAL模範法）とは内国仲裁判断と外国仲裁判断とを区別することなく、その三五条一項で仲裁判断の効力について、同条二項で仲裁判断の援用を求める当事者の提出すべき書類について、三六条で承認、執行の拒否事由を定めている。これらの規定内容はほぼニューヨーク条約の規定を踏襲したものである。

（補注） 連合王国及びドイツ連邦共和国におけるその後の立法又は法律の改正については、第一章「仲裁制度と課題、1仲裁」の末尾の「附記」参照。

三 内容の説明

外国仲裁判断の承認、執行に関してまず問題となるのは、外国仲裁判断とは何か、すなわち、いかなる基準によって内国仲裁判断と外国仲裁判断とを区別するかである。わが国では従来から仲裁手続の準拠法が内国法か外国法かによって区別する説が有力に主張されてきたが、後に説明するように、この試案四六条ではニューヨーク条約およびUNCITRAL模範法と同じく、仲裁地が外国にある仲裁判断を外国仲裁判断とすることにした。

外国仲裁判断の効力については、四六条において、一定の事由がある場合を除き、これを承認し、執行することができるものとした。

外国仲裁判断の承認、執行を求める者が提出すべき書類について、四七条では内国仲裁判断の場合と同様とした。

外国仲裁判断の承認、執行の拒否事由については四八条で定めている。この規定はニューヨーク条約および模範法に倣ったものである。

仲裁判断の執行については、この試案では執行許容の宣言で足りるとした（三八条一項）。この規定は外国仲裁判断の執行についても適用される。したがって、この試案のような立法をするとなれば、同時に民事執行法二二条の改正が必要となるであろう。

条約と国内法の関係については五条の説明に譲る。

四　立法上・解釈上の問題点

(1)　この試案では、内国仲裁判断の取消事由と外国仲裁判断の承認または執行の拒否事由とがほぼ同じである（四一条には、四八条第一、五号に相当する規定（仲裁判断が当事者を拘束するものとなるに至っていないこと、管轄を有する裁判所により取り消され若しくはその効力が停止されたこと）がないだけである）。これはUNCITRAL模範法にならったことによる。これに対して、両者の承認、執行の要件を異なるものとする立場もありえよう。

(2)　この試案のような規定を設けると、外国仲裁判断の承認、執行に関する規定は二国間条約、ニューヨーク条約またはジュネーヴ条約（両条約の締約国の間ではニューヨーク条約）、国内法の三つがあることになる。しかし、ニューヨーク条約の規定とこの試案の規定には大きな相違がないので、あえてこの試案のごとき規定をおくことなく、ニューヨーク条約一条三項の相互主義の留保を撤回することによって、同条約の規定を外国仲裁判断の承認、執行の要件に関する基本的規定とすることも考えられよう。

第四六条（承認及び執行）

仲裁地が日本に存在しない仲裁判断（本法において「外国仲裁判断」という。）は、第四八条に定める事由がある場合を除き、拘束力あるものとして承認され、執行することができる。

1 本条の趣旨

本条は仲裁地が日本に存在しない仲裁判断すなわち外国仲裁判断は、一定の事由がある場合を除いて、原則として拘束力あるものとして承認され、執行することができることを定めた規定である。日本国の領域外の地を仲裁地とする仲裁判断を外国仲裁判断と定義したことおよび外国仲裁判断の承認、執行に関する一般的な規定を設けたところに本条の意義がある。

2 立法例

イギリス一九五〇年仲裁法三六条、同一九七五年仲裁法三条。アメリカ連邦仲裁法二〇一条（ニューヨーク条約の規定による。統一仲裁法には特に規定はない）。フランス民事訴訟法一四七六条。ドイツ民事訴訟法一〇四四条。ジュネーヴ条約一条。ニューヨーク条約一条。パナマ条約四条。UNCITRAL模範法三五条。

3 内容の説明

(1) 外国仲裁判断の意義

(ア) 外国仲裁判断とは、仲裁地が本邦の領域外にある仲裁判断をいう。わが国では、わが国の民事訴訟法の規定に従ってなされた仲裁判断を内国仲裁判断とし、外国法の下に成立した仲裁判断を外国仲裁判断とする見解がこれまで有力に主張されてきた。その理由は外国の手続法に準拠してなされた仲裁判断はわが国の民事訴訟法の要求する要件を具えているとはかぎらないということにあるもののごとくである。そして、仲裁手続の準拠法についても当事者自治の原則を認めるとともに、当事者による準拠法の指定がない場合であっても、日本法を仲裁手続の準拠法とする仲裁判断を内国仲裁判断とし、それ以外の仲裁判断を外国仲裁判断とする。これに対して、仲裁地が内国にあるか否かで内国仲裁判断とが外国仲裁判断を区別すべしとする説もある。前説の立場をとると、仲裁判断の援用、または仲裁判断に基づく執行の申立てにさいして、内国仲裁判断か外国仲裁判断かを見分けるために、まず仲裁手続の準拠法がいかなる国の法律であるかを判断しなければならない。ところで、実際には当事者が仲裁手続の準拠法を指定する例は稀であるし、外国仲裁判断であるかどうかを判断するに当たっていかなる法が仲裁手続の準拠法となっているかを判断するための法原則が十分に形成されているとはいい難い。加えて、仲裁手続は仲裁地の法令の適用を予定し、また、これに依存することが多い。このようにみてくると、内国仲裁判断であるか否かの区別を仲裁手続の準拠法が内国法であるか否かに求めるのではなく、むしろ、仲裁地が内国であるか否かに求めることが実際的であり、法令の適用についても疑問を生じないといえるのではなかろうか。ジュネーヴ条約もニューヨーク条約も承認、執行が求められている国以外の国の領域に仲裁地のある仲裁判断を外国仲裁判断としている(ジュネーヴ条約一条、ニューヨーク条約一条一項)。この試案も、以上のような理由で、このような立場をとるものである。したがって、仲裁地が外国にある場合には、たとえわが国の法律が仲裁手続の準拠法に指定されていたとしても、その仲裁判断は外国仲裁判断である。また、仲裁手続の準拠法が外国法であっても、仲裁地がわが国にある仲裁判断は内国仲裁判断である。そして、この立場では、わが国においてなされた仲裁判断であって内国仲裁判断と認められない判断は存在しないことになるので、ニューヨーク条約一条一項後段の働く余地はないことになる。

(イ)　いずれの地が仲裁地であるかは必ずしも明らかでないことが少なくないが、仲裁判断において仲裁地として記載された地があれば、それが仲裁地であると解される。しかし、仲裁地が明らかでないとすれば、いずれの地が仲裁地であるかについて裁判所が判断しなければならない。その基準として、まず、仲裁人が仲裁地として指定した地、次に仲裁判断がなされた地、さらには仲裁手続の大半が行なわれた地が内国にあるか否かによって、仲裁地が内国か外国かを区別すべきであろう(二三条の解説参照)。仲裁地が不明の場合には、その仲裁判断は仲裁地がわが国の領域内にある仲裁判断とはいえないから、外国仲裁判断とみなされる。

(2)　外国仲裁判断の効力

本条では、外国仲裁判断は、四八条に定める事由がある場合を除いて、わが国において拘束力あるものとして承認され、執行することができることを定めている。そのほかに外国仲裁判断がいかなる効力を有するかは定めていない。それは解釈に委ねられている。

(3)　外国仲裁判断の承認

(ア)　外国仲裁判断の承認とは、わが国において外国仲裁判断の効力が認められることをいう。外国仲裁判断は、外国判決と異なり、判断の形成に国家機関の関与がないという点では内国仲裁判断と異なるところはないので、内国仲裁判断と同一の効力を認められてもよい。そうすると、外国仲裁判断について、いかなる要件を具備しているときにその効力を承認することとするかが問題になる。これは各国で異なる。これを統一するための試みがジュネーヴ条約であり、ニューヨーク条約である。

(イ)　この試案では外国仲裁判断の承認のみを目的とする手続は特に設けていない。したがって、外国仲裁判断の承認は、それが主張された手続において、四八条の事由の有無を判断することによってなされることとなる。

(4)　外国仲裁判断の執行

外国仲裁判断が承認の要件を具備し、かつ、その内容がわが国において執行するに適したものである場合には、その外国仲裁判断に基づいて執行することができる。その場合には、内国仲裁判断の場合と同様、三八条(1)の手続に従って裁判所による執行許容の宣言を必要とする。そのために提出すべき文書は三七条で定めるところによる（四七条）。

4　立法上・解釈上の問題点

仲裁地によって内国仲裁判断と外国仲裁判断とを区別することが適当か。仲裁地をどのようにして決定するか。仲裁地によって区別することが適当でないとすれば、いかなる基準が適当か。

第四七条（提出すべき文書）

第三七条の規定は、外国仲裁判断の承認及び執行のために提出すべき文書について適用する。

1　本条の趣旨

本条は外国仲裁判断の承認または執行を求める場合に、当事者が裁判所に提出すべき文書について規定する。この試案では外国仲裁判断の承認または執行を求めるにあたって、この点についてあえて内国仲裁判断と区別しないこととし、三七条を適用することとした。

2　立　法　例

イギリス一九五〇年仲裁法三八条、同一九七五年仲裁法四条。アメリカ連邦仲裁法二〇一条（ニューヨーク条約の規定による。統一仲裁法には特に規定はない）。フランス民事訴訟法一四九九条。ジュネーヴ条約四条。ニューヨーク条約四条。パナマ条約四条。UNCITRAL模範法三五条二項。

3　内容の説明

(1)　外国仲裁判断を訴訟、その他の手続において援用し、またはその執行を求める当事者は、次の文書を提出しなければならない。

(イ)　仲裁契約の原本または謄本

(ロ)　仲裁判断の原本、正本または認証された謄本

(ハ)　仲裁契約または仲裁判断が日本語で作成されていない場合には、これらについての、正当に証明された翻訳文

外国仲裁判断を援用しまたはその執行を求める当事者は以上の文書を提出することで足り、裁判所が四八条に定める拒否事由があるか否かを判断することになる。

(2)　これらの文書を提出することは仲裁判断の承認、執行を申し立てるための手続的要件であるとともに、証拠方法を限定するという意味もある。したがって、仲裁契約が口頭でなされた場合には、それに基づく仲裁判断は承認、執行のための要件を欠くことになる。口頭で言い渡された仲裁判断も同様である。しかし、提出された文書が仲裁契約の記載された文書の原本または認証された謄本であることを証明するために、別の証拠を提出することまでも禁ずる趣旨ではないと解される。

4　立法上・解釈上の問題点

仲裁手続において相手方が答弁書を提出し、あるいは審問に出頭して口頭で答弁、主張をしたことによって黙示的に仲裁契約が成立したと認められる場合には、仲裁契約の原本が存在しないので、三七条で「仲裁契約の原本又は謄本」との文言に「仲裁契約の存在を証する文書」という文言を加えることも検討する必要があろう。こ

の場合には、仲裁人または常設仲裁機関が作成した記録中の文書を、その旨の証明文を添えて、提出することになろう。

第四八条（承認及び執行の拒否事由）

裁判所は、次に掲げる事由がある場合に限り、外国仲裁判断の承認及び執行を拒否することができる。

第一　仲裁判断が不利益に援用される当事者が、次のいずれかの事実を証明した場合

1　仲裁契約の当事者が能力者でなかったこと、又は、仲裁契約が有効でないこと。

2　仲裁判断が不利益に援用される当事者が、仲裁人の選定若しくは仲裁手続について適当な通知を受けなかったこと、又は、その他の理由により防禦することが不可能であったこと。

3　仲裁判断が、仲裁付託の条項に定められていない紛争若しくはその条項の範囲内にない紛争に関するものであること、又は、仲裁に付託された事項の範囲を越える事項に関する判断を含むこと。但し、仲裁に付託された事項に関する判断が、付託されなかった事項に関する判断から分離することができる場合には、仲裁に付託された事項に関する仲裁判断の部分は、承認し又は執行を許容することができる。

4　仲裁人の構成又は仲裁手続が、当事者の合意又は法律の規定に従っていなかったこと。

5　仲裁判断が、当事者を拘束するものとなるに至っていないこと、又は、管轄を有する裁判所により取り消され若しくはその効力が停止されたこと。

第二　裁判所が、仲裁判断が次のいずれかに該当すると認めた場合

1　紛争の対象である事項が、法律により仲裁による解決が不可能とされていること。

２　仲裁判断が日本における公の秩序又は善良の風俗に反すること。

1　本条の立法趣旨

本条は外国仲裁判断の承認または執行を拒否することのできる事由を定める。これらの事由の一つが存在するときは、裁判所は仲裁判断の承認、執行を拒否することができる。本条の第一、一号から五号までの事由については、仲裁判断を不利益に援用される当事者がそれに該当する事実を証明しなければならないが、第二、一号および二号の事由については裁判所が職権で判断する。

2　立法例

イギリス一九五〇年仲裁法三七条、同一九七五年仲裁法五条。アメリカ連邦仲裁法二〇一条（ニューヨーク条約の規定による。統一仲裁法には特に規定はない）。フランス民事訴訟法一四九八条。ドイツ民事訴訟法一〇四四条。ジュネーヴ条約一条、二条。ニューヨーク条約五条。パナマ条約五条。ＵＮＣＩＴＲＡＬ模範法三六条。

3　内容の説明

外国仲裁判断の承認、執行を拒否することのできる事由には、仲裁判断が不利益に援用される当事者が証明すべき事由と裁判所が職権で判断すべき事由とがある。

(1)　仲裁判断が不利益に援用される当事者が証明すべき事由

(ア)　仲裁契約の当事者が能力者でなかったことまたは仲裁契約が有効でないこと

仲裁契約の当事者が能力者であったかどうかをいかなる法律によって判断するかは、本条第一、一号の文言からは、直ちには明らかではない。これをＵＮＣＩＴＲＡＬ模範法にならって仲裁契約の準拠法によらしめると解する立場もあろうし、自然人についてはその者の能力に関する準拠法によって判断するとする立場もあろう。また会社その他の法人の能力、取締役の代表権の有無についても同様の問題が生ずるが、これについても仲裁契約の準拠法によらしめる立場と法人の属人法（わが国では設立準拠法）によると解する立場とがあろう。

仲裁契約それ自体が有効かどうかは仲裁契約の準拠法（試案四二条、四三条）によって判断する。試案四二条によれば仲裁契約の成立および効力は、仲裁契約について当事者が指定した法律があるときはそれにより、その指定がないときは仲裁地の法律により、仲裁地が定まっていないときは仲裁契約締結地の法律によるとしているが、仲裁判断がなされたときに仲裁地が決まっていないことはないから、結局、仲裁判断の承認、執行の段階では、当事者が指定した法律またはそれがないときは、仲裁地法によって判断されることになる。これはニューヨーク条約五条一項(a)、UNCITRAL模範法三六条(1)(a)(i)と同じこととなる。

(イ)　仲裁判断が不利に援用される当事者が、仲裁人の選定もしくは仲裁手続について適当な通知を受けなかったこと、またはその他の理由により防禦することが不可能であったこと

本号は仲裁の当事者が仲裁人の選定の機会または自己の主張立証のための十分な機会を与えられていなかったことをいう。ニューヨーク条約五条一項(b)項、模範法三六条(1)(a)(ii)と同趣旨である。

(ウ)　仲裁判断が、仲裁付託の条項に定められていない紛争もしくはその条項の範囲内にない紛争に関するものであること、または仲裁付託に付託された事項の範囲を越える事項に関する判断を含むこと。ただし、仲裁に付託された事項に関する判断が、付託されなかった事項に関する判断から分離することができる場合には、仲裁に付託された事項に関する仲裁判断の部分は、承認または執行を許容することができる

本号は、仲裁契約の対象となっていない事項またはその範囲を越えた事項についての仲裁判断の承認、執行を

認めないことを定める。ただし、仲裁の対象となる事項に関する判断とそうでない判断とを分けることができる場合には、前者についてのみ承認しまたは執行することができる。これはニューヨーク条約五条一項(c)およびUNCITRAL模範法三六条(1)(a)(iii)と同趣旨である。

(エ)　仲裁人の構成または仲裁手続が、当事者の合意または法律の規定に従っていなかったこと

当事者の合意には当事者が指定し、または合意した仲裁規則、当事者が仲裁の申立てをした仲裁機関の仲裁規則を含むと解すべきであろう（試案二一条）。また、ここにいう法律の規定とは、仲裁手続の準拠法をいう。仲裁手続の準拠法については、従来から学説が分かれている。わが国の学説の多くは仲裁手続の準拠法の決定についても当事者自治の原則を認め、当事者による指定のないときに仲裁地法によるとの考え方をとっている（たとえば、沢木敬郎「仲裁手続の準拠法」小島＝高桑編・注解仲裁法二二五頁、二二六頁参照）。

ところで、この試案では日本を仲裁地とする仲裁について、わが国の裁判所が仲裁判断取消しの訴えについての裁判管轄権を有するとし、取消事由については当事者の合意にかかわらず、この法律の定めるところによるとした（試案四五条）。この規定があるからといって、仲裁地が日本にない仲裁についても、当然に仲裁地法が仲裁手続の準拠法となるものではないとの解釈もありうる。他方、内国でなされた仲裁判断を内国仲裁判断とし、外国でなされた仲裁判断を外国仲裁判断というものとすれば、仲裁地法を仲裁手続の準拠法としたと解することもできよう。内国仲裁については当事者による手続準拠法の選択を許していないのに、外国仲裁判断についてその選択を認めることは権衡を失するからである。ともかく、そのいずれの立場であっても、仲裁手続についての当事者の合意は、仲裁手続の準拠法の許容する範囲において、その効力を有することになる。いいかえると、仲裁手続の準拠法の定める強行規定に反する当事者の合意（仲裁機関の定める仲裁規則をも含む）は有効とはされないとこ

とになる。

これに関連して、仲裁手続についての当事者の合意はあるものの、仲裁手続の準拠法の指定のない場合には、仲裁手続の準拠法が存在しない仲裁（いわゆるfloating arbitration, a-national arbitration）を認める立場がないわけではないが、この試案ではそのような仲裁を認めるものではない。そのことは、この試案で、わが国に仲裁地のある仲裁判断は当事者の合意のみならず仲裁手続の準拠法に従っていなかった場合に取り消されるとしていることからも明らかであろう（試案四二条(2)項第一、四）。

(オ)　仲裁判断が未だ当事者を拘束するものとなるに至っていないこと、または管轄を有する裁判所より取り消されもしくは停止されたこと

ニューヨーク条約五条一項(e)およびＵＮＣＩＴＲＡＬ模範法三六条一項(a)(v)の後段は「この判断がされた国家もしくはその判断の基礎となった法令の属する国の権限のある機関により、取り消されたか若しくは停止されたこと」と定めている。したがって、外国仲裁判断の取消しの訴えの裁判管轄権は仲裁判断がされた国または仲裁手続の準拠法の属する国に存在することになる。これに対して、本号では管轄を有する裁判所については何ら触れていない。試案四五条一項では、わが国の裁判所は日本を仲裁地とする仲裁判断の取消しの訴えについて裁判管轄権を有するとしていることから、仲裁地の属する国の裁判所が仲裁判断の取消しの訴えについての直接的裁判管轄権を有するように解される。しかし、仲裁地の属する国の裁判所が、常にその地でなされた仲裁判断の取消しの訴えの裁判管轄権を有するとしているとはかぎらないし、この試案でそこまで規定をおく必要はない。このような理由により、試案では、単に管轄を有する裁判所と表現するにとどめた。

(2)　裁判所が職権で判断すべき事由

(ア)　紛争の対象である事項が、法律により仲裁による解決が不可能とされていること

本号は外国仲裁判断の対象となった紛争が仲裁によって解決さるべきでない性質のものであること、すなわち仲裁可能性（仲裁適格性）がないときには、裁判所はその外国仲裁判断の承認または執行を拒否することができるという趣旨である。

仲裁可能性の有無については、ニューヨーク条約五条二項(a)およびＵＮＣＩＴＲＡＬ模範法三六条一項(b)(i)は、仲裁判断の承認または執行を求められた国の法令によるとしている。この試案では、四四条において仲裁契約の準拠法および日本の法律が、仲裁による解決を認めていない場合には、仲裁可能性を認めないとの規定をおいている。これに対して、ニューヨーク条約およびＵＮＣＩＴＲＡＬ模範法のごとく、仲裁判断の承認、執行を求められた国すなわち内国の法律によって仲裁可能性を判断することが適当であるとの立場もあり、また、仲裁判断の対象となる紛争に適用される法律（いわゆる主たる契約の準拠法）によるとの立場もあろう。

ところで、試案四四条と本号の関係が問題となる。四四条は仲裁人が仲裁手続を行なうに当たって仲裁可能性の有無を判断し、また、裁判所が妨訴抗弁としての仲裁契約の存在が主張されたときに仲裁可能性の有無を判断するための規定であるのに対し、本号は外国仲裁判断の承認、執行に関する規定であるから、両者は必ずしも同じ基準によらなければならないわけではない。また、内国仲裁判断については、わが国の法律上仲裁可能性を認められないことが取消事由とされていること、仲裁可能性は内国における公の秩序と関連することからみて、仲裁可能性の有無については承認または執行を求められた国の法律によることにも理由があると考えられる。

本条では、「法律により仲裁による解決が不可能とされていること」という表現をとって仲裁判断の取消に関す

る四一条二項第二、一号と同一の文言を採用した。したがって、ここでいう「法律」とは日本の法令をいうものと解される。そうだとすると、この試案の立場はニューヨーク条約および模範法と同じこととなり、これによって仲裁可能性の判断については、外国仲裁判断と内国仲裁判断とが同一の基準によることとなる。

(イ)　仲裁判断が日本における公の秩序に反すること

ニューヨーク条約五条二項(b)およびUNCITRAL模範法三六条(1)(b)(ii)では、仲裁判断が、その承認はまたは、執行を求められた国の公の秩序に反するときは拒否することができるとしている。本号もこれにならい、「仲裁判断が日本における公の秩序、善良の風俗に反すること」という文言を採ることとした。ここでいう公の秩序とは、法例三〇条、民事訴訟法二〇〇条三号と同様、わが国における基本的法秩序をいい、民法九〇条にいう公の秩序、善良の風俗とは異なる。単なる強行法規がこれに該当しないことはいうまでもない。

4　立法上・解釈上の問題点

(1)　本条第一、一号の当事者の能力の問題は、ニューヨーク条約五条一項(a)のごとく、その者に適用される法律すなわち属人法を決定基準とすることを明示したほうがよいのではなかろうか。

(2)　本条第一、四号で仲裁人の構成、または、仲裁手続が法律の規定に従っていなかったこととあるが、その準拠法が明らかではない。この問題については、当事者の指定があればそれにより、それが認められないときにもっとも密接な関係を有する地（おそらく仲裁地）の法律とする説と、当事者による準拠法の指定の余地を認めず、仲裁地の法律によるとの説とに分かれるであろう。前者が、従来の多数説であろうが、当事者が仲裁手続の準拠法を指定することは稀であると思われるから、ニューヨーク条約五条一項(d)と同様に仲裁地法を仲裁手続の準拠法とすることも考えられる。

りうる。

(3)　本条第二、一号の仲裁可能性については、四四条をうけて、本号についてもこれに従うという考え方があ四四条は仲裁人が仲裁を行なう場合および裁判所に仲裁契約の存在が妨訴抗弁として主張された場合のための規定であるから、当然に仲裁判断の承認、執行についても当てはまるとはいえない。もちろん同条の規定に従うことも一つの考え方といえるが、それによらなければならないということはない。その基準を仲裁契約の準拠法または判断の対象となる法律関係の準拠法（主たる契約の準拠法）とすることは、準拠法の確定が容易でないこともあるし、また、特に、判断の対象となる法律関係の準拠法によって仲裁可能性の有無を判断するとすれば、仲裁判断について承認、執行の段階で個々の事案について判断の当否を問題とすること、すなわち実質的な再審査のようなことも起こりかねない。外国仲裁判断の承認、執行とは、これに内国仲裁判断と同一の効力を与えることであると考え、また、仲裁可能性の有無は承認または執行を求められた国における紛争解決方法についての公の秩序と関係することを考慮し、これを内国法に委ねることも考えられる。四四条と本条第二、一号の内容が異なることは、やむをえないところであろう。

第五章　国際連合国際商取引法委員会（UNCITRAL）の仲裁に関する立法

11　国際連合国際商取引法委員会仲裁規則（UNCITRAL Arbitration Rules）

この小論は、一九七六年四月二八日に、ニューヨークで開かれた国際連合国際商取引法委員会第九会期（The Ninth Session of the United Nations Commission on International Trade Law）において採択された国際商取引法委員会仲裁規則（UNCITRAL Arbitration Rules）の解説である。

私はしばらく前まで、法務省民事局及び外務省条約局に職を奉じ、七年余にわたって国際商取引法及び国際私法の国際的統一のための立法作業に参画する機会を与えられた。国際商取引法委員会には一九七〇年から一九七六年まで参加し、第四会期及び第五会期は政府代表代理として、第六会期から第九会期までは政府代表として出席した。したがって、ここでとりあげた国際商取引法委員会仲裁規則の審議の際には、すべて出席していたこととなる。私が国際商取引法委員会仲裁規則の解説を国際商事仲裁協会から委嘱されたのは、おそらくこのような理由によるものと考えられる。私は、商事仲裁について特別な興味をもっていたわけではなく、まして商事仲裁を信奉する者でもなく、国際的な取引や企業活動から生ずる紛争の解決のための一つの方法として関心をもっていたにすぎない。しかし、この仲裁規則採択の審議に出席したこともあって、なるべく早い機会にこの仲裁規則を、わが国において広く報告すべきものと考え、国際商事仲裁協会から与えられた機会を利用して、その責をふさぐこととした次第である。

この仲裁規則を報告するに当り、とくに次の点に留意した。一つは仲裁規則の訳文、とくに術語の日本語訳である。私は英語を主とし、仏語を参照したが、そこで用いられている概念や表現は必ずしも英語国または仏語国固有の概念を意味しない。それとともに、それらを表現する適当な日本語が見当らないことも少くない。したがって日本語は参考程度にとどめ、必要な際は正文（英語、仏語、西語、露語、中国語）を参照されたい。

もう一つは、各条を単にその順序に従って解説するのではなく、仲裁手続の実際に即して、手続の進行に従って各条文がどのように機能するか、あるいはどのような問題がそこにあるかをできるだけ明らかにすることに心がけた。このほうが実際に役立つと思われたからである。したがって必ずしも条文の順序に従っていない部分もある。

さらに加えるならば、国際的商事仲裁に常に生ずる法の抵触の問題（仲裁契約の準拠法、仲裁手続の準拠法、仲裁判断の規準）についても、十分ではないが、触れておくこととした。従来これらの問題は、重要であるにもかかわらず、商事仲裁の解説書では必ずしも十分ではないし、また国際私法の論文では観念的にしか扱われていなかったからである。もちろん、これからさらに検討が必要な問題も少くないであろう。

ところで、注目すべきことは、国際商取引法委員会の審議に関与した大方の予測とは異って——と筆者には思われる——採択後間もなく有力な常設仲裁機関においてこの仲裁規則による仲裁を可能とするように規程を改めたことである。一〇年にわたる国際商取引法委員会の統一法立法作業のなかで、売買や海運の統一法に先んじて、この仲裁規則が最も早く実用に供されることとなった。これはいささか皮肉な感じがしないでもない。

（一九七九年一月二三日）

一　国際商取引法委員会における仲裁規則の作成

(一)　国際商取引法委員会の設立と活動

1　一九六五年秋の第二〇回国際連合総会において、ハンガリーから「国際貿易の振興を特に目的とした国際私法の分野における漸進的発達のためにとるべき手段に関する考察」という議題が提出された。この議題を提出した趣旨は「国際連合は開発途上国の進歩のために国際貿易の発展を目指しているが、このためには国際貿易を規制する法的形態、その調和、統一について研究することが望ましい。いくつかの業績は既存の国際機関によってあげられてはいるが、これらの機関は或は地域的に偏り、或は開発途上国の参加がない。国際商取引に関する私法も国際法に含まれるのであって、国際連合憲章第一三条第一項ａにもとづき、総会はこの分野の国際法の漸進的発達及び法典化のための研究を発議し、勧告すべきである」というものである。(1) この提案は同年一二月二〇日総会で採択され、さらに総会は国際商取引法の漸進的調和と統一に関し、その方法を含めて、事務総長に対して第二一回総会に報告書を提出することを求め、審議を継続することを決定した。(2)

2　第二一回総会に提出された事務総長の報告書(3)の要旨は次のとおりである。すなわち、これまでの国際商取引法の統一に関する国際機関の活動は、この分野に若干の進歩をもたらしはしたが、構成国が限られており、開発途上国の参加もなく、また世界的規模のものではないこと、条約は作成されても、現に発効し、実際に有効に機能しているものが少いこと、さらに既存の国際商取引を規律するルールは先進国に有利であるので、これを再検討する必要があることを述べ、一般的国際組織たる国際連合がこれらの欠点を解消するために最もふさわしい機関であるとして、総会に対して国際商取引法委員会の設立について検討することを要請した。

しかしながら、総会の審議で国際商取引法委員会の機能について十分な検討がなされたとはいい難いようである。けれども、いわゆる西側先進国は、開発途上国と社会主義国とによって国連貿易開発会議（UNCTAD）においてこれらの問題がとり上げられ、その結果、本来専門的、技術的観点から検討をされるべき法律問題が経済的利害を中心に、不当に政治的に取り扱われることを避けるという考慮もあってか、国際商取引法委員会の設立に賛成し、翌年の一九六六年一二月一七日国際商取引法委員会設立の決議は満場一致で採択された[4]。それによれば、総会の下に国際商取引法委員会（The United Nations Commission on International Trade Law、UNCITRAL）を設け、商取引法の調和と統一のために、一九六八年一月より必要な活動を開始することとした。

3　国際商取引法委員会の構成　委員会は総会の下にあって、国際連合の加盟国の中から選ばれた委員国によって構成される。したがって、政府間の委員会であって、各国とも事柄に応じて学者、実務家を適宜出席させており、個人を構成員とする国際法委員会（International Law Commission）とは全くその性質を異にする。

委員会は当初は二九カ国で構成され、委員国は三年毎に約半数を改選し、再選もさまたげない。選出に当っては経済的発展の度合、経済体制の相違、法体系等についても考慮することとはなっているが、国連における地域的配分（regional distribution）の例にしたがい、アフリカに七カ国、アジアに五カ国、中南米に五カ国、東欧に四カ国、西欧その他に八カ国の割当てとし、第二二回総会における選挙で委員国を選出した。その後第二八回総会で構成を拡大し、アフリカ及びアジアに各二カ国、その他に各一カ国を割り当て、三六カ国に拡大した。わが国は当初からの委員国であり、一九七〇年に再選、七六年に三選され、八二年末まで委員国としての地位を有する。

4　活動方針　国際商取引法委員会の活動の目的は国際商取引法の調和と統一の促進とされているが、具体的な活動としては、

(a)　この分野の既存の諸機関の作業の調整及びこれらの諸機関の間の協力の奨励
(b)　既存の条約、統一法等への参加の促進
(c)　新たな条約、統一法の作成、約款、商慣習等の受け容れ
(d)　国際商取引法の分野における条約、統一法の統一的解釈及び適用を確保する方策の促進

(e)　国際商取引法の分野における国内立法と法律の発達（判例を含む）に関する情報の蒐集と交換

(f)　国連貿易開発会議との緊密な協力

(g)　委員会がその職務の遂行のために有益なその他の活動を行うこととされた。

このように、当初は委員会は既存の条約、商慣習その他の資料の蒐集、整理、既存の諸機関を活用しつつ、国際商取引法の調和と統一のために適切な方法を見出すことに重点をおき、直ちに統一法の起草を行うものとはされていなかった。しかし、その後の活動では統一法作成に重点がおかれるようになってくる。

5　商取引法委員会の検討事項　国際商取引法（international trade law）といっても、必ずしも明確な概念があるわけではない。事務総長の報告書には、次のようなテーマが例示されている。

(a)　国際動産売買

(i)　契約の成立

(ii)　代　理

(iii)　排他的販売協定

(b)　流通証券と銀行信用状

(c)　国際商取引に関する企業の行動に関する法

(d)　保　険

(e)　運　送

(i)　海上物品運送

(ii) 航空貨物運送

(iii) 道路・鉄道貨物運送

(iv) 内水航路物品運送

(f) 工業所有権と著作権

(g) 商事仲裁

国連決議では事務総長報告を十分に考慮することにしてはいるが、その検討事項を明確にするための措置はとっていない。

(二) 国際商取引法委員会における仲裁規則の作成

1 第一会期―第五会期

国際商取引法委員会の第一会期(一九六八年)で作業計画を検討したところ、統一売買法について、商事仲裁(外国仲裁判断の承認及び執行に関する条約への加入の促進をも含む)をとりあげるべきであるとの意見が多かった。そこで、第三会期（一九七〇年）にイオン・ネストール教授（Ion Nestor、ルーマニア）を特別報告者に選び、既存の条約の解釈、適用並びにこれらに関する問題についての報告書の提出を求めることにした。この最終報告書は第五会期（一九七二年）に提出され、[5] それに基づく検討は第六会期（一九七三年）に行われた。

2 第六会期

第六会期では、さまざまな意見、たとえば、一九五八年の外国仲裁判断の承認及び執行に関する条約(Convention on the Recognition and Enforcement of Foreign Arbitral Awards, New York, 10 June 1958) への加入の促進、一九六一年の国際商事仲裁に関する欧州条約 (European Convention on International Commercial Arbitration0,

Geneva, 21 April 1961）の適用範囲の拡大、仲裁のモデル・ルールの作成、各国の仲裁規則の統一、問題検討のための小グループないし作業部会の設立などが述べられた。外国仲裁判断の承認及び執行に関する一九五八年の条約の批准、加入の促進にはとくに異論はなかったが、国際商事仲裁に関する一九六一年のヨーロッパ条約の批准等の促進については欧州以外の国からの異論があり、また委員会本来の役割からみて疑問とする意見も多かった。さらにモデル・ルールの作成のための作業部会の設置については、時期尚早とする意見がいわゆる先進国に強かった。しかしながら、実際にその必要があるか、作業も可能であるか等の観点から検討した結果、多数意見は、前記一九五八年条約への加入の促進のほか、仲裁手続のモデル・ルールの作成が適当であるとした。(6)これにもとづいて、事務局が関係諸団体と共同で研究して国際商取引で用いられる仲裁手続のモデル・ルールを検討し、第八会期に提出し、さらに審議をつづけることとした。

3　第八会期

仲裁に関するモデル・ルールの作成作業は、とくに作業部会を設けることなく、国連事務局と国際商事仲裁会議国際委員会（International Committee on Commercial Arbitration, ICCA）の指名した専門家グループとの共同作業によって、試案を作成する方法をとることとした。(7)これに基づいて作成された試案は第八会期（一九七五年）に提出された。

委員会は仲裁手続に関するモデル・ルールについての一般的な意見交換のほか、一応逐条的な検討をも行った。基本的な問題としては、このモデル・ルールのうち、既存の仲裁機関を利用する場合（いわゆるadministered arbitration）は、ほとんど利用される可能性がないこと、したがって、このモデル・ルールは当事者が既存の仲裁機関によらない場合（ad hoc arbitration）で、しかもこのルールを選択したときに用いられるモデル・ルール（ad hoc rules for optional use relating to international trade）を制定することが最も現実的であり、その仕上げを第九会期に行うこととした。このほか、各条について解釈論あるいは立法論的観点からの意見が述べられた。これらの多くは十分な検討を経ていないとの印象を免れ難かったうえ、この草案にはさらに検討を要する多くの問題があることを示した。この結果、今会期での意見を参考としつつ、事務局において改訂を行い、または代案を加えて、再び第九会期で審議することとした。[8]

4　第九会期

第九会期では、第二分科会（議長レーヴェ（Roland Loewe、オーストリア）、ラボルトゥール・シャシ（I. Szasz、ハンガリー））において、前会期の意見によって修正した案をもとに、各条文について、逐条的にその内容及び表現の両面から、詳細に検討した。[9] 重要な問題以外についても、こまかい修正が加えられ、三一ケ条の案が四一ケ条となった。これは、さまざまな意見を調和し、具体的に十分に機能させるようにしたためではあるが、基本的な構成に大きな変化はない。このようにして作成された仲裁手続に関する規則は"UNCITRAL Arbitration Rules"（国際連合国際商取引法委員会仲裁規則）として一九七六年四月二八日に国際商取引法委員会で採択された。そして同年開かれた国際連合第三一回総会では、一九七六年一二月一五日の決議でこの仲裁規則の利用を広く各国に推奨している。[10]

なお、この規則の解説を、事務局、特別報告者或は第二分科会の出席者のうちから人を選んで作成すべしとする意見（主として発展途上国からの意見）も出されたが、それは、かえって、予め半ば公権的解釈を認めることになりかねないので、好ましくないとする意見も強く、結局、これは採用されるには至らなかった。

㈢　作成後の情況

一九世紀後半からの仲裁のほとんどは、国際的な商取引、すなわち貿易、海運に関する紛争を商取引の中心地(例えばロンドン、ニューヨーク、ハンブルク等)にある商業団体等の設営する仲裁機関に付託する仲裁であって、いわゆる個別の(ad hoc)な仲裁は極めて少なくなっている。そしてこれらの仲裁機関は、それぞれ手続規則を有するのみならず、仲裁手続の運営に必要な人的、物的な設備を有している。このような情況のもとでは、今後も個別の仲裁は増加することはないであろう。この仲裁規則の草案段階では、特定の仲裁機関を利用する(administered)仲裁と特定の仲裁機関を利用しない(non-administered)仲裁のそれぞれに適用される二通りの規程を用意していたが、このような理由で一九七五年四月の第八会期において、特定の仲裁機関を利用する場合に適用される規定は削られた。その結果、個別の仲裁に用いられることを主たる目的とした仲裁に適用される規則を作成することになったことは既に述べたとおりである。そして、大方の予測では、このような規則の利用される範囲も極めて限られたものになるのではないかと思われた。

しかるに、その後間もなく、アメリカ仲裁協会(American Arbitration Association)とソ連邦商業会議所(USSR Chamber of Commerce)との間で、アメリカ合衆国の国民及び法人とソ連邦の外国貿易団体との間の紛争解決のための仲裁約款において、国際商取引法委員会の仲裁規則に従って仲裁を行うべきものとする旨の文言の採用を可能とすることを取極めた⑾。この場合の仲裁人の数は三人とし、仲裁人選定のための機関をストックホルム商業会議所とした。このような仲裁約款は一九七七年一月一二日から効力を生じている。もちろん、前記取極では、この仲裁規則によることを強制するものではなく、当事者は他の仲裁規則によることもさしつかえないとされている。

また、米州商事仲裁委員会（The Inter-American Commercial Arbitration Commission, IACAC）では、この仲裁規則をほぼそのまま採用し、一九七八年一月一日以後それによることとなっている[12]（それ以前の仲裁契約にもとづく紛争は、当事者が選択した場合には一九六九年四月一日の規則による）。ロンドン仲裁法廷（London Court of Arbitration）も、一九七八年九月一日より、その手続規則の規定で定めている以外のことについてはこの仲裁手続が適用されること（Rule 2: Rule 8）、当事者はこの仲裁手続の規定と異る規定を排除することができることを定めている[13]（Rule 9）。また、アジア地域においても、クアラルンプールに仲裁センターを設けてこの仲裁規則を用いるとの動きがある。これらの動きはこの仲裁規則の成立過程に関与した者にとっても予想以上のものといえよう。その一つ理由は、この仲裁規則が実際面をも考慮し、十分な検討を経たものであることによる。ともかく、常設仲裁機関においても、当事者がこの仲裁規則によることを選択したときは、これによるべき旨の規定を設けることにより、この仲裁規則を利用することができるようになってきたことは実際的にも好ましいことであるし、この規則の作業に関与した者の努力が適切であったことを意味するように思われる。

（1） UNCITRAL年報第一巻一頁以下。Request for inclusion of an item in the provisional agenda of the Nineteenth Session of the General Assembly; note verbale from the Permanent Representative of Hungary to the United Nations.

（2） 国際連合総会決議二一〇二（XX）（UNCITRAL年報第一巻一八頁）。

（3） Progressive Development of the Law of International Trade: Report of the Secretary-General（UNCITRAL年報第一巻一八頁以下）。

（4） 国際連合総会決議二二〇五（XXI）（UNCITRAL年報第一巻六五頁）。

（5） ネストール教授の報告書については、UNCITRAL年報第三巻一九三頁以下参照。

（6）第六会期の審議については、UNCITRAL年報第三巻一一頁参照。

（7）第八会期以前の草案作成作業については、喜多川篤典「国際商事仲裁の現状と課題」（鈴木竹雄先生古稀記念、現代商法学の課題上巻一六八頁以下）に詳しい。

（8）Report of the United Nations Commission on International Trade Law on the Work of its Eighth Session, pp. 24-26.

（9）Report of the United Nations Commission on International Trade Law on the Work of its Ninth Session, pp. 32-50.

（10）国際連合総会決議三一／九八

（11）American Arbitration Association-U.S.S.R. Chamber of Commerce and Industry: Optional Arbitration Clause for Use in U.S.-U.S.S.R. Trade (International Legal Materials, vol. XVI, No. 2, March 1977: The American Society of International Law)

（12）Rules of Procedure of the Inter-American Commercial Arbitration Commission (as amended and in effect January 1, 1978)

（13）The Arbitration Rules of London Court of Arbitration (operative from 1 September, 1978)

二　国際商取引法委員会仲裁規則の構成と特色

㈠　仲裁規則の構成

1　題　名

この規則の題名は、当初は「国際取引に関する個別仲裁において当事者の選択によって用いられる仲裁規則(案)(国際連合国際商取引法委員会仲裁規則)」(Revised Draft Set of Arbitration Rules for Optional Use in Ad Hoc

Arbitration Relating to International Trade（UNCITRAL Arbitration Rules））と称していたが、結局「国際連合国際商取引法委員会仲裁規則（UNCITRAL Arbitration Rules）」とされた。

2　構　成

この仲裁規則は四章四一ケ条から成っている。

第一章では、一般規定として、この仲裁規則の適用範囲(scope of arbitration 第一条)、通知の期間の計算(calculation of time periods 第二条)、仲裁付託の手続(notice of arbitration 第三条)、代理、補佐(representation and assistance 第四条)の規定を設けている。このなかで、仲裁規則の適用範囲に関する規定は非常に重要である。また、仲裁付託の手続に関する規定は個別仲裁のために必要とされる。

第二章は、仲裁裁判所の構成に関するものであって、仲裁人の数（number of arbitrators 第五条）、仲裁人の選定手続（appointment of arbitrators 第六条―第八条）、仲裁人の忌避、辞任等（第九条―第一三条）に関する規定をおいている。

第三章は、仲裁手続に関する詳細な規定を設けている。まず、手続に関する原則（第一五条）、仲裁地及び仲裁の場所（place of arbitration 第一六条）、用語（language 第一七条）に関する規定をおき、次いで当事者の申立及び主張（statement of claim, statement of defence）、反対請求（counter-claim）と相殺（set-off）、管轄違の抗弁（pleas as to the arbitrator's jurisdiction）等に関する規定（第一八条―第二三条）、証拠調及び審問（evidence and hearings）に関する規定（第二四条、第二五条、第二七条）、中間措置（interim measures for protection に関する規定第二六条）、当事者の手続上の懈怠に関する規定（default, waiver of the rules第二八条、第三〇条）を設けている。

第四章は、仲裁判断（award）と費用（costs）に関する規定である。すなわち、仲裁判断の形成（第三一条）、仲裁判断の形式と効果（form and effect of the award 第三二条）、仲裁判断の規準（第三三条）、仲裁判断の解釈、訂正、追加判断（第三五条―第三七条）、その他の理由にもとづく手続の終了（settlement or other grounds for termination 第三四条）並びに費用（第三八条―第四一条）について規定している。

(二)　仲裁規則の特色

この仲裁規則の詳細は第三章で述べるが、以上概観したところによって、この規則の特色について事柄の性質、順序、その重要性にかかわらず列挙してみる。

(イ)　この仲裁規則は常設仲裁機関によらない仲裁を対象としていること

この仲裁規則は作成の経過からも明らかなように、既存の常設仲裁機関によらない仲裁、すなわち個別仲裁(ad hoc or non-administered arbitration）において利用されることを目的としている。したがって、仲裁人の選定手続、費用等について詳しい規定をおいている。いうまでもなく、この仲裁規則によって仲裁が行われるのは、当事者がこの規則によることを合意した場合でなければならない。

(ロ)　仲裁の対象となる紛争または契約についてとくに限定していないこと

この仲裁規則では、仲裁に付託すべき紛争は一定の契約から生じた紛争であればよく、とくに限定されていない。一九六一年の国際商事仲裁に関する欧州条約第一条一(a)では、「国際商取引から生ずる紛争」と規定し、ECAFE規則（Rules for International Commercial Arbitration and Standard for Conciliation of the United Nations Economic Commission for Asia and the Far East, 1966）第１条も同様である。一九六六年仲裁に関する統一法を定める欧州条約（European Convention Providing a Uniform Law on Arbitration, Strasbourg 20 January, 1966）の統一法第一条では「特定の法律から生じまたは将来生ずる一切の紛争」と規定し、一九五五年のICC規則（Rules of Conciliation and Arbitration of the International Chamber of Commerce. 1 June, 1955）第一条一では「国際的性格を有する企業活動上生じた紛争」としている。このように適用範囲を規定した趣旨は理解しうるが、しかし、実際の運用に当っては、「国際的」、「取引」などの概念を明らかにすることは容易ではなく、このためかえって無用の争が生ずるおそれもある。したがって、この仲裁規則は広くモデル・ルールとして採用されることを目指したこともあって、これらの限定を付さないこととした。

(ハ)　当事者について何の限定もしていないこと

多くの条約或いは仲裁規則では、当事者について、異る国の住民であるとか（ECAFE規則第一条一(c)）、契約締結の際に異る締約国にその住所、居所を有しなければならない（一九六一年欧州条約）としている。しかし、この点についても、この仲裁規則では(ロ)で述べたような理由でとくに限定していない。

(ニ)　この仲裁規則は仲裁手続に関する準拠法における強行法規の制約を受けること。

この仲裁規則も多くの条約、仲裁規則と同様に、当事者の合意した規則が優先することを認めているが、それは仲裁手続の準拠法における強行規定の制約を受けることとした。とくに仲裁手続の準拠法という概念を明文で示していることが注目される。

(ホ)　仲裁人の選定、忌避に関して詳細な規定を設けたこと

これは常設仲裁機関による仲裁人と異るためである。常設仲裁機関では仲裁人の選任に関する規則をそなえているのが通常である。

(ヘ)　当事者の主張、立証についてくわしい規定を設けたこと

これまでの仲裁規則のなかで、この規則は最も詳細なものと思われる。これも、常設仲裁機関によらない仲裁

であるため、よるべき手続規則をなるべく詳しくすることが、当事者にとっても仲裁人にとっても適当と考えられるからである。

(ト)　法による仲裁を原則としたこと

仲裁判断において、紛争についていかなる規準で判断するかについては、大別して二つの考え方がある。一つは原則として実定法を判断の規準とするものであり、他は、当事者がとくに指定しなければ、善と衡平によるものとするものである。この仲裁規則は一九六一年の欧州条約第七条、一九六六年の欧州条約第三八条、第三九条と同様、法による仲裁を原則とし、当事者の合意があり、かつ、仲裁手続の準拠法で認めている場合にかぎり、友誼的仲裁または善と衡平にもとづく仲裁も可能であるとした。そして、法による仲裁の場合には、抵触規則(国際私法)によって準拠法を法定することを定めている。そして、準拠法については、当事者自治の原則を認め、まず当事者の指定したところにより、それが存在しないときは仲裁人が相当と考える抵触規則によって指定される法律としている。仲裁人が直接準拠法を選定するとの方法もありうるが、そのためには何らかの基準によらなければならないから、結局、紛争と関連のあるいずれかの抵触規則を考慮に入れて、紛争の実態に適用される準拠法を決定すべきものとした。

(チ)　契約の文言の重視

具体的な事案に当っては契約の文言に従って判断しなければならないが、当該取引に関する商慣習も考慮されることとし、両者を若干異って取扱うこととした。従来一九六一年の欧州条約第七条では、単に契約と商慣習とを考慮する（take account of the terms of the contract and trade usages）としているのに対し、この仲裁規則では契約の文言を商慣習に優先させている。

(リ) 仲裁の費用、費用の予納等に関して詳細な規定を設けたこと

この点も、常設仲裁機関による仲裁ではないので、予め手続規則で明確にしておくことが適当であるためである。

第四会期以降第九会期まで、とくに第八会期及び第九会期で具体的な条文の検討に参加して得た印象は、要約すると、欧米諸国及びその文化的影響下にある開発途上国の法律家、実務家にとって、仲裁とは当事者の合意を前提として行われる私的裁判手続と考えているように思われたことである。このことは、この仲裁規則の規定をみることによって容易に理解されるであろう。

三 国際商取引法委員会仲裁規則の解説

(一) 仲裁規則の適用

1 仲裁規則の適用範囲

この規則は、契約の当事者が当該契約に関する紛争を国際商取引法委員会仲裁規則（UNCITRAL Arbitration Rules）による仲裁に付託することを書面によって合意した場合に適用される。

(1) 仲裁の合意（仲裁契約）の存在

当事者間で一定の契約から生ずる紛争(dispute)を仲裁によって解決する旨の合意、すなわち仲裁契約(arbitration agreement)が存在しなければならない。この規則ではとくに仲裁契約に関する規定はないが（第二章第二節参照）、仲裁契約とは、民事または商事に関する法律上の紛争であって、通常の民事訴訟によって解決することのできるものを裁判所以外の第三者の判断に委ね、その判断を最終的なものとしてこれに服することによって紛争

を解決するとの合意と解される。このような仲裁契約は、通常、紛争発生前になされることが多いが、紛争発生後であっても差支えない。とくに仲裁契約は、主たる契約（例えば売買契約）の締結の際にあわせて締結され、契約書の中の一つの条項の形をとることが多いが、法律上はそれ自体が独立の合意とされている。[(1)] もちろん、主たる契約の締結とは別の機会に合意された仲裁契約であっても何ら差支えない。しかし、仲裁契約は特定の紛争に関するものでなければならず、当事者間で生ずる一切の紛争を仲裁で解決するとの合意は有効ではない。これらの仲裁一般に通ずる原則は、この仲裁規則においても当然の前提とされている。

当事者間の紛争の解決を第三者の判断に委ねる合意に、仲裁鑑定契約(Schiedsgutachtvertrag)と評価(appraisal)がある。仲裁鑑定契約は鑑定人に事実の存否または内容を確定させるものであり、[(2)] 評価は物の価額の評価であるから、[(3)] いずれも直接権利関係についての紛争を解決するものではない。このような合意は仲裁契約とは異る。したがって、このような合意にはこの仲裁規則は適用されない。

この仲裁規則は、仲裁契約において国際連合国際商取引法委員会仲裁規則（UNCITRAL Arbitration Rules）によるとの合意がある場合にかぎり適用される。

(2)　方　式

この仲裁規則を適用するためには、当事者間において、前述のごとき仲裁契約を書面で（in writing）しなければならない。書面によらなければならないとした理由は、仲裁契約の存否をめぐって当事者間に生ずる紛争を少くし、仲裁人の時間と労力の浪費を避けることにある。ここにいう書面の意義については、原案では通信文書(letter)、電信（telegram）及びテレックス（telex）を含むとされていた（一九五八年の外国仲裁判断の承認及び執行に関する条約第一条第二項(a)と同趣旨)が、審議の結果、とくにこのような規定を設ける必要はないとされた。実際上、多くの場合に仲裁契約は契約書の中に定型化していることが多いので、書面による仲裁契約であるかどうかについて問題となることは少ないと思われるが、問題となったときは、仲裁契約の準拠法によって判断されることとなろう。この仲裁規則では次の標準仲裁約款（model arbitration clause）を設けている。

「この契約、その違反、終了若しくはその無効又はこれらに関連するいかなる紛争、紛議、若しくは請求も国際連合国際商取引法委員会仲裁規則の現に効力を有する規定に従って解決するものとする。[4]」

なお、これとともに、仲裁人の数、仲裁人選定機関、仲裁地、用語等について予め定めておけば、仲裁手続を迅速にすすめることができるから、便利であろう。

(3)　紛争の種類、性質

この仲裁規則では、紛争の種類、性質については何ら規定していない。既に第二章で述べたように、条約や規則によっては、国際商取引から生ずる紛争（disputes arising from international trade）、取引上の紛争（business disputes）のように規定している例も少くない。しかし、そのような限定をしておくことが妥当かどうか、規定上明確な表現をすることができるかどうか（例えば「国際商取引」の概念も必ずしも一定しない）も問題であるし、また、このような規定を設けたことによって、それをめぐって争いが生ずる可能性もある。このようなことを考慮して、この仲裁規則では単に「契約に関する紛争」という表現を採った（なお、モデル仲裁約款では、「紛争、紛議、若しくは請求」という表現をとっている）。

ある紛争が仲裁契約の対象となる紛争であるかどうかは、その仲裁契約の解釈によって決定されることとなろう。もちろん、国際商取引に関する紛争の限られるものではなく、国内取引であってもさしつかえないと解される。この規則の適用される事案のほとんどは契約に関する紛争であろうが、当事者が書面によってこの仲裁規則による仲裁を合意している場合であれば、契約以外の紛争であってもこの規則を利用することは何ら差支えないように思われる。

(4)　当　事　者

この仲裁規則では、とくに仲裁手続の当事者について限定していない。したがって、自然人のみならず、すべての法人が含まれることはいうまでもないし、国家や公法人もこの仲裁規則による仲裁の当事者となりうる。仲裁が当事者の合意にもとづく紛争解決手続である以上当然であろう。また、当事者の国籍、住所、常居所（résidence habituelle, habitual residence）、営業所（place of business）などを考慮する必要はない。

(5)　仲裁契約の成立及び効力

(i)　準拠法の決定

仲裁契約の成立及び効力について、この仲裁規則では何らの規定も存在しない。したがって、仲裁契約の成立及び効力はそれぞれの準拠法によって判断することとなる。しかし、現在、仲裁契約（或は契約一般）に関する統一法はもちろん、仲裁契約の準拠法の決定に関する統一規則も未だ存在しない。また、仲裁は国家機関の行う手続ではないから、当然に仲裁地の抵触規則が適用されるとはかぎらない。そこで、どのようにして仲裁契約の準拠法を決定するかが問題となる。この問題は難しい問題であって、国際商取引法委員会における審議においても十分検討したとはいい難い。

仲裁契約の成立が問題となるのは、(イ)当事者（相手方）が仲裁契約が成立していないこと、効力を生じていないこと、或は消滅していることを理由に、仲裁裁判所において仲裁手続を許すべからざるものと主張した場合、(ロ)訴訟において被告が妨訴抗弁として仲裁契約の存在を主張した場合、(ハ)当事者の一方（とくに相手方）が仲裁手続に応じないため、仲裁手続の進行（とくに仲裁人の選任）のために裁判所に申立をする場合、(ニ)外国仲裁判断の承認及び執行の際に、仲裁契約の不成立、消滅等を理由に仲裁手続が不適法であることを主張する場合などが考えられる。

(ロ)から(ニ)までは裁判所における手続であるから、それぞれの裁判所においてその国の抵触規則による準拠法を適用して判断することとなろう。しかし、(イ)の場合には、仲裁付託を受けた仲裁裁判所（仲裁人）が仲裁手続で判断せざるをえない。一般的にいって、仲裁裁判所が仲裁地の抵触規則に従って準拠法を決定すべき場合と、仲裁裁判所が適宜の方法で準拠法を選定する場合とが考えられる。しかし、この仲裁規則の規定からは、仲裁契約の成立についていかなる規準によるべきかは明らかではない。問題解決の一つの手がかりとなるのは、この仲裁規則第三三条第一項である。それによれば、主たる契約について当事者が準拠法を指定した場合はそれにより、それ以外の場合は仲裁裁判所が相当と考える抵触規則によって準拠法を決定することとなる。ところが、仲裁契約の準拠法については各国で必ずしも考え方が一致しているわけではない。大陸法系の国においても、主として妨訴抗弁をめぐって、仲裁契約を私法上の契約とみるか訴訟法上の契約とみるかについて説が分れ、前者においては契約の準拠法決定の原則によるとされ、後者においては法廷地法によるとされている。また、英米法といっても、英法では仲裁契約についても契約全体の準拠法が適用されるとしているのに対して、米法では、当事者自治の原則が認められていないわけではないが、伝統的に法廷地法の考え方も強い[5]。わが国では法律行為の準拠法の問題とする考え方が多数説であろうが、主たる契約の準拠法であるか、独立の準拠法であるかは、必ずしもはっきりしない。してみると、仲裁裁判所がいかなる抵触規則を適当であると考えるかによって準拠法が異ってくるし、また、通常の裁判所と仲裁裁判所とで準拠法が異ってくることもありうるであろう（もちろん、仲裁契約と主たる契約とはそれぞれ独立の契約として取扱われることはいうまでもない）。

(ii)　準拠法の適用範囲

仲裁契約の準拠法は、仲裁契約の成立、効力（内容）、消滅に適用される。妨訴抗弁それ自体は仲裁契約の準拠法の問題ではなく、訴訟法（法廷地法）上の問題である。仲裁の許容性、すなわち一定の紛争が仲裁によって解決することができるかどうかは仲裁契約の準拠法による。(6)(附記)

2　仲裁規則の変更

当事者は、書面による合意によって、この規則の一部を変更することができる。

この仲裁規則は常設仲裁機関によらない仲裁であって、一般的な場合について作成された規則であるので、具体的事案に応じて当事者が規定の一部を修正し、変更することを認めた。この修正、変更は明確でなければならないので、書面によることを要するとされている（書面の意義については**1**(2)を参照）。当事者による修正、変更の例としては、仲裁人の数、仲裁人選定機関、当事者の提出する書面の提出期間などであろう。

3　仲裁規則と仲裁手続の準拠法

この仲裁規則第一条第二項では、この規則は、仲裁に適用される法の規定のうち、当事者の合意によって排除することのできない規定に抵触する場合には、その規定が優先して適用されることを定めている。ここでいう仲裁に適用される法とは、仲裁手続の準拠法をいう。また、当事者の合意によって排除することのできない規定とは、強行規定をいう。

仲裁手続の準拠法の決定については、とくに国際的な原則が確立されているわけではなく、各国の国内法によって決定される。まず、仲裁手続の準拠法は仲裁契約の準拠法と異るかが問題となる。仲裁は当事者の合意（仲裁契約)に基礎をおくものであるから、仲裁手続も仲裁契約の準拠法によるとの考え方もありうるが、仲裁に付託して紛争を解決する旨の合意と仲裁手続とは、法律的には、別の関係であって、これを牽連させなければならない理由に乏しい。仲裁が当事者の意思に基礎をおく制度であることを理由に、仲裁手続の準拠法も仲裁契約の準拠法によるとするのは、いささか観念的であって、実際の仲裁にそぐわないとのそしりを免れない。むしろ、仲裁手続を適切に行い、仲裁判断を有効に機能させるために、仲裁契約の準拠法とは異る観点から考えるべきであろう。[7]

仲裁手続を独立の法律関係としたとしても、仲裁手続の準拠法についても当事者自治の原則が認められるべきであり、それが明らかでないときは黙示の意思によるべきであるとする説が多い。[8] しかし、このような説の当否は疑問である。仲裁手続は、それが常設仲裁機関による仲裁であると個別仲裁であるとにかかわらず、仲裁地の法令(訴訟法)や裁判手続と関連し、仲裁地の手続法の援助によって仲裁手続が円滑に進行し、仲裁判断の効力もこれに依存していることが多い。したがって、原則として仲裁地法が仲裁手続の準拠法と解することが相当であろう。しかし、とくに当事者間においてそれと異る明示の合意があり、それによっても仲裁地における手続上困難を生じない場合には、当事者の指定した法律によることも可能であろう。[9](附記) 第九会期の審議の際も、仲裁手続の準拠法は仲裁契約の準拠法とは別であり、原則として仲裁地の手続法であることを前提としていた(なお、常設の仲裁機関の手続規則は、その地の手続法に矛盾しないように定められているのが普通である)。このような考え方をとると、仲裁地の決定はきわめて大きな意味をもつことになる。

仲裁手続の準拠法（the law applicable to the arbitral proceedings, arbitral procedural law）は仲裁手続の全般、すなわち仲裁の申立仲裁人の選任から仲裁判断までに適用される。

仲裁手続の準拠法とこの規則の関係に関する規定は、原案には存在しなかった。第一条第二項のような規定が設けられたのは、第九会期の審議の結果である。この規則は、当事者がこれによることを合意したときに、仲裁手続の準拠法における強行規定に反しない範囲で適用されるということは、当事者が仲裁手続に付随して手続規則の内容についてとりきめる代りに、この規則に委ねたということである。すなわち、契約における実質法的指定と類似の関係にあるとみるべきであろう。この仲裁規則と仲裁手続の準拠法が抵触することは、おそらく稀であろう。考えられるのは、当該紛争が専ら裁判所の管轄に属するとされている場合に、仲裁手続が行われたというようなときであろう。[10] 国際商事仲裁に関しては、各国とも国内仲裁とは異る取扱をするといわれているが、仲裁手続の準拠法における強行規定がこの仲裁規則の規定に優先することは当然である。

（1）これを仲裁契約（仲裁約款）の自立性（separability）という。現在では、これは当然のこととされている。
（2）仲裁鑑定契約については、小山昇・調停法・仲裁法五九頁以下参照。
（3）評価については、喜多川篤典「仲裁制度」（岩波現代法講座第五巻）二四六頁。
（4）“Any dispute, controversy or claim arising out of or relating to this contract, or the breach, termination or invalidity thereof, shall be settled by arbitration in accordance with the UNCITRAL Arbitration Rules as at present in force.”
（5）喜多川篤典「仲裁制度」（岩波講座現代法第五巻）二四八頁以下参照。
（6）川上太郎「仲裁」（国際私法講座第三巻）八五七頁参照。
（附記）筆者の現在の考え方では、仲裁による解決ができるかどうかについては、仲裁の許容性については仲裁地法、仲裁可能性については仲裁の対象となる実体関係の準拠法である。
（7）沢木敬郎「商事仲裁」（国際私法演習二二六頁）。川上教授は以前には仲裁契約の準拠法と仲裁手続の準拠法を異る法律によらしめることはできないとされていたが、その後改説された（注(6)参照）。
（8）川上太郎「仲裁」前掲八六六頁、山田鐐一＝沢木敬郎編・国際私法二五二頁など。このような考え方は、仲裁が当事者の合意（仲裁契約）に根拠を有するものであるから、当事者の意思を尊重して、当事者自治の原則に委ねることが相当であるというものである。このような考え方も成立たないわけではないが、いささか観念的であるとともに、問題を回避しているきらいがある。実際の取引では、契約の準拠法を指定することはあっても、当事者が仲裁手続の準拠法を指定することは稀有というべきであろう。したがって仲裁手続の準拠法の決定を当事者自治の原則によらしめるという考え方をとっても、直ちに解決のための手がかりとはならない。そこで黙示の意思の推定という解釈技術を用いることになろうが、それはいささか技巧的にすぎるといわざるをえない。多くの場合、仲裁地の指定をもって当事者の黙示の意思とするであろう。仲裁機関及び仲裁地の指定は、事柄の性質としては、裁判管轄に関する合意と同様のものであり、当事者の意思は仲裁手続の準拠法の指定にまで及んでいることは稀であろう。むしろ、当事者の「黙示の意思」があるかどうかも疑問ではなかろうか。したがって、むしろ、仲裁手続の準拠法は当事者自治の原則によらないとするほうが妥当ではないかとも思われる（拙稿「信用状法律関係の準拠法と信用状条件変更の成否」金融法務事情八七八号四頁参照）。仲裁手続の運用上の必要、その他の利益を考慮してみると、仲裁地の法律を仲裁手続の準拠法とすることが適当と考えられる。

（9） 同旨Pieter Sanders, Commentary on UNCITRAL Arbitration Rules, YEAR BOOK Commercial Arbitration vol. II, 1977, pp. 195-6.

（附記） 筆者の現在の考え方は仲裁手続の準拠法は仲裁地法によるべきであり、当事者による指定を認めない（第三章「**7**仲裁手続の準拠法」参照）。

（10） Sanders, op. cit., p. 179.

(二) 通　則

1 通知の効力の発生

(1) 通知の宛先

この規則では、一切の通知は名宛人に直接交付したとき、またはその常居所(habitual residence)、営業所(place of business) もしくは郵送先 (mailing address) のいずれかに宛ててしなければならない。調査してもこれらの送付先が明らかでない場合には、知りえた最後の居所 (last known residence) もしくは営業所に宛てることで足りる。

(2) 通知の効力の発生

通知は、それが到達した日に受領されたものとされる。すなわち到達主義である。

2 期間の計算（第二条二項）

この規則における期間の計算は、通知を受領した翌日から起算される。いわゆる初日不算入である。期間の末日が公の休日または取引の行われない日であれば、その日以後の最初の取引日に満了する（期間中の休日等はとくに考慮されない）。この規則で定める期間は一五日、三〇日、四五日、六〇日であるから、とくに暦に従った期間の計算をする必要はない。

3 代理及び補佐（第四条）

当事者はこの規則で定める行為を、自己が任意に選任した者に代理 (represent) させ、または補佐 (assist) させることができる。代理人及び補佐人の氏名、住所は相手方に通知しなければならない。これにより、相手方は代理人に通知することによって本人に通知したものとすることができる。このようなことは当然のことであるが、手続規則としては欠くことができない。

代理人、補佐人の資格についてはこの仲裁規則ではとくに定めていない。

(三) 仲裁の付託（仲裁手続の開始）

1 仲裁の付託（第三条第一項）

紛争を仲裁によって解決しようとする当事者（申立人）(claimant) は、予め存在する仲裁契約にもとづいて、相手方に対して、紛争を仲裁に付託する旨の通知 (notice of arbitration) をしなければならない。

常設の仲裁機関を利用する場合には、仲裁の申立人は、その仲裁機関の定める手続規則或はその他の一定の規則に従った仲裁申立書 (statement of claim) をその機関に提出することになる。これを仲裁機関による仲裁 (administered arbitration) という。これに対して、仲裁機関によらず、そのときの必要に応じて仲裁人を選任して行う仲裁を仲裁機関を利用しない仲裁 (ad hoc or non-administered arbitration) という。後者の場合は仲裁機関もなく、また未だ仲裁人も選任されていないから、申立人は相手方に対して仲裁に付託することを通知し、そのうえで仲裁人を選任して手続をすすめるほかはない。すなわち、仲裁付託の通知が必要となる。第三条はこれを規定したものである。仲裁付託の通知ののちに、仲裁人選任手続が行われることとなる。

2 仲裁手続の開始（第三条第二項）

仲裁手続は、仲裁付託の通知が到達した翌日から開始するものとみなされる。その趣旨は、要するに、その日以後当事者はこの仲裁規則に従って手続をすすめることができるということにある。仲裁付託によって契約その他実体上の権利義務にどのような影響を及ぼすかは、それぞれの権利の準拠法によることはいうまでもないであろう。

3　仲裁付託の通知の記載事項

(1)　仲裁付託の通知には、当事者を特定し(b)、紛争の所在、請求の性質及び求める救済措置、並びに、仲裁契約の存在を示して(c)―(f)、その紛争を仲裁に付託して解決する旨を記載しなければならない。

(2)　もちろん、手続の迅速の要請から、仲裁付託の通知の中に、仲裁申立書（statement of claim 訴訟における訴状に相当する）に記載すべき事項を記載しておくことはさしつかえない。この場合には、あらためて申立書を提出する必要はない。しかし、実際には、申立書の部分を独立したものとして、別紙の形式で添付して提出することが適当であろう。

(3)　仲裁人の数については必ず記載することを要する（第三項(g)）。また、仲裁人の選定手続もあわせて行うことができる。すなわち、一人の仲裁人による場合には、申立人の選定した仲裁人を記載し、それが合意されないことを考慮して、仲裁人選定機関を記載するとか、三人の仲裁人による場合には、申立人の選定する一人の仲裁人を記載することができる。

(四)　仲裁裁判所の構成（仲裁人の選任）

この規則は常設仲裁機関によらない仲裁（ad hoc or non-administered arbitration）に関するものであるため、仲裁人の選定に関して多くの規定を設けている。

1　仲裁人の数

(1)　当事者は仲裁人の数について、予め一人または三人に合意しておくことができる。一人または三人以外の合意は許されない。そのような合意をしても、合意がないものと扱われることになろう。

(2)　仲裁人の数についての合意がない場合でも、仲裁付託の通知の受領後一五日以内に仲裁人を一人とすることに合意することができる。一人とすることの合意が成立しないときは、仲裁人は三人となる（第五条）。

2　仲裁人の選定

(1)　仲裁人が一人の場合

(i)　仲裁人となるべき一人または二人以上の候補者を提示し、そのうちの一人に決定すれば、その者が仲裁人に選任される（第六条一(a)）。

(ii)　仲裁人の選定に関して合意に達しない場合には、

(イ)　当事者間で合意する選定機関（appointing authority）が仲裁人を選定する（第六条第二項）。

(ロ)　当事者間で選定機関について合意のないとき、または選定機関が選定を行うことをしない（選定を拒否し、或は六〇日間に選定しない）ときは、当事者はハーグ常設仲裁裁判所（The Permanent Court of Arbitration）の事務局長に選定機関の指定を要請することができる（第六条第二項）。選定機関が定められた場合には、いずれか一方の当事者の要請で、一人の仲裁人を選定することができる。その方法は原則として三人の氏名を掲げる名簿を各当事者に送付し、各当事者は適当でないと考える者があれば、その名を削り、その他の者について順位を付して返送する。選定機関は優先順位に従って仲裁人を選定することとなる（第六条第三項(a)—(c)）。もっとも、論理的にいえば、この方法で必ず仲裁人が決定されるとはかぎらない。また、選定機関の裁量で選定することもありうる（第六条第三項(d)）。

選定機関は、仲裁人の独立性、公正、国籍等について考慮しなければならない（第六条第四項）。

(2)　仲裁人が三人の場合

(i)　各当事者がそれぞれ一名づつ仲裁人を選定し、この二人の仲裁人が、仲裁裁判長となる三人目の仲裁人を選定する（第七条第一項）。

(ii)　一方の当事者が仲裁人の選定をしない場合には、

(イ)　当事者間で合意した選定機関が仲裁人を選定する（第七条第二項(a)）。

(ロ)　当事者間で選定機関についての合意がないとき、または選定機関が選定を行わないときは、ハーグ常設仲裁裁判所事務局長に選定機関の指定を要請することができる。選定機関が定められた場合には、その選定機関はいずれか一方の当事者の要請で、仲裁人を選定する（第七条第二項(b)）。

(iii)　第三の仲裁人の選任について二人の仲裁人の間で合意に達しない場合には、第六条に規定する方法により、選定機関が選定する（第七条第三項）。要するに二人の仲裁人間において単独の仲裁人を選定するのと同じ手続を行う。

(3)　選定機関が仲裁人を選定するに際しては、仲裁付託の通知書その他選定のために必要とみとめられる書類を送付して、適当な仲裁人の選定のための参考とさせなくてはならない。また、仲裁人の氏名、住所、国籍、資格についても明示しなければならない。

3　仲裁人契約

この仲裁規則では、仲裁人に選定されたことによって、当然に仲裁人としての権利義務が生ずるかどうか、いいかえれば仲裁人に就任したことになるかどうかは、必ずしも明らかではない。少くとも、選定された者が仲裁人となることを同意してはじめて仲裁人に就任する。それゆえ、仲裁人の選定と就任とは区別して考えなければならない。このことは仲裁人の選定の方法のいかんによらない。したがって、単に仲裁人となるべき者を選ぶ場合は、「選定」の語を用い、仲裁人に就任した場合には「選任」という語を用いることとした。

仲裁人の就任は、当事者と仲裁人の間の契約（仲裁人契約）にもとづくものである。この点が常設の仲裁機関による仲裁と、個別仲裁とで異る。前者では仲裁機関と仲裁人の契約とであるのに対して、後者では当事者と仲裁人の契約である。仲裁人契約は、いずれの場合でも、委任契約である。仲裁人契約では、一定の紛争について仲裁人となること、手続はこの仲裁規則によること、報酬等について定めることとなろう。

4 仲裁人の忌避

(1) 仲裁人の事情の開示

仲裁人は独立かつ偏らないことが要求される。公正（impartial）かつ独立（independent）な第三者による判断が仲裁の根本であるからである。そのためには、仲裁人の候補者は、選任しようとする者に、自己の公正と独立(independence and impartiality) を疑わしめる一切の事情を開示（disclose）しなければならない。また、仲裁人に選任されたときも同様である（第九条）。

(2) 忌避事由

(i) 仲裁人にその公正または独立であることについて、理由のある疑いを生ぜしめる事情の存在することである（第一〇条第一項）。

(ii) しかし、仲裁人の選任に際して既に当事者がそのような事情を知っていたときは、公平の見地からみて、選任した当事者に仲裁人忌避権を認めることは相当ではない。したがって、選任した当事者は、選任の後に知ることとなった事実のみを理由として、自己が選任した仲裁人を忌避することができる（第一〇条第二項）。もちろん、相手方の選任した仲裁人については、このような制限はない。

(3)　忌避の通知

当事者は、仲裁人選任の通知を受けた後一五日以内に、または(2)で述べたような事情を知った後一五日以内に、相手方、当該仲裁人及び他の仲裁人に対して、書面で忌避の通知を行う。その際に、忌避の理由もあわせて述べなければならない。忌避の理由となる事情を知った後、仲裁人の職務開始の前後にかかわらず、仲裁手続終了前であれば、何時でも忌避の通知をすることができる（第一一条第一項及び第二項）。

(4)　手続からの排除

(i)　仲裁人について忌避の通知がなされた場合に、相手が忌避に同意し、または仲裁人が辞任したときは、その仲裁人は当然に仲裁手続から排除される。しかし、そのことによって、忌避の理由に根拠のあることを認めたものとはならない（第一一条第三項）。

(ii)　それ以外の場合には、忌避の理由があるかどうかは次の選定機関が判断する（第一二条第一項）。

(a)　選定した選定機関

(b)　予め合意されていた選定機関

(c)　(a)、(b)以外で第六条の規定に従って指定された選定機関

(5)　新たな仲裁人の選定

(i)　相手方が忌避に同意し、または仲裁人が辞任した場合は、第六条及び第七条に規定する仲裁人選定手続による。

(ii)　選定機関が忌避を理由ありとみとめた場合は、選定機関が第六条から第九条までの規定の手続に従って選出する（第一二条第二項）。

(6)　仲裁人の補充

(i)　仲裁手続の継続中に仲裁人が死亡し、または辞任した場合には、第六条から第九条までの規定に従い、新たに仲裁人を選任する。すなわち、通常の選任手続と同じである。いかなる場合に仲裁人の辞任が認められるかは、規定上明らかでない。仲裁人の辞任は、忌避された場合に限られるわけではなく、要するに仲裁人契約上の問題である。契約に定めがあればともかく、正当な理由なくして辞任することによって当事者に著しく利益を及ぼしたときは、辞任の趣旨に反することもありうる（第一三条第一項）。

(ii)　仲裁人がその職務を遂行せず、または法律上もしくは事実上遂行できない場合には、第九条から第一二条までの規定によって、忌避の場合に準じて、新たな仲裁人を補充する（第一三条第二項）。事実上の障害とは、内乱、戦争による交通杜絶、仲裁人の身心の故障などの場合をいい、法律上の障害とは、仲裁人が行為能力を喪失した場合などがこれに相当するであろう。

㈤　仲　裁　手　続

仲裁手続は、仲裁判断のために仲裁人または仲裁裁判所の主宰のもとに行われる手続であって、仲裁の申立から仲裁判断までをいう。仲裁手続は訴訟と同様、大別して当事者の主張に関する部分と立証に関する部分があるが、この規則においてはとくに両者を厳密に区別することなく、あわせて審問（hearings）と表現している。

1　仲裁手続に関する通則

(1)　手続における公平

仲裁は、当事者が仲裁人の能力識見を信頼して紛争の解決を委ねるものであるから、詳細な手続規定はとくに必要ではないともいいうる。仲裁手続において重要なことは、仲裁人自身が公正であるとともに、実際に公正な取扱をすることにある。実質的に公正であっても、外観上公正を疑われるような行動は好ましくない。このことをとくに述べた規定はないが、仲裁本来の趣旨や第九条、第一五条第一項の規定の趣旨からみて、当然のことであろう。仲裁人に要求されるものは、仲裁人が当事者に対して公正であり、当事者から独立であることである。単独の仲裁人については当然のことであるが、三人の仲裁人についても同様である。各当事者が選定する仲裁人は、往々にして当事者の利益を代弁するかのように思われることもないではないが、それは正当ではない。

仲裁裁判所（仲裁人）はこの規則に従わなければならない。この規則に定めてない事柄については、仲裁裁判所が相当と認める方法で手続を行うことができる。しかし、それは公平でなければならない。したがって、常に当事者を公平に扱い、できるだけその主張を述べる機会を与えなければならない（第一五条第一項）。その一つとして、仲裁裁判所は仲裁手続のいかなる段階においても、当事者の主張、立証の申出があれば、審問手続を行わなければならないとされている。

(2)　手　続

仲裁手続は、とくにこの規則を修正、変更する合意がないかぎり、この規則に従う（第一条第二項）。一般に仲裁では、手続は訴訟のような形式的厳格性は要求されず、適宜の方法でよいとされている。しかし、手続の運用は、当事者の信頼を保持するためにも、また民事訴訟手続が永年にわたる法律家の経験の蓄積ということからみても、一般にいわれているより以上、手続はできるだけ規則に沿って正確に運用されることが望ましい。

手続の違法のうち、適宜是正することができるものと、違法であっても手続全体に影響するものとそうでないものとがある。前者には責問権の放棄が適用されるし、仲裁手続外で争うことはできない。しかし、後者は仲裁手続の準拠法によって通常裁判所の判断を是正する措置（例えば、仲裁判断取消の訴など）によるほかはない。

(3)　仲　裁　地

仲裁地（place of arbitration）とは仲裁手続が行われる地をいう[1]。特定に地点ではなく、社会通念からみてある範囲の地域（例えば、東京、ニューヨーク、ロンドン等）が示されていることで足りる。この規則では、仲裁地は次のようにして決定される。

(イ)　まず、仲裁地について当事者間に合意がある場合には、それに従う。多くの場合、当事者は、特定の仲裁機関の存在する場所を指定するだけであろうがそれによって仲裁地を選択したこととなろう（例えば、London Court of Arbitration, American Arbitration Association, International Chamber of commerce等によるときは、それぞれロンドン、ニューヨーク、パリとなる）。この合意は事前でも事後でもよい。当事者の合意による以上、社会通念上奇異に感ぜられる地となることはほとんど考えられないが、およそ仲裁に不適当な地であるとか、いずれかの当事者に著しく不利益な地の指定がなされたときは、その効力が直ちにみとめられることになるかどうか疑問とされる場合もあろう。仲裁約款は売買契約等に付随して締結され、往々にしてそれのみについて交渉の行われる余地はないからである（このことは経済的に優越する当事者の用いる契約書式等の記載による場合に多い）。

(ロ)　当事者の合意のない場合には、仲裁裁判所が決定する。仲裁裁判所は、紛争に関する事情を考慮して、決定しなければならない。その事情とは、当事者の便宜（そのために要する費用等を含む）、紛争との関連性（取引の場所、証人の便宜等）、仲裁手続遂行上の便宜などを総合して判断することとなろう。

仲裁裁判所が仲裁地を決定するまでは、当事者は仲裁地について合意することができるが、仲裁裁判所が決定したときは、もはや当事者による合意の余地はないと解される。仲裁裁判所は、合理的な理由があるときは、自己のなした仲裁地に関する決定を変更することは可能であろう。仲裁地の決定は単なる手続上の便宜ではなく、仲裁手続を行うための前提要件であるから、仲裁裁判所は多数意見で決定すべきであって、仲裁裁判長の権限ではないと解すべきである。

仲裁裁判所は、具体的な仲裁手続を行う場所を決定することができる。この場所は具体的な仲裁手続が行われるところであって、仲裁地とは異る。第一六条第二項第一文は「当事者の合意した国において」とあるが、これは第一項との関連において当事者が仲裁地を合意した場合についての表現であって、当事者の合意によらず、仲裁裁判所が仲裁地を決定した場合でも、仲裁裁判所が仲裁の場所を決定することができると考えられる。

仲裁裁判所が証人、鑑定人或は当事者を尋問し、書証や証拠物を検証するために、適宜の場所を指定できることはいうまでもない（第二項第二文、第三項）。また、仲裁人の評議についても、適宜の場所で行うことができる（第二項第二文）。

仲裁人判断は、仲裁地において行わなければならない。

仲裁地は、法律的にいくつかの意味を有する。仲裁手続、ことに仲裁判断は仲裁地において行わなければならない。仲裁手続の準拠法は、原則として、仲裁地の法律であって、第一条第二項に規定するように、当事者がこの規則によることを合意した場合であっても、仲裁手続の準拠法のうちの強行規定は適用されることになる。このことは外国仲裁判断の承認の際に意味をもってくる。(2) 一九五八年の外国仲裁判断の承認及び執行に関する条約では、外国仲裁判断の承認の要件として、仲裁手続が当事者の合意にしたがって行われたこと、または仲裁が行われた国の法令に従っていることを要すると規定している（第五条第一項(d)）。仲裁が終局的であり、当事者を拘束するかどうかも仲裁地の手続法によって決定される。

(4) 仲裁の用語（第一七条）

国際的仲裁では当事者が通常用いる言語が異ることが多いので、まず用語（用いる言語）を定めておく必要がある。

(イ) 用語は当事者の合意がればそれに従う。この場合には、仲裁人がその言語について十分な能力があるかどうかは、とくに考慮されてはいない（当事者の用語を理解しえない仲裁人を選任することはまず考えられないであろう）。

(ロ) 当事者の合意がない場合には、仲裁裁判所が決定する。用語は二以上であってもさしつかえない。用語の決定は手続事項であるから、裁判長が決定できると解する説もあるが、これは疑問である。むしろ仲裁裁判所として決定すべきではなかろうか。この用語はその後の手続全体を通じて用いられる。すなわち、当事者の書面による主張はもちろん、口頭の陳述もこの用語で行われる。それ以外の言語を用いた文書には訳文の添付を命ずることができるし（第一七条第二項）、証人の証言、鑑定人の陳述についても翻訳させることができるであろう。この規則の規定からは、証人、鑑定人について翻訳が必要的であるかどうかははっきりしない。これを必要的とする規定を設けるほうが適当ではないかと思われるが、仲裁裁判所の裁量に委ねたものとも解される。

(5) 仲裁費用の予納

仲裁は、国家が設ける裁判所の手続と異り、その運用のための費用は当事者によって支出される。このことは、既存の仲裁機関による仲裁の場合であっても、個別の仲裁の場合であっても同じことである。したがって、仲裁人を選任して仲裁手続をすすめるに当っては、当事者は予めそのための費用を拠出しておく必要がある。

このため、この規則では、仲裁裁判所は、当事者に対してそれが構成されたのち、直ちに、(a)各仲裁人及び仲裁裁判所の手数料、(b)仲裁人の旅費その他の費用及び(c)仲裁人が鑑定または補助に要する費用に相当する金額の予納（deposit of costs）を命ずることができる（第四一条第一項。なお、これらの金額の決定は第三八条、第三九条による）。また、仲裁手続を行っているうちにその必要が生じたときは、追加して予納を命ずることができる（第四一条第二項）。

予納命令受領後三〇日以内に費用の予納のないときは、そのことを当事者に通知し、それでも予納が行われないときは、仲裁裁判所は仲裁手続の停止または終了の決定をすることができる（第四一条第四項）。訴訟のように送達費用、証人に要する費用等の予納はとくに必要とはされていない。

予納命令は、いずれか一方、とくに申立人に対して発せられることが多いと思われるが、事情によっては双方に分担させることも可能であろう。また一方の当事者に対して予納命令が発せられたが、その当事者がその命令に応じないときに、他方の当事者が代って予納することも、第四一条第四項の規定からは可能と解されるのではなかろうか。そうすれば、手続の続行を希望する当事者が予納することによって、手続を停止または終了させないで済むこととなろう。

(6)　仲裁裁判所の評決

仲裁裁判所が三人の仲裁人で構成されているときは、原則として、仲裁裁判所の意思は仲裁人の過半数の意見による（第三一条第一項）。

手続問題については、過半数が得られない場合または仲裁裁判所がその権限を与えた場合には、裁判長が決定することができる（第三一条第二項前段）。何が手続問題であるかは一概にいうことはできないが、一般に弁論、証拠調の指揮に関する事項がこれに属すると考えられる。仲裁地、仲裁の場所、用語の決定、仲裁裁判所の管轄権に関する判断、中間措置、全部または一部の仲裁判断などは重要な事項であって、手続問題ということはできないであろう。

2　当事者の申立及び主張

(1)　仲裁申立

申立人は、仲裁裁判所の定める期間内に仲裁申立書（statement of claim）[3]を提出しなければならない。仲裁申立書には次の事項を記載しなければならない。

(a)　当事者の氏名及び住所

(b)　請求の根拠となる事実

(c)　争　点

(d)　求める救済措置

(a)は当事者の特定と、その後の通知等の手続のために必要なことはいうまでもない。(b)はいわば請求の原因であり、(b)と(c)とによって紛争の状況が相当程度まで示されることになる。(d)は当事者の求める仲裁判断の内容である。

この申立書には、当該紛争と仲裁契約との関係を明らかにする必要があるので、仲裁契約を記載した書面(第一条第一項)を添付することが要求されている。なお、申立人は関連があると思われる文書を添付し、また後に提出する予定の文書その他の証拠を掲げることもできる。上記(a)から(d)までが仲裁付託の通知の中に記載されている場合には、あらためて仲裁申立書を提出する必要はない。

仲裁において申立人が求める救済措置は訴訟における請求の趣旨の場合とほぼ同様のことが多いであろうが、

とくに制約があるわけではない。しかし、いずれも権利義務に関する紛争ではあるし、後に仲裁判断の執行の必要のあることを考えると、多くの場合は訴訟も仲裁も同様であろう。仲裁裁判所は、訴訟と異り、もちろん当事者の求める救済措置に拘束されるものではない。したがって将来に向けての、相当と考える判断をすることもできる。

当事者は時機に遅れ、或は手続を著しく遅滞せしめないときは、仲裁申立の変更(amend)をすることが可能であろう。もちろん仲裁契約の対象となった紛争に限定されることはいうまでもない。また、紛争の実質的な解決になるかどうか(例えば、強制執行の可否など)という観点から、申立における当事者適格、申立の利益などは、仲裁判断においても、考慮されることになろう。請求の根拠となる事実の記載は、紛争を特定するに足るものでなくてはならない。

(2)　答　弁　(statement of defence)

仲裁申立書を受領した相手方は、仲裁裁判所の定める期間内に、書面により、申立書記載の請求の根拠となる事実、争点、求める救済措置について答弁しなければならない。この答弁書には、それに記載された答弁及び抗弁を裏付ける文書を添付し、また後に提出する予定の文書その他の証拠を掲げることができる。

当事者間に争いのない事実について証拠調を要しないかどうかは、規定上明らかではない。多くの場合には、仲裁裁判所はとくに証拠調を要しないものとして扱うであろうし、とくにこの規則にはそのような取扱いを妨げる規定はない。

(3)　反対請求と相殺

相手方は答弁書またはその後の書面において、申立人に対して、申立書に記載された契約から生ずる反対請求を行い、またはその契約から生ずる自己の請求権にもとづいて相殺を主張することができる。これらの反対請求(counter-claim)及び相殺(set-off)は、それ自体一つの申立と同様であるから、その申立及び主張については、申立書の記載に関する規定が準用される（第一九条第三項、第四項）。

仲裁は仲裁契約にもとづいて行われる手続であるから、仲裁契約の範囲外の紛争や請求を、その仲裁手続で判断することはできない。したがって、反対請求も相殺も、その仲裁の対象となる紛争の生じた契約にもとづくものでなければ、同一の仲裁手続でとり上げることはできない。そうでなければ、一つの紛争が仲裁に付託されたことにより、仲裁契約の存在しない別の紛争も仲裁に付託される結果を生じ、仲裁本来の趣旨に反する結果となるからである。もちろん、既に確定している場合、訴訟や他の仲裁手続に係属している場合には反対請求や相殺の抗弁は許されない。根拠となる仲裁の合意が異る場合においても、訴訟と異り、既に係属中の仲裁手続で、反対請求や相殺を主張することは許されない。その必要があれば、別の仲裁手続によってその権利を主張すべきである。

相殺の抗弁は申立人の金銭の支払請求に対して対当額で相殺するとの主張であるのに対して、反対請求は独立の申立であって金銭の支払に限られるものではないし、申立人の申立が取下られても影響を受けなくなることなく、独立した申立として仲裁手続が行われることになる。

なお、申立にかかる紛争とは異る紛争にもとづく相手方からの仲裁申立、したがって仲裁契約も異る場合には、ここにいう反対請求ではなく、同一当事者における別の仲裁の申立というべきである。このような申立は別個の独立した仲裁の申立であるから、たまたま当事者が同一であるからといって、当然に同一の仲裁手続で行われるものではない。仲裁人もそれぞれ独立した手続で選任し、手続も原則として別に行われる。例外的に、仲裁裁判所の構成が同一であり、しかも仲裁裁判所が事案の内容、手続の進行の程度等を勘案して両者を併合することを相当と認めたときは、同一手続で行われることもありうるというにすぎない。

反対請求の申立及び相殺の主張は、原則として答弁書ですべきものとされている。これは手続をすみやかにすすめ、証拠調における重複を避けるための考慮によるものである。しかし、それ以後に申立てられ或は主張されても、それに理由があると仲裁裁判所が認めるときは、さしつかえない。

反対請求の申立及び相殺の主張に対しては、申立人は当然に答弁し、反論する機会を与えられる。

(4)　申立、答弁の変更

いずれの当事者も、仲裁手続中、その主張及び答弁を変更し、補足することができる。ただし、仲裁裁判所がその変更が時機に遅れたものであること、またはその他の事情に照してその変更を相当と認めないときは、変更することができない。したがって、仲裁裁判所が変更をみとめるかどうかを決定する。

また、変更したことにより、それが仲裁契約の範囲から外れる場合には、変更は許されない。これは既に述べたように、仲裁契約が存在しないにもかかわらず、仲裁に付託されたと同じ結果を生ずるからである。この場合は第二〇条前段の場合とは異り、仲裁裁判所に裁量の余地はない。これを見過してなされた仲裁判断に対しては、仲裁判断取消の訴或は執行判決等でこの点を争うことができるであろう。しかし、これを仲裁裁判所の権限外とした判断については、当事者（申立人）は他に争う方法はない（なお第二一条参照）。

(5)　仲裁裁判所の釈明を求める権限

仲裁裁判所は、申立書、答弁書のほか当事者に対して更に書面の提出を求め、または当事者の提出しうる書面を定め、その期間を定める（第二二条）。

やや複雑な事案では中立書、答弁書のみでは紛争の実情は必ずしも明らかではなく、何回か当事者間で書面を交換することによって、主張が整理され、争点が絞られてくるのであるから、この規則の規定はいささか簡単にすぎるといわざるをえない。もっとも主張の整理は、仲裁裁判所が適宜の方法ですすめることができるので、とくに規定をまつまでもないともいえよう。ともかくこの規定を活用し、仲裁裁判所はとくに審問期日を開かないでも、事実上、法律上の事項に関して当事者の主張を促し、当事者に釈明を求めて手続をすすめることも可能であろう。

書面提出の期間は、原則として四五日以内とする。正当な理由があるときは、その期間を延長することができる（第二三条）。

(6)　仲裁裁判所の権限に関する抗弁

当事者間で、一定の契約から生ずる紛争またはその契約に関連する紛争を仲裁に付託することの合意がある場合に、その仲裁は適法であり、仲裁裁判所または仲裁人は仲裁手続を主宰する権限を有することになる（第一条第一項、第三条第二項）。このような仲裁人の権限（competence）をこの規則では管轄権（jurisdiction）と称しているが、この管轄権は、いうまでもなく、当該紛争が仲裁契約の対象となる紛争であるかどうかということである。すなわち、仲裁契約が有効であるかどうかということと、紛争が仲裁契約の対象であるかどうかという二つの問題がある。

仲裁契約が有効であるかどうかの問題は、契約の成立要件及び有効要件の問題である。例えば、意思表示が存在したかどうか、合意が存在したかどうか、意思表示に瑕疵があるかどうか、契約が消滅しているかどうか（解除契約、主たる契約の消滅、目的の到達、目的到達の不能など）がこれに属する。これらはいずれも仲裁契約の準拠法によって判断さるべき事柄である。

次に紛争が仲裁契約の対象であるかどうかは、もっぱら仲裁契約の解釈の問題である。このような仲裁契約は紛争解決方法の選定のための契約であるから、当事者間の経済的目的を達するための主たる契約とは別個の契約といわざるをえない。形式的にも、仲裁契約が主たる契約とは別の契約の形をとっているならば問題はない。しかし、仲裁契約が主たる契約の一部を構成する場合であっても、仲裁条項は主たる契約の他の条項とは別個の合意として取扱うことが相当である。これは各国において一般的に承認されている原則(separability doctrine)である。したがって主たる契約が無効と判断されても、仲裁契約までが法律上当然に無効とされるものではない(第二一条第二項はこの趣旨を明文で規定したものである。類似の例としては一九六一年の欧州条約第五条第三項、一九六六年の欧州条約第一八条第二項)。なお、この問題と、仲裁契約の準拠法と主たる契約の準拠法とが同じかどうかとは、別の問題である。

仲裁裁判所または仲裁人は、自己が権限を有するかどうか、その範囲、内容について判断する権限を有する。仲裁人は仲裁契約にもとづいて選任されるのであるから、仲裁契約の成立（formation）、その有効性（vilidity）の判断はすることができないのではないかという理由で、この問題はかって議論された(これがいわゆるKompetenz-Kompetenzの問題である)。しかし、現在では仲裁裁判所の権限についても仲裁裁判所が判断することができるという考え方が一般的である。この規則においても、仲裁裁判所が自己の権限について判断することができるとしている(第二一条第一項)。仲裁裁判所が権限なしと判断したときは直ちに手続を終了(例えば、申立却下など)することになるし、権限ありと判断したときはそのまま手続を続行することができる。これに不服があるときは、仲裁手続不許の訴、仲裁判断取消の訴、執行判決を求める訴での抗弁などの方法で不服を申立てることができる。

他方、権限なしとした判断に不服があっても、それ自体を争う方法はとくになく、当事者は紛争をあらためて仲裁に付託するか、或は訴訟を提起するほかはない。

当事者（相手方）は仲裁裁判所または仲裁人が権限を有しない旨の抗弁を主張することができる。この抗弁は、仲裁の申立に対しては、遅くとも答弁書において、また反対請求に対しては、それに関する答弁書において主張しなければならない（第二一条第三項）。原案では、抗弁の主張が遅れたときでも、その遅延に理由がありとみとめられるときは、この抗弁をとりあげることができるとの規定があったが、これは第八会期において相当でないとして削除された。この抗弁は仲裁手続をすすめる前提に関するものであるので、なるべく早い時期に判断する必要があるからである。もちろん、仲裁裁判所は職権で判断しなければならない。仲裁裁判所は、原則として、権限の有無を先決問題としてとりあげ判断しなければならない（第二一条第四項）。これは中間判断の形で示すことができる。仲裁裁判所が権限を有すると考えた場合には、とくに中間判断をしないで、終局判断で実体に関する判断とあわせて示すこともできる。また、適切な措置かどうかは別として、終局判断で権限のないことを示しても違法ではないであろう（同上）。

当事者の一方、とくに相手方が仲裁契約の存在及び有効性を争い、或は紛争がその仲裁契約の対象であることをいうときは、仲裁人の選任手続に応じないこともありうる。このような場合でも、この手続規則の定めるところにより、仲裁人は選任される。また、相手方は、このような場合であっても、仲裁人の選任に応ずることもありうる（これは自己の主張（抗弁）を認めてもらう必要もあるためである）。したがって、このことをもって直ちに仲裁裁判所または仲裁人の権限に属しないとの抗弁を放棄したものということはできないであろう。

なお、仲裁裁判所または仲裁人が付託された範囲を越えて権限を行使した場合には、仲裁手続の準拠法の定める不服申立及び是正措置（仲裁判断取消の訴等）によることとなろう。

3　審問手続

(1)　概　説

この規則では、当事者の申立、主張、立証を仲裁裁判所の指定する場所及び期日に行うことを審問（hearings）と称している。簡単にいえば、当事者が紛争についてその言分を述べ、証拠を提出し、証人、鑑定人、本人を尋問することを審問という（訴訟の例でいうならば、口頭弁論と証拠調の両者の性質をもつ手続と考えられる）。しかし、当事者が書面でその主張を提出した場合に、とくに審問期日に陳述した形をとらなければならないものとはされていない。したがって、厳格な弁論主義ではないようである。仲裁人または仲裁裁判所が紛争について判断するには、まず、その実情を知ることが必要であり、そのためには主張、立証をあえて厳密に区別するほどの必要もないからであろう。ともかく、当事者の主張は書面または審問期日の陳述によるから、他方の当事者の知らないうちに主張がなされるということはまずありえない。しかし、証拠調が適宜の方法で行われることは、当事者に反証の機会を失わせ、仲裁裁判所が適確に証拠を評価することができなくなるおそれが生ずるので、このようなことのないように手続を運用することが好ましい。

審問は、当事者が別段の合意をしないかぎり、公開しない（審問の非公開。第二五条第四項）。

(2)　当事者の立証責任

当事者は自己の主張（請求の原因、抗弁等）の根拠となる事実を立証する責任を負う（第二四条第一項）。この規定は当初の案にはなく、第八会期で加えられた。この規定の趣旨は証拠の収集及び提出は、原則として当事者の責任であって、仲裁裁判所は職権によって証拠を収集する義務を負わないということである。また、このことは、立証が十分でないときは挙証責任の原則に従って、いずれかの当事者が不利益を受けることをも間接的に意味している。挙証責任の分配は、紛争の実体の準拠法、すなわち当該権利関係のもとになる契約の準拠法による（もっとも、挙証責任を手続法の問題とする国では、仲裁手続の準拠法によることとなろう）。

(3) 仲裁裁判所の権限

仲裁裁判所は当事者を公平に扱わなければならず、また、いかなる段階でも、当事者の申立があったときは、係争事実に関し、主張、立証のために審問手続を行わなければならない（第一五条第二項）。仲裁裁判所は適当と認めるときは、係争事実に関し、当事者が提出する文書、その他の証拠の概要を記載した書面の提出を求めることができる（第二四条第二項）。また、仲裁裁判所は、仲裁手続中、いつでも当事者に文書、物件その他の証拠の提出を求めることができる。このようにして、仲裁裁判所は積極的に仲裁手続をするめることができる（同条第三項）。しかし、仲裁裁判所は国家機関ではないから、証人、鑑定人、当事者に出頭を命ずること、拘引し、或は宣誓させること、文書の提出を命ずること、外国における送達の嘱託、官公署への調査の嘱託などは行うことはできない。

(4) 証拠に関する法則

この規則では証拠法則については何ら定めていない。世界的なモデル・ルールとしてのこの規則の性質から、証拠法則を設けることは極めて困難であろう（とくにラテン・アメリカ諸国から特定の証拠法則による拘束をうけないようにすることが好ましいと主張された）。しかし、仲裁裁判所は証拠の許容性、関連性については判断することはさしつかえないと解される。判断の規準は条理であろう。証拠の評価は仲裁裁判所の自由な心証による（文書の成立等についても自由な心証による）。

(5)　審問期日の指定

仲裁裁判所は、審問の日時及び場所について、予め十分な余裕をもって当事者に通知しなければならない（第二五条第一項）。

(6)　証人尋問

当事者が証人尋問を求めるときは、審問期日の遅くとも一五日前までに、証人の氏名、住所、言語及び立証趣旨を明らかにして、その申請をしなければならない（同条第二項）。

仲裁裁判所が必要と認めたとき、または当事者が遅くとも一五日前までに通知したときは、仲裁裁判所は翻訳し、記録するための措置をとらなければならない（同条第三項）。

証人尋問の順序、方法は仲裁裁判所の指揮に委ねられている（例えば、仲裁人が主として尋問し、当事者が補充する方法（大陸型）か、当事者の交互尋問を原則とするか（英米型）等にとらわれる必要はない）。証人尋問中は、他人の在廷を許さないこともできる（同条第四項）。

証言は、やむをえない場合には、書面によって提出することができる（同条第五条）。この規定により、宣誓供述書や証言録取書が大いに活用されることとなろう。証言を録取した形式は問わないが、——裁判上の証言、他の手続での証言など——少くとも仲裁の対象となっている紛争との関連で証言として録取されたものであることを要する。それ以外は単なる書証にすぎない。もちろん、仲裁裁判所は、直接証人を尋問することを妨げられるものではない。

(7)　鑑定

仲裁裁判所は、特定の争点について、専門家にその鑑定意見を求めることができる。鑑定事項にはとくに制限はない。仲裁裁判所が相当と認める事柄であればとくに制限はないようにも思われるが、通常仲裁人の職務として期待されている事実の認定、法律上の判断などは除かれると解される。しかし、事実の認定においても、個々に専門的、技術的な知識と経験を要するもの、法律判断についても、特定の国の法令、判例、取引における特殊な慣習などであって、通常の仲裁人に期待されるところを越えると思われる事柄については、鑑定させることを認めてもよいであろう。鑑定意見は、原則として書面による（第二七条第一項）。鑑定人の氏名、鑑定事項は当事者に通知しなければならない。当事者は必要に応じ鑑定人に、関連する情報を提供し、文書や証拠物その他の資料を提出しなければならない（同条第二項）。

仲裁裁判所は鑑定書を受領したのち、その写しを当事者に送付する。当事者は鑑定人が鑑定書で援用した文書を検討し、審問期日に鑑定人を尋問するなどの方法をとることができ、また、鑑定書について意見を表明することができる（同条第三項）。さらに、当事者は他の鑑定人の証言を求めることもできる。この場合には証人尋問の手続を準用する（同条第四項）。

(8) 当事者尋問

当事者尋問についてはとくに規定はない。これは立法の不備のようにも思われる。もっとも、当事者はその主張、立証を行う機会を与えられているのであるから、当事者を尋問することは当然に許されると解される。この場合は、証人尋問の手続の規定を準用することになろう。

(9) その他の証拠調

書証は、適宜の方法で証拠調をすることになろう。文書成立の真否などの証拠法則にとらわれず、自由な心証に委ねられている。

検証についても同様である。検証に関する規定がないものも不備なように思われるが、契約から生ずる紛争では検証の必要はそう多いとは思われないし、他の証拠方法でも補うことができるためであろうか。

⑽　仲裁人の補充と審問手続

単独の仲裁人または裁判長となる仲裁人が交替した場合には、既に行われた審問手続は、再び行われる。その他の仲裁人が交替した場合には、仲裁裁判所は、必要と認めたときは、職権で審問手続を再び行うことができる（第一四条）。

この規定は、仲裁人がその心証を形成し、判断を行うためには、自ら直接証拠に触れることが好ましいという趣旨である。しかし、書証や書面によって提出された証言、鑑定意見はそれを見たり読んだりすることで足りるが、口頭により供述された証言などは再び行うことは困難である。したがって、録取されたところを読むよりほかによるよる他はないのではなかろうか。事柄の性質上、それまでに行われた審問手続の結果を記録によって知ることもやむをえないと思われる。

⑾　その他の手続事項

この仲裁規則では反対請求と相殺の抗弁については規定しているが、手続の分離、併合、仲裁手続の受継等については規定がない。

同一の当事者間の仲裁で異る内容の紛争がある場合（同一契約から生じた紛争では、このようなことはほとんど考えられないが、同一当事者間で異る仲裁契約にもとづく場合がありうる。実際には少いであろう）には、手続を分離することは、仲裁裁判所の裁量によって行うことはできるであろう。しかし、当事者の相違、仲裁付託の根拠（仲裁契約）の相違、仲裁裁判所の構成の相違、事実関係の相違、手続進行の程度などを考慮すると、異る仲裁手続を併合することは、既に述べたように非常に困難であると考えられる。この規則作成の過程においてこのような問題がとくに検討されたわけでもなく、また解釈上の手がかりとなる規定もないので、この規則では、かような手続は予定していないとみるべきであろう。

当事者の死亡、法人の合併などがあったときは、仲裁契約の準拠法に従い、仲裁手続の受継は、当事者の一般承継人及び法令の規定により当事者に代って訴訟を行うべき者、新たに設立された法人若しくは合併後存続する法人などが手続を受継することになろう。かりに、これをしなかったとしても、当事者として仲裁判断の効力を受けることとなろう。

これに対して、仲裁手続への参加または引受には、仲裁が仲裁契約にもとづく手続であるから当事者の権利義務一般を承継した場合でないかぎり、当事者間に仲裁契約がない以上、仲裁手続に当事者として参加することはできないといわざるをえない。独立した当事者である場合はもちろん、仲裁手続で一方の当事者の補助をするための参加についても同様である。補助の必要があれば、当事者の主張、立証について協力することでその目的を達するであろう。問題は、特定の権利または義務を承継した者が当事者として仲裁手続に参加し、またはこのような者を仲裁手続に引込むことができるかということである。明文の規定はないが、当事者及び承継人に異存がなければ（これは新たな仲裁契約といえよう）、可能と考えられる。この場合には、脱退した当事者も仲裁判断の効力を受けるというべきであろう。

4　当事者の手続上の懈怠

仲裁裁判所が構成されても、当事者が相当の手続を行わないことがありうる。このようなときには、仲裁裁判所は、その手続を怠っている当事者の不利益のもとに、手続を進める必要がある。

(1)　費用の予納がないとき

まず、当事者が仲裁人の手数料、費用を予納しないときは、仲裁裁判所は仲裁手続の停止（suspend）または終了（terminate）の決定をすることができる（第四一条第四項）。仲裁の費用は、既に述べたように、手続進行上に欠くことのできないものであるから、費用の予納命令に応じないときは手続を進行させることが出来ない。

(2)　申立書、答弁書を提出しないとき

当事者が、仲裁裁判所の定める期間内に、正当な理由を示すことなく、仲裁申立書を提出しないときは、仲裁裁判所は、仲裁手続の終了を決定することがでできる（仲裁付託の取下を擬制する規定はない）。また、相手方が、仲裁裁判所の定める期間内に、正当な理由を示すことなく、答弁書を提出しないときは、仲裁裁判所はそのまま手続を進行する（第二八条第一項）。

申立人が申立書を提出しないときは、仲裁手続をすすめる必要もないし、その手がかりもない。しかし、このようなことは稀であろうから、この規定は相手方が答弁書の提出を怠った場合のための規定であろう。この場合には、擬制自白はならず、相手方としては自己の答弁、主張をとくにとり上げげられないという不利益を受けるにすぎない。このことは、答弁書を提出しないことによって、結局申立人の主張を争った効果を生ずることとなる。このような規則が妥当かどうかは議論の余地があろうが、仲裁裁判所は、申立人の主張、立証を促して早期に手続を終結し、判断することになる。

(3)　審問期日に出頭しないとき

その後の手続においても、当事者が通知を受けながら、正当な理由を示すことなく審問期日に出頭しないときは、仲裁裁判所は仲裁手続の続行を命ずることができる（第二八条第二項）。

(4) 文書を提出しないとき

当事者が書証の提出を求められているにもかかわらず、正当な理由を示すことなく、その提出を行わないときは、仲裁裁判所は提出された書証のみに基づいて判断することができる（第二八条第三項）。いわば訴訟における文書提出命令に相当する場合であるが、その文書を提出しなくともその文書に関する他の当事者の主張を真実とみなすことはしないで、単に提出しないことによる不利益を課すにとどめている。

5 責問権の放棄・喪失

当事者がこの規則の規定が遵守されず、またはこの規則の定める要件が満されていないことを知りながら、すみやかに異議を述べなかったときは、これを述べる権利を放棄（waive）したものとみなされる（第三〇条）。

この規則を遵守しなければならないことは当事者も仲裁裁判所も同様であるが、当事者が規則を遵守しているかどうかを判断して適宜の措置をとるのは手続を主宰する仲裁裁判所の役割であるから、これを見過ごしたときは、結局仲裁裁判所が手続を遵守しなかったこととなる。

本条は、仲裁判断との関連で意味を有する。すなわち、仲裁契約の不存在または無効である場合、当該仲裁裁判所にその紛争を処理する権限のない場合、仲裁人にその職務を行う資格のない場合、或は仲裁裁判所がその権限を逸脱した場合などは、手続上の違背ではないから、本条にいう場合に相当するとは解されない。このような場合には、仲裁手続の準拠法（多くは仲裁地法）に従って、例えば仲裁人忌避の訴、仲裁手続不許の訴、仲裁判断取消の訴などの方法によって、不服を申立てることができると解すべきであろう。

6　中間措置

(1)　中間措置をとりうる場合

仲裁裁判所は、いずれか一方の当事者の申立により、紛争に関し、必要と認める中間措置(interim measures for protection) をとることができる。

紛争によってはこのような措置をとる必要のない場合もあるが、このような措置を予め採っておかないと、当事者のいずれか一方または双方に将来損害が生ずるとか、そのために和解、仲裁判断のいずれにおいても解決が困難となるようなことが予想される場合には、仲裁裁判所は当事者の申立によって適宜の措置をとることができる。仲裁裁判所は職権によって中間措置をとることはできない。しかし、この申立があった場合でも、仲裁裁判所がその必要があると認める場合であって、かつ必要と認める限度で、適当な措置をとることで足りる。

(2)　中間措置の内容

必要と認める中間措置がいかなる措置かは、具体的な紛争によって異る。この規則では腐敗しやすい物品の売却、紛争の対象たる物品の寄託などを例示しているが、これに限られるものではない（例えば、価格の上下の激しい商品で、既に買主が他から入手したような場合に、売主に転売させるなど)。中間措置は、仲裁裁判所自らが行ってもよいであろうが、通常は当事者にその措置をとることを命ずるという方法によるであろう。この措置は中間判断の形式ですることもできる。中間措置のためにとくに費用が必要なとき(例えば、倉庫の保管料など)は、その費用をつぐなうに足る担保を要求することができる（第二項)。

(3)　中間措置の性質

中間措置は一つの独立した措置であって、最終的な解決までの暫定的な措置ではない。また訴訟における仮差押、仮処分のような保全処分でもない。

(4)　裁判所に対する中間的措置の申立と仲裁の関係

当事者はこれらの紛争が生じたときに、仲裁に付託する前に、或は仲裁に付託しても仲裁人が決定する前に、損害をできるだけ回避するための措置を講じておく必要がある。この措置は、裁判所その他の国家機関の定める手続によることが多いであろう（例えば、自助売却と代金の供託、保全処分など）。しかし、司法当局その他の国家機関に必要な措置を申立てたことによって、当事者が仲裁に付託する権利を放棄しまたは喪失したものとすることは適当ではないし（第三項）、事柄によっては、仲裁に付託したのちでも、このような措置が必要であることもあろう。

中間措置をとったことによって、終局判断に影響を及ぼすものではない。

7　審問の終結

仲裁裁判所は、当事者に対して他に主張、立証があるかどうかを訪ね、もはや当事者が主張、立証を尽したと認められるときは、審問を終結（closure of hearings）することができる。

規定上は、他に主張、立証があるかどうかを当事者に確かめることとなっているが、第一五条第二項の規定とあいまって当事者が関連性、必要性に乏しい主張、立証であっても、これらを提出すれば、審問を終結できないという趣旨とは解されない。第一五条第二項の規定はできるかぎり当事者に主張、立証の機会を与える趣旨であり、同項後段と第二九条第一項は、仲裁裁判所が終局判断に熟したときは、審問手続を終結するという趣旨に解すべきであろう。

仲裁裁判所は、当事者が主張、立証のための期日の続行を求めたときは、主張及び立証についてその要旨或は概要、立証趣旨を当事者に提出させて、その必要性を判断することによって、手続を適正にすすめることができるであろう。

仲裁裁判所は、特別の事情により、必要と認めるときは、申立によりまたは職権をもって、審問を再開(re-opening of hearings)することができる（第二項）。いかなる場合に特別の事情があると認められるかどうかは、具体的な事案による。

（1）　英文では仲裁地（the place where the arbitration is to be held）と、仲裁の行われる場所（the locale of the arbitration）とを区別している。

（2）　仲裁判断の承認、執行という観点からみると、内国仲裁判断も外国仲裁判断も、その国の裁判所の関与なくして行われるという点で共通しているが、両者の相違は仲裁地、したがって仲裁手続の準拠法の相違にあるといえよう。したがって、内国仲裁判断と外国仲裁判断とを区別する実益はある。

（3）　この仲裁規則の用語を翻訳することは、技術的に非常にむずかしい。テクストが英語、仏語、西語、露語を用いているからといって、必ずしもそれぞれの法系に固有の概念を用いているわけではないし、また、これらを日本語で適確に表現することも容易なことではない。この報告で用いた一例を示すと次のとおりである。

"statement of the claim"は、仲裁を申立てた当事者が求める救済措置及びその根拠となる主張をいうとともに、これらを記載した書面をも意味する。

"defence"は、いわゆる答弁及び抗弁を含む、相手方の主張を指すもののようである。このことばの用いられている場所により、適宜訳しわける必要があろう。

"counter claim"は、訴訟でいえば反訴に相当するが、仲裁では適当な訳語がないので、一応反対請求という表現を用いた。反対申立ではあまりに漠然としているように思われる。

"hearing"の名のもとに行われる手続は、訴訟における弁論と証拠調とを含む。ここでは仲裁手続で用いられている審問という表現を用いた。

㈥ 仲裁判断

1 仲裁判断の成立

当事者の主張、立証が尽きたときは、仲裁裁判所は審問手続を終結し、紛争解決のための判断(仲裁判断 award)をしなければならない。仲裁判断は事実認定をもとにして、これに法的価値判断を加えて導き出されるものである。

事実の認定は仲裁裁判所の自由な心証による。事実の存否が不明な場合には立証責任を負う当事者の不利益に帰することとなる。

仲裁判断は仲裁人の過半数による(第三二条第一項)。単独の仲裁人であればとくに問題はない。三人の仲裁人のなかで過半数の意見が形成されない場合、すなわち意見が三つに分かれた場合には裁判長たる仲裁人の意見によるとする規則(たとえばICC規則第一九条)もあるが、この規則ではこのような考え方を採用していない。したがって、仲裁裁判所は、さらに結論に達するまで、評議しなければならない。評議は争点ごとに行っても、結論について行ってもさしつかえない。[1]

2 仲裁判断の種類

仲裁裁判所は、紛争解決のための終局的判断(final award)のほかに、紛争の一部についての判断(partial award)、中間の判断(interim award)をすることができ、申立の一部についての判断を脱漏したときは、追加判断(additional award)をすることができる(第三二条第一項)。

また、仲裁判断の訂正(correction 第三六条)、仲裁判断の解釈(interpretation 第三五条)も仲裁判断の形で行われる。一種の追加判断である。

3　中間判断の形式

(1)　書面によるべきこと

仲裁判断は書面（in writing）によらなければならない（第三二条第二項）。口頭で行うことはできない。しかし、書面を作成したうえで、それにもとづいて口頭で当事者に告知することはさしつかえない。

(2)　理由を付すべきこと

仲裁判断には、原則として理由（reasons）を付さなければならない。ただし、当事者が理由を付することを要しないとの合意をした場合には、理由を付す必要はない（第三三条第三項）。仲裁判断に理由を要しないとすると、往々にして、恣意的ではないにしても、判断が安易に流れやすくなるからである。ここにいう理由には、詳細な根拠をあげる必要もないし、必ずしも正しい理由である必要はない。しかし、理由と判断との間に明らかに矛盾があるときには、理由を付したことにはならないであろう。要するに、その仲裁判断に至った筋道を理解できるような理由であれば足りる。仲裁判断に理由を付すべきかどうかは国によって異るが、この規定は、仲裁判断にとくに理由を必要としないとする英米法系統の仲裁との妥協をはかった規定である。

なお、仲裁判断に少数意見を付すことができるかどうかについて何ら規定がないので、その可否については議論の分れるところであろうが、明文の規定がない以上、消極に解すべきではなかろうか。(2)

(3)　仲裁人の署名等の記載

仲裁判断を記載した書面には、仲裁人が署名し、その仲裁の日及び場所（仲裁地）を記載する。仲裁人の一人が署名しないときは、その理由を付記しなければならない（第三二条第四項）。作成の日とは通常仲裁判断の原本を作成した日をいうと解されるが、仲裁判断の告知までの間の日付であってもさしつかえないであろう。仲裁判断は仲裁地でなされなければならない（第一六条）。仲裁地は、仲裁判断の寄託・登録（file or register）など、その後の手続にかかわってくるので重要である。

仲裁人の署名のない書面は仲裁判断ということはできない。仲裁判断は、単独の仲裁人による場合を除き、少くとも二人の仲裁人の署名を必要とし、署名をしなかった理由または署名をすることができなかった理由を付記しなければならない。少くとも二人の仲裁人の署名によって、正当な手続が成立した仲裁判断であることを担保する趣旨と考えられる。

(4) 仲裁判断の非公開

仲裁判断は、両当事者が公開することに同意した場合を除き、公開しない（第三二条第五項）。公開とは、仲裁判断を当事者以外の者も知りうる状態におくことであって、仲裁判断集の刊行などはその一つの例である。仲裁判断の非公開（privacy of arbitration）は、仲裁制度の重要な要素の一つである。(3)

4 仲裁判断の送付、寄託・登録

(1) 仲裁判断の送付

仲裁裁判所は仲裁判断の正本（copies of the award）を当事者に送付しなければならない（第三二条第五項）。“copies of the award”の意味は必ずしも明らかではないが、単なる写しではなく、仲裁人の署名のある正本と解すべきであろう。

送付の方法についてはこの仲裁規則では何ら規定がないので、適宜の方法で送付することができると解される。要は当事者に送付されたことが適確に証明されればよい。仲裁地の定める手続に従って送付することもさしつかない。

えない。仲裁手続の準拠法によって一定の方法によるべきものとしているときは、それによることはいうまでもない。

(2) 仲裁判断の寄託・登録

仲裁判断は、仲裁地の法律または仲裁手続の準拠法によって、一定の機関（多くは裁判所）に寄託し或は登録しなければならない場合には、仲裁裁判所はその手続をしなければならない（第三二条第七項）。仲裁判断の寄託、登録は単に仲裁判断の保管というにとどまらず、仲裁判断に対する不服申立、執行判決等の手続という点でも重要である。寄託、登録の手続は、その地の法令の定めるところによる。

5　仲裁判断の基準

(1) 概　説

仲裁の対象となる紛争の実体について、いかなる規準を適用して判断するか、いいかえれば、いかなる法規、原則にもとづいて仲裁判断を形成するかは、仲裁制度に関する基本的問題の一つである。一般的にいえば、仲裁は訴訟と異なり、必ずしも特定の国の法律を適用しなければならないものではない。当事者が仲裁判断の規準について合意することもできる。往々にして、仲裁は善と衡平によって（ex aequo et bono）判断され、法を無視してもさしつかえないかのように説かれていることも少くないが、現在では、むしろ、法による仲裁のほうが一般的ではないかと思われる(4)。後にも述べるように、友誼的仲裁（composition amiable）も、法によらない解決をなしうるというにすぎず、法を無視するものではない。仲裁が第三者による私的裁判である以上、当事者の権利義務の法的安定性、紛争解決についての予測可能性、一般社会で行われている規準との関連における公平などの観点からみて、実定法を判断の規準とするほうが、必ずしも明瞭ではない善と衡平という規準によるよりも適当と考えられるからであろう。この仲裁規則においても、法による仲裁を原則とし、友誼的仲裁または善と衡平による仲裁は当事者が合意し、かつ仲裁手続の準拠法がそれを許容している場合に限るとしている。

この仲裁規則におけるもう一つの特色は、当事者間の契約を重視していることである。多くの条約や仲裁手続規則では、契約の文言（the terms of contract）と商慣習（trade usage）を同じように考慮すべしとしているが、この規則では契約の文言を商慣習に優先することを明らかにした。

(2) 法による仲裁

この仲裁規則では、法による仲裁を原則としている。それでは仲裁に付託された紛争の判断の規準となる法（実体法）はどのようにして決定されるか。

国際商取引その他の国際的な経済活動はいくつかの国の領域にまたがって行われ、当事者の住所、常居所（habitual residence）、営業の本拠地（principal place of business）も異る国にあるとか、申込と承認が異国でなされるというように、一国内における取引とは異り、いずれの国の法律（実体法）を適用して判断すべきかという問題が生ずる。これが法の（場所的）抵触といわれる問題である。このような問題を解決するための規則、すなわち適用さるべき実体法を決定するための規則が抵触規則（国際私法）といわれるものである。ところが、この抵触規則も、各国の国内法として発達してきたものであって、現在までのところ、超国家的な或は各国に共通な規則は極めて少ない。したがって、国際商取引に関する訴訟が係属した場合には、各国の裁判所は、それぞれ自国の抵触規則を適用して準拠法を決定し、それによって事案を判断することとなる。これが法の抵触がある場合に多くの国で行われている解決方法である。

ところが、仲裁は訴訟と異り、裁判所のような国家機関の行う判断ではないから、仲裁地の法律（とくに抵触規則）を適用することを義務づけられているものではないとする国も少くない。それでは仲裁裁判所はいかなる抵触規則に従って準拠法を決定するのか、或は抵触規則の適用を考える必要がないのであろうか。これは難しい問題であって、なお十分な検討を要する。差当り次のようにいうことができよう。(5)すなわち、仲裁地の法律により、そこで行われるいかなる紛争解決手続（訴訟、仲裁等）においても、その地の抵触規則を適用しなければならないとしている場合には、仲裁地の抵触規則によって準拠法を決定すべきことになろう。また、仲裁手続の準拠法が一定の抵触規則によるべきことを定めている場合も、同様であろう。

しかし、このような場合は稀であって、何の定めもない場合のほうが多い。このような場合には、仲裁裁判所が諸般の事情を考慮して準拠法を決定せざるをえない。しかし、いかなるものを規準ないし手がかりとして準拠法をきめるべきかについては必ずしも明らかではない。そこで、この仲裁規則は、まず、当事者自治の原則により、当事者の選択した法を準拠法とし、(6)そのような準拠法の合意がない場合には、仲裁裁判所が相当と認める抵触規則によって準拠法を決定するものとしている（第三三条第一項後段）。これは一つの解決方法であって、仲裁規則でこのような規定を設けておくことには意味がある。(7)一部の論者が説くように、仲裁は必ずしも国際私法に対する不信と結びついているものではない。

第三三条第一項によれば、準拠法の決定は次のようになる。まず、当事者間に明示の合意があれば、準拠法はそれによる（the law designated by the parties）。その合意は必ずしも書面によることを要しない。しかし、国際的取引においては書面以外の手段による明示の合意は、実際上ほとんど考えられない（口頭による合意はありえても、立証が非常に困難であろう）。一般に行われている契約書中の準拠法の指定が明示の合意に該当することはいうまでもない。したがって、契約書で準拠法を指定しておく実益はある。また、明示の合意がなくても、当事者の黙示の意思を探究して準拠法を決定することも可能であろう（もっとも、黙示の意思による準拠法の決定は、仲裁裁判所によっては、相当異ることが予想される）。当事者による準拠法の指定のない場合には、仲裁裁判所が相当と考える抵触規則を適用して準拠法を決定する（the arbitral tribunal shall apply the law determined by the conflict of laws rules which it considers applicable.）。いかなる抵触規則が相当であるかは、具体的な事案に当って、諸般の事情を考慮して判断することとなろう。結局、仲裁は訴訟と異り、抵触規則の選択も仲裁裁判所に委ねることとなる。

ところで、このように抵触規則を通じて準拠法を決定する方法と仲裁裁判所が直接に準拠法を決定する方法とで、どれほどの差があるか疑問がないわけではない。しかし、抵触規定による方法のほうが、仲裁裁判所の恣意的な判断の入る余地が少いとはいいうるであろう。

(3)　友誼的仲裁及び善と衡平による仲裁

友誼的仲裁（composition amiable）とは、フランス民事訴訟法第一〇一九条にもとづくものであって、当事者の合意によって仲裁人に友誼的仲裁人（compositeur amiable）の権限を与えた場合には、仲裁手続は法律の定めによることなく、紛争については必ずしも法律を適用して判断する必要はないという制度である。また、善と衡平による（ex aequo et bono）仲裁とは、具体的な実定法を適用するのではなく、より一般的な規準である善と衡平にもとづいて判断する仲裁をいう。西欧諸国における仲裁は原則として法による仲裁であるから、このような仲裁は例外とされている。紛争についての判断の規準を実定法によらないでもよいとすると、判断の規準は必ずしも明らかではないため、その妥当性が問題となるとともに、当事者の予測可能性や法的安定性をそこなうおそれもある。他方において、法による仲裁よりも実情に適した解決をすることができるという利点もある。そこで、この仲裁規則では、当事者による明示の授権があり、かつ、仲裁手続の準拠法で認められている場合にかぎって、友誼的仲裁及び善と衡平による仲裁を行うことができるとした（第三三条第二項）。ここで注意すべきことは、この仲裁規則では、友誼的仲裁、善と衡平による仲裁といっても特定の国の制度を指すものではなく、またこの両者をとくに区別するものでもなく、判断の規準が具体的な準拠法（実定法）によらないでなされる仲裁を意味している。

このような仲裁を行うためには、まず、当事者の明示の合意が必要である。この合意は必ずしも書面によることを要しない。また、仲裁付託前の合意でなければならないものではなく、仲裁手続中であっても合意することができると解される。

次に、仲裁手続の準拠法で友誼的仲裁または善と衡平による仲裁を認めていることが必要であるが、その趣旨は必ずしも明らかとはいい難い。そこで認めている制度及び要件と同一の仲裁でなければならないとの趣旨であろうか。この考え方はそれなりに筋の通った考え方である。この点について立案の段階ではあまり検討されなかった。しかし、その審議の経過からみて、上に述べたような明確な趣旨の規定ではなく、仲裁手続の準拠法でそのような仲裁が認められているのであれば、要件や手続が多少異っていても、友誼的仲裁または善と衡平による仲裁を行うことができるというべきではなかろうか。

もちろん、このような仲裁であっても、公けの秩序はもちろん、強行法規にも従わざるをえないし、契約の文言及び商慣習を考慮しなければならない。してみると、このような仲裁であっても、法による仲裁と結果において大きなちがいがあるとも思われない。

(4)　契約の文言と商慣習

法による仲裁、友誼的仲裁または善と衡平による仲裁のいずれにおいても、仲裁裁判所は当事者間の契約の文言（the terms of contract）に従って判断しなければならず、また、当該取引に適用される商慣習（trade usages）を考慮しなければならない（第三三条第三項）。

本項は第九会期において長時間にわたる論議の末、ようやくまとまったものである。法による仲裁の場合はもちろん、友誼的仲裁また善と衡平による仲裁の場合であっても、取引において当事者間でなされた合意を重視しなければならないことは当然である。ここにいう契約は広く当事者間の合意をいうのであって、単に契約書に記載された文書に限られない。したがって、当事者間における取引の経緯、それまでの取引慣行、当該契約に関連する諸般の事情をも含めて、契約の文言を解釈しなければならない。それとともに、当該取引に関する商慣習についても考慮しなければならない。ここでいう商慣習とは当事者間の実務や慣行ではなく、その種の取引一般についての商慣習も含まれる。当事者間の慣行や実務は契約の文言の解釈の際に考慮される。

この規則では、契約の内容と商慣習が異るときは、契約が優先することを明示している。原案では、一九六一年の欧州条約第七条と同様、仲裁裁判所は契約の文言と商慣習を考慮しなければならないと規定していた。しかし、この規則では両者のもつ意味を区別し、判断の規準に順序を付した。この修正は妥当なものと考えられる。

6　仲裁判断の効力

(1)　仲裁判断に対する不服申立

仲裁判断は当事者を拘束し、これに対する不服の申立は許されない（final and binding）（第三二条第二項）。したがって、この手続内における不服の申立は一切認められない。一般に仲裁判断に対する不服を裁判所に申立てることはできない。仲裁手続及び仲裁判断に対する不服は、仲裁手続の準拠法がとくに定める場合（例えば、仲裁人の忌避の訴、仲裁手続不許の訴、仲裁判断取消の訴など）に限られるもっとも、これらは不服申立というよりも、手続が適正に行われることを担保するという点に重点があると考えられる。

(2)　仲裁判断の効力

仲裁判断が法律的にいかなる効力を有するかは仲裁手続の準拠法の定めるところによる（例えば、わが国の民事訴訟法第八〇〇条では、仲裁判断は当事者間において確定した判決と同一の効力を生ずるとされている）。わが国では、仲裁判断に確定判決と同一の効力を認めていることにより、仲裁判断の効力は次のようになるであろう。

(イ)　拘　束　力

当事者は仲裁判断の内容に拘束される。

(ロ)　形式的確定力

仲裁判断がその手続規則及び仲裁手続の準拠法上、不服を申立てる余地がないか、或はそれが変更される余地がない場合に、形式的確定力を生ずる（仲裁判断取消の訴は再審に類似する制度であるから、仲裁判断の確定を妨げない）。

(ハ)　実体的確定力

当事者は仲裁判断によって確定された権利関係を争うことはできないし、いかなる者も、仲裁判断が取消されないかぎり、これと異る判断をすることはできない。仲裁判断で確定した権利について訴訟で争うことは不適法というべきであろう（しかし、裁判所が自ら仲裁判断の有無を調べる必要はなく、抗弁をまって判断すれば足りる）。中間的な判断、攻撃防禦方法に関する判断については、実体的確定力を生じない。問題となるのは仲裁手続で主張された相殺の抗弁がいかなる効力を有するかである。この点についてこの規則には明文の規定がないので解釈によって補わざるをえないが、相殺の抗弁は仲裁契約が存在するときにかぎり許されるのであれば、相殺の抗弁についても実体的確定力を生ずると解すべきであろう。

仲裁判断の実体的確定力を受ける者の範囲は、仲裁契約の準拠法によるが、当該紛争のもととなっている契約の当事者、その包括承継人、当該権利義務を承継した特定承継人、法律上当事者の権利義務を行う者（破産管財人、遺言執行者など）である。

㈡　執　行　力

仲裁判断は仲裁契約にその根拠を有する私的裁判であるから、国家機関が関与してなされた判断（例えば判決）と異り、それ自体は執行力を有しない。このことは内国仲裁判断と外国仲裁判断とで異らない。したがって、仲裁判断にもとづいて執行するためには、国家機関（裁判所）の承認を得なくてはならない。そのために多くの国では執行判決（実際には判決よりも簡易な手続のことが多い）の制度を設けている。承認の要件については内国仲裁判断と外国仲裁判断とで異ることが多い。外国仲裁判断の承認及び執行については、多数国間における統一法条約（一九二三年の仲裁に関する議定書、一九二七年の外国仲裁判断の執行に関する契約、一九五八年の外国仲裁判断の承認及び執行に関する条約）と二国間における協定（例えば日ソ通商条約）で定めていることが多い。

7　仲裁判断の追加

(1)　追　加　判　断

仲裁判断において、申立てられた事項の一部について判断が脱漏している場合には、当事者はその判断をした仲裁裁判所に、仲裁判断の受領後三〇日以内に、脱漏した部分についての追加の判断を申立てることができる（第三七条第一項）。申立人に限らず、いずれの当事者も追加判断の申立をすることができる。仲裁裁判所が職権で追加判断をすることができるか。第三六条第一項と対比してみて、職権による追加判断が許されないと解する余地もないではないが、事柄の性質上これを許さないとする合理的な理由はないと考えられる。したがって、仲裁裁判所は、必要ありと認めたときは、追加判断をすることができる。

仲裁裁判所は、追加判断の申立を相当と認め、かつ証拠調を要しない場合には、申立の受領後六〇日以内に追加判断をしなければならない（第三条第二項）。さらに証拠調を要するときは（このようなことは稀であろうが）、追加判断は許されない。あらためて仲裁の申立をするとか、何らかの方法によって是正をはかるほかはないであろう。

追加判断も一つの仲裁判断であるから、第三二条第二項ないし第七項の規定が適用される。

(2)　仲裁判断の訂正

当事者は仲裁判断の受領後三〇日以内に、仲裁裁判所に、仲裁判断における違算、書損じ、その他これに類する誤謬の訂正を申立てることができる。仲裁裁判所は、仲裁判断の送達後三〇日以内に職権で誤謬を訂正することができる（第三六条第一項）。

仲裁判断の訂正は書面によるべきことはいうまでもないことであり、この書面には仲裁判断に関する規定が準用される（同第二項）。

(3)　仲裁判断の解釈

当事者は、仲裁判断の受領後三〇日以内、仲裁裁判所に、仲裁判断の解釈の申立をすることができる（第三五条第一項）。仲裁判断の趣旨が明らかでない場合に、これを補うための措置である。仲裁裁判所は、その解釈についても第三一条の規定の適用をうける。解釈を示した書面は実質的には仲裁判断の一部に相当するから、仲裁判断に関する規定が準用される（同第二項）。仲裁裁判所が自ら解釈を示すことは許されない。

(4) 費　用

判断の追加の場合には、仲裁裁判所は追加の手数料を請求することはできない。

（1）評決の順序、手続について仲裁規則で定めることは非常に困難であろう。

（2）Sanders前掲二〇八頁は、少数意見を付記することができるとする。しかし、それは、実質的にみて、かえって仲裁本来の趣旨に沿わない結果をもたらすことが多くなるのではないかと思われるので、直ちに賛成し難い。

（3）仲裁判断は、lex mercatoriaの形成のためには、公開することが望ましいとの意見もある(例えば、Sanders前掲二〇九頁）が、賛成し難い。これは仲裁制度の基本にかかわる問題であるとともに、そもそも現代においてlex mercatoriaとは何かということ自体が問題である。日本の海運集会所で仲裁判断集が公刊されたのは例外であり、それは、海事法については当初から実務と商法との間に乖離があり、実務家から裁判所が信用されず、海運集会所での解決が実際上裁判に近い機能を営んでいたためである。

（4）この点について、筆者は喜多川篤典「仲裁制度」（岩波講座現代法第五巻）二三三頁の見解に賛成しえない。

（5）往々にして、現在の仲裁は国際私法への不信をもとにしていると説かれることもある。しかし、国際私法の不統一も原因の一つかもしれないが、それは事柄の一面のみをとり上げて論じている嫌いがある。より大きな理由は、各国の実定法が国際的商取引の実際を認識し、その必要をみたすに足る状態にないことと、各国の裁判制度が国際的商取引から生ずる紛争の解決に適していなかったためである。その中でも大きな理由は、国際的な裁判管轄権の問題が解決されていないことであろう。

（6）ここで準拠法の決定について当事者自治を認めているが、これは契約の準拠法についてのことと解すべきである。それ以外の法律関係（例えば物権）についても当事者自治を認めているとみるべきではないであろう。

（7）　わが国において、しばらく前に、仲裁約款の存在する契約（例えば売買契約）における準拠法の指定の意味について議論されたことがある（喜多川篤典「国際商事仲裁における準拠法の指定――国際商事仲裁と国際私法」JCAジャーナル第一七八号二二頁、沢木敬郎・国際契約における仲裁条項と準拠法条例（国際商事仲裁協会、昭和四九年三月）など。）。従来、国際取引に関する文献の多くは、できれば契約において準拠法を定めておくことが望ましいと力説しているが、それが仲裁においていかなる意味をもつかはほとんど説明されていなかった。おそらく当然に適用されると考えているためであろう。沢木・前掲書によれば、仲裁は法によるとしながらも、その法とは原則として商人間の法であること、限られた範囲で国家法の適用のあることは否定できないが、当事者自治の原則にもとづく準拠法指定は無意味ではないにしても、極めて限られた意しかもちえないというもののごとくである。喜多川・前掲論文では、lex mercatoriaを推進するのが商事仲裁であるとしているが、現在のところ国家法によって紛争を判断しなければならないとすれば、国際私法による準拠法の指定が必要となるとされる。しかし、準拠法の指定は理論的なもので、実際上あまり大きな意味をもたないという趣旨のようである。

なお、折茂豊・国際私法（各編）〔新版〕一三四頁では、仲裁に服せしめる合意があったときは、反対の意思が明示されないかぎり、その国の法（仲裁地法）がその債権の準拠法となるとされる。

現代においてlex mercatoriaとか、商人社会の「法」が存在するかどうか、またそのような概念が妥当であるかどうか疑問を感ずるのみならず、前に紹介したいずれの立論にも賛成し難いところがある。それとともに、当事者による準拠法の指定のない場合にどのように考えるかも必ずしも明らかではない。現代においては、仲裁で国家法を適用することにとくに妨げがあるとは考えず、この仲裁規則第三三条は、準拠法の決定についての解決方法の一つであると考える。

㈦ 仲裁手続の終了

1 終局的仲裁判断の告知、送付

終局的判断の告知または送付によって仲裁手続は終了する（追加的な判断、すなわち、追加判断、仲裁判断の訂正、仲裁判断の解釈は例外的な判断である）。

仲裁判断は紛争の実体に関する判断に限らない。仲裁裁判所が自己に判断の権限なしとする場合、仲裁契約の対象となる紛争でない場合、仲裁契約が存在せず、または現に効力を有しない場合などを理由に申立を却下する判断も終局判断である。

終局的判断については既に前節で説明した。

2 仲裁手続における和解

仲裁判断がなされるまでの間であれば、どの段階でも、当事者は紛争について和解することができる。和解は仲裁手続において、仲裁人の仲介によって成立することもあり、また仲裁手続外で当事者の話合によって成立することもある。このような場合には、この規則では二つの方法を定めている。すなわち、(i)仲裁裁判所は仲裁手続を終了させ、仲裁手続終了の決定書を当事者に交付し、または(ii)仲裁裁判所、両当事者の要請があり、かつ仲裁裁判所が相当と認めるときは、和解条項を仲裁判断に記載する（第三四条第一項）。

仲裁に付託された紛争が当事者間における和解により解決すれば、もはや仲裁手続を続行する必要はないから、単に仲裁手続を終了させることで足りる。しかしながら、当事者間で成立した和解を明確な形で記録し、後日これについて紛争が生じないようにするとともに、この和解に執行力を付与することが望ましい。そのためには既に行われている仲裁手続を利用し、合意にもとづく仲裁判断（award on agreed terms）の形式によることが相当である。これが前記(ii)の方法である。実際的な考慮から、当事者としてはむしろ(ii)の方法を選択することが多いであろう。しかし、当事者の一方がこれを好まないときは、(i)の方法によることとなろう。それとともに、この規則では定めていないが、当事者の互譲による本来の和解だけでなく、一方の当事者が他方の主張を認める場合（訴訟でいう請求の認諾、放棄など）についても、この仲裁規則では和解の形式をとることができると解される。

和解条項を記載した仲裁判断も形式的には仲裁判断であるから、第三二条第二項、第四項ないし第七項の規定を準用する。仲裁裁判所は、前記(i)また(i)に応じて、仲裁手続終了の決定書の正本、仲裁判断の正本を当事者に交付または送付しなければならない（第三四条第三項）。また仲裁判断においては費用の負担についても決定しなければならない。

3　手続終了の決定

前記**1**及び**2**以外の場合であって、仲裁手続の続行が不必要又は不可能となった場合には、仲裁裁判所は、仲裁手続の終了を決定し、終了の決定書を交付しなければならない。しかし、当事者が正当な理由により異議を述べるときはこのかぎりでない（第三四条第二項）。この規則においては次の場合である。

(i)　仲裁に要する費用の予納のない場合（第四一条第四項、同第一項及び第二項）

(ii)　申立人が定められた期間内に正当な理由を示すことなく、申立書を提出しない場合（第二八条第一項）

ところで、仲裁付託の取下が可能かどうか、可能であるとして相手方の同意を要するかという問題がある。この規則には明文の規定がないので、仲裁付託の取下はできないとも考えられる。しかし、申立人がもはや仲裁付託を好まない場合には、仲裁申立書を提出する前であれば、その提出を怠ることによって手続を終了させることができるし、仲裁申立書提出後であっても、当事者が仲裁判断を必要とせず、或はこれを望まないときに、仲裁手続をすすめなければならない理由はないであろう。そうだとすると、申立書提出前は申立人の意思のみによって、申立書提出後は相手方の同意があれば、仲裁付託の申立の取下が可能であるというべきである。

(iii) 当事者間に和解が成立したが、それを仲裁判断に記載しない場合（第三四条第一項）

(iv) その他の理由により仲裁手続の続行が不可能または不必要な場合（第三四条第二項）

(八) 費　用

1 この規則における費用

(1) 仲裁における費用

仲裁は国家機関による紛争の解決ではないから、裁判においては、経費のかなりの部分が国家の支出によってまかなわれるのとは異り、仲裁に要する費用は原則として当事者が負担するほかはない。裁判においても訴訟費用に関する規定があるが、それはその国における民事紛争をどのように処理するかという政策的な考慮にもとづくものである。仲裁におけるこのようなことはない。

仲裁における費用については、基本的には当事者の合意によって定めることができる。しかし、通常、仲裁契約で費用の内容及びその負担についてまで定めた例は見当たらないし、また、その後にあらためて合意することも容易ではないであろう。したがって、仲裁裁判所に決定を委ねるのが通常である。そして、常設仲裁機関による仲裁では、予め費用、手数料について定めた規程（schedule）があるのが普通であるが、個別の仲裁では、そのようなものはないから、手続規則において費用についての十分な規定を設けておくことが望ましい。この規則も、このような観点から、費用に関する規定をおいている。

(2)　この規則で定める費用

この規則における仲裁の費用とは次のものをいう。

(a)　第三九条の規定に従って仲裁裁判所が決定する仲裁人の手数料

(b)　仲裁人の要した旅費その他の実費

(c)　仲裁人の必要とした専門家の意見その他補助に要した費用

(d)　証人の旅費、日当、宿泊費その他の費用

(e)　自己の申立が認められた当事者が代理及び補佐のために要した費用

(f)　仲裁人選定機関の手数料及び費用並びにハーグ常設仲裁裁判所事務局長の費用

ここで費用というのは実際に費した金銭をいう（例、交通・通信費、旅費、宿泊費など）。手数料はそれ以外のものであって、人の費した時間と労力に対して支払うものをいう。したがって手数料を受ける資格のある者は仲裁人及び鑑定人である（ハーグ常設仲裁裁判所事務局長は手数料を受けない）。

仲裁人の手数料は、仲裁裁判所が紛争の対象となっている金額（経済的価値）、当該事案の複雑さの程度、仲裁人の費した時間、その他の事情を勘案して合理的な金額とする（第三九条第一項）。当事者の合意した仲裁人選定機関またはハーグ常設仲裁裁判所事務局長が選定機関を指定し、これにより仲裁人が選任されたときは、当該機関が国際的仲裁に適用する費用規程または基準を参考にし、或は当該機関と協議して、仲裁裁判所が決定する（第三九条第二項から第四項まで）。

上記(b)、(c)、(d)についてはとくに説明を要しないであろう。(c)は仲裁において当事者を代理し或は補佐した者のために要した費用（costs of legal representation and assistance）は、いかなる費用をいうか必ずしも明らかで

はない。単なる実費だけではなく日当に相当するものは含まれると解されるが、当事者との間の契約にもとづく成功報酬その他の報酬は含まれないであろう。もっともこの両者を分けて論ずる実益に乏しいかもしれない。要するに、仲裁裁判所が相当と認める額を定めればよいからである。

2　費用の予納

仲裁人に必要な費用、すなわち(a)から(c)までは予納しなければ仲裁手続をすすめることができない。仲裁裁判所は、それが構成されると同時に予納を命ずることができる。おそらく、当事者は、仲裁人または仲裁裁判所の指定した方法により、払込をすることとなろう。証拠調査に要した費用は証人等から請求があって支払うのか、予め当事者が支払い、費用の金額を決定するときに仲裁裁判所が相当と認める範囲までと決定するのか、規定上は必ずしも明らかではない。

3　費用の負担

(i)　原則として、仲裁の費用は自己の申立が認められなかった当事者の負担とする（第四〇条第一項）。

(ii)　例外は次のとおりである。

(イ)　第38条(e)の費用（代理または補佐のために要した費用）は、当該事案に応じて、当事者の一方に負担させ、または、相当と認めるときは、当事者双方に分担させることができる（第四〇条第二項）。

(ロ)　その他の費用についても、当該事案に応じて、当事者双方に適宜分担させることができる（第四〇条第三項）。

4　費用負担の決定

仲裁裁判所は仲裁判断または仲裁手続終了の決定において、費用を負担する者及びその額について定めなければならない（第四〇条第三項）。これらの中で費用について触れていないとすれば、判断の脱漏である。費用に関する明示の判断がないことによって、当然に各自が支出した分については、それぞれの当事者が負担するとの趣旨と解することはできないであろう。

仲裁判断の解釈、訂正、追加については、さらに手数料を課すことはできない（第四〇条第四項）。

5　その他

予納した費用が余ったときは、残額は返還する（第四一条第五項）。

〈参考文献〉

参照した文献は次のとおりである。

UNCITRAL YEAR BOOK, vols. I to VI.（International Commercial Arbitrationに関する部分。とくにReport of the 9th Session）

Summary Record of the Committee of the Whole II.

Pieter Sanders, Commentary of the UNCITRAL Arbitration Rules（International Council for Commercial Arbitration, YEAR BOOK Commercial Arbitration, volume II—1977, Kluwer）

Register of the Texts of Conventions and Other Instruments Concerning International Trade Law, Volume II.

〈資　料〉

国際連合国際商取引法委員会仲裁規則

第一章　総　則

（適用範囲）

第一条　1　契約の当事者が、その契約に関する紛争を国際連合国際商取引法委員会の仲裁規則による仲裁に付託することを、書面によって合意した場合には、その紛争はこの規則に従って解決する。当事者は、書面による合意によって、この規則の一部を変更することができる。

2　この規則が、仲裁に適用される法の規定のうち、当事者の合意によって排除できない規定に抵触する場合には、その規定が優先する。この場合を除いて、この規則は、仲裁に適用される。

（通知、期間の計算）

第二条　1　この規則の適用上、すべての通知（告知、通報及び提案を含む）は、現実に名宛人に到達したとき又はその常居所、営業所、郵送先、知ることのできた最後の居所地（調査をしてもこれらの送付先が明らかでない場合）若しくは営業所に到達したときに受領されたものとする。通知は、到達した日に受領されたものとする。

2　この規則における期間の計算に当っては、期間は通知を受領した日の翌日から起算する。期間の末日が名宛人の常居所又は営業所の所在地における公の休日又は取引をしない日に当る場合には、期間は、その日以後の最初の取引日に満了する。期間内の公の休日及び取引をしない日は、期間に含まれる。

（仲裁付託の通知）

第三条　1　仲裁の付託をする当事者（以下「申立人」という）は、他方の当事者（以下「相手方」という）に仲裁付託の通知をしなければならない。

2　仲裁手続は、相手方が仲裁付託の通知を受領した日に開始するものとみなす。

3　仲裁付託の通知には次の事項を記載しなければならない。

（a）紛争を仲裁に付託すること

（b）当事者の氏名及び住所

（c）援用する仲裁条項又は仲裁契約

（d）紛争の生じた契約又は紛争と関連する契約

（e）請求の性質及び金額

（f）求める救済措置

（g）当事者があらかじめ合意していないときは、仲裁人の数（一人又は三人）

4　仲裁付託の通知には、次の事項をも記載することができる。

（a）第六条一に規定する一人の仲裁人及び仲裁人選定機関

（b）第七条に規定する仲裁人の選定の通知

（c）第一八条に規定する仲裁申立書

（代理、補佐）

第四条　当事者は、自己の選定する者に代理又は補佐をさせることができる。代理人又は補佐人の氏名及び住所は、書面により、相手方に通知しなければならない。その通知には、代理人又は補佐人のいずれであるかを明らかにしなければならない。

第二章　仲裁裁判所の構成

（仲裁人の数）

第五条　当事者があらかじめ仲裁人の数（一人又は三人）について合意していない場合において、当事者が相手方による仲裁付託の通知の受領後一五日以内に仲裁人を一人とすることに合意しないときは、仲裁人は三人とする。

（仲裁人の選定）

第六条　1　一人の仲裁人を選定する場合には、いずれの当事者も、相手方に対し、

(a)　そのうちのいずれかの者が仲裁人となる一人又は二人以上の者の氏名、及び

(b)　当事者が選定機関について合意していないときは、そのうちの一の団体又は一人の者が選定機関となる一若しくは二以上の団体又は一人若しくは二人以上の者の名称又は氏名を提案することができる。

2　1の規定に基づく提案を受領した後三〇日以内に当事者間で一人の仲裁人の選定について合意に達しないときは、仲裁人は、当事者間で合意した選定機関が選定する。当事者間で選定機関についての合意がないとき、又は合意された選定機関が選定を行うことを拒んだとき若しくは当事者からの要請を受領した後六〇日以内に仲裁人を選定しないときは、いずれの当事者も、ハーグ常設仲裁裁判所事務局長に対し、選定機関の指定を求めることができる。

3　選定機関は、いずれか一方の当事者の要請により、できる限り速やかに仲裁人を選定する。選定機関は、次の手続に従って選定を行う。ただし、両当事者が次の手続によらないことを合意する場合又は選定機関がその裁量により次の手続によることが当該事案につき適当でないと認めるときを除く。

(a)　選定機関は、いずれか一方の当事者の要請により、少くとも三人の者の氏名を記載した名簿を両当事者に送付する。

(b)　各当事者は、名簿を受領した後一五日以内に、自己が反対する者の氏名を削り、かつ、残りの者の氏名に順位を付した名簿を選定機関に返送することができる。
(c)　選定機関は、(b)に定める期間の満了の後、返送された名簿で承認された者のうちから、両当事者の指定した順位に従って仲裁人を選定する。
(d)　(a)から(c)までの手続に従って選定を行うことができない場合には、選定機関は、その裁量によって仲裁人を選定することができる。
4　選定機関は、選定を行うに当たり、独立した公正な仲裁人の選定を確保することができるよう考慮を払い、また、当事者の国籍以外の国籍を有する仲裁人を選定するように考慮しなければならない。

第七条

1　三人の仲裁人を選定する場合には、各当事者は、それぞれ一人の仲裁人を選定する。選定された二人の仲裁人は、仲裁裁判長となる第三の仲裁人を選定する。
2　一方の当事者からの仲裁人の選定の通知を受領した後三〇日以内に、他方の当事者がその選定した仲裁人を当該一方の当事者に通知しないときは、
(a)　当該一方の当事者は、両当事者によりあらかじめ指定された選定機関に対し、第二の仲裁人の選定を要請し、又は、
(b)　両当事者によりあらかじめ選定機関が指定されていない場合、又はあらかじめ指定された選定機関が選定を行うことを拒み、若しくは一方の当事者からの要請を受領した後三〇日以内に第二の仲裁人を選定しない場合は、当該一方の当事者は、ハーグ常設仲裁裁判所事務局長に対し、選定機関の指定を求めることができる。当該一方の当事者は、当該指定された選定機関に対し、第二の仲裁人の選定を要請することができる。
(a)及び(b)のいずれの場合においても、選定機関は、その裁量によって仲裁人を選定することができる。
3　第二の仲裁人が選定された後三〇日以内に二人の仲裁人が仲裁裁判長の選定につき合意しないときは、仲

裁裁判長は、前条の規定に従って一人の仲裁人を選定する場合と同一の方法により、選定機関が選定する。

第八条　1　選定機関に第六条及び前条の規定に従って仲裁人の選定を要請した場合には、当事者は、選定機関に対し、仲裁付託の通知の写し、当該紛争が生じた契約書又は当該紛争に係わる契約書の写し、及び契約書に仲裁条項がないときは、仲裁契約書の写しを送付しなければならない。選定機関は、その任務の遂行のために必要な情報をいずれの当事者に対しても求めることができる。

2　仲裁人を選定するために一人又は二人以上の者を候補とした場合には、それらの者の氏名、住所、国籍及び資格を明示しなければならない。

（仲裁人の忌避）

第九条　仲裁人となることを予定されている者は、その選定に関して接触する者に対し、自己の公正かつ独立であることにつき理由のある疑いを生ぜしめることのある事情を開示しなければならない。仲裁人は、選定されたときは、当事者が既にその事情を知らされていない限り、当事者に対しその事情を開示しなければならない。

第一〇条　1　仲裁人の公正かつ独立であることにつき理由のある疑いを生ぜしめる事情が存在する場合には、仲裁人を忌避することができる。

2　当事者は、選定の後に知ることとなった事実を理由とする場合にかぎり、自己が選定した仲裁人を忌避することができる。

第一一条　1　仲裁人を忌避する当事者は、その仲裁人の選定の通知を受けた後一五日以内又は第九条及び前条にいう事情を知った後一五日以内に、忌避の通知書を送付しなければならない。

2　忌避の申立は、相手方、忌避される仲裁人及び仲裁裁判所の他の構成員に対して通知しなければならない。その通知は、書面によるものとし、忌避の理由を記載しなければならない。

3　一方の当事者から、忌避の申立があった場合には、相手方は、その忌避に同意することができる。仲裁人は、忌避の申立がなされた後、辞任することができる。いずれの場合にも、それによって忌避の理由に根拠のあることを認めたこととはならない。いずれの場合にも、第六条及び第七条に規定する手続は、新たな仲裁人の選定のため、当事者が、忌避された仲裁人の選定の手続において、選定を行い又は選定に参加する権利を講師していないときでも、適用される。

第一二条　１　相手方が忌避の申立に同意しない場合又は忌避された仲裁人が辞任しない場合には、忌避の申立に関する決定は、次の選定機関が行う。

（a）　選定が選定機関によって行われた場合は、その選定機関

（b）　選定が選定機関によって行われなかったが、選定機関があらかじめ指定されていた場合は、その選定機関

（c）　（a）及び（b）以外の場合は、第六条の規定によって指定される選定機関

２　選定機関が忌避の申立を理由ありとする場合には、新たな仲裁人は、第六条から第九条までに規定する仲裁人の選定手続に従って選定される。但し、選定機関の指定が必要な場合には、仲裁人の選定は、忌避の申立に関する決定を行った選定機関が行う。

（仲裁人の補充）

第一三条　１　仲裁手続中に仲裁人が死亡又は辞任した場合には、新たな仲裁人は、第六条から第九条までに規定する仲裁人の選定に適用される手続に従って、選定される。

２　仲裁人がその職務を遂行しない場合又は法律上若しくは事実上遂行することができない場合には、第九条から前条までに規定する仲裁人の忌避及び補充に関する手続を準用する。

（仲裁人の補充の場合における再度の審問）

第一四条　第一一条から第一三条までの規定に従い、一人の仲裁人又は仲裁裁判長が交替して補充される場合には、既に行われた審問手続は、再び行われるものとし、その他の仲裁人が交替した場合には、仲裁裁判所は、職権によって、既に行われた審問の手続を再び行うことができる。

第三章　仲裁手続

（一般的規定）

第一五条　1　仲裁裁判所は、この規則に従い、相当と認める方法で仲裁手続を行うことができる。但し、仲裁裁判所は当事者を公正に扱い、仲裁手続のいかなる段階においても当事者がその主張を行うための十分な機会を与えなければならない。

2　仲裁裁判所は、仲裁手続のいかなる段階においても、いずれかの当事者からの申立があったときは、証人による証言(鑑定人の鑑定を含む)、または弁論のために、審問手続を行わなければならない。そのような申立がないときは、仲裁裁判所は審問手続を行い或は書証その他の証拠にもとづいて仲裁手続を進行するかを決定しなければならない。

3　当事者は、仲裁裁判所に提出するすべての文書及び情報を、同時に相手方に送付しなければならない。

（仲裁地）

第一六条　1　当事者が仲裁地について合意していない限り、仲裁地は仲裁裁判所が当該事案に関する事情を考慮して決定する。

2　仲裁裁判所は、当事者が合意した国内において仲裁手続を行う場所を決定することができる。仲裁裁判所は、当該事案に関する事情を考慮し、適当と認めるいかなる場所においても、証人を尋問し、仲裁人の評議のための会合を開くことができる。

3　仲裁裁判所は、適当と認めるいかなる場所においても、物品、その他の物、又は文書の検証のため会合することができる。仲裁裁判所は、当事者がその検証に立ち会うことができるために必要な通知をしなければならない。

4　仲裁判断は、仲裁地において行う。

（用　語）

第一七条　1　仲裁裁判所は、当事者が用語について合意している場合を除き、選定後すみやかに、仲裁手続における用語を決定する。その決定は、仲裁申立書、答弁書、その他の書面、及び、審問が行われる場合には、審問における用語に適用する。

2　仲裁裁判所は、仲裁申立書及び答弁書に添付される文書並びに仲裁手続中に提出される追加の文書又は書証に、当事者が合意し又は仲裁裁判所が決定した用語による訳文の添付を命ずることができる。

（仲裁申立書）

第一八条　1　仲裁申立書が仲裁付託の通知に記載されていないときは、申立人は、仲裁裁判所の定める期間内に、仲裁申立書を相手方及び各仲裁人に通知しなければならない。契約書の写し及び、契約書中に仲裁条項がない場合には、仲裁契約書の写しを、仲裁申立書に添付するものとする。

2　仲裁申立書には、次の事項を記載しなければならない。

（a）当事者の氏名及び住所

（b）請求の根拠となる事実

（c）争点

（d）求める救済措置

申立人は、関連があると思料されるすべての文書を仲裁申立書に添付し、後に提出する文書その他の証拠をも掲げることができる。

（答弁書）

第一九条　1　相手方は、仲裁裁判所の定める期間内に、答弁書を申立人及び各仲裁人に通知しなければならない。

2　答弁書においては、仲裁申立書中の、前条2（b）から（d）までに掲げる事項について答弁しなければならない。相手方は、その答弁を証する文書を添付し、後に提出する文書その他の証拠を掲げることができる。

3 相手方は、答弁書において、又は、仲裁裁判所が事実に照らし遅滞に理由があると認める場合には、その後において、同一の契約から生ずる反対請求を行い又は同一の契約から生ずる請求権にもとづく相殺を主張することができる。

4 前条2の規定は、反対請求及び相殺の主張について準用する。

（主張、答弁の変更）

第二〇条 いずれの当事者も、仲裁手続中、その主張又は答弁を変更し又は補足することができる。但し、仲裁裁判所が、その変更を時機に遅れたものと認め、又は相手方の利益を害し若しくはその他の事情に照らしその変更を認めることが適当でないと認めたときを除く。変更された申立が仲裁条項又は仲裁契約の対象から外れることとなる場合には、申立の変更をすることができない。

（仲裁裁判所の管轄権に関する主張）

第二一条 1 仲裁裁判所は、自己が紛争を解決する権限を有しないとの主張（仲裁条項又は独立した仲裁契約の存否及びその効力に関する主張を含む）について決定する権限を有する。

2 仲裁裁判所は、仲裁条項がその一部を成す契約の存在又は効力について決定する権限を有する。この条の規定の適用上、契約の一部であってこの規則に基づく仲裁を規定する条項は、契約の他の条項から独立した合意として取り扱う。契約が無効である旨の仲裁裁判所の決定によって、仲裁条項が法律上当然に無効とされるものではない。

3 仲裁裁判所が紛争を解決する権限を有しないとの主張は、遅くとも、答弁書において、反対請求については、反対請求に対する答弁において主張しなければならない。

4 仲裁裁判所は、原則として、前項の主張を先決問題として裁定しなければならない。仲裁裁判所は、仲裁手続を進行し、終局判断においてその主張について決定することができる。

（その他の書面による陳述）

第二二条　仲裁裁判所は、仲裁申立書、答弁書のほか、かなる書面を当事者に求め、又は当事者がいかなる書面を提出することができるかについて決定し、そのための期間を定める。

（書面提出のための期間）

第二三条　仲裁裁判所の定める、書面（仲裁申立書及び答弁書を含む）の送付のための期間は、四五日を超えてはならない。仲裁裁判所は、正当な理由があると認めるときは、期間を延長することができる。

（証拠及び審問）

第二四条　1　当事者は、その請求又は主張の根拠となる事実を立証する責任を負う。

2　仲裁裁判所は、適当と認めるときは、仲裁申立書又は答弁書において述べられた係争事実を証するために、当事者が提出する文書その他の証拠の概要を、各仲裁人及び他方の当事者に、仲裁裁判所の定める期間に提出することを、当事者に求めることができる。

3　仲裁裁判所は、仲裁手続中、当事者に、文書、物件その他の証拠を仲裁裁判所の定める期間内に提出することを求めることができる。

第二五条　1　仲裁裁判所は、当事者に、審問の日時及び場所を、予め十分な余裕をもって通知しなければならない。

2　当事者は、審問の日の一五日前までに、仲裁裁判所及び他方の当事者に、出頭する証人の氏名及び住所並びにその証人の証言の対象及びその用いる言語について通知しなければならない。

3　仲裁裁判所は、事案により必要と認める場合、又は当事者が翻訳について合意し、審問の日の一五日前までにその合意を仲裁裁判所に通知した場合には、審問における口頭の陳述を翻訳し、記録する措置をとらなければならない。

4　審問は、当事者の合意がない限り、公開しない。仲裁裁判所は、証言が行われているときは、他の証人を退席させることができる。仲裁裁判所は、職権により、証人尋問の方法について決定することができる。

5 証言は、証人の署名した陳述書によって提出することもできる。
6 仲裁裁判所は、提出された証拠の許容性、関連性、及び重要性について決定する。

（保全のための中間措置）
第二六条 1 仲裁裁判所は、いずれか一方の当事者の申立により、紛争に関し、必要と認める中間措置をとることができる。この措置には、物品の第三者への寄託又は腐敗しやすい物品の売却を命ずるなど、物品の保全のために必要な措置を含む。
2 中間措置は、中間判断により決定することができる。仲裁裁判所は、中間措置に要する費用のため、担保を要求することができる。
3 当事者による司法当局に対する中間措置の申立は、仲裁の合意と両立せず又はその合意を放棄したものとはみなされない。

（鑑　定）
第二七条 1 仲裁裁判所は、特定の争点について、一又は二以上の鑑定人に書面による鑑定を求めることができる。仲裁裁判所は、鑑定人の職務内容を決定し、当事者に通知しなければならない。
2 当事者は鑑定人に関連する情報を提供し、又は鑑定のため、鑑定人が必要とする文書若しくは物件を提出しなければならない。鑑定人の必要とする情報又は提出物件の関連性についての当事者と鑑定人の争は、仲裁裁判所が決定する。
3 仲裁裁判所は、鑑定人の鑑定書の受領の後、その写しを当事者に送付し、当事者にその鑑定書についての意見を書面によって述べる機会を与えなければならない。当事者は、鑑定人が鑑定書において援用した文書を検討する権利を有する。
4 当事者は、鑑定書の送付のあった後、審問手続において鑑定人を尋問することができる。この審問の際に、当事者は当該争点についての証言を求めるために、鑑定人尋問の申請をすることができる。第二五条の規定はこの手続に準用する。

（当事者の懈怠）

第二八条　１　申立人が、仲裁裁判所によって定められた期間内に正当な理由を示すことなくその申立を提出しないときは、仲裁裁判所は、仲裁手続終了の決定書を交付しなければならない。相手方が、仲裁裁判所によって定められた期間内に正当な理由を示すことなく答弁書を提出しないときは、仲裁裁判所は、仲裁手続の続行を命じなければならない。

２　いずれか一方の当事者が、この規則に従った通知を受けていたにもかかわらず、正当な理由を示すことなく審問期日に出頭しないときは、仲裁裁判所は、仲裁手続の続行を命ずることができる。

３　いずれか一方の当事者が、書証の提出を求められていたにもかかわらず、正当な理由を示すことなく定められた期間内にそれを提出しないときは、仲裁裁判所は、提出された証拠のみに基づいて仲裁判断を行うことができる。

（審問の終結）

第二九条　１　仲裁裁判所は、当事者に対し、更に提出すべき証拠、尋問すべき証人又は他の申立があるかどうかを確め、それらがないときは、審問の終結を宣言することができる。

２　仲裁裁判所は、特別の事情により必要と認めるときは、職権又はいずれか一方の当事者の申立により、仲裁判断を行う前に、審問を再開することができる。

（責問権の放棄）

第三〇条　当事者が、この規則の規定が遵守されず又はこの規則の定める要件が満たされていないことを知りながら、速やかに異議を述べなかったときは、これを述べる権利を放棄したものとみなす。

第四章　仲裁判断

（評　決）

第三一条　1　仲裁人が三人の場合には、仲裁裁判所の仲裁判断その他の決定は、仲裁人の過半数の意見による。

2　手続問題については、過半数が得られない場合又は仲裁裁判所がその権限を与えた場合には、裁判長が決定することができる。但し、仲裁裁判所は、その決定を取消し、変更することができる。

（仲裁判断の形式及び効力）

第三二条　1　仲裁裁判所は、終局判断のほか、中間措置、中間判断又は一部の判断をすることができる。

2　仲裁判断は、書面によるものとし、当事者を拘束し、不服を許さないものとする。当事者は、遅滞なく、仲裁判断に従った行為をしなければならない。

3　仲裁判断には、当事者が理由を付することを要しない旨の合意をした場合を除き、理由を付さなければならない。

4　仲裁判断には、仲裁人が署名し、作成の日及び場所を記載する。仲裁人が三人である場合において、そのうちの一人が署名をしないときは、仲裁判断には、その理由を付記しなければならない。

5　仲裁判断は、当事者の合意がある場合に限り、公開することができる。

6　仲裁裁判所は、仲裁人の署名した仲裁判断の写しを当事者に交付しなければならない。

7　仲裁判断が行われた地の法律により、仲裁裁判所が仲裁判断の登録をしなければならない場合には、仲裁裁判所は、その法律の定める期間内に、その登録をしなければならない。

（準拠法、友誼的仲裁）

第三三条　1　仲裁裁判所は、当事者が紛争に適用される法律を指定した場合には、その法律を適用しなければならない。

その指定がない場合には、仲裁裁判所は、相当と認める法の抵触に関する規則によって指定される法律を適用しなければならない。
2　仲裁裁判所は、当事者による明示の授権があり、かつ、仲裁手続に適用される法律で認められている場合に限り、「友誼的仲裁」又は「善と衡平による仲裁」を行う。
3　いかなる場合においても、仲裁裁判所は、契約の文言に従って判断し、当該取引に適用される商慣習を考慮しなければならない。

（和解、その他の理由による手続の終了）
第三四条　1　仲裁判断が行われる以前に、当事者が紛争について和解をした場合には、仲裁裁判所は、仲裁手続終了の決定書を交付し、又は両当事者の要請により、かつ、仲裁裁判所が相当と認めるときは、仲裁判断に和解条項を記載する。この場合には、仲裁判断に理由を付すことを要しない。
2　仲裁判断が行われる以前に、前項に規定する理由以外の理由により、仲裁手続の続行が不必要又は不可能となった場合には、仲裁裁判所は、当事者に対し仲裁手続終了の決定書を交付する旨を通知しなければならない。仲裁裁判所は、当事者が正当な理由により異議の申立をしないかぎり、その決定書を交付する権限を有する。
3　仲裁裁判所は、仲裁手続終了の決定書の写し又は仲裁人の署名のある、当事者の合意を記載した仲裁判断の写しを当事者に送付する。当事者の合意を記載した仲裁判断については、第三二条2及び4から7までの規定を準用する。

（仲裁判断の解釈）
第三五条　1　当事者は、仲裁判断の受領後三〇日以内に、仲裁裁判所に仲裁判断の解釈を求めることを申立てることができる。この申立は、相手方に対しても通知しなければならない。
2　仲裁判断の解釈は、前項の申立を受領した後四五日以内に書面によって行う。この解釈は、仲裁判断の一部を成すものとし、第三二条2から7までの規定を準用する。

（仲裁判断の訂正）

第三六条　1　当事者は、仲裁判断の受領後三〇日以内に、仲裁裁判所に対し、仲裁判断における違算、書損じ、その他これに類する誤りの訂正を申立てることができる。この申立は、相手方に通知しなければならない。仲裁裁判所は、仲裁判断の送付の後三〇日以内に、職権により誤りを訂正することができる。

2　仲裁判断の訂正は書面によるものとし、第三二条の2から7までの規定を準用する。

（追加的仲裁判断）

第三七条　1　当事者は、仲裁判断の受領後三〇日以内に、仲裁裁判所に対し、仲裁手続に付された請求であって、仲裁判断から脱漏している部分につき、追加して仲裁判断を行うことを申立てることができる。この申立は、相手方に通知しなければならない。

2　仲裁裁判所は、追加的仲裁判断の申立を相当と認め、かつ、さらに証拠調を要することなく、判断の脱漏を訂正することができる場合には、その申立の受領後六〇日以内に、仲裁判断をしなければならない。

3　追加的仲裁判断が行われた場合には、第三二条2から7までの規定を準用する。

（費　用）

第三八条　仲裁裁判所は、仲裁判断において、仲裁の費用を確定しなければならない。仲裁の費用は、次に掲げるものとする。

（a）　第三九条の規定に従って仲裁裁判所が決定する仲裁人の手数料

（b）　仲裁人の旅費その他の費用

（c）　仲裁人の必要とした専門家の意見及びその他の補助に要した費用

（d）　証人の旅費その他の費用。但し、仲裁裁判所が相当と認める範囲に限る。

（e）　自己の申立が認められた当事者が代理及び補佐のために要した費用。但し、仲裁手続において請求した場合であって、仲裁裁判所が相当と認める額に限る。

（f）　仲裁人選定機関の手数料及び費用並びにハーグ常設仲裁裁判所事務局長の費用

第三九条　1　仲裁裁判所の手数料は、紛争の対象となった金額、事案の複雑さの程度、仲裁人の費やした時間、その他の事情を考慮した合理的な金額でなければならない。

2　当事者間で仲裁人選定機関について合意し、又はハーグ常設仲裁裁判所事務局長が仲裁人選定機関を指定した場合において、当該選定機関が国際的な事案に適用される費用の規程を有する場合には、仲裁裁判所は手数料を定めるに当り、事案に照らして相当と考えられる限りにおいて、その規程を考慮に入れなければならない。

3　前項に規定する選定機関が国際的な事案を扱う仲裁人の手数料の規程を発表していない場合には、当事者は、何時でも、当該選定機関に仲裁人を選定する国際的な事案において通常用いている基準についての説明を求めることができる。当該選定機関がその説明をすることに同意する場合には、仲裁裁判所はその手数料を定めるに当たり、当該事案に適切と認めるときは、それを考慮しなければならない。

4　前二項の場合において、当事者の求めに応じて選定機関が説明することに同意したときは、仲裁裁判所は選定機関と協議した後に、その手数料の額を定める。選定機関は、仲裁人に、手数料に関し適切と認める意見を述べることができる。

第四〇条　1　2に規定する場合を除き、仲裁の費用は、原則として、自己の申立が認容されなかった当事者の負担とする。仲裁裁判所は、当該事案を考慮し、相当と認めるときは、その費用を当事者に分担させることができる。

2　第三八条（e）に掲げる代理及び補佐のために要した費用については、仲裁裁判所は、当該事案を考慮し、当事者の一方に負担させ、又は、相当と認めるときは、両当事者に分担させることができる。

3　仲裁裁判所が仲裁手続終了の決定書を交付し又は合意に基く仲裁判断を行った場合には、仲裁裁判所は、その決定書又は仲裁判断に第三八条及び第三九条1に規定する費用の金額を定めなければならない。

4　仲裁裁判所は、第三五条から第三七条に規定する仲裁判断の解釈、訂正及び追加について、追加の手数料を課すことはできない。

第四一条

1　仲裁裁判所は、各当事者に対し、それが構成されたときに、第三八条（a）、（b）及び（c）に掲げる費用に相当する金額の予納を命ずることができる。
2　仲裁裁判所は、仲裁手続中に、さらに費用の予納を命ずることができる。
3　選定機関について当事者が合意した場合、又はこれをハーグ常設仲裁裁判所事務局長が指定した場合において、当事者の要請により選定機関がその任務の遂行に同意したときは、仲裁裁判所は、選定機関と協議した後にのみ、予納又は追加の予納の金額を定める。選定機関は、仲裁裁判所に対し、予納又は追加の予納の金額に関し、意見を述べることができる。
4　仲裁裁判所は、全額が予納命令の受領の後三〇日以内に支払われない場合には、当事者に対し、そのいずれか一方が必要な予納を行うことができるよう、その事実を通知する。仲裁裁判所は、その予納が行われない場合には、仲裁手続の停止又は終了を決定することができる。
5　仲裁裁判所は、仲裁判断の後に、予納された費用を精算し、残額を当事者に返還しなければならない。

（仮訳）

12

国際連合国際商取引法委員会の国際商事仲裁に関する模範法

(UNCITRAL MODEL LAW on International Commercial Arbitration)

本稿は一九八五年六月二一日に国際連合国際商取引法委員会（The United Nations Commission on International Trade Law, UNCITRAL）の第一八会期で採択された「国際商取引法委員会の国際商事仲裁に関する模範法」（UNCITRAL MODEL LAW on International Commercial Arbitration as Adopted by the United Nations Commission on International Trade Law on 21 June, 1985）を紹介し、これに若干の解説を加えるものである。

なお、この模範法の作成の経緯及び問題についての議論に関するわが国で参照しうる主な文献としては、作業部会の報告書、青山善充教授の報告書、国際商事仲裁会議（International Congress for Commercial Arbitration, ICCA）のローザンヌ会議の報告書及び国際商取引法委員会第一八会期の報告書がある。

（一九八五年一一月二六日）

一　序　説

1　模範仲裁法試案の作成

国際連合国際商取引法委員会（The United Nations Commission on International Trade Law, UNCITRAL）は一

九九六年一二月国際連合総会の決議によって設置された。この国際商取引法委員会の目的は、広く国際商取引法の調和（harmonization）と統一（unification）の促進であり、具体的には既存条約、統一法への各国の参加の促進、新たな条約、統一法の作成等の作業を行うことであった(1)。そして当初から、商事仲裁は国際商取引法委員会で検討するに適した分野の一つと考えられていた(2)。

一九六八年の第一会期において、作業計画を検討したところ、統一売買法について商事仲裁をとりあげるべしとの意見が多かった。そして一九七〇年の第三会期においてイオン・ネストール（Ion Nestorルーマニア）を特別報告者に選び、その報告にもとづいて検討することとした。特別報告者の報告書は一九七二年の第五会期に提出された。これにもとづいて一九七三年の第六会期で商事仲裁に関して国際商取引法委員会でいかなる作業を行うべきかについて検討した。そこでは、一九五八年の外国仲裁判断の承認及び執行に関する条約への加入の促進、一九六一年の国際商事仲裁に関する欧州条約の適用範囲の拡大、模範仲裁規則（model arbitration rules）の作成、各国の仲裁法の統一等が検討されたが、結局、模範仲裁規則を作成することに落ち着いた(3)。

模範仲裁規則の作成の過程については既に述べたことがあるので、ここではくりかえすことをしないが、簡単にいえば、当事者が既存の仲裁機関によらない仲裁（いわゆるad hoc arbitration）による場合に、当事者の選択によって用いられる規則（ad hoc rules for optional use relating to international trade）を作成する作業が行われ、一九七六年の第九会期において採択された。これが国際連合国際商取引委員会仲裁規則（UNCITRAL Arbitration Rules）である。この仲裁規則の作成作業は、国連事務局と国際商事仲裁会議国際委員会（ICCA）の指名した専門家の共同によって準備作業が行われたが、国際商取引法委員会の検討のほうに実質的意味があった(4)。

一九七九年の第一二会期では、国際商取引法委員会で仲裁手続に関する模範法の作成作業をはじめることとし、事務局が各国の仲裁法を収集し、国際商事仲裁を対象とし、かつ、一九五八年の外国仲裁判断の承認及び執行に関する条約及び国際商取引法委員会仲裁規則を考慮に入れながら、模範仲裁法の草案を準備し、これをもとにして同委員会で検討する方向ですすむこととした。[5] 一九八一年の第一四会期で事務局から「国際商事仲裁に関する模範法の考えられる諸要点」と題する報告書が提出され、適用範囲、仲裁契約、仲裁人の選定及び忌避、仲裁手続、仲裁判断、仲裁判断に対する不服申立についての立法上の問題に関して詳細に問題点が列挙された（当初は、仲裁判断の承認・執行の問題は含まれていなかった）。[6] 国際商取引法委員会の契約実務作業部会では、一九八二年二月から立案作業を開始し、一九八四年二月まで五回の会合を重ねて、ようやく試案（Draft Text of A Model Law on International Commercial Arbitration as Adopted by the Working Group）を作成した。[7] この試案は、仲裁規則の場合と多少異なり、当初から国際商取引法委員会のメンバーである各国からの専門家と事務局との共同作業によって作成されたものである（その経過については、青山善充教授の論文を参照されたい）。

一九八四年の五月にローザンヌで開かれた国際商事仲裁会議の中間会期で、この試案についての方向と意見交換とが行われた。[8] そして一九八四年六月の国際商取引法委員会第一七会期では、各国政府から意見を徴し、それにもとづいて一九八五年の国際商取引法委員会第一八会期で試案を再検討することとした。[9]

一九八五年の第一八会期では、模範仲裁法の審議を集中して行い、同年六月二一日に全文三六ヶ条から成る「国際商事仲裁に関する国際商取引法委員会模範仲裁法」（UNCITRAL MODEL LAW on International Commercial Arbitration）を採択した[10]（模範法の訳文は後に掲げるとおりである）。

一九八五年模範法は文言の上では一九八四年試案をかなり修正したが、その骨子はほとんど変わっていない。その多くは条文の趣旨を明らかにするための修正である（そのなかには、文章としてはかえってわかりにくくなった部分もある。また、若干の用語の不統一もある。これは、多くの国が参加する会議によって修正する際に起こりがちなことである)。しかし、若干の実質的な修正もある。例えば、当事者が国際商事仲裁を選択できるようにしたこと、仲裁人又は仲裁裁判所の権限かどうかについて、先決問題として独立して先に判断することもできるし、また、仲裁判断において判断することもできることとし、前者の場合には裁判所に不服の申立ができるとしたこと、仲裁判断取消の訴の国際的裁判管轄権について属地主義をとったことである。

もちろん模範法は条約ではないから、各国でこれを採用する際に、その一部を採らないこともできるし、重要な部分を修正することができることはいうまでもない。

(1) 国際連合総会決議二二〇五 (XXI) (UNCITRAL Yearbook, vol. I, p. 65)

(2) Progressive Development of the Law of International Trade: Report of the Secretary-General (UNCITRAL Yearbook vol. I p. 20-1)

(3) UNCITRAL Yearbook, vol. III, p. 11

(4) Report of UNCITRAL on the Work of its Eighth Session, pp. 24-26, Report of UNCITRAL on the Work of its Ninth Session, pp. 32-50)、高桑昭・UNCITRAL仲裁規則（国際商事仲裁協会、昭和五四年）、喜多川篤典「国際商事仲裁の現状と課題」（鈴木竹雄先生古稀記念、現代商法学の課題上巻一六八頁以下）

(5) Report of UNCITRAL on the Work of its Twelfth Session, (UNCITRAL Yearbook, vol. X p. 21)

(6) Report of the Secretary-General: Possible Feature of a Model Law on International Commercial Arbitration (A/CN. 9/207, 1981) (UNCITRAL Yearbook 1981, vol. XII, p. 72)

(7) これまでの経過について及び審議の状況については、青山善充「国際商事仲裁の現代的課題と問題点」法律時報五四巻八号―一一号、同「国際商事仲裁モデル法立法上の問題点」ＮＢＬ二七〇号、同「国際商事仲裁モデル法〔第一次〕草案」ＮＢＬ二七四号、二七五号、同「国際商事仲裁に関するUNCITRALモデル法について」ＪＣＡ

ジャーナル三一巻五号、六号。

（8） ICCA, UNCITRAL's Project for a Model Law on International Commercial Arbitration (Kluwer, 1983)

（9） Report of UNCITRAL on the Work of its Seventeenth Session, pp. 6–47.

（10） Report of UNCITRAL on the Work of its Eighteenth Session, pp. 5–65.

2　模範法の構成と特色

(1)　模範法の構成

この模範法は三六ヶ条から成り、八章に分かれている。題名は、国際商事仲裁に関する国際商取引法委員会模範法（UNCITRAL Model Law on International Commercial Arbitration）である。

第一章は、総則の題名のもとに、適用範囲（第一条）、定義及び解釈規定（第二条）、書面による通知の受領（第三条）、責問権の放棄（第四条）、裁判所の介入の限度（第五条）及び仲裁における援助及び監督のための職務を行う裁判所その他の機関（第六条）などについて規定している。いずれも模範法全体に関係する事項をまとめた部分である。このうち最も重要な規定は、いうまでもなく、第一条すなわち模範法の適用対象となる国際商事仲裁について定めている規定である。同条では、仲裁地が模範法の施行されている地域にあるすべての仲裁に模範法が適用されるとしているが、このことは大きな意味をもっている。また、第五条で裁判所の介入の限度を画する明文の規定を設けたことも注目される。

第二章仲裁契約では、仲裁契約の定義と方式（第七条）、仲裁契約と裁判所における権利の主張（第八条）及び仲裁契約と裁判所による暫定措置（第九条）を定める。いかなる合意があれば仲裁によって紛争を解決できるかは重要な問題であるから、第七条並びに仲裁契約が有効である場合の裁判所の措置及びそれまでの間の仲裁裁判所の権限を定めた第八条は重要な規定である。仲裁契約は仲裁制度における重要な事項の一つであって、さまざまな問題を含み（例えば、仲裁契約の成立、方式、仲裁契約の効力の発生とその範囲、仲裁契約の失効など）、立法的な解決は必ずしも容易ではない。この模範法においても僅かな規定があるにすぎない。したがって、その多くの問題は、各国の裁判所の解釈によるということになろう。

第三章は、仲裁裁判所の構成という題のもとに、仲裁人の選定（第一一条）、忌避（第一二条、第一三条）、仲裁人の行為の懈怠又は不能（第一四条）、補充仲裁人の選定（第一五条）を定める。当事者が仲裁による紛争解決を選択する理由の一つは、当事者の仲裁人に対する信頼にある。そうであれば、仲裁人の選定に関する規定の多くは、当事者の合意又は仲裁規則に委ねてもよいのであって、仲裁法の規定はこれらを補充するためのものであって、任意規定ということもできる。しかし、忌避の理由及びその手続は当事者の合意や仲裁機関の規則に委ねるよりも、法律の規定によることのほうが妥当のように思われる。

第四章では、仲裁裁判所の権限の判断についてとくに規定を設けて、仲裁裁判所にもその権限を与えることとし（第一六条）、また権利保全のための暫定措置を命ずる権限をも認めた（第一八条）。仲裁手続の進行の遅延を防ぐ趣旨であろう。

第五章は、仲裁手続に関する規定であって、仲裁手続規則の決定（第一九条）、仲裁地（第二〇条）、仲裁手続の開始（第二一条）、言語（第二二条）、申立及び答弁の陳述（第二三条）、審問及び書面による手続（第二四条）、当事者の懈怠（第二五条）、仲裁裁判所によって選任された鑑定人（第二六条）及び証拠調における裁判所の援助（第二七条）について定める。手続の進行に関する規定は任意規定であって、当事者の合意若しくは各仲裁機関の仲裁規則によることもできるし、また仲裁裁判所の適宜の措置によることができる。このなかで重要な規定は仲裁地に関する規定である。この模範法は、仲裁地が模範法の施行されている領域にあるときに適用されるとしているからである。したがって、模範法を採用している国でされた仲裁判断の取消の裁判管轄権は仲裁地の属する国が有すると解すべきであろう。しかし、仲裁判断の承認・執行については、内国仲裁判断と外国仲裁判断を区別していないので、仲裁地はとくに意味をもつものではない。仲裁手続の開始に関する規定は時効の中断との関係で意味をもってくる。なお、証拠調における裁判所の援助の方法は法律によって定めておくべき事項である。

第六章には仲裁判断及び仲裁手続の終了に関する規定として、紛争の実体に適用すべき規準（第二八条）、合議体による決定（第二九条）、和解（第三〇条）、仲裁判断の形式及び内容（第三一条）、仲裁判断の訂正・追加的判断（第三三条）及び仲裁判断以外の方法による仲裁手続の終了（第三二条）がある。いずれも仲裁規則で定めることもできるが、仲裁手続の準拠法において問題となる事項であるので、法律で定めておく必要がある。このなかでとくに注目すべきは、仲裁判断の形式のための実質的規範を定めた規定である。なお、仲裁判断の効力についてはとくに規定を設けず、第八章でいかなる国でなされたかにかかわらず当事者を拘束し、執行することができるとするに止どまる（第三五条）。

第七章は、仲裁判断に対する不服の申立（救済）として仲裁判断の取消について規定する。仲裁制度に関する重要な問題の一つであって、仲裁判断の取消は法律によって規定しておかなければならない事項である。この模範法では、取消事由と仲裁判断の承認を拒否する事由とは実質的に同じである。しかし、取消の対象となる仲裁判断は、内国でなされた仲裁判断のみに限られるか、又はそれ以外の仲裁判断にも及ぶかは明らかではない。

第八章では、仲裁判断の承認の要件及び手続を定めている(第三五条、第三六条)。その規定は一九五八年の外国仲裁判断の承認及び執行に関する条約と実質的に同じである。承認の対象となる仲裁判断は、いかなる国でなされたか、いかなる法律（仲裁手続の準拠法）に従ってなされたかにかかわらない。したがって、この模範法では、内国仲裁判断と外国仲裁判断とを区別する考え方を採用していないということになる。

(2)　模範法の特色

この模範法の特色は、主として、次の点にある。

(イ)　国際商事仲裁に適用されること

この模範法はすべての仲裁に適用されるのではなく、「国際商事仲裁」に適用される。簡単にいえば、二以上の国にまたがって行われる商業活動、企業活動から生ずる紛争の仲裁が適用の対象となる。これに対して、国際性(渉外性)のない紛争、商事的性格のない関係から生ずる紛争には、この模範法によらず、別の仲裁法が適用されることになろう。この模範法は渉外的性格を有する実質法の統一の試みの一つである（仲裁に関するそのような試みとしては、これまでにも外国仲裁判断の承認及び執行に関する条約などがある)。

(ロ)　属地的に適用されること

この模範法は仲裁地がその施行されている領域にある場合に適用される。すなわち、仲裁地に模範法が施行されているならば、仲裁人の選任、仲裁手続の開始から終了まで、仲裁判断の取消手続に模範法の規定が適用される(そのほか、仲裁地が模範法の施行されている領域外にあっても、妨訴抗弁としての仲裁契約の存在、仲裁判断の承認について、模範法が適用されることは当然である)。これによれば、この模範法の施行されている領域に仲裁地があるときは、仲裁手続についてはこの模範法の規定が当然に適用され、当事者は他に仲裁手続の準拠法を選択することは認められないことになろう（当事者による仲裁手続法の指定は模範法の許容する範囲でのみ意味をもつにすぎない）。また、この模範法を採用している国では、その領域に仲裁地のある仲裁判断について、仲裁判断の取消の手続の管轄権を有することになろう。

(ハ)　仲裁手続に関する規定を設けたこと

この模範法では、仲裁手続についていくつかの基本的な規定を設けている。仲裁手続は当事者の合意により又は仲裁機関の規則によって進行するのが通常であり、またとくにこれらに定めのない場合には、仲裁人の適宜の判断によることで足りるのであって、あえて法律で手続に関する規定を設けるまでの必要なく、そこに仲裁の特色の一つがあるとの考え方もある。しかし、仲裁手続についても何らかの規則のあることが当事者にとっても、仲裁人にとっても便利であり、手続も円滑に進行するであろうし、仲裁手続が公平、適正に行われることを担保することにもなろう。したがって、仲裁法のなかで手続についての規定を設けることは無意味ではないし、仲裁法又は仲裁規則の整備されていない国のために標準的な規定を示すという意味もある。手続に関する規定には、訓示的なもの、仲裁規則の欠缺を補充するもの、裁判所による援助を定めるものなどがある。手続に関する規定に反したときは、仲裁判断の取消事由又は仲裁判断の承認の拒否の事由となることもある。

(ニ)　仲裁判断の依拠すべき規範を明示したこと

この模範法は、仲裁判断の依拠すべき規範として、法による仲裁を原則とし、善と衡平による仲裁及び友誼的仲裁は当事者の明示の権限のある場合に限っている。そして準拠法の決定については、当事者の明示の指定があるときはそれによることとし、明示の指定がないときは仲裁裁判所が適当と認める抵触規則によるとした。一九七六年の国際商取引法委員会の仲裁規則と同じである。ここにいう法とは、法の一般原則のように漠然としたものではなく、具体的な実定法をいうものと考えられる。経済活動から生ずる紛争の解決方法は、当事者にとって予め結果の予測が可能であること、その規準が明確であり法的安定性があることが必要とされることを考えれば、あえて異とするには及ばないであろう。しかも、とくに注目されるところは、当事者が準拠法を指定していないときには、仲裁人が準拠法を直接決定するのではなく、牴触法的処理によって決定すべしとしたところである。実際上では、両者の間に違いがないのかもしれないが、仲裁人は仲裁判断中に準拠法決定の理由を書かなければならないとすれば、仲裁判断の形成に当たって慎重な配慮がなされることにはなるであろう。

(ホ) 仲裁判断の承認の要件で内国仲裁判断と外国仲裁判断を区別していないこと

この模範法でいう国際商事仲裁でなされた仲裁判断であれば、内国でなされたものも外国でなされたものも、承認の要件には差異がない。仲裁判断は国家法によって承認されることによって法的に意味を有することになる点を強調するならば、仲裁判断の内容、仲裁手続等で著しく不公平、不適当なことがないかぎり、仲裁地が内国か外国か、仲裁手続の準拠法が内国法か外国法かでとくに区別する必要はないともいえる。この模範法はこのような考え方によるのではなかろうか。しかし、そうなると、国際商事仲裁における仲裁判断かそれ以外の仲裁判断かで区別する理由があるかどうかも疑問となろう。従来は、内国仲裁判断と外国仲裁判断とを区別する考え方で国際的な立法がなされてきた。仲裁に関する渉外的実質法の統一という観点からは、外国仲裁判断の承認の要件を統一することが最も重要であるといえよう。それは、これまで、ニューヨーク条約等によってかなりの程度まで統一が達成されている。したがって、この模範法の規定の目的は、ニューヨーク条約と実質的に同趣旨の規定を採用することによって、この模範法を採用している国がニューヨーク条約の締約国であると否とにかかわらず、内国でなされた国際商事仲裁の仲裁判断と外国でなされた国際商事仲裁の仲裁判断とを、承認に当たって同じ要件によらしめることにあるといえよう。

(ヘ)　仲裁法の全般にわたるはじめての世界的立法であること

仲裁に関してはこれまでにも世界的視野のもとで、いくつかの立法が試みられてきた。一九二三年の仲裁条項に関する議定書、一九二七年の外国仲裁判断の執行に関する条約、一九五八年の外国仲裁判断の承認及び執行に関する条約などはその例である。これらはすべて外国仲裁判断の承認及び執行に関する条約である。これに対して、仲裁手続については一九六一年の国際商事仲裁に関する欧州条約(ジュネーヴ条約)、一九六六年の仲裁に関する統一法を定める欧州条約(ストラスブール条約)、一九七二年の経済、科学及び技術協力から生ずる民事紛争を仲裁により解決する条約(モスクワ条約)、一九七五年の国際商事仲裁に関する米州国間条約及び一九七九年の判決及び仲裁判断の外国における効力に関する米州国間条約があるが、いずれも地域的条約にとどまり、普遍的な適用を目的としたものではない。したがって、仲裁の合意、仲裁人の選定、仲裁手続、仲裁判断の取消等を含めて、仲裁全体に関する規定を設けた国際的立法としては、この模範法がはじめての試みであるということができよう。

(ト)　模範法であること

この模範法は国際商事仲裁に関する国内法の統一を目指すものである。模範法であるから、これを採用するについては、全部でなく、その一部を採用することもできるし、ここにある規定を修正し、新たな規定を加えることもできる。したがって、条約で統一する場合よりも緩い統一ということになる。

仲裁法の核心は仲裁判断の承認及び執行にあるのであって、実際的な観点からすれば、この部分のみを統一することで足り、それ以外の部分、とくに仲裁手続に関する規定をあえて条約で統一するほどの必要もないと考えられる。今世紀前半から外国仲裁判断の承認及び執行に関する条約を作成する努力がなされたのはこの理由による。もちろん、国際的な仲裁に適用される法律の総ての規定が各国で統一されていることが好ましいには違いないが、仲裁手続の施行、仲裁裁判所の構成などに関する規定が各国で統一されていようと異なっていようと、仲裁判断の承認及び執行という点では大きな意味があるとはいえない。しかし、新興国、発展途上国はもちろん、先進国でも仲裁法が不備な国は少なくないので、仲裁法を整備する際の参考に供するためには、模範法の形をとることが適当であろう。

国際連合第四〇回総会は、一九八五年一二月一一日に、「この模範法が調和ある国際的経済関係の発展に寄与し、外国仲裁判断の承認執行に関する条約及び国際商取引法委員会の仲裁規則とともに、国際的経済関係から生ずる紛争の公平にして迅速な解決のための法的制度の確立に寄与することを確信し、1　事務局において各国政府及び仲裁機関に模範法の条文とその作成記録を送るよう要請し、2　国際的商事仲裁手続の統一に鑑み、すべての国が模範法に正当な考慮を払うことを勧める」旨の決議をした。

二　模範法の解説

1　模範法の適用範囲

模範法は、第一章に総則（General Provisions, Dispositions generales）として、その適用範囲（第一条）、定義及び解釈に関する規定（第二条）、書面による通知の受領（第三条）、責問権の放棄（第四条）、裁判所の介入の範囲（第五条）並びに仲裁手続等についての管轄裁判所（第六条）について規定している。これらは第二章以下のすべての規定に適用される規定という意味で総則におかれたのであろう。このなかで最も重要な規定は適用範囲に関する規定である。

なお、以下において、この模範法をいうときは、単に「模範法」又は「この法律」と称することにする。

㈠　模範法の適用される仲裁

模範法では、この法律は国際商事仲裁に適用すること（第一条⑴）、この法律は仲裁地がその国の領域にある場合にのみ適用すること（同条⑵）を定めている。すなわち、この模範法は、その施行されている地域内に仲裁地がある場合であって、国際商事仲裁に該当する仲裁に適用されることとなる。

国際商事仲裁とは、一般的には、商取引又は経済活動から生ずる私的紛争を解決するための仲裁であって、国際的性格を有するものをいうと解されるが、「商事（commercial）」、「国際（international）」の概念は当然には明らかではない。また、これらの概念は国によって、また法令の目的によって異なる。そうなると、仲裁に関する渉外的実質法の統一[1]の目的を達するためには、この法律で「国際」及び「商事」の概念を定めておく必要がある。そのために「国際」の概念については第一条⑶で規定を設けた。しかし、「商事」についてはとくに規定を設けることはせず、注においてこれに含まれる取引又は経済活動を例示するという方法をとった（このことは、「商事」の定義が国際的立法において技術的に非常にむずかしいことを示している。なお、模範法であっても、注を用いること、しかもこのような列挙をすることは異例というべきであろう）。

国際商事仲裁に該当しない仲裁には、この法律は適用されず、他の仲裁法が適用される。しかし、各国が模範法を採用するに当たって、第一条の規定を修正してその適用範囲を拡大することはさしつかえない。この法律の適用範囲を縮小するように修正することも不可能ではないが、この模範法を作成した目的にはそわないことになろう。そうすると、各国で国際商事仲裁とされる範囲が異なってくるからであり、それによって仲裁に関する渉外的実質法の対象となる仲裁が異なってくるからである。これは模範法による法の統一における限界の一つといえよう。

(1)　国際商事仲裁

(イ)　商事仲裁であること

商事仲裁とは、仲裁の対象となる紛争の性質による限定であって、商取引又は経済活動から生ずる紛争の仲裁をいうと解されるが、それがいかなる範囲の紛争の仲裁をいうかは、それ自体では明らかではない。そこで「商事」の概念について明確な定義を設けることが必要となるが、それは必ずしも容易ではない。しかし、これを各国の解釈に委ねるとしても、「商事」の概念は各国で異なることもあるので、これについて模範法で何ら触れないことは法の統一という観点からみて好ましくない。そうかといって、模範法は商取引又は経済活動から生ずる紛争の仲裁を対象とすること、したがって民事、労働関係等の紛争の仲裁には適用されないことを示す必要はあろう。(2)しかし、条文で表現することは困難である。そこで模範法の本文では商事仲裁という表現を残すとともに、注の形で具体的な商取引及び経済活動の類型を列挙するという方法をとった。これは例示的列挙である。このような方法には内容が明確となる利点はある。

これによれば、「商事」の概念については、契約に基づくと否とにかかわらず、商事的性格を有するすべての関係から生ずる事項を含むように、広く解釈しなければならないとしている。そして、商事的性格を有する関係とは、物品の供給若しくは役務の提供又はこれらの交換に関する商取引、販売契約、商事代理、ファクタリング、リース契約、土木建設、コンサルティング、エンジニアリング、ライセンシング、投資、金融業務、銀行業務、保険、開発契約又はコンセッション、合弁事業その他の形態の産業協力又は業務提携、航空機・船舶・鉄道又は道路による物品又は旅客の運送をいうが、これに限られるものではない。ここに列挙された商取引、経済活動がいかなるものかについて、さらに解釈の余地はある。しかし、多くの国で商事的性格を有すると考えられる取引は含まれているといえよう。(3)

(ロ)　国際仲裁であること

国際仲裁とはそれ自体いかなる仲裁をいうかは当然には明らかではない。国内法で国際仲裁を一つの類型として認め、他の仲裁と異なる取扱いをしている国は少ない。(4) 多くの国では仲裁判断の承認については内国仲裁判断と外国仲裁判断とを区別しているが、仲裁手続についてはとくに国内仲裁と国際仲裁の区別はしていないようである。そうすると、仲裁が国際仲裁とされるかどうかで適用される法律を区別することにどのような意味があるかという疑問も生ずる。国際仲裁という概念を用いる理由としては、国際的性格を有しない仲裁については各国の国内法に委ねてもよいが、国際的商取引から生ずる紛争に関する仲裁については各国の法律を統一すべきであるという考え方をとることにあると考えられる。この模範法はこのような立場をとるものであろう。(5)

この模範法において、国際的性格を有する仲裁とは、一般に、仲裁を構成する要素（例えば当事者の国籍、住所、営業所所在地、仲裁機関の所在地、仲裁地、主たる契約を構成する要素）がいくつかの国に分れている仲裁であるといえよう。しかし、いかなる基準にもとづいて国際的とするかは、仲裁法がいかなることを目的としているかによって異なる。もちろん、他の分野における「国際」の概念とは必ずしも同じではない。例えば、売買法の統一における売買の国際性、(6) 海上物品運送における国際性(7)などと、仲裁において国際仲裁であるか否かを区別する基準が異なることは何ら差支えない。

模範法では、仲裁は次の場合に国際的性格を有するものとしている（第一条(3)）。

(a) 仲裁契約の当事者が、仲裁契約を締結した時に、異なる国に営業所を有する場合
(b) 次の場所の一が、当事者の営業所のある国の外にある場合
(i) 仲裁契約において定められ又は仲裁契約により定まる仲裁地
(ii) 商取引における義務の実質的な部分を履行すべき地若しくは紛争の主たる事項と最も密接な関連のある地
(c) 当事者の合意で、仲裁契約の対象となる事項が二国以上に関係することを明示した場合

なお、当事者が二以上の営業所を有するときは、営業所とは仲裁契約と最も密接な関連を有する営業所をいうものとし、当事者が営業所を有しないときはその常居所による（第一条(4)）。

第一条(3)では、国際仲裁の基準として、仲裁を構成する要素の国際的性格と仲裁の対象となる事項、すなわち主たる契約又は紛争の国際的性格の二つを用いている。(a)及び(b)(i)は仲裁を構成する要素の国際的性格によるものであり、(b)(ii)及び(c)は仲裁の対象となる契約又は紛争の国際的性格によるものである。(8)

(a)によると、仲裁契約の当事者が仲裁契約を締結した時に異なる国に営業所を有する場合には、契約又は紛争の性格、内容のいかんにかかわらず国際仲裁とされる。おそらく、当事者は、通常、その営業所所在地の法令、慣習に従ってその営業活動をし、紛争解決についてもその地のやり方に従うであろうし、異なる国に営業所を有する当事者間では通常の営業活動におい準拠する法令が異なり、また紛争解決方法を異にすると考えられる。そのような当事者間の紛争については、国内仲裁事件に適用される手続によることなく、国際的な事案に適した手続によることが適当であるということであろう。また、異なる国に営業所を有する当事者間の契約は隔地者間の取引として、多くの場合に国際的性格を有するとされることにもよるのであろう。

(b)(i)によると、仲裁地が当事者の営業所のある国と異なる国にある場合は国際仲裁とされる。すなわち、いずれか一方の当事者の営業所のある国と仲裁地の属する国とが異なっていればよい。いいかえると、両当事者の営業所が同じ国にあり、仲裁地がそれと異なる国にある場合でもよいし、当事者の営業所が異なる国にあり、仲裁地がそのいずれかの地にある場合、又は当事者の営業所も仲裁地もすべて異なる国にある場合には、国際仲裁ということになる。しかし、当事者の営業所が同じ国にある場合には、仲裁地がそれ以外の地にあるとしても、何故にこのような当事者間の紛争の仲裁が国際的な性格を有するかは明らかではない。おそらく、仲裁地からみて外国に営業所のある当事者間の仲裁は仲裁地のある国に営業所を有する当事者間の仲裁と異なるということであろう。

(b)(ii)では、義務履行地又は紛争の主たる事項と密接な関連を有する地が当事者の営業所のある国と異なる国にある場合は国際仲裁とされる。義務履行地等がいずれか一方の当事者の営業所のある国と異なる国にあってもよいし、両当事者の営業所が同じ国にあり、義務履行地がそれと異なる国にあってもよい。仲裁地と同じ国にあるかどうかは問題とされない。国際仲裁に関するこのような基準は仲裁を構成する要素によるというよりも、仲裁の対象となる契約又は紛争によると考えられる（隔地者間の取引では、この場合に該当することも少なくないであろう）。ところで、いずれの地が義務履行地であるかは常に明らかであるとはいえないし、義務履行地について争いのあることもある。通常は、義務履行地かどうかは準拠法を適用して定まる。したがって、契約において義務履行地が指定されている場合又は契約の条項からみてその履行地が明らかな場合に、義務履行地は国際仲裁かどうかを判断する基準とすることが可能となろう。また、紛争の主たる事項と密接な関連を有する地とはいかなる地であるかも当然には明らかでない。結局、これは具体的な事案ごとに決めることになろう。

(c)では、当事者の合意で、仲裁の対象となる事項が二国以上に関係することを明示した場合も国際仲裁とされる。しかし、それがいかなる場合か、また、どのような方法、形式で明示された場合であるかは全く明らかでない。この模範法に先立つ一九八四年試案の段階では、第一条(2)(c)は「仲裁契約の対象となる事項が二国以上に関係がある場合」という規定になっていた。この表現も明快ではないが、例えば、その契約の締結地と契約上の義務の履行地が異なる国にあるような場合をいうものと解することができなくはなかった。しかし、第一八会期で模範法作成に際して、試案第一条(2)(c)の内容が不明確であること、しかも前記(a)と(b)とによって国際的な仲裁といいうる事案はほぼ採り入れることができるとの批判があり、この規定は削除された。この削除には一応の理由があるといえよう。ところが、模範法とする段階で、上記文言を削除した代わりに、(c)としてこのような文言が加えられたのである。[9]しかし、新たな(c)は試案の(c)よりも明確であるとはいえない。仲裁の対象となる事項(subject matter, objet)とは何をいうかが明らかではないし、また、どのような場合に仲裁の対象となる事項が二国以上に関係するかも問題である。要するに、当事者がともに仲裁の対象は二国以上に関係すると主張している場合をいうのであろう。しかし、そのことをどのような方法、形式で表現すればよいかは明らかでない。また、書面のみによるか口頭によることも許すか、仲裁契約で明示することを要するか、仲裁手続中に合意することでもよいかという問題もある。さらに、このような当事者の合意によって国際仲裁となること、いいかえれば、当事者が適用される仲裁法を選択することができることになることが適当かどうかも問題である（しかも、当事者の合意の内容が事実に反することもありえよう）。このようなことを考えると、(c)を加えたことの当否は疑問である。

(2) 模範法の適用範囲

この模範法はその施行されている地域に適用されることは通常の法律と異なるところはない。しかし、二国間又は多数国間の条約、その他の国際的取極がある場合には適用されない（第一条(1)）。その場合にはそれぞれの国際的な取極が先に適用される。これは当然のことである。

問題は、この模範法はその施行されている地域で行われるいかなる仲裁に適用されるか、いいかえるとこの法律は国際商事仲裁とされるすべての仲裁に適用されるか、また、この法律の適用されている地域以外で行われる仲裁にもこの法律が適用されるかということである。

第一条(2)は、模範法は、仲裁地が模範法の施行されている領域にある場合にのみ適用するとしている。すなわち、模範法は、国際商事仲裁であって、仲裁地が模範法の施行されている地域にある仲裁に適用される。しかし、仲裁手続の一部分が模範法の施行地域で行われたとしても、仲裁地がそこにあるとは認められない場合には、模範法は適用されない。この規定は試案にはなく、第一八会期で加えられたのである。[10] 国際商取引法委員会では、これを模範法の場所的適用範囲（territorial scope of application）の問題として取扱ったようである。しかし第一条(2)を模範法の場所的適用範囲を定めた規定とみることは適当であるとは思われない。第一条(2)はこの法律の場所的適用範囲を定めているのではなく、この法律の適用される国際商事仲裁の範囲を定める規定とみるべきである。したがって、仲裁地がこの法律の施行地域にないときは、たまたま仲裁手続の一部分（証人尋問等）がこの法律の施行地域で行われるとしても、この模範法は適用されないのである。

もっとも、訴訟において仲裁契約の存在を主張するときに、仲裁地が模範法の施行されている地域であることを要しないことは当然である。また、他の地域で行われている仲裁に関連して、模範法の施行地域の裁判所に権利保全のための暫定措置を求めることができることも当然である。仲裁判断の承認についても、仲裁地が他の地域にある仲裁も対象となることはいうまでもない。したがって、第八条、第九条、第三五条及び第三六条が除かれているのであるが、このようなことはあえて規定をまつまでもなく、解釈上当然というべきである。

さらに、この規定は模範法の適用される仲裁の範囲を定めているだけでなく、仲裁手続の準拠法についても定めたものと解すべきであろう。すなわち、第一条(2)の文言によれば、仲裁地が模範法の施行地域にある仲裁については、その手続には、仲裁地法たる模範法が適用されることになる。この規定は強行的性格の規定と解されるので、模範法の適用の対象となる仲裁については、当事者が仲裁手続の準拠法を指定することは認められないということになろう(手続は仲裁地法による)。当事者が仲裁手続に適用されるべき法律を選択していたとしても、それは仲裁手続の準拠法の指定として認めることはできず、準拠法たる仲裁地法の許容する範囲においてのみ意味を有する。すなわち、いわゆる実質法的指定である。仲裁地法を仲裁手続の準拠法とする理由は、それが仲裁手続に最も密接な関係を有するとみられるからであろう。

なお、第一条(2)と第三四条の規定にあわせ考えると、仲裁判断取消の手続についても、仲裁地が模範法の施行地域にあるときは、仲裁地の属する国に裁判管轄権があると解すべきである。[11] すなわち、この法律によれば、仲裁判断取消の手続の国際的裁判管轄権は仲裁地にあり、しかも、その仲裁地がこの法律の施行地域であるときは、仲裁判断の取消事由についてもこの法律の定めるところによることになる。

ここで仲裁法がどのように適用されるかについて簡単に述べておきたい。仲裁法は国家法であるから、裁判所がこれを適用する。したがって仲裁法では、裁判所のかかわる問題、例えば仲裁契約の成立、効力、仲裁契約の承認、仲裁契約と訴訟の関係、仲裁判断の取消、仲裁判断の承認などについては、規定をおく必要がある。このような部分は広い意味で、仲裁手続に関する規定ということもできようが、仲裁をすすめるに当たっての手続を定める規定ではない。これに対して仲裁手続の進行に関する事項については、仲裁人、仲裁機関が仲裁手続規則を適用しまたは自ら裁量権を行使することとなるので、あえて法律が規定を設けておかなければならないものではない。しかし、仲裁規則に常に規定が存在するとはかぎらないし、仲裁規則が存在せず、仲裁人の裁量で手続をすすめる場合もある。そのような場合には手続の公平を保つ必要があるので、仲裁人の選定、忌避、弁論、証拠調、仲裁判断の作成等について法律で補充的な規定を設けておくことが適当であろう。このような規定は、直ちに仲裁手続に適用されるのではなく、仲裁手続規則に定めがないときに適用されるという補充的な性格の規定である。しかし、それだからといって、これらの規定は必ずしも任意的な規定ということはできない。むしろ多くの規定は最低限度の公平と公正を担保するためのものというべきである（例えば審問の公平など）。それに抵触しないかぎり、当事者の合意は有効であり、仲裁裁判所の裁量も適法とされることになる。また、これらの規定は、仲裁規則に定めがない場合又は当事者の合意がない場合には当然に適用されることになる（例えば、仲裁人の選任、忌避など）。したがって、当事者が仲裁手続に適用さるべき法律を指定したとしても、それは、前に述べたように、実質法的指定であるから、この法律の規定の許容する範囲において効力を有することになる。

(3)　仲裁適格性

仲裁の対象となりうる紛争かどうか（仲裁適格性）については、模範法では何ら定めていない。第一条(5)では、とくに他の法律で仲裁によって紛争を解決することができること又はそれができないことを規定しているときは、その規定によるとしている。これは、いわば当然のことを定めたものである。[12] したがって、模範法を採用した各国の原則に委ねられている。

ところで、渉外的な法律関係又は紛争が仲裁適格性を有するかどうかは、いかなる法律によって判断すべきであろうか。模範法にはこの問題についてとくに規定はないが、仲裁判断の取消事由を定めた第三四条(2)(b)(i)で

「紛争の対象となる事項が本邦の法令により仲裁による解決が不可能なものであること」という規定のあること、模範法には仲裁地の属する国に仲裁判断の取消手続の裁判管轄権があることからみて、仲裁地法によって判断されると解される。これも一つの考え方ということはできよう。というのは、当事者も仲裁人も仲裁地法に従って仲裁適格性を検討すれば足りるからである。しかし、仲裁適格性は仲裁の対象となる法律関係又は紛争の性質及び仲裁契約の効力によることも否定できない。[13] したがって、第三四条(2)(b)(i)の規定が妥当かどうかは問題である。差当っていいうることは、仲裁適格性の判断について仲裁地法が適用されることである。そのほかに、仲裁の対象となる法律関係の準拠法が適用されるかどうかは明らかではない。[14]

（1）　仲裁に関する渉外的実質法をどのようなものとするかについてはいくつかの考え方があろう。仲裁判断の承認に重点をおくとすれば、仲裁判断の承認の要件について通常の国内的仲裁とそれ以外の仲裁とを区別することになる(いわゆる外国仲裁判断と内国仲裁判断の区別)。仲裁手続に重点をおくとすれば、通常の国内的仲裁と国際的性格を有する仲裁とを区別することになる(いわゆる国内仲裁と国際仲裁の区別)。この模範法は後者の考え方に従っていると考えられる。したがって、模範法の対象となる国際商事仲裁にもとづく仲裁判断は、内国仲裁判断である。しかし、仲裁判断の承認の要件を一九五八年ニューヨーク条約の定めるところを採用し、実質的には外国仲裁判断の承認の要件に合わせている。もっとも、内国仲裁判断と外国仲裁判断の区別の基準も国内仲裁と国際仲裁の区別の基準も、一定しているとはいえない。

（2）　労働紛争、公害紛争の仲裁が商事仲裁でないことは明らかであるが、民事仲裁との区別は明らかでないこともある（例えば、建設工事に関する紛争には民事的なものと商事的なものがある)。

（3）　商事仲裁の対象に、主として契約にもとづく財物、役務、金銭の提出に関する取引が含まれることは明らかである。しかし、企業の組織に関する紛争（例えば合弁企業の株主総会の決議など）も商事仲裁の対象となるかについては疑問がある。これらは、むしろ、仲裁に適しない紛争ではないかと考えられる。

（4）　フランスでは、仲裁判断について外国においてなされたものと内国においてなされたものとに区別するとともに、国際仲裁（l'arbitrage international）と国内仲裁とを区別している。一九八一年の民事訴訟法第一四九二条によれば、国際商取引上の利害に関する仲裁が国際仲裁である。そこでいう仲裁の国際的性格は商事の国際的性格にあるのであって、当事者の国籍、住所、営業所、契約の締結地、義務の履行地が国際的であることではないとされている。すなわち、財物、役務、又は金銭が国境を越えて移動することにかかる紛争の仲裁が国際仲裁である（小山昇・仲裁法二三五頁、服部弘「フランス仲裁法の改正」ＪＣＡジャーナル一九八二年二月号一四頁、多喜寛「国際商事仲裁の国際性」ＪＣＡジャーナル一九八六年二月号一三頁及びそれらに引用されているフランスの文献参照）。そして両者の相違は、仲裁判断の執行の段階であらわれてくる。国内仲裁では裁判官の執行許可(exequatur)があればよいが、国際仲裁では外国仲裁判断とともに、承認の手続を必要とする。

（5）　この模範法における国際仲裁か否かの区別はフランス法の立場とは異なる。

（6）　一九六四年の動産の国際的売買に関する統一法第一条

一、本法は以下の各場合に、営業所が異なった国の領域に存在する当事者によって締結された有体動産売買契約につき適用される。

(a)　一国の領域から他の領域へ、契約締結の時において、現に運送中であるか、又は将来運送されることが予定されている物品の売買を含む契約の場合

(b)　申込及び承諾を構成する行為が、異なった国の領域内でなされたものである場合

(c)　物品の引渡が、申込及び承諾を構成する行為のなされた国の領域以外の領域でなされるべき場合

二、（略）

三、本法の適用は、当事者の国籍に関わらない。

四、隔地者間の契約の場合に於いて、申込及び承諾は、それが手紙、電報又はその他の文書による（意思の）伝達によってなされているときは、同一国の領域内で発信され、かつ、受信されているときに限り、同一国の領域内

でなされたものと看做される。

五、(略)

一九八〇年動産の国際的売買条約に関する国連条約第一条

(1) この条約は、当事者の営業所が異なった国に所在し、かつ、次のいずれかに該当する場合における動産の売買契約について適用する。

(a) 当事者の営業所の所在する国がいずれも締約国である場合

(b) 国際私法の規則により締約国の法律を適用することとなる場合

(2) 当事者が異なった国に営業所を有することは、このことが契約から、又は契約締結時若しくはそれ以前において当事者が行った取引若しくは当事者が示した情報から明らかでないときは、無視するものとする。

(3) 当事者の国籍又は当事者若しくは契約の民事的若しくは商事的性格は、この条約の適用を決定するに当って考慮しないものとする。

(7) 一九七八年の海上物品運送条約に関する国際連合条約第二条

一、この条約の規定は、異なる国にある港の間の海上物品運送契約であって、次の一に該当するものに適用する。

(a) 海上運送契約で定められた船積港が締約国にあるとき

(b) 海上運送契約で定められた陸揚港が締約国にあるとき

(c) 海上運送契約で定められた選択的陸揚港の一が実際の陸揚港であって、その港が締約国にあるとき

(d) 船荷証券又は海上運送契約を証するその他の書面が締約国で作成されたとき

(e) 船荷証券又は海上運送契約を証するその他の書面で、この条約の規定またはこの条約に効力を与えている国の法律が契約に適用さるべきことを定めているとき

二、この条約の規定は、船舶、運送人、実際運送人、荷送人その他の利害関係人の国籍にかかわらず適用される。

(以下略)

（８）　これまでの立法例で国際仲裁の範囲を定めたものはいくつかある。一九六一年の国際商事仲裁に関する欧州条約第一条一では、国際商事仲裁について「国際取引によって生じた紛争の解決のための仲裁であること、仲裁契約の締結の時に当事者が異なる締約国に常居所又は居所を有すること」と規定している。このような考え方によるものとして、一九六六年の国際連合アジア極東経済委員会（ＥＣＡＦＥ）の仲裁規則第一条がある。しかし、一九六六年の仲裁に関する統一法を定める欧州条約（いわゆるストラスブール条約）は対象となる仲裁についてとくに限定していないし、一九五五年の国際商業会議所の仲裁規則では、国際的性格を有する企業活動上生じた紛争という程度である。この模範法は一九六一年欧州条約の考え方を基本にしているように見えるが、対象となる契約又は紛争の国際的性格による部分もあるので、両者を折衷したものというべきであろう。しかし、注（４）で述べたフランス法のような考え方は採用していない。

（９）　Report of UNICITRAL 18th Session, pp. 9-10, 15-17. 新たな第一条(2)(c)はオーストラリアの提案により、米国、ソ連も賛成したとのことである。

（10）　Report of UNICITRAL 18th Session, p. 54. 試案の段階では、第三四条（仲裁判断の取消）(1)において、「〔この国の領域内において〕〔この法律に従って〕された仲裁判断に対する不服申立は、本条(3)及び(3)の規定にもとづく取消の申立によってのみすることができる。」となっていたが、模範法の第三四条とする際に「仲裁判断に対する裁判所への不服申立は…」と改めたことに関連する。

（11）　第三四条(1)は、「この法律の施行されている領域内でなされた仲裁判断」を対象としていると解すべきだからである。しかし、法文としては試案のほうがすぐれている。

（12）　このような条文は条約においては往々にしてみられるところであり、第一八会期で加えられたのは、条約作成的な発想によるのであろう。

（13）　川上太郎「仲裁」国際私法講座第三巻八五七―八頁、小山昇・仲裁法一〇七頁参照。

（14）　第三四条(2)(b)(i)の妥当性は疑問である。このような規定をおくとしても、仲裁適格性の準拠法については各国に委ねることが適当ではなかろうか。

なお、仲裁判断の承認についても、第三六条(1)(b)(i)には、仲裁判断の承認を求められた国の法律によって仲裁適格性の認められないことを承認の拒否事由としている。仲裁適格性の有無を仲裁判断の取消、仲裁判断の承認に当って判断すべき要件とすることはさしつかえないが、仲裁地法（取消の場合）又は法廷地法（承認の場合）によって判断することが適当かどうかは問題であろう（仲裁判断の承認にあっては、公序という意味で法廷地法によることが全く意味がないわけではない）。渉外的又は外国仲裁判断については、仲裁判断の取消の事由と仲裁判断の承認拒否事由とが必ずしも同じである必要はない。

(二) 定義及び解釈に関する規定

第2条は定義及び解釈に関する規則 (definition and rules of interpretation, définition et règles d'interprétation) となっているが、模範法で用いられる概念を網羅的に拾い上げて定義したものではない。これらのうち、(a)、(b)、(c)は定義規定であるが、(d)、(e)、(f)は解釈に関する規定である。

(a) 仲裁　仲裁 (arbitration, arbitrage) については、常設仲裁機関によらない仲裁を含む。仲裁そのものに関する定義はない。仲裁とみるかどうかは各国に委ねられている。[1] もっとも、仲裁の概念が国によって大きく異なることはないであろう。模範法が前提としている仲裁とは、私人間の権利義務に関する争いについて、当事者の合意によって、一定の私人（仲裁人）の判断に委ね、その判断が当事者を拘束する紛争の解決方法をいうのであろう。もちろん、模範法では強制仲裁はその対象としていないことは明らかである。このなかには、常設仲裁機関によらない仲裁も仲裁に含まれる。[2]

(b) 仲裁裁判所　仲裁裁判所 (arbitral tribunal, tribunal arbitral) とは、単独の仲裁人又は仲裁人の合議体をいう。仲裁裁判所が仲裁手続を主宰し、仲裁判断をする。仲裁裁判所は一人の仲裁人によって構成される場合と二人以上の仲裁人によって構成される場合とがある。仲裁人が二人以上の場合は仲裁人の合議によって意思を決定し、仲裁裁判所として行動することになる。常設仲裁機関などのように、仲裁のための人的、物的便宜を提供する団体、機関は仲裁裁判所ではない。

(c)　裁判所　裁判所（court, tribunal）とは国の司法制度上の裁判機関をいう。これは説明を要しないであろう。

(d)　当事者による権限の委任　(d)は、当事者は一定の事項について決定する権限を有するときは、これを第三者に委ねることができるという趣旨である。その第三者が必ずしも自然人であることを要しない。本号の目的は、仲裁人の選定又はその手続、忌避の手続について、特定の個人や機関に委ねることを可能にすることにある。仲裁手続規則は、当事者間に合意がなければ、仲裁裁判所が決定する権限を有すると解すべきであろう（なお、仲裁制度が仲裁人又は仲裁裁判所に対する信頼にもとづくことを考えると、仲裁手続規則の決定を仲裁裁判所以外の個人又は法人に委ねることまで認めるべきではないであろう）。また、第一八会期では、本項は第二八条（紛争の実体に適用すべき法規）には適用されないとの規定を加えた。(3) これは当然のことであって、あえて規定するまでもない。すなわち、当事者による準拠法の指定とは、当事者又はその代理人の合意による指定というのであって、第三者がこれを決定する者ではないからである。

(e)　当事者の合意の範囲　当事者の合意には、当事者が合意し又は指定した仲裁手続に関する規則を含む。当事者は既に存在する仲裁手続規則によることを合意することも、新たに個々の規則を合意することも、また従前の規則を修正することもできる。これも、また、仲裁について当然のことを規定したにすぎない。第一九条(1)はこのことを定めている。

(f)　反対申立に対する適用　(f)は、この法律は被申立人（相手方）の申立人に対する反対申立（counter-claim, demande reconventionnelle）にも適用されることを規定する。反対申立とは何か、それがいかなる場合に認められるかはこの模範法では明らかにしていないが、一般の用法に従って、仲裁の申立を受けた者（被申立人）が同じ手続で自己の申立人に対して別の申立をすることをいうと解すべきであろう。しかし、この規定によって、被申立人の申立人に対する請求については、仲裁契約が存在しなくとも、同一の仲裁手続で主張しうることまで認めたと解することは困難であろう。

㈢　書面による通知の受領

第三条は、仲裁手続における、書面による通知の受領の日を定める規定である。

まず、当事者に合意があるときは、それによる。当事者の合意には、個々の合意のほかに、当事者の指定した仲裁手続規則の規定をも含む。

このような合意のないときは、通知には(i)名宛人に対する書面の交付したとき、又は(ii)名宛人の営業所、常居所若しくは郵送先に到達したときに、受領されたものとみなされる(第三条(1)(a)前段、(b))。送付先が明らかでない場合には、知りえた最後の営業所、常居所若しくは郵送先に送付すればよく、それが到達した日に通知が受領されたものとみなす（第三条(1)(a)後段、(b)）。

本条の規定は、仲裁人の選定（第一一条）、仲裁人の忌避（第一三条）、仲裁手続の開始（第二一条）、仲裁判断の訂正及び解釈、追加的仲裁判断（第三三条）の場合に意味をもつことになる。

本条の規定は仲裁手続規則を補充するための規定であって、裁判所の手続には適用されない。

㈣　責問権の放棄

当事者が、この法律の任意規定が遵守されていないこと又は仲裁契約に従っていないことに対して遅滞なく異議を述べなかったときは、異議を述べる権利を放棄したものとみなされる（第四条）。異議の理由は、この法律の規定のうち任意規定を遵守していないこと、仲裁契約に従っていないことである。いかなる規定が任意規定であるかはこの法律からは必ずしも明らかではない。結局、各国の解釈によることになる。当事者が、異議を述べる権利を放棄したとみなされるのは、当事者が、この法律の規定又は仲裁契約における取極が遵守されていないことを知っているにもかかわらず、遅滞なく、または期限が定められているときは、その期間内に異議を述べることなく仲裁手続をすすめた場合である。本条の規定は当事者の懈怠について不利益を課するとともに、仲裁手続の進行を円滑にすることを目的とするものである。したがって、このような規定は仲裁手続の進行に関する部分におくべきであろう。

ところで、本条により当事者が仲裁手続において異議を述べる権利を失ったことにより、裁判所における仲裁判断の取消の手続及び仲裁判断の承認の手続において、その点についての仲裁手続上の瑕疵がないものとして扱われることになるのであろうか。いいかえると、裁判所はこれらの点について仲裁裁判所の措置と異なる判断をなしえないのであろうか。仲裁判断の取消においても仲裁判断の承認においても、仲裁手続が適正、公平にすすめられたかどうかは裁判所が判断するのであって、仲裁裁判所の判断に拘束されると解することは妥当ではない。(4)

これに関連して、当事者が仲裁手続で主張しなかった事由を、仲裁判断の取消の手続又は仲裁判断の承認の手続で主張しうるかという問題もある。(5)この点については模範法は何ら定めていないというべきであろう。したがって、各国における立法、解釈によることとなろう。

また、本条の規定は仲裁人の忌避、仲裁裁判所の管轄権に関する決定手続において適用されると解すべきではなかろう。これらは仲裁人の資格、仲裁裁判所の権限に関するものであって、仲裁手続における適正、公平の要請よりも劣るとは思われないからである。したがって、これらの手続において異議の申立が遅れたからといって、当事者に不利益を負わせることは適当ではないであろう。(6)

(五) 裁判所の介入の範囲の限定

裁判所は、仲裁に関しては、この法律の定めのある場合に限って、その権限を行使することができる(第五条)。なお、その仲裁は、この法律の施行地域に仲裁地のある仲裁であることはいうまでもない。

この模範法で裁判所の権限とされている事項は、係属中の訴訟事件についての仲裁の合意の存否及びその有効性(第八条)、権利保全のための暫定措置(第九条)、仲裁人の選定のための援助(第一一条)、仲裁人忌避の申立を却下した仲裁裁判所の措置の審査(第一三条)、仲裁裁判所がその権限について前提問題とした判断についての審査(第一六条(3))、証拠調における協力(第二七条)、仲裁判断の取消(第三四条)、仲裁判断の承認及び執行(第三五条)である。

この規定を設けた理由は、裁判所の介入する場合を明確にしておく趣旨であろう。裁判所がいかなる事項に、またどのように協力し、又はどの程度まで介入するかは仲裁法に関する基本的問題であって、仲裁制度をどのように考えるかにかかわっている。しかし、少なくとも、仲裁契約の効力、仲裁判断の承認及び仲裁判断の取消については法律問題として判断を受けるための規定を設けておかなければならないであろう。

いかなる裁判所がこのような事項を取扱うかは、各国が自国の裁判所制度及び国内裁判管轄の規則に従って決定する。模範法第六条はこのうち、仲裁人の選定及び忌避、仲裁人の任務の終了及び仲裁判断の取消について国内の裁判管轄（事物管轄及び土地管轄）に関する規定であるが、とくにこれを一つの裁判所又は特定の裁判所に権限を集中させなければならないわけではない。

2 仲裁契約

仲裁契約とは、一定の権利に関する現在又は将来の紛争の解決を第三者の判断に委ね、当事者がそれに従うことを約する合意をいう(7)。仲裁契約は仲裁の基礎であって、有効な仲裁契約の存在が仲裁手続及び仲裁判断の前提となる。有効な仲裁契約が存在しないときは、仲裁判断はその根拠を欠くことになり、仲裁判断は承認を拒否され或は取消されることになる。したがって仲裁契約について法律で定めておくことが必要である。

仲裁契約について法律で定めることを必要とするのは、いかなる合意を仲裁契約とするか、その要件及び効力をいかにするかである。すなわち、仲裁契約に該当するか、仲裁契約が成立しているか、それは有効か、仲裁契約はいかなる効果を生ずるかについてである。このようなことは仲裁手続規則で定めることはできない。仲裁規則では仲裁契約は書面によることを要求するものが少なくないが、それは仲裁契約の形式的要件を定めたのではなく、当該仲裁機関が仲裁の申立を受けた際に、仲裁契約の存在を確かめるための方法にすぎない。仲裁契約が問題となるのは、仲裁人又は仲裁裁判所が仲裁手続をすすめる場合と、仲裁判断の承認の場合及び仲裁判断の取消の場合である。

国際商事仲裁では、仲裁契約は常に仲裁地で締結されるとはかぎらない。したがって、それが仲裁契約として成立し、有効であるかどうかは、仲裁契約の準拠法によって決定されることになる(8)。この点については、模範法は何ら触れていない。したがって各国における国際私法の法則による。

この模範法では仲裁契約の定義、仲裁契約の要件、仲裁契約の効力について若干の規定をおくにとどまる。おそらく、仲裁契約の要件について統一し、または模範法で定めることは非常に難しいであろう。もっとも各国の国内法でもこれらについて十分な規定をおいている例は少ない。模範法ではその適用される仲裁に関し、仲裁契約の定義をおき（第七条(1)、次いで仲裁契約は書面によるべきこと（同条(2)、仲裁契約と訴訟の関係（第八条）、権利保全のための裁判所の措置（第九条）について規定するにとどまる。しかも、これらは、仲裁契約の要件及び効力のうちの一部分について規定しているにすぎない。これは、模範法として必要最小限度の規定をおいたものであろう。したがって、それ以外の問題については各国の立法又は解釈に委ねていることになる。

模範法第二章におけるこれらの規定は、模範法の施行地域に仲裁地のある仲裁のすべてに適用されるのであろうか。いいかえると、模範法の施行地域に仲裁地のある仲裁については、第七条の規定に適合する仲裁契約でなければ有効な仲裁契約として扱われないかということである。第一条(2)の規定からみると、そのように解すべきであるように思われなくもない（もちろん、第九条は事柄の性質上、模範法の施行地域で行われている仲裁に限られるものではない）。しかし、渉外的要素を含む仲裁契約の成立及び効力についてはその準拠法によって判断すべきであって、仲裁地が模範法の施行地域であるからといって当然に模範法の規定が適用されることにはならない[9]とも解される。模範法に、明文の規定がない以上、後者のように解すべきこととなろうか[10]。

㈠　仲裁契約

(1)　仲裁契約の定義

この模範法では、仲裁契約とは、当事者間における一定の法律関係（契約に基づくものであるか否かを問わない）について、既に生じているか、又は生ずることのある、すべての、又はいくつかの紛争を仲裁に付託する合意をいうと規定している（第七条(1)前段）。

仲裁に付託される紛争は必ずしも契約から生ずることを要しない。当事者が合意するならば、不法行為から生じた紛争であっても仲裁に付託することができる。(11)

(2)　仲裁契約の独立性

仲裁契約は契約中の仲裁条項によっても、また独立の合意によってもすることができる（同後段）。

仲裁契約は、主たる契約（例えば売買契約）の締結の際に締結され、その契約のなかの一つの条項とされることが多い。しかし、仲裁契約は、法律上は主たる契約とは別の、独立した合意とされている。これを仲裁契約の独立性（自主性、separability）といい、現在では広く承認されている。もちろん、当事者が主たる契約と別の機会に仲裁契約を締結することは何らさしつかえない。

仲裁契約の成立、有効性、効力の準拠法については、この模範法は触れていない。したがって、この問題は各国の国際私法の規則に委ねられることになる。

仲裁契約が主たる契約とは別の契約であることによって、仲裁契約の成立、その有効性については主たる契約の存否、有効性の影響を受けない。もちろん、主たる契約のない紛争、例えば不法行為などについては、このような問題は生じない。

(3)　仲裁適格性

いかなる紛争を仲裁で解決することができるか、すなわち紛争の仲裁適格性については模範法は何ら触れていない。私法上の紛争については仲裁適格性が問題となるが、私法のみならず公法にも関連する紛争(例えば、独占禁止法上の不当な取引制限に該当するか、特許権の侵害となるか、為替管理法上適法かどうかなどが問題となる紛争)についても仲裁適格性は問題となる。これらは各国の立法、解釈に委ねられることになる。[12] ニューヨーク条約第二条一には、仲裁契約の承認について、「仲裁による解決が可能である事項に関する一定の法律関係につき」との文言があるが、このような文言の有無にかかわらず、仲裁による解決が可能とされること（仲裁適格性）を必要とする。もっとも、同条約においても、仲裁適格性をいかなる法律にもとづいて判断するかについては何ら触れていない。

㈡ 仲裁契約と書面

当事者の署名した文書に記載されている場合、文書の交換、テレックス、電報その他隔地間の通信手段で合意を記録するものに記載されている場合、仲裁申立若しくは答弁で当事者により仲裁契約のあることが主張され、他方の当事者がこれを争わない場合には、書面によるものとされる（第七条⑵）。これは、仲裁契約の存否及びその内容についての争いを少なくするためである。

本条の趣旨について、書面によらなければ仲裁契約は形式的要件（方式）を欠くのか、単に立証方法を限定したにすぎないのかは見解が分かれるところである。しかし、第九条⑵の文言からみて、同条は仲裁契約の形式的要件を定めたものと解すべきであろう。

問題となるのは、主たる契約において、仲裁契約に関する条項を含む他の文書を引用した場合、或は仲裁契約の締結に際して紛争の解決を他の文書にある仲裁条項によることとした場合である。[13] もちろん、その引用は書面でなければならない。ここでの問題は、そこで引用された仲裁条項をもって仲裁契約の内容とみるかどうかにある。すなわち、当事者は引用された仲裁条項を直ちには知りえないのであって、このような場合にいかなる事項について仲裁契約が存在し、その内容が書面によって明らかであるということができるかは疑問だからである。

この模範法では、契約において仲裁条項を含む文書を引用した場合には、その契約が書面でなされ、かつ、その引用によって仲裁条項を当該契約の一部分とするときに限り、仲裁契約を構成するものとしている（第七条(2)）。要するに、契約中で仲裁条項を含む他の書面を引用した場合には、その条項を契約の一部とする趣旨であるならば、仲裁契約と認めるということである。しかし、具体的にどのような引用の仕方をすればよいかは明らかではない。すなわち、契約によって、仲裁条項を含む他の契約を引用すればよいのか、紛争解決については他の契約の定めるところによるという引用をするのか、或は明確に他の契約中の仲裁条項を引用しなければならないかということである。これについては各国で解釈が異なる恐れがある。[14] このような引用は、いわば一般契約条件又は標準契約条件或はいわゆる統一規則を契約中で援用することと類似するように思われるかもしれない。しかし、この問題は契約条件や統一規則の採用とは異なるのではなかろうか。すなわち、一般契約条件又は標準契約条件は当事者は容易に知りえないわけではないけれども、個別の契約中に存在する仲裁条項は当事者としては容易に知りうるものではないので、形式的な引用のみをもって仲裁の合意ありということができるかは疑問というべきであろう。したがって、当事者が仲裁による解決を選択し、いかなる内容の合意をしたかを了知している場合でなければ、これを引用することによって仲裁契約が存在するとみることは、当事者間の公平の観念に反し、適当とは思われない。

(三)　裁判手続と仲裁契約

(1)　訴訟における仲裁契約の主張

仲裁契約の対象となっている紛争について訴訟が係属しているときに、当事者が本案についての主張をする前に、仲裁契約のあることを主張したときは、裁判所は当事者に紛争を仲裁によって解決すべきことを命じなければならない(第八条(1)本文)。この規定は、当事者が仲裁によって紛争を解決すべきことを約しているならば、その社会の公の秩序に反しないかぎり、それに委ねるという趣旨である。(15)

この規定は訴訟手続で機能する規定である。仲裁契約の存在することは当事者とくに被告が主張、立証すべきであって、あえて裁判所がこれを調査する必要はない(いわゆる妨訴抗弁)。この模範法では、被告は、仲裁契約が締結されたことを本案についての自己の主張を提出する前にしなければならないとしている。したがって、被告が本案の主張を提出した後に、仲裁契約の存在を主張して、訴訟の停止又は終了を求めることは許されない。これは仲裁手続の迅速、円滑な進行をはかるためと、当事者の懈怠に不利益を課すことにある。

裁判所が仲裁契約の成立を認めず、又は、それが無効、失効又は履行不可能であると認める場合には、仲裁に付託すべきことを命ずることはできない(同項但書)。その場合には、裁判所は、中間判決等によってそのことを宣言し、訴訟手続をすすめることになろう。裁判所が仲裁契約の主張を認める場合には、裁判所は訴を却下し、或いは裁判所は仲裁に付託すべきことを命じ、仲裁判断がなされるまで訴訟手続を停止する措置をとることとなろうが、この模範法ではどのようにすべきかについてはとくに規定していない。したがって、これらは各国の民事訴訟法の定めるところに委ねられる。

紛争が既に仲裁に付託され、仲裁手続が開始されているときに、同じ紛争について訴訟が係属している場合も、裁判所は仲裁契約の存在が主張されたときは、その成立、有効性等について判断し、仲裁によるか、訴訟によるかを決定しなければならない。

(2) 訴訟の係属と仲裁手続の進行

仲裁裁判所は有効な仲裁契約が存在すると判断したときは、訴訟にかかわらず仲裁手続をすすめることができる（第八条(2)）。これは仲裁による解決を奨励し、仲裁手続の迅速な進行をはかるための規定である。したがって、裁判所が審理中であるときはもちろん、妨訴抗弁に対する判断がなされても、それが確定するまでの間は、仲裁裁判所はその手続をすすめることができる。そして裁判所の判断が確定したときには、仲裁判断は取消され、または承認されないこととなる。このことは仲裁判断が裁判所の判断がなされた後であっても、それ以前になされた場合であっても変わるところはない。仲裁裁判所と裁判所の見解が異なるときは、後者に従わざるをえない。しかし、仲裁判断の取消の期間を経過したときは、仲裁裁判所の判断と裁判所の判断とが異なる状態が生ずることになる。この点については模範法にはとくに規定はない(16)。

㈣　仲裁契約と裁判所による暫定措置

当事者が、紛争を仲裁に付託する前又は仲裁手続が行われているときに、権利又は地位の保全のために、裁判所に暫定措置を申立てることは妨げられない（第九条）。暫定措置とはわが国の例では、仮差押、仮処分などの保全処分をいう。また、証拠保全のための手続もこれに含めて考えてよいであろう(17)。仲裁裁判所は暫定措置を命じたとしても（第一七条）、執行の権限を有しないので、これを実現することができないからである。また、仲裁人が選任される以前に暫定措置をとる必要もある。したがって、当事国は国家の機関である裁判所に保全処分を求めざるをえない。しかし、これによって当事者が仲裁に付託する権利を放棄し又は喪失したことにはならないことは当然である。

（1）　模範法に仲裁についての定義をおくことの実益は少ない。仲裁の概念が各国で大きく異なっているのであればその必要もあろうが、現在そのような状況にあるとは思われない。

（2）　仲裁に関する法の規定について常設仲裁機関による仲裁とそうでない仲裁とを区別する必要はないであろう。

（3）　Report of UNCITRAL 18th Session, p. 10.

（4）　国際商取引法委員会第一八会期では、責問権の放棄の規定は仲裁判断の取消、仲裁判断の承認の手続にも及ぶという理解であった（Report of UNCITRAL 18th Session, p. 13）。しかし、この解釈は疑問である。責問権の放棄若しくは喪失は、直接は仲裁手続をすすめるに当たって仲裁裁判所が判断すべきことである。裁判所は、その後に仲裁裁判所の措置が適当かどうかを判断することができるのであって、仲裁裁判所の措置に拘束されるわけではない。裁判所は、手続の公平について判断する際に、当事者の責問権の放棄・喪失についても判断することになる。

（5）　これは責問権の放棄・喪失の問題ではない。

（6）　もっとも、この点についても当事者の責任とし、責問権の放棄の効果を及ぼすことができると解する考え方もありえないわけではない。

（7）　いかなる合意を仲裁契約とするかについても国によって必ずしも同じではない。例えば、書面によることを要するか口頭でも足りるか、黙示でもよいか、当事者はいかなる合意をしていれば仲裁に付する合意があるとみることができるか、現在の争いにかぎるか将来の争いでもよいか、法律上の争訟に限るか、それ以外の争い（事実関係の存否）或は鑑定、評価をも仲裁の対象としうるか、いかなる争訴を仲裁で解決できるか（仲裁適格性）は国によってかなり異なる。仲裁契約に関する問題については、小山昇・仲裁法二三頁以下参照。

（8）　仲裁契約の準拠法については、川上太郎「仲裁」国際私法講座三巻八五五頁。

（9）　仲裁契約の承認について定めた契約として、一九二三年の仲裁条項に関する議定書（ジュネーヴ議定書）(1)及び一九五八年の外国仲裁判断の承認及び執行に関する条約（ニューヨーク条約）第二条がある。模範法第七条及び第八条(1)はニューヨーク条約第二条にならったものと思われる。なお、ニューヨーク条約第二条第一項は、各締約国は契約にもとづくものであるかどうかを問わず、仲裁による解決が可能である事項に関する一定の法律関係につき、当事者間に既に生じているか、又は生ずることのある紛争の全部又は一部を仲裁に付託することを当事者が約した書面による合意を承認するものとするとの規定を設けている。

(10) 模範法の規定からは、仲裁契約の準拠法として仲裁地法を当然に適用しなければならない理由は見当たらない。(附記) もっとも、筆者の現在の立場は、仲裁契約の準拠法は仲裁地法であると考えている（第三章「**6**仲裁契約の準拠法」参照)。

(11) 不法行為から生じた紛争の解決について、当事者が仲裁によることを合意することは多いとはいえないであろう。その理由として、当事者間の利害の対立が明らかとなっていること、訴訟にくらべて仲裁判断の是正の可能性の少いこと、当事者は法律的判断を求めることの多いことなどが考えられる。

(12) 前掲第一節一(3)参照。仲裁適格性の問題はわが国では従来あまり論じられていなかったようである。まず、仲裁に付託しうる紛争であるかどうかはいかなる法律で判断するかという問題がある（拙稿JCAジャーナル一九八六年三月号一四頁及び一六頁参照)。これについて当然に仲裁地法（仲裁裁判所が判断する場合)、法廷地法（仲裁判断の承認の場合）によることになるというべきかは、模範法では明らかではない（なお、仲裁判断の取消については、その裁判管轄権が仲裁地にあるとすれば、仲裁地法が法廷地法ということになろう)。しかし、主たる契約の準拠法によって権利の性質がきまるとすれば、主たる契約の準拠法を考慮に入れないで仲裁適格性を判断することは問題であろう。

(13) これがいわゆるincorporation by referenceといわれるものである。この例として国際商取引法委員会では、船荷証券の仲裁条項が例にひかれたが、これは適当な例とはいえない。まず、ほとんどの船荷証券には裁判管轄条項はあっても仲裁条項はない（高桑昭「海上物品運送条約における仲裁条項」海法会誌復刊二四号六三頁)。船荷証券中に仲裁条項があるとすれば、それは、おそらく、船主と傭船者間の傭船契約中に仲裁条項があり、運送人として荷送人と運送契約を締結した傭船者が荷送人に交付した船荷証券中でその傭船契約中の仲裁条項を引用している場合であろう。その引用の仕方はいわゆる〝C/P conditionsによる〟("and all other conditions as per charterparty")というものが通例であって、それは運送人と荷主の権利義務に関する条項を引用することを目的としており、とくに仲裁条項を引用するためのものではない。

(14) イギリス法では、船荷証券中で傭船契約を引用(incorporate)しているときに仲裁条項も含まれるかについては、仲裁条項を明示して引用しているか、または一般的な表現で引用しても、傭船契約中の紛争解決に関する条項をも含むことが明らかな場合に限るとしている(Scrutton on Charterparties and Bills of Lading, 18th ed., p. 66, Carver, Carriage by Sea, 13th ed., vol. 1, para. 723)。

(15) 類似の規定はニューヨーク条約にもある。ニューヨーク条約第二条(3)は「当事者がこの条にいう合意をした事項について訴が提起されたときは、締約国の裁判所は、その合意が無効であるか、失効しているか又は履行不能であると認める場合を除き、当事者の一方の請求により、仲裁に付託すべきことを当事者に命じなければならない。」と規定している。

(16) 仲裁契約と仲裁裁判所の管轄権の問題については第四節参照。なお、本文で述べたような、仲裁判断と裁判所の判決、決定の内容が異なることは望ましくない。このようなことは裁判所の判断が遅れることによって生ずる。したがって、仲裁契約の存在及び有効性について裁判所の判断によって統一するための何らかの措置を論ずることを検討すべきではなかろうか。

(17) 証拠保全については今まで触れてはいないように思われる。それは各国の訴訟法に従えばよく、とくに考慮する必要はないという趣旨であろうか。当事者は訴訟法の規定に従えばよいとしても、仲裁人又は仲裁裁判所が裁判所に証拠保全を申立てることも検討してもよいように思われる。

3 仲裁裁判所の構成

仲裁に対する信頼は、要するに仲裁人に対する信頼であるということもできる。[1][2] したがって、一定の者を仲裁人に選定し、その者に仲裁人となることを依頼することは、原則として当事者の意思に委ねておいてさしつかえない。もっとも、仲裁人の選定又は選択方法についての当事者の合意或は当該事件に適用される仲裁手続規則の内容が公平の観念に反し、または公序良俗に反するときは、それによって仲裁人を選定することは許されないし、また、それによる選定は無効とされることになろう。

当事者が紛争を仲裁に付託するに当たって合意によって仲裁人を選定することは実際には必ずしも容易ではない。したがって、多くの常設仲裁機関では、その仲裁手続規則で仲裁人の選定についての規定を設けている。当事者が常設仲裁機関における仲裁を利用する場合には、仲裁人の選定についてもその規則によるとするのが通例である。もちろん当事者が常設仲裁機関の規則とは別に一定の規則によることを合意することもできるし、第三者に仲裁人の選定を委ねることを否定すべき理由はない(3)。しかし、当事者が仲裁機関による仲裁によらず、しかも予め仲裁人の選定について合意していない場合がある。また、当事者又は第三者による仲裁人の選定がなされない場合もある。このような場合には、裁判所が代わって仲裁人を選定するほかはない。これは裁判所の後見的機能である。したがって、裁判所の権限を定める仲裁法の規定は、当事者の合意または仲裁手続規則による仲裁人の選定がなされない場合に補充的に機能することになる。

仲裁人が選定されたとしても、その時から直ちに仲裁人となるわけではない。選定された者が仲裁人の任務に就くことに同意してはじめて仲裁人となる。したがって、仲裁人の選定と就任とは区別しなければならない。仲裁人の就任は、仲裁機関によらない仲裁では、仲裁人と当事者の契約により、仲裁機関による仲裁では原則としてその機関の規則の定めるところによるが、多くの場合は仲裁人と仲裁機関の契約による。法律では仲裁人の選定については規定をおくが、仲裁人の選任については通例とくに規定していない(4)。この模範法でも同様である。

仲裁人が公正、独立でないおそれがあるときには、当事者の仲裁人に対する信頼をそこない、またそのような仲裁人又は仲裁裁判所の仲裁判断は偏跛な判断のおそれもあるから、その仲裁判断を取消し、又はその承認を拒否すべき場合もありうる。したがって、仲裁判断に対する不服に先立ち、仲裁手続の段階で公正、独立に疑いのある仲裁人を排除する機会を当事者に与えておくことが必要であり、多くの国では、当事者の定めた方法による仲裁人の排除を認めている。しかし、当事者の合意で仲裁人の忌避について定めてなく、また、仲裁手続規則で忌避について定めていないからといって、仲裁人の忌避が認められないことは適当ではない。当事者間の合意で忌避を認めないことにとしたとすれば、それは文明国の民事手続に関する法原則の基本に反し、無効というべきであろう。また、仲裁規則において忌避の理由及び手続を定めていても、それが適正、公平でないときは、これを適法ということはできない。したがって、忌避に関する法律の規定は、当事者間の合意又は仲裁規則で忌避に関する定めがないときに補充的に適用されるとともに、忌避の理由、手続等についての最低限度を定めた規定とみるべきであろう。(5)

㈠　仲裁人の数

仲裁人の数は当事者が合意によって定めることができる(第一〇条(1))。必ずしも奇数である必要はない。(6) 当事者による定めのないときは、裁判所は三人の仲裁を選定する(同条(2))。

当事者の合意又は仲裁機関の仲裁手続規則で仲裁人の数を定めている場合は、裁判所はそれに従って仲裁人を選定しなければならない。

㈡　仲裁人の選定

(1)　仲裁人の資格

この模範法には仲裁人の資格、能力等をとくに限定する規定はない。当事者が信頼しているならば、それでよいとも考えられる。もちろん、各国でこれについて規定を設けることは差支えない。(7)

模範法は当事者の合意がないかぎり、国籍によって仲裁人の任務を行うことを妨げられないことを規定するに止どまる（第一一条(1)）。

(2)　仲裁人の選定手続

(i)　当事者はその合意で仲裁人選定の手続を定めることができる（第一一条(2)）。当事者は自ら定めた手続に従わなければならない。当事者の合意のなかには当事者の指定した仲裁規則をも含む（第二条(e)）。

当事者の合意で仲裁の人選定手続を定めている場合であっても、

(イ)　当事者が仲裁人の手続に必要な行為をしないとき、

(ロ)　当事者又は二人の仲裁人が選定手続において合意に至らないとき、

(ハ)　仲裁人の選任を委ねられた第三者（団体を含む）が委ねられた任務を行わないときには、当事者は裁判所その他の機関に必要な措置をとることを申立てることができる。ただし、他の方法を定めている場合を除く（第一一条(4)(a)―(c)）。

(ii)　当事者が仲裁人の選定の手続について何ら定めていない場合には、模範法では次のように定めている。なお、この規定はこの模範法の施行地域に仲裁地のある仲裁にのみ適用される。

(イ)　三人の仲裁人による仲裁の場合には、当事者が自ら選定する仲裁人を選定していないとき及び当事者の選定した仲裁人が第三の仲裁人を選定していないときは、当事者は裁判所に仲裁人の選定を申立てることができる（第一一条(3)(a)）。

(ロ)　仲裁人が一人の場合で、当事者が合意に達することができないときは、一方の当事者は裁判所に仲裁人の選定を申立てることができる（第一一条(3)(b)）。

(ハ) 仲裁人が一人又は三人以外の場合には、第一一条(3)(a)を準用して仲裁人を選定することになろう。仲裁人選定の申立があったときは、裁判所は仲裁人を選定する。(8) 模範法では仲裁人の選定に関する裁判所の決定に対して上級審に不服を申立てることはできないとされている(第一一条(5)前段)。もっとも、各国でこれと異なる規定を設け、不服申立を認めることはさしつかえないであろう。

裁判所は、仲裁人を選定するに当り、独立かつ公正な仲裁人を選定するように配慮しなければならない。また、仲裁人は当事者の有する国籍以外の国籍を有する者であることが望ましい(同項後段)。

(三) 仲裁人の忌避

(1) 仲裁人による事情の開示

仲裁人となることについて交渉をうけた者は、自己の公正又は独立について理由のある疑いを生じさせるような事情があれば、それをすべて開示しなければならない(第一二条(1)前段)。これは適正な仲裁人を選定するとともに、選任後に忌避の申立がなされることをできるだけ少なくする趣旨である。

仲裁人は選定された後及び仲裁手続中そのような事情を開示しなかったときは、遅滞なくこれをすべての当事者に開示しなければならない(同条(1)後段)。

(2) 忌避の理由

忌避の理由は、仲裁人の公正又は独立について理由のある疑いを生じさせる事情のあることである(第一二条(2)前段)。この模範法では具体的な理由を列挙することをしていない。このような表現では忌避の理由となるかどうかが明らかでないから、具体的な事案に当って判断することが容易ではないし、類似の事案でも国により、また、裁判所によって判断が異なることもありうる。したがって、具体的な規準は事例及び裁判例の積み重ねによるほかはない。また、当事者が仲裁の進行を望まないときは、このような抽象的な理由を利用して、仲裁人を忌避することも考えられる。それ故、忌避事由は法律上できるだけ具体的に列挙するほうが望ましい。しかし、この種の模範法ではそのような列挙は困難かもしれない。

当事者は、仲裁人の公正又は独立について理由のある疑いを生じさせるような事情のあるとき[9]、又は仲裁人が当事者の定めた資格を有しないときは、仲裁人を忌避することができる(同条(2)前段)。当事者は、自己が選定し又は選定に関与した仲裁人については、その選定を行った後に知った事由にもとづいてのみ忌避の申立をすることができる（同条(2)後段)。これは当然のことである。

(3)　忌避手続

(i)　仲裁手続における忌避の申立

(イ)　当事者の合意のある場合

当事者は仲裁人の忌避に関する手続を合意により定めることができる。当事者が仲裁人の忌避に関する手続について合意している場合には、それによる（第一三条(1)）。

(ロ)　当事者の合意のない場合

忌避の申立てをしようという当事者は、仲裁裁判所の構成された日又は第一二条(2)の事情、すなわち、公正又は独立に理由のある疑いを生じさせるような事情を知った日のうち、いずれか遅い日から一五日以内に忌避に理由を記載した書面を仲裁裁判所に提出しなければならない。これによって、忌避の申立を受けた仲裁人が就任することもありうる。また、相手方が忌避申立に理由があると認めれば、その仲裁人を解任することができる。いずれも目的を達したことになる。

それ以外の場合には、仲裁裁判所が忌避の申立について決定する（第一三条(2)）。

この仲裁裁判所には、忌避を申立てられた仲裁人も加わることができると解される。[10] そうでなければ、仲裁裁判所が構成されないことになるからである。

(ii) 裁判所に対する忌避の申立

仲裁裁判所において忌避の申立が認められなかったときは、当事者は、忌避の申立を却下する決定の通知を受けた日から三〇日以内に、裁判所その他の機関に忌避の理由の有無について決定することを求めることができる。その裁判所の決定は最終的なものであって、これに対して不服を申立てることができない。

裁判所に忌避の申立が係属している間であっても、仲裁裁判所は仲裁手続を続行し、仲裁判断をすることができる。その仲裁手続には、忌避された仲裁人が加わってもさしつかえない(第一三条(3))。これは忌避の濫用を防ぐとともに、仲裁手続の円滑のための規定である。[11]

㈣ 仲裁人の行為の懈怠又は不能

仲裁人が法律上又は事実上その任務を遂行することができなくなった場合又はその他の事由により遅滞なく仲裁人としての行為をしない場合に、仲裁人が辞任し又は両当事者が仲裁人の任務の終了を合意したときは、仲裁人の任務は終了する（第一四条前段）。

これらについて争いのあるときは、当事者は裁判所その他の機関に仲裁人の任務の終了についての決定を申立てることができる。これに関する決定に不服を申立てることはできない（同条(1)後段）。

そのほか、模範法では明文の規定においていないけれども、仲裁人は正当な事由又はやむをえない事由があれば、辞任することができると解すべきである。仲裁人が事実上又は法律上その任務を遂行することができなくなった場合も同様である。また、このような場合は当事者の合意で解任することもできる（同条後段）。

なお、忌避の申立てがあった場合又は第一四条に定める場合に、仲裁人が辞任し又は当事者の一方が仲裁人の任務の終了に同意したからといって、忌避の申立等の理由が相当であることを承認したと解してはならない（第一四条(2)）。これは仲裁人の社会的立場等をも考慮し、辞任、解任を容易にするための規定である。

(五)　補充仲裁人の選定

忌避、辞任又は解任、その他の理由によって、仲裁人の任務が終了した場合には、それに代わる新たな仲裁人を選定しなければならない。

当事者が新たな仲裁人の選定方法について合意している場合はその方法により、その合意がなければ従前の仲裁人の選定に適用された規則に従って選定する（第一五条）。

（1）　訴訟と仲裁とを比較して、一般に仲裁、手続の簡易、迅速、費用の低廉があげられるけれども、当事者が仲裁人の判断に信頼をおかないのであれば、あえて当事者が仲裁契約をし、仲裁の申立をすることはないであろう。そうすると、前に述べた特色は、仲裁人に対する信頼に付随した意味しかないということもできよう。

なお、仲裁の特色として、仲裁に要する費用が低廉であるということがいわれているが、これは必ずしも当たっていない。当事者の主張、立証及びそのための準備の費用という点では訴訟とあまりかわらない。むしろ仲裁人の報酬、仲裁機関の手数料などがあるので、訴訟より多額になることが少なくなく、一般的にいって決して安い解決方法とはいえないのである。

（2）　西欧の大陸法系諸国の訴訟法は英法系の諸国の訴訟法と比べて手続的規定が著しく詳しい。これは裁判官制度の相違とも関連する。英米法系では裁判官は実務経験のある、信頼されている法律家から選任されるが、大陸法系諸国では裁判官は官僚である。官僚型裁判官制度をとると、手続及びその運用についても詳しく規定することによって、その公正を保障する必要があることになろう。これに対して、仲裁にあっては、仲裁人に対する信頼がもとにあるので、手続についてこまかく規定する必要はないことになる。仲裁手続に関する仲裁法の規定の多くは補充的性格のものであるのはこのためである。しかし、訴訟にしても仲裁にしても、判断の公正を保つという観点から、手続を簡易にすることには自ら限度がある。なお、私的紛争は、ある程度の時間と労力をかけないと解決に至らないのであり、迅速に手続をすすめても当事者がそれに応ずるような状態になっていないこともある。かえって、裁判官、仲裁人が余りに迅速に見解を示し、結論を出すと、当事者から裁判官、仲裁人の公平、公正について疑問がもたれることもある。

(3) 問題となるのは、仲裁機関による仲裁を申立てながら、当事者がその仲裁機関の規則と異なる方法で仲裁人の選定を約し又は仲裁人を選定した場合である。仲裁機関がその規則に適合しない当事者の合意がある場合にはこれを受け付けず、仲裁のための便宜を提供することを拒むとすれば、結局、当事者は仲裁契約の内容を変更するか、或は仲裁機関によらない仲裁によるほかはないであろう。しかし、このような結果が適当かどうかは疑問である。仲裁の基本が当事者の仲裁人に対する信頼にあるとすれば、仲裁機関としては当事者の合意をできるかぎり尊重すべきであって、仲裁人の選定についても、その機関の規則で定めた方法に固執する理由はないのではなかろうか。例えば、仲裁機関の規則で、その名簿に登載されている者のうちから三人を仲裁機関事務局が選定するとされていても、当事者がそれぞれ適当と思う仲裁人を一人ずつ（名簿とは別に）選定することが許されてもよいし、また、一人の仲裁人による仲裁を合意してもよいのではなかろうか。このようなことは国際的な事件においては往々にしてあることと思われる。そのためには、仲裁機関の規則でそのことを定めることでも可能であるが、法律で定めておいてもよいであろう。

(4) 仲裁人となる契約を仲裁人契約という。これは委任に類似する契約である。

(5) 仲裁人の忌避の規定をそなえている立法は、意外なことに、必ずしも大多数ではないのである（西独、スイス、日本、韓国など）。忌避の理由としては、通例、仲裁人がその事件とかかわっていること、仲裁人がその事件について公正を妨げる事情があること、仲裁人が誠実に職務を執行していないこと、仲裁人の能力その他で判断に支障のあることなどとされている。しかし、諸国の立法例のなかには、忌避ではなく、仲裁人の罷免という方法を採るものもある（英国、インドなど英法系の仲裁法がその例である）。そこでは、仲裁人の非行（不品行）及び手続における誤り（misconducted himself or the proceedings）が罷免の理由とされている。また、米国の連邦仲裁法には仲裁人の忌避、罷免に関する規定はない。したがって各州における裁判例によることとなる。

（6）　仲裁の場合には、当事者が二人の仲裁人でよいというのであれば、それでもよい。二人の仲裁人の意見が一致しているならば、さらにもう一人の仲裁人を選任する必要はない。意見の一致をみなければ、そのことを当事者に通知して、その段階で措置することでも足りるであろう。

（7）　国家と他の国家の国民との間の投資紛争の解決に関する条約第一四条には、「仲裁人名簿に登載されるためには、徳望高く、かつ、法律、商業、産業又は金融の分野で有能の名のある者であって、独立の判断力を行使することができると信頼される者でなければなら」ず、「法律の分野で有能であることが特に重要である」とされている。しかし、仲裁人の資格について規定した立法はほとんどない。多くの国では、未成年者、行為無能者、刑罰を受けている者、破産者等は仲裁人の資格を有しないと解されている。実際上問題となるのは、裁判官を仲裁人に選定できるか、仲裁人の国籍はすべて異ならなければならないかあるいは同一国籍でもよいか、法人又は団体が仲裁人となることができるかなどである。これについては模範法は何ら規定を設けていないから、各国の立法、裁判例に委ねることになる。仲裁人の資格の問題は、実質的には仲裁人の欠格事由の問題でもある。この問題は、まず、仲裁人の忌避の事由としてあらわれる。そして、再び仲裁判断の取消、仲裁判断の承認の際にあらわれる（手続の適正。例えば、忌避の判決が確定すると、民事訴訟法第八〇一条第一で、「仲裁手続ヲ許ス可カラザリシトキ」に該当する）。このように、仲裁人の資格は手続及び判断の適正を担保するためにあるとすれば、仲裁手続の準拠法によることが相当であろう。そうすると、仲裁地が模範法の施行地域にある仲裁については、この模範法すなわ仲裁地法が適用されることになる。

（8） 仲裁人選定の申立があったときは、仲裁人は裁判所が直接選定する。なお、福岡高判昭三一・六・三〇下民七巻六号一七三六頁は、当事者は裁判所に相手方が選定に応ずることを命ずる旨の申立（給付の訴）をすべきであって、裁判所に仲裁人選定を求める申立は不適法であるとした。しかし、この判決には疑問がある。

（9） 仲裁人の公正、独立について疑いを生ぜしめるような事情があるときにこれを開示すべしとするのは、米国仲裁協会（AAA）の規則にある。立法例としては見当たらない。

（10） Report of UNCITRAL 18th Session, para. 128.

（11） 仲裁人の忌避について裁判所の判断を求めることができるようになっていることは妥当であるけれども、常に、まず仲裁裁判所に忌避の申立てをしなければならないのであろうか。すなわち、仲裁裁判所を経ないで裁判所に忌避の申立がなされたときは常に不適法な申立となるとの趣旨であるとすれば、それは問題である。むしろ、当事者は、仲裁裁判所に忌避の申立をしないで、裁判所に直ちに忌避の申立をする方を選択できるとしてもよいのではなかろうか。そもそも、仲裁人の忌避は、仲裁人を適当でないとする事由に基づくものであるから、そのような仲裁人で構成される仲裁裁判所に必ず忌避の申立をするということが適当かどうかは疑問である。仲裁裁判所に忌避の申立をすることにあえて反対はしないとしても、仲裁人の辞任、当事者の合意による解任は、仲裁裁判所に申立てたときだけでなく、裁判所における忌避の手続でも可能である。当事者の合意又は仲裁手続規則で仲裁人についての忌避の理由及び手続を定めている場合でも、裁判所に直接忌避の申立をなしうるとするのが妥当ではなかろうか。このようなことまで、当事者の意思を尊重しなければならないとは思われない。また、忌避について裁判所の判断がされるまでの間、仲裁裁判所が仲裁手続を続行することができるかどうかは、立法に当って各国で見解の分かれるところであろう。

4　仲裁裁判所の権限

仲裁裁判所は、仲裁の申立が適法であるときは、仲裁手続をすすめて仲裁判断をすることができる。仲裁裁判所のこの権限を、模範法では、仲裁裁判所の権限[1]（jurisdiction, compétence）と表現している。

仲裁裁判所の権限は基本的には仲裁契約にもとづくものであるから、仲裁裁判所がこの権限を有するかどうか、仲裁契約が存在するか、それが有効か、仲裁が申立てられた紛争は仲裁契約の対象となる紛争か[2]ということにかかってくる。問題となるのは、紛争の仲裁適格性[3]（仲裁可能性、arbitrability）すなわち仲裁が申立てられた紛争が仲裁による解決が可能な性質か又はそれになじむ性質のものであるかにある。仲裁裁判所が権限を有しないにもかかわらず仲裁判断をしたときは、その仲裁判断は取消され、または、その承認は拒否されることになる。したがって、この問題についても仲裁裁判所の権限の問題に含めることが相当[4]であろう。なお、常設仲裁機関による仲裁については、その機関の規則等でその取扱う紛争の種類、性質を限定していることがある。そのような場合には、仲裁機関は特定の紛争にかかる申立以外の申立は受付けないことになる。しかし、それはここでいう仲裁適格性の問題ではない。

次に、仲裁裁判所の権限の有無はいかなる機関が判断すべきかの問題がある。これを当該仲裁裁判所以外の者、すなわち、その仲裁機関の他の組織、司法機関たる裁判所に委ねることも一つの方法である[5]。しかし、それでは当事者がこれを争う度に仲裁手続を停止しなければならないおそれもあり、仲裁手続を迅速に行うという目的に反するので、仲裁裁判所が仲裁手続を停止することなく、自己の権限についても判断することができるとするのが最近の傾向である[6]。もちろん、この判断は一定の手続によって裁判所の審査に服する。このようなことは、当事者間の合意又は仲裁規則で定めることはできず、法律によって定むべきことである。なお、仲裁裁判所の権限の有無が争われている場合に、仲裁裁判所の措置の当否（仲裁手続規則の妥当性についても含まれる）については、仲裁手続の準拠法によって判断すべきである。

近代国家では、私的紛争の原則的な解決手段は民事訴訟であって、仲裁は当事者の合意がある場合にのみ認められる紛争解決手段である。そこで、仲裁裁判所の権限の問題は仲裁手続において争われるだけでなく、民事訴訟においても争われることになる。ここでの問題は、当事者が訴訟手続において仲裁によって解決すべきことを主張したときに、その手続をどのように取扱うべきかということである。すなわち、仲裁によって紛争を解決するとの合意があれば、訴を却下し又は訴訟手続を停止し、仲裁による解決に委ねるか、或は訴訟手続は仲裁契約の存在によって影響を受けないこととすべきかということである。これは各国の立法政策の問題であるが、私的紛争の解決は、社会一般の利害に関係する場合はともかく、そうでない場合は、これを当事者に委ねておいてもよいと考えられるので、多くの国では当事者が仲裁による解決を約しているときは、紛争の解決はあえて訴訟によらず、仲裁によるとしている。(7) これは各国の民事訴訟法又は仲裁法において規定しておくべき問題である。このなかには、いかなる訴訟で仲裁の抗弁を提出できるか、その提起できる期間等の問題も含まれる。

模範法は訴訟手続における仲裁契約の存否を争いについては第八条(1)で、仲裁手続における仲裁裁判所の権限の有無については第一六条に規定を設けた。その内容は次のとおりである。

㈠　仲裁裁判所の権限についての判断

(1)　仲裁裁判所による判断

仲裁裁判所は、仲裁裁判所の権限（仲裁契約の成立又は有効性に関する異議を含む）に関して決定することができる。この場合には、主たる契約の一部を構成する仲裁条項は、主たる契約の他の条項から独立した契約として扱われる。主たる契約を無効とする仲裁裁判所の判断は法律上当然に仲裁条項を無効とするものではない(第一六条(1))。ここで規定していることは、仲裁裁判所の自己の権限についての判断の権限と仲裁契約の独立性（separability）である。

模範法では、仲裁裁判所の権限について仲裁手続で争われたときは、仲裁裁判所が自ら判断しうることとした。すなわち、仲裁裁判所は仲裁契約の存否(成立及び消滅)、その有効性、仲裁適格性などについて、仲裁手続中に自ら判断することができる。

(2)　仲裁判断の権限を争う主張の提出

第一六条(2)は次のことを規定している。

(i)　仲裁裁判所が権限を有しないとの主張は、答弁書提出後にしてはならない。

(ii)　当事者は仲裁人を選定し、又はその選定にかかわったからといって、仲裁裁判所の権限を争うことを妨げられない。

(iii)　仲裁裁判所がその権限の範囲を越えているとの主張は、仲裁裁判所が特定の事項について決定する意思を示した後速やかに行わなければならない。仲裁裁判所はいずれの場合も、その主張が遅れたことについて正当な理由があると認められるときは、時機に遅れた主張を許すことができる。

(i)は、仲裁判断の権限を争う主張は実体に関する答弁の前にしなければならないということである。これは仲裁手続を迅速、円滑にすすめたるためである。(ii)はむしろ当然のことであろう。仲裁人の選定とは関係がないからである。(iii)も当然のことであろう。

(3) 自己の権限に関する仲裁裁判所の判断の表示とそれに対する不服申立

仲裁裁判所は仲裁裁判所の権限に関する主張について、前提問題として又は本案に関する仲裁判断で示すこともできる。仲裁裁判所が前提問題として、仲裁裁判所が権限を有すると判断した場合には、当事者は、その通知を受けた日から三〇日以内に、第六条に定める裁判所その他の機関にそれについて決定することを申立てることができる。その決定に対して不服を申立てることはできない。その申立に対して裁判所の決定がなされるまでの間、仲裁裁判所は仲裁手続を続行し、仲裁判断をすることができる（第一六条(3)）。

模範法の作成までに、この問題については、いくつかの案が作成された。作業部会案の第一七条においては、当事者はいつでも国家の裁判所に有効な仲裁契約に存否、また、仲裁手続が開始しているときは、付託された紛争に関し仲裁裁判所の権限の有無についての判断を求めることができる、そして、裁判所の判断がされるまでの間は、裁判所が仲裁手続の中止又は停止を命じないかぎり、仲裁裁判所は手続を進行させることができるという規定であった[8]。しかし、そのような規定を設けると、当事者は明らかに理由のない場合であっても仲裁手続の進行を遅らせるために、仲裁裁判所の権限を争うことが多くなるであろうことが懸念された。そこで、試案では、第一七条を削除し、仲裁裁判所は前提問題としても本案の仲裁判断においても、仲裁裁判所の権限について決定することができ、当事者は、そのいずれの場合にも、仲裁判断の取消の手続においてのみ仲裁裁判所の決定について争うことができることとした(試案第一六条(3))[9]。しかし、これは仲裁裁判所の判断を尊重しすぎるきらいがあり、仲裁判断の取消の手続でのみこれを主張することができるとすることは、あまりに時間と労力の浪費であろう(ちなみに、作業部会案は英国が支持し、試案は米国、ソ連などが支持したとのことである)。そこで、妥協案として模範法第一六条(3)の規定が提案され、結局これが採用された。これによると次のとおりである。

(i)　仲裁判断が、仲裁裁判所の権限の有無について前提問題として判断を示したとき（これは中間判断の一つである）は、その通知を受けた日から三〇日以内に、これについて裁判所その他の機関の審査を求めることができる。これに対しては不服を申立てることができない。

(ii)　終局判断によって自己の権限の有無について判断したときは仲裁判断の取消の手続によることとなる。なお、仲裁裁判所が前提問題として判断を示したが、そのなかで自己の権限を否定する判断としたときは、それは当然終局判断となることはいうまでもない。

(4)　仲裁手続の措置

仲裁裁判所は、前提問題としてその権限についての判断をした場合であっても、それに対する裁判所の決定がなされるまでの間は、仲裁手続を続行し、仲裁判断をすることができる。（第一六条(3)）。したがって、仲裁裁判所に、当事者からその権限について判断を求める申立がなされたとしても、そのことによって仲裁手続を停止しなければならないわけではなく、仲裁手続をすすめながら、前提問題として判断することもできるし、終局判断のなかで判断することもできる。要するに、模範法は仲裁裁判所による仲裁手続の進行に重点をおき、裁判所の関与する可能性をできるだけ少なくした。

(二)　暫定措置を命ずる仲裁裁判所の権限

当事者間に合意のある場合を除き、仲裁裁判所は、当事者の申立により、紛争の対象となっている事項に関し、権利の保全のために、必要と認められる暫定措置を命ずることができる。その際に仲裁裁判所は、いずれの当事者に対しても、この措置に関して適正な担保の提供を求めることができる（第一七条）。

権利保全の措置についてはとくに説明を要しないであろう。それは具体的な事案によって異なる。暫定措置に関する仲裁裁判所の命令は、当事者がこれに従うことを前提としているのであり、これを強制的に実現することはできない。その一定の措置を強制するためには、第九条の規定によって、裁判所の手続（保全処分）によらなければならない。仲裁裁判所の措置は当事者の申立をまって行われるのであり、これを職権で行うことはできない。

本条は仲裁裁判所の権限に関する規定ではなく、仲裁手続中における仲裁裁判所のとりうる措置に関する規定である。もちろん、これによって当事者が権利又は地位の保全のために裁判所に申立をすることは妨げられない（第九条）。

(1)　仲裁裁判所の管轄権という用語は訴訟における裁判所の土地管轄、事物管轄とまぎらわしいが、要するに仲裁裁判所の紛争について仲裁判断をなしうる権限ということである。

(2)　仲裁契約の存否(成立及び消滅)、その有効性は仲裁契約の準拠法によって判断すべきである。仲裁が申立てられた紛争が仲裁契約の対象となる紛争かどうかは、仲裁契約の解釈の問題である。

(3)　仲裁適格性 (arbitrability) の判断については、仲裁地法、仲裁契約の準拠法、仲裁判断の承認地法、仲裁の対象となる法律関係の準拠法などがかかわってくる。いなかる法によって仲裁適格性を判断するかについては、内外を問わず、これまでのところあまり論じられていない（小山昇・仲裁法［新版］二五六―七頁はこの問題をとり上げている。なお同書四九―五六頁に主要国の法則の紹介がある)。ニューヨーク条約第五条(2)(a)は、仲裁判断の承認を求められた国の法例によって仲裁適格性のない外国仲裁判断の承認を拒否するとしている。これは仲裁判断の承認地法を仲裁適格性の準拠法とする考え方の例である。

(4)　模範法も同様の見解をとっている (Report of UNCITRAL 18h Session, para. 150.)。

(5)　わが国の現行法のもとでは、当事者が仲裁人の権限を争う場合には、仲裁人はこれについて判断する権限を有しないし、したがってこれを判断する必要もない(民事訴訟法第七九四条)。また、仲裁手続停止の訴が提起されても影響は受けない。仲裁人が権限を有しなかったときは、仲裁判断の取消の事由となる（同第八〇一条第一項第一）。仲裁手続の途中で、仲裁人の権限について裁判所又はその他の第三者機関が判断することはできない。裁判所は、仲裁判断取消の訴の場合を除くと、仲裁手続停止（差止）の訴又はこれを本案とする仲裁手続停止の仮処分の申立がある場合に仲裁人の権限について判断することができるにとどまる。なお、英国では差止命令（injunction）によって仲裁手続を止めることはできる（英国一九五〇年仲裁法第四条。Russell on Arbitration, Chapter 11）。米国では当事者の申立によって裁判所は仲裁手続を停止しなければならない（米国連邦仲裁法第三条）。

（6）フランスでは、仲裁人が自己の権限の有無について判断することができることを明文で定めた（民事訴訟法第一四六六条）。仲裁人又は仲裁裁判所のこの権限を、一般に、compétence de la compétence（Kompetenz-Kompetenz）と称している。

（7）訴訟に対して仲裁を優先させるという考え方では大きな違いがなくとも、手続上の措置については必ずしも一致しない。訴訟手続を停止する立法例（英国一九七五年仲裁法第一条⑴、米国連邦仲裁法第三条）と、訴を不適法とする立法例（ドイツ民事訴訟法第一〇二七条a、フランス民事訴訟法第一四八五条）とがある。わが国では仲裁契約が有効に存在する場合には、訴は不適法として却下されることになる。したがって、仲裁契約を訴訟手続中で主張することを妨訴抗弁と称する。

（8）A/CN. 9/WG. 2/WP. 48, p. 11.

（9）A/CN. 9/WG. 2/7/CRP. 2/Add. 10, p. 6.

5　仲裁手続

仲裁手続は、一般に仲裁人が適当と思われる方法で進行させることでよく、訴訟のように詳細な規定を必ずしも必要としないところに特色があるとされており、それによって紛争が迅速に解決されることに利点があるとされている。[1] そのような考え方によれば、仲裁手続は当事者の合意、仲裁規則、仲裁人の裁量などによって適宜にすすめることができるのであるから、あえて法律によって仲裁手続に関する規定を設けるまで必要はないと思われなくもない。しかし、仲裁手続について当事者の合意はないことが多く、仲裁手続規則も十分でないことが少なくない。このような場合に仲裁人がその都度判断することは決して容易ではない。そこで、法律で仲裁手続に関する規定があれば、当事者も仲裁人もそれによることができることになり、あらためて規則を定めたり、その都度判断する負担を免れることになる。法律の規定の多くは任意規定であろう。ただし、証拠調べにおける裁判所の協力など、当事者の合意によることのできない事項については、法律上規定を設けておく必要がある。

それのみならず、法律によって仲裁手続に関する規定を設けることは、仲裁手続の準拠法において適正、公平な手続の標準を示すことになり、その点でも意味を有するといえよう。(2) したがって、仲裁手続の準拠法の規定に反して仲裁手続がすすめられたときは、仲裁判断の取消事由(例えば、模範法第三四条(2)(a)(iv)、(b)(ii))、仲裁判断の承認の拒否の事由(例えば、模範法第三六条(1)(a)(iv)、(b)(ii))となることもあるであろう。

なお、仲裁の費用、仲裁人の報酬についてはとくに法律で定めておく必要はない。この模範法でもこれらに関する規定はない。これらは個々の仲裁規則の定めるところによる。仲裁規則に定めのないときは、仲裁人の判断に委ねることになる。

㈠　当事者の取扱の公平

仲裁判断は、当事者を公平に扱わなければならず、各当事者にその主張及び立証のための十分な機会を与えなければならない(第一八条)。

これは仲裁のみならず、すべての私的紛争の解決のための手続についていえることであり、手続に関する大原則である。

㈡　手続規則の決定

(i)　当事者は、この法律の規定に反しないかぎり、手続を進めるに当たって、仲裁裁判所が従うべき手続規則を定めることができる（第一九条(1)）。仲裁手続に関する規定の多くは任意規定であるから、これは当然のことである。当事者の合意には、仲裁規則を指定することも含まれる（第二条(e)）。

外国の法律を仲裁手続の準拠法として指定しても、仲裁地がこの法律の施行地域にある仲裁にはこの法律が適用されるのであるから（第一条(2)）、当事者が指定した法律の規定は、この法律の許容する限度で効力を有するにすぎない。したがって、その指定は抵触法的指定ではなく、実質法的指定というべきである。したがって、実質的には仲裁規則を指定したときと同様の結果となる。(3)

(ii)　当事者間に仲裁手続についての合意のない場合には、仲裁裁判所は、この法律の規定に反しないかぎり、適当と認める方法で仲裁手続を進めることができる。仲裁裁判所の権限には、証拠の許容性、関連性、重要性及び証明力について決定する権限を含む（第一九条(2)）。このようなことは多くの国では当然とされているので、あえて規定をおくまでもない。しかし、模範法には啓蒙的な機能も期待されているので、このような規定を設ける意義がないわけではない。

㈢　仲　裁　地

当事者は仲裁地について合意することができる。当事者が仲裁地を定めないときは仲裁裁判所が当該事案における事情（当事者の便宜をも含む）を考慮して、仲裁地を決定する（第二〇条(1)）。仲裁裁判所は、当事者間に合意がある場合を除き、証人、鑑定人及び当事者の尋問、証拠物及び文書の取調べ、検証、仲裁人の評議を仲裁地と異なる地で行うことができる（同条(2)）。

(1) 仲裁地の決定

この模範法では仲裁地についての定義規定はなく、仲裁地の概念は当然には明らかではない。国際的な仲裁では仲裁手続がすべて一つの場所で行われるとはかぎらない。したがつて、通常は仲裁手続の大部分又は重要部分が行われ、仲裁判断がなされた地を仲裁地というのものと解される。仲裁地は次のようにして決定される。

(i) 仲裁地は当事者の合意によって決定することができ、当事者が仲裁地を定めたときは仲裁裁判所もこれを変えることはできない。

(ii) 当事者による明示の指定がなくとも、常設仲裁機関による仲裁の場合、その機関の所在地又はその仲裁規則で決定される地を仲裁地に指定したと解することができる。もっとも、実質的にその機関の所在地に関係がないときは、実際に仲裁手続が行われ、または仲裁判断がなされた地を仲裁地とみることになろう。常設仲裁機関によらない仲裁の場合は、その仲裁契約から一定の地を仲裁地に指定したとみることのできる場合もあろう。

(iii) 当事者が仲裁地を定めているとはみられないときは、仲裁裁判所が仲裁地を定めることになる。仲裁地を定めるに当たっては、当事者の便宜と公平、事案の性質等を考慮すべきである。

多くの事案では仲裁地は自ら明らかであろうが、具体的な事案によっては仲裁地が必ずしも明らかでないこともあろう。仲裁判断が作成され、当事者に交付し、裁判所に寄託・登録するなど、仲裁判断の外部的、形式的成立のための手続をした地と審問の大部分を行った地とが異なるときは、仲裁判断の存在に意味があるので、前者を仲裁地とみるべきではなかろうか。なお、仲裁判断のための合議をし、またその原稿作成をした地などは直ちに仲裁地となるとは解されない。

(2)　仲裁地の機能

この模範法でいう仲裁地は、仲裁の本拠地ともいうべきものであって、相当に抽象的な概念である。仲裁地はこの法律の適用の有無、すなわちこの法律が仲裁手続の準拠法とされるか、仲裁判断取消の訴の裁判管轄権が内国にあるかどうかの決定に関して問題となる。しかし、仲裁判断の承認に関しては、仲裁判断のなされた地がいずれであるかによってその要件を区別していないので、仲裁地がとくに問題となることはない。

㈣　仲裁手続の開始

当事者間に合意のある場合を除き、仲裁手続は、申立人による特定の争いを仲裁に付託する申立を相手方が受領した日に開始する（二一条）。

第二一条の規定は、常設仲裁機関によらない仲裁の場合を考慮したもののようである。常設仲裁機関による仲裁の場合には、仲裁に付託する申立を仲裁機関に提出した日に開始すると解すべきであろう。(4)

仲裁手続の開始の時点は、時効の中断との関連で意味がある。

㈤　仲裁手続における言語

当事者は、仲裁手続において用いるべき一又は二以上の言語を合意により定めることができる。したがって、当事者が仲裁手続において用いる言語を合意により定めたときはそれによる。その言語は一つに限られるわけではない。当事者がこれを定めていないときは、仲裁裁判所が、仲裁手続で用いる一又は二以上の言語を決定する。

仲裁手続においては定められた言語を用いなければならない。それは当事者の口頭または書面による陳述、仲裁裁判所の判断、決定その他の通知にも適用される（第二二条(1)）。また、仲裁裁判所は、いずれの書証にも、当事者が合意し又は仲裁裁判所が決定した一又は二以上の言語のうちの一による翻訳を添付すべきことを命ずることができる（同条⑵）。

国際的な紛争の解決手続においては、言語の問題は相当に重要である。これについても当事者の公平、便宜を考慮に入れる必要がある。翻訳の費用の負担については明らかでないが、仲裁手続に要する費用の一つとして仲裁手続規則で定めるか、仲裁人の判断によらしめることが適当であり、あえて法律で決めておく必要はないと解される。

㈥ 主張及び立証

⑴ 申立及び答弁の陳述

(i) 当事者が合意し又は仲裁裁判所が決定した期間内に、申立人は、申立の趣旨及び自己の請求を裏付ける事実、争点を陳述しなければならず、また、相手方は、これらについて自己の答弁を陳述しなければならない。当事者は、関連があると認めるすべての書類を自己の陳述書に添付し、又は提出を予定する書類及び証拠を引用することができる（第二三条⑴）。

当事者の主張、立証は、そのための期間が定められているときは、その期間内にしなければならないことを定める（申立人がこれを怠った場合の措置については㈦で述べる）。

(ii) 当事者間に合意のある場合を除き、いずれの当事者も仲裁手続が行われている間は、自己の主張を改め又は補足することができる。ただし、仲裁裁判所が、それが時機に遅れたことを理由に、これを許すことが不適当と認める場合には、この限りでない（第二三条⑵）。

当事者の主張の修正、補足は原則として自由であるが、仲裁裁判所が手続の進行情況からみて時機を失しており、これを認めることが適当でないと考えられる場合には、これを許さないでもよいということである。

(2)　審問及び書面による手続

(i)　仲裁裁判所は、当事者間の合意に反しないかぎり、証拠の提出又は弁論のための審問期日の指定をするか、文書その他の資料に基づいて手続を進行するかを決定しなければならない。当事者が審問は必要でないことを合意した場合を除き、仲裁裁判所は、手続の適当な段階において、証拠の提出または口頭弁論のため、審問期日を開くことができる（第二四条(1)）。

(ii)　審問期日及び検証のための期日について、仲裁裁判所は当事者に対し事前に十分な余裕をもって通知をしなければならない（同条(2)）。

(iii)　当事者が仲裁裁判所に提出するすべての陳述書、文書又はその他の通知は、相手方にも送付しなければならない。仲裁裁判所がその判断に際して参考となりうる鑑定人の意見又は他の文書も、同様に当事者に送付しなければならない（同条(3)）。

仲裁手続における主張及び立証については、当事者に十分に、かつ、公平にその機会を与えなければならない。それは当事者の合意、仲裁手続規則、仲裁人の裁量に従ってよく、あえて法律で定めるまでもない。このような規定は補充的（任意）規定である。

立証責任については模範法では触れていない。仲裁判断の準拠法となる実体法で立証責任の分配について定めているときは、その規定による。しかし、準拠法で立証責任について定めていないとすれば、結局は仲裁人の判断に委ねられることになろう。

これに関連して、事実関係について仲裁人による職種探知が許されるかという問題がある。模範法では仲裁裁判所の職権による事実関係の探知に関する規定がない。第一八条、第二四条などの趣旨からみて、職権探知は当事者の公平と手続の公正に反するとしてこれを許されないとするか、或いは仲裁人は事実の認定を当事者の立証によらず、自らの探知によってもよいとするかという問題である。職権探知を許す明文の規定がない以上、解釈としては前者のほうが適当ではなかろうか。また、手続における公正の観点からも、仲裁における職権探知には賛成し難い。(5)

(七)　当事者の懈怠

当事者間に合意のある場合を除き、十分な理由を示すことなく、

(イ)　申立人が第二三条(1)の規定に従ってその主張を記載した書面を提出しないときは、仲裁裁判所は仲裁手続を終了しなければならない（第二五条(a)）。

(ロ)　相手方が第二三条(1)の規定に従って答弁書を提出しないときは、仲裁裁判所は、その懈怠を申立人の主張を認めたものとして扱うことなく、手続を続行しなければならない（同条(b)）。

(ハ)　いずれかの当事者が審問期日に出席しないとき又は書証を提出しないときは、仲裁裁判所は手続を続行し、既に提出されている証拠に基づいて仲裁判断をすることができる（同条(c)）。

当事者に懈怠があれば、その当事者の不利益に判断されることがあるのは当然のことである。仲裁人は第二五条(a)の規定によって、仲裁判断をなしうると認めたときは、仲裁手続を終了し、仲裁判断をしなければならない。第二五条(b)の規定は、相手方の答弁書の提出に懈怠があっても、そのことによって申立人の主張を認めたものとみなすことはしていない。したがって、いわゆる欠席判決に相当する仲裁判断(6)（いわゆるdefault award）をなしえない。

第二五条(c)の規定は強行規定ではないから、当事者の合意、仲裁手続規則でこれと異なる定めをすることはで

きる。

(ハ) 仲裁裁判所による鑑定人の選任

(1) 当事者間に合意のある場合を除き、仲裁裁判所は、

(イ) 仲裁裁判所が判断しなければならない特定の争点についての意見をもとめるため、鑑定人を選定することができる（第二六条(2)(a)）。

(ロ) 当事者に必要な資料を鑑定人に提出することを求め、又は、関連ある文書、物品もしくはその他の財産を鑑定人の調査のために提出し、もしくは使用できるようにすることを当事者に求めることができる（同条(2)(b)）。

(2) 当事者間に合意のある場合を除き、当事者の申立により又は仲裁裁判所が必要と認めたときは、鑑定人は、書面又は口頭により意見を陳述した後に、審問期日に出頭しなければならない。その審問期日において、当事者は、鑑定人を尋問し、かつ、争点につき証言させるための他の鑑定人を申請することができる（同条(2)）。

仲裁人は必ずしも特定の分野、技術の知識を有するとはかぎらない。仲裁制度の沿革からみると、仲裁は同業者間又は商人間の取引上生じた紛争を、同じような職業に従事する者が判断することから発達してきたので、従来は仲裁人は専門知識を有する者から選ばれることが多かった。しかし、現在では、仲裁が広く用いられ、仲裁人に広い範囲の専門の知識、技術を期待することが困難となってきた。そこで、専門家の鑑定を必要とすることになる[7]。もっとも、鑑定事項は自然法則に関する、技術的な事項が多いと考えられる。

(九) 証拠調における裁判所の援助

仲裁裁判所又は仲裁裁判所の許可を得た当事者は、裁判所に証拠調のための援助を申立てることができる。裁判所は、その権限を範囲内でかつ証拠調の規則に従い、自ら証拠調を行うことができる（第二七条）。

仲裁裁判所が、証人又は鑑定人の取調をすることは、それらの者が任意に応ずる場合にかぎり、特に問題はない。しかし、証人等が任意の陳述を拒むことは、仲裁裁判所がこれを強制し、それに対して制裁を加えることはできない。また、仲裁裁判所は、当事者又は第三者が任意に応ずる場合を除き、これらの者の所持する文書、物の提出を命じ、特定の場所に立入って検証することはできない。要するに仲裁裁判所には当事者又は第三者に対して強制的に証拠を提出させ又は供述をさせる権限は与えられていないのであって、この点が訴訟と仲裁とが異なるところである。そこで、仲裁手続においても裁判所の援助を求める途を設けておく必要がある。第二七条はこのための規定である。

まず、裁判所の援助を求める申立は仲裁裁判所が行うか、当事者が行うかという問題がある。当事者が、仲裁裁判所とは別に、自らの判断で裁判所の援助を求めことは、仲裁手続の円滑な進行からみて好ましくない。したがって、仲裁裁判所が何らかの形で関与する必要があろう。模範法では、仲裁裁判所自ら又は仲裁裁判所の許可を得た当事者が裁判所に援助を求めることができるとしている。これは妥当な方法といえよう。

次に、裁判所が援助を求められた場合に、裁判所が自ら証拠調をする方法と裁判所の命令にもとづき仲裁裁判所が証拠調をする方法とが考えられる。模範法の規定の文言からは明らかではないが、いずれも可能のようである。すなわち、援助を求められた裁判所は、当事者又は第三者に対して仲裁裁判所に文書の提出等を命じ、審問のための出頭を命ずることもできるし、裁判所が自ら証拠調をすることもできると解される。裁判所が証拠調をする場合には、当該裁判所が適用する法令（民事訴訟法等）の規定に従うことになる。しかし、裁判所自ら証拠調をすることは、裁判所の負担を多くするし、また、仲裁裁判所が直接心証を形成することができないおそれもあるので、通常は、裁判所が当事者又は第三者に対して仲裁裁判所の証拠調に従うべきことを命ずることが相当でいない。

あろう。もっとも、それは模範法を採用した国の手続法上の問題であって、この模範法ではそこまでは規定して

外国にある証人等について証拠調の必要のあるときは、第二七条の規定に従えば、仲裁地又は現に仲裁手続の行われている地の裁判所に援助を求め、その裁判所から国際的司法共助の方法[8]によって、相手国の裁判所の援助を求めることになろう。それでは、外国にいる証人等について、仲裁裁判所又は当事者がその外国の裁判所に対して、直接に援助を求めることができるであろうか。これはこのような申立を受けた国がどのように対応するかの問題[9]であって、各国の定めるところによる。

（1）　民事紛争はできるだけ早く解決することが望ましいことはいうまでもない。現在、商取引や経済活動に関する紛争について、当事者が訴訟を嫌うのは、訴訟に著しく長い時間がかかるからである。また、商取引に関する事件、海事事件、渉外事件などでは職業裁判官の事案と争点についての理解が必ずしも十分とはいえないということにも原因ある。

（2）　仲裁手続の全体について網羅的に限定をおく立法例はほとんどない。多くは、証人、当事者、鑑定人を尋問することができるとする程度である。これに対して、仲裁手続規則ではこまかく規定しているものが少なくない。このように、仲裁法の面では仲裁手続は適宜に行われることでよいと説明されることが少なくないが、実際の仲裁事件ではそれが適正、公平に行われているかどうかは当事者にとって重要な関心事であろう。したがって、仲裁人は手続の基本に通じた者であることが望ましく、単に取引実務に通じているとの理由のみで仲裁人を選任することは好ましくない。

（3）　拙稿・JCAジャーナル一九八六年三月一三頁参照。

（4）　もっとも、常設仲裁機関による仲裁の場合についても、仲裁付託の申立が相手方に送達された（相手方が受領した）日に手続が開始すると解する考え方のほうが普通であろう。

(5)　わが国の民事訴訟法第七九四条では仲裁人による争いの原因となった事実関係の探知が認められている。しかし、これはかなり問題のある規定ではなかろうか。手続上の公平と公正からみて、この規定は当事者の申立がなくとも仲裁が書証、人証等の取調、検証等を行うことができるという意味であって、その際に当事者を立ち会わせて、又は事後に証拠調べの結果を当事者に示し、適当な立証、反証の捻出の機会を与えることが必要であろう。

(6)　欠席判断とは、仲裁の申立をうけた相手方が答弁書も提出せず、審問にも出頭しないときは、申立人の申立どおりの仲裁判断をすることをいう。このような欠席判断（default award）を認めるかどうかは、もとより立法政策の問題である。

(7)　鑑定についての費用も仲裁費用の一つであるが、相当高額になることが多いので、具体的にどのようにして当事者に負担させるかは容易ではない。実際には、当事者が合意した場合でないと鑑定人に鑑定、嘱託しえないのではなかろうか。そうなると、各当事者が自己に都合のよい鑑定を提出し、仲裁人がその当否、優劣を判断せざるをえないことになろう。

(8)　現在、わが国における証拠調に関する司法共助については、服部寿恵「民事事件における国際司法共助」（新・実務民事訴訟講座第七巻一六二頁以下（昭和五七年））、高桑昭「渉外的民事訴訟事件における送達と証拠調」（法曹時報三七巻四号一頁以下（昭和六〇年））を参照されたい。

(9)　外国が仲裁地となっている仲裁又は外国で行われている仲裁に関して、仲裁裁判所又は仲裁事件の当事者から内国の裁判所その他の当局に直接に証拠調を依頼してきても、その依頼をうけた内国の裁判所としてはいかなる仲裁機関又はいかなる者から、いかなる手続において、またいかなる理由にもとづいて依頼されたかを確認しえないので、このような援助を求める申立に応ずることは適当とは思われない。これを確認するためには、依頼の方式、その内容、添付の書類等について予め定めておく必要があろう。そのためには、結局これらの事項について国家間の合意によって、定めておく必要があろう。したがって、仲裁地又は仲裁手続の現に行われている裁判所からの共助の嘱託の方法によることが適当であろう。わが国では裁判所は、民事訴訟法上の規定がないことを理由に、外国で行われている仲裁について仲裁裁判所又は仲裁人からの証拠調の嘱託に応じないであろう。しかし、外国の裁判所からの嘱託であれば、それが仲裁手続における証拠調のためであっても、手続が適法であるかぎり、司法共助としてこれを実施すると思われる（証拠調に関する共助の方法については注(8)の文献参照)。

6　仲裁判断と仲裁手続の終了

模範法では一章を設けて仲裁手続の終了について規定している。立法例では、仲裁手続の終了についてとくに規定せず、仲裁判断に関して若干の規定をおくにとどまるものが多い。いかなる場合に仲裁手続が終了するかについては仲裁手続規則で定めることで足りるようにも思われるが、仲裁手続が終了したかどうかに法律上の効果が生ずるので、法律で明確に定めることも必要であろう(1)。また、仲裁手続の進行中に成立した和解にその効果を認めるための規定をおくことも意味がある。

仲裁判断については、仲裁判断の成立、仲裁判断の形式、仲裁判断書の記載事項、仲裁判断の規準、仲裁判断の追加・訂正、仲裁判断の告知、送達の方法、仲裁判断の預置、仲裁判断の効力等の問題がある。このうち法律によるべき事項としては、仲裁判断の成立に関するものとして、仲裁判断の形式、仲裁判断書の記載事項、仲裁判断の告知、仲裁判断書の送達の方法がある。これらはいずれも仲裁判断の存否、その有効性にかかわることであるので、当事者の合意又は仲裁手続規則で自由に定めうるとすることは適当ではない(2)。仲裁判断がいかなる効力を有するかについてはまさに法律で定めておくべき事項である(3)。また、仲裁判断の保存等のための措置（預置）についても法律で一定の方法を定めておくべきであろう(4)。仲裁判断の追加、訂正については仲裁判断に準ずることが適当であろう。

問題となるのは、仲裁裁判所の紛争の実体に適用すべき規準（仲裁判断の規準）に関する規定である。仲裁判断の規準については、当事者の合意または仲裁規則によることで足りるように思われなくはない。しかし、当事者による仲裁判断の規準の指定が不明であることは少なくないし、仲裁判断の規準は判断の内容が適正であることを保つために重要であると考えられるので、法律でこれに関する規定を設けておくことには意味がある。そうすると、法律で仲裁判断の規準について規定のあるときは、当事者の合意又は仲裁規則においてそれと異なる規準を定めることが可能かという問題が生ずる。これは、結局、各国の政策の問題であり、具体的な規定によるというべきであろう(5)。

模範法では仲裁判断の形式、仲裁判断の規準については規定を設けているが、仲裁判断の告知、仲裁判断書の送達の方法、預置等については何ら規定していない。したがって、これらについては、各国の立法に委ねられていると解される。

㈠　仲裁判断の交付又は送付

仲裁手続は終局仲裁判断の交付又は送付によって終了する(第三二条(1))。交付とは直接当事者又はその代理人若しくは使者に手渡すことをいい、送付とはそれ以外の方法をいうと解される。

仲裁判断は終局的なものであればよく、その内容が紛争の実体について判断するものであると否とにかかわらない。例えば仲裁契約の存在しないこと、仲裁契約が有効でないこと(仲裁契約の失効したことを含む)、仲裁の対象となる紛争でないこと等の理由によって申立を却下する判断も終局的仲裁判断である。

仲裁判断がいかなる効力を有するかについては、各国の国内法に委ねられている。

(1)　仲裁判断の種類

仲裁判断は、形式的にみると、終局的判断のほかに一部についての判断、中間の判断をすることができ、判断に脱漏があるときに追加的判断をすることができる。仲裁判断の訂正、仲裁裁判所の解釈も追加的判断の形で行われる（中間の判断によって仲裁手続が終了することはない）。

仲裁判断の内容からみると、紛争の実体についての判断（即ち当事者の権利義務についての判断）とそれに至らない判断（仲裁契約の不存在、無効、仲裁契約の対象となっていない事項であること、仲裁適格性のないことなどにより仲裁による解決が相当でないとする判断）とに分かれる。

(2)　仲裁判断の内容の形成

仲裁裁判所は、当事者の主張、立証の情況からみて紛争について判断に適する状態にあると考えたときは、審問手続を終結して、仲裁判断をすることができる。この判断は、事実を認定し、これに価値判断を加えて導き出されるものである。事実の認定は、仲裁裁判所の自由な心証による。事実についての価値判断は、通常の判断の規準によって行う。

仲裁裁判所の内容の形成は、仲裁裁判所が単独の仲裁人によって構成される場合には、とくに問題はない。仲裁裁判所が二人以上の仲裁人によって構成される場合には、いずれの問題についても、当事者が別段の合意をしている場合を除き、構成員の過半数によって決定する。しかし、当事者又は仲裁裁判所は、手続問題については、権限を裁判長たる仲裁人に授権することができる（第二九条）。この授権のための決定は過半数の賛成を要する。

仲裁人の過半数をもって決定できないとき(例えば、三人の仲裁人の意見がそれぞれに分かれたとき)は、結論をえられないことになる。模範法ではとくに規定がないので、このようなときは、さらに、結論に達するまで合議し

ことができ、それが不合理的なものでなければ取消とされることはないであろう。

なければならないと解される。なお、評決の方法について当事者の合意、仲裁手続規則又は仲裁法で定めておく

(3) 仲裁判断の形式

(i) 書面によるべきこと

仲裁判断は書面によらなければならない[6]（第31条(1)）。書面にすることによって判断が明確になり、慎重な配慮をすることになるからであろう。仲裁判断を口頭で行うことはできない。また、仲裁手続には公開の要請はなく、口頭で告知しなければならないわけではないから、仲裁判断の言渡の手続は必要ではない。

(ii) 仲裁人の署名のあること

仲裁判断には仲裁人が署名しなければならない。仲裁人の署名は過半数の仲裁人署名があればよい。仲裁人の署名のないことについては、その理由を記載しなければならない。（第三〇条(1)）。

(iii) 理由を付すべきこと

仲裁判断には、原則として理由を付さなければならない。ただし、当事者が理由を付することを要しないとの合意をした場合及び当事者の合意を仲裁判断の内容とする場合、すなわち、和解の内容を仲裁判断とする場合には、理由を付す必要はない（第三〇条(2)）。

仲裁判断の理由は、結論に至るまでの詳細な根拠をあげる必要もないし、また、その理由は必ずしも適切な説明である必要もない。要するに、その仲裁判断に至った筋道を理解できるような説明であれば足りる。しかし、理由と判断の主文との間に明らかに矛盾があるとか、判断に至る筋道を理解できないときには、理由を付したことにはならないであろう。

仲裁判断に理由を付することを要しないとすると、往々にして恣意的な判断が行われるおそれがあるし、恣意的でないにしても、仲裁裁判所の判断は容易に流れ、妥当を欠くおそれがあるからである。また、あえて仲裁判断の規準に照らして当事者の権利義務について判断することなく、仲裁裁判所が当事者に自己の和解案を強制するのと同じ結果になるおそれがある。(7) したがって、仲裁判断の理由を省略することは、当事者の合意がある場合を別とすれば、相当とは思われない。

この模範法では仲裁判断に少数意見を付することができるかどうかについて何ら規定がないので、それについては議論の分かれるところであろうが、明文の規定がないので、消極に解すべきであろう。(8)

(iv)　仲裁判断作成の日付及び仲裁地の記載のあること

仲裁判断には、作成の日付及び第二〇条(1)項により決定された仲裁地を記載しなければならない（第三一条(3)）。

仲裁地は、当事者の合意により、それがないときは仲裁裁判所が決定する（第二〇条）。仲裁判断の取消の手続は、原則として仲裁判断書に仲裁地として記載された地を管轄する国の裁判所を提起すべきこととなる。しかし、仲裁判断書の仲裁地が仲裁と実質的な関係がほとんど存在しない場合には、仲裁地の記載にとらわれる必要はないであろう。この法律では仲裁判断の承認に当たって内国仲裁判断と外国仲裁判断の区別はしていないので、仲裁判断の承認、執行に当たっては仲裁地の記載はとくに意味をもたない。

仲裁地の記載がなくとも、仲裁判断の成立、有効性には影響はないと解される。仲裁判断の取消申立をうけた裁判所が、その管轄権の有無に関して、いずれか仲裁地から判断すれば足りるからである。これに対して、仲裁判断の作成の日付のないときは、無効というべきであろう。

(4) 仲裁判断の送付等の措置

仲裁判断が作成されたときは、仲裁人の署名のある仲裁判断の謄本を各当事者に送付しなければならない(第三一条(4))。

仲裁判断の送付の方法についてはこの法律では何ら規定がないので、各国の国内法の規定に従う[9]。

仲裁判断の預置(寄託)・登録などについては、模範法では全く規定がない。これは仲裁判断の預置(寄託)・登録などの必要はないという趣旨のようにも考えられるが、むしろ、そのようなことまで模範法で定める必要はなく、各国の立法に委ねる趣旨とも考えられる。ともかく、仲裁判断を保存し、これを公証する機関を法律で定めておくことが望ましい[10]。

(5) 仲裁判断の訂正、解釈及び追加的仲裁判断

(i) 仲裁判断の訂正

当事者は仲裁判断の受領後三〇日以内に、仲裁裁判所に仲裁判断における違算、書損じ、その他これに類する誤謬の訂正を申立てることができる(第三三条(1)(a))。また、仲裁裁判所は、仲裁判断をした日から三〇日以内にこれらの誤りを職権で訂正することができる(第三三条(2))。

仲裁判断を訂正することも一つの判断であって、仲裁判断の訂正は書面による。これには仲裁判断に関する規定が準用される(第三三条(5))。

(ii) 仲裁判断の解釈

当事者は、仲裁判断の受領後三〇日以内に、仲裁裁判所に、仲裁判断の解釈の申立をすることができる。仲裁裁判所は、仲裁判断の訂正の場合と同様に、申立後三〇日以内に書面によってその解釈を示さなければならない

(第三三条(1)(b))。この書面は仲裁判断の一部となる(第三三条(1)(b)、(5))。当事者の申立がないにもかかわらず、仲裁裁判所が自ら解釈を示すことは許されない。

(iii)　追加的仲裁判断

仲裁判断において、申立てられた事項の一部について判断が脱漏している場合には、当事者はその判断をした仲裁裁判所に、仲裁判断の受領後三〇日以内に、脱漏した部分についての追加の判断を申立てることができる。仲裁裁判所は、追加的仲裁判断の申立を相当と認めた場合には、申立の受領後六〇日以内に判断をしなければならない(第三三条(3))。

通常は、追加的仲裁判断をするためにはとくに証拠調は要しないであろう。しかし、さらに証拠調を要する場合は、証拠調をしたうえで、判断をすべきであるか、或はそのような場合には追加的仲裁判断は許されないのかは、この規定からは明らかではない。また、このような場合にどのような方法によって是正をはかるかも明らかでない。しかし、仲裁裁判所が仲裁判断を追加するために必要と認めたときは、当事者に主張、立証させることを否定すべき理由はないであろう。

仲裁裁判所は、判断に脱漏があると認めたときに、職権で判断を追加することができるか。第三三条(2)と対比してみると疑問がないわけではないが、事柄の性質上これを許さないとする理由はないと考えられる。

追加判断も一つの仲裁判断であるから、独立してこれに対する取消を申立てることが可能であるというべきであろう。そうすると、法律上、その場合の手当てをしておく必要がある。

（１）仲裁判断の終了に関しては、多くの立法例は仲裁判断についての規定をおいているが、その他の原因による仲裁手続の終了については規定をおいていない。仲裁判断に次いで多いと思われるのは和解の成立と仲裁申立の取下であろう。これらがいかなる効果を生ずるかについては法律で明確にしておくことが望ましい。わが民事訴訟法は仲裁手続の終了に関して、仲裁判断についての一ケ条（第七九八条）をおくにとどまる。

（2）　仲裁判断について、仲裁手続規則によるか仲裁法によるかは厳然と区別することはできず、またいずれによることも可能である事項が少なくない。国際商取引法委員会仲裁規則（UNCITRAL Arbitration Rules）では、仲裁人による評決（第三一条）、仲裁判断の形式及び効力（第三二条）、仲裁判断の規準（第三三条）、和解その他の理由による手続の終了（第三四条）、仲裁判断の解釈（第三五条）、仲裁判断の訂正（第三六条）、追加的仲裁判断（第三七条）について規定している。これらはおおむね当事者の合意によっても、仲裁法によってもよい事項であるとはいえよう。しかし、仲裁判断の形式及びその効力については、当事者の合意、したがって仲裁規則によって定めるよりも仲裁法によるほうが適当であろう。なお、仲裁判断の規準については法律に定めがある場合には、当事者はそれと異なる合意をすることは許されないと解すべきである。また、仲裁手続における和解によって手続が終了することは当事者の合意に委ねてもよいであろうが、その和解がいかなる効力を有するかについては、各国の法律で定めておくべきである。

（3）　わが民事訴訟法第八〇〇条によれば、仲裁判断（内国仲裁判断と解されている）は確定した裁判所の判決と同一の効力を有するとしている。仲裁判断が当事者に対する拘束力を有することは当然である。また、既判力も認めることができよう。しかし、当然に執行力を有するとは解されない。何となれば、第八〇二条によって、仲裁判断は執行判決をもってその許すべきことを言渡したときに限り執行することができるとされているからである。いいかえると、仲裁判断の取消事由が存在しないことを裁判所が認めたときに執行力が生ずることになる。また形成力は仲裁手続の当事者及びその承継人に及ぶが、第三者に及ばないことは当然であろう（したがって、形成的な効果を求める申立については、仲裁が適当な解決方法とはいえないことになる）。もちろん、仲裁判断が取消されたときは、これらの効力は生じない。

（4）　仲裁判断の保存のための措置、仲裁判断の送達については、当事者の合意又は仲裁機関の手続規則によってきめることが適当かどうかは問題である。これらは形式的、画一的に取扱うことが好ましいのであるから、法律で定めることが適当であろう。そしてこれらの事項については仲裁地における法令の規定に従うことになる。

（５）　当事者がその規準について合意している場合に、仲裁人がそれによって判断すべきことはおそらく大方の肯定するところであろう。問題は当事者による指定のない場合にいかなる規準によるべきか、またその規準は国家の実定法であるべきかは、仲裁をいかなるものとして把握するか、仲裁にどのような機能を期待するかによって異なるであろう。

（６）　仲裁判断書の記載事項について英国、米国ではとくに定めていない。またこれらの国の仲裁機関でも定めていない。これに対して、ドイツでは仲裁人の署名、作成の日付の記載を要するものとし、フランスではこれに仲裁地（lieu）を加えている（ドイツ民事訴訟法第一〇三九条、フランス民事訴訟法第三四七二条、第一四七三条）。模範法は国際商取引法委員会規則を踏襲している。

（７）　仲裁判断にとくに理由を付さないでよいとすれば、仲裁裁判所が積極的に和解を試みることになりやすい。当事者間で容易にまとまらないときは、仲裁裁判所が自己の案を示すことが行われるであろう。それでも和解が成立しないときには、仲裁裁判所はその和解案のごとき仲裁判断をすることになりかねない。そうなると、当事者としては仲裁裁判所の和解案に従わざるをえないであろう。したがって、仲裁判断に理由を付さないことは妥当とはいい難い。

（８）　仮に少数意見の付記を許すとすれば、当事者から選任された仲裁人は往々にしてその当事者に迎合するおそれなしとしない。

（９）　わが国では、仲裁判断書は送達しないければならない（民事訴訟法第七九八条第二項）。この送達は仲裁人又は仲裁機関が裁判所に送達の申請をして行う（同第一六一条）。

（10）　ドイツ、フランスでは仲裁判断書の原本又は正本を管轄裁判所の事務局に預託すること（預置）を定めている。（ドイツ民事訴訟法第一〇三九条、フランス民事訴訟法第一四七七条第二項）これに対して英国、米国ではこのような法律の定めはない。

(6) 仲裁判断の規準

権利義務に関する紛争についての判断は、事実に価値評価を加えることによって導き出される。その価値判断の規準としてはいくつか考えられ、事案ごとに適当な規準を選択して、それによって判断することも考えられる。しかし、判断の規準が一定しないことは、仲裁判断の適正、公平を期し難く、また、法的安定性を欠くことになり、その結果、紛争解決制度としての仲裁に関する信頼性を失わせることとなろう。それでは、仲裁ではいかなる規準によって判断すべきか、或は判断することが適当か。この問題は仲裁における基本問題の一つであり[1]、近代における仲裁の発達とかかわっている。

仲裁における判断の規準としては、従来、多くの国において仲裁では善と衡平によって判断するという考え方がとられていた。わが国でもそのような考え方に強く影響されてきた。これは、一九世紀において、各国の契約法、商取引法が未発達であるか又は十分に整備されていなかったこと、また、国際私法をも含めて、商取引とくに国際的な取引に関する法規範の形成が不十分であったことと、国際的取引は商人間の取引であるから、これらの者の間の紛争は同業者の団体または商人の団体において、特定の取引に通じた者によって、その取引の実務、慣行に照らして判断することが適当と考えられたためであろう[2]。

現代においては、仲裁の発達した国においては、善と衡平による仲裁よりも法による仲裁が一般的とされている[3]ように思われる。もっとも、仲裁法で仲裁判断の規準について定める例は全体からみると非常に少ない。また、仲裁規則で、仲裁判断の規準について定めている例も少ないし、その規定も直接的ではない。ドイツ仲裁協会規則によれば、仲裁人は法と衡平に従って判断すると定める[4]。国際商業会議所規則では、当事者は紛争の実体に適用すべき法を決定することができ、当事者の合意があれば、仲裁人は友誼的仲裁人の権限を有することを定めている。(5) このような考えは、一九七六年四月に国際連合国際商取引法委員会で採択した仲裁規則(UNCITRAL Arbitration Rules)で、国際的に明確に示されることとなった。そこでは、仲裁裁判所は当事者が紛争の実体に適用される法律を指定した場合には、その法律を適用する、その指定がないときは、相当と認める法の抵触に関する規則によって指定される法律を適用する、友誼的仲裁又は善と衡平による仲裁は当事者による明示の授権がある場合にのみ可能とされる。(6) 国際商取引法委員会は、主要先進国のみの集まりではなく、世界的な組織であるから、同委員会におけるこのような規則の作成は、各国の仲裁法のほかに明文の規定がないとしても、善と衡平による仲裁よりも法による仲裁が一般的な傾向であることを示しているといえよう。

法による仲裁が一般的になった理由は、商事法の発達と仲裁判断の予測可能性、安定性の要請にあると思われる。すなわち、近代的な商取引は営利を追求し、経済的合理性にもとづいて大量かつ活発に行われるから、仲裁判断の規準は予め定まっていること、かつ、それが客観的な規準であることが望ましい。そして、かつてのように特定の範囲の商人が従事する取引に仲裁が利用されるのではなく、商取引に従事する者又は国境を越えて経済活動をする者の数が著しく多くなり、仲裁がこれらの者によっても利用されるようになると、特定の商人間の実務、慣行のみでは不十分となり、より客観的な規準を必要とすることになる。また、仲裁が非公開であり、原則として紛争の実体についての判断において司法機関の審査に服さないというのであれば、当事者としては、類似の慣習に従い、実務の慣行を形成してきた商人間ではともかく、多くの者は仲裁判断の規準の明確化を求めるようになるであろう。それとともに、一九世紀後半から各国における商事法の制定、国際的取引の分野における規則の作成、法の統一の運動がなされた。このようにして、仲裁においても、善と衡平という不明確な規準よりも、実定法によって判断することが、経済活動にとって好ましいものとなってきたと思われる。そうすると、善と衡平による仲裁、友誼的仲裁は仲裁人の主観的価値判断が大きくなるので、当事者がそれによることを明示した場合に限ることとなろう。現在多くの国で法による仲裁が原則とされている理由は、このようなことにあると思われる。

ところで、一般に、法による仲裁と善と衡平による仲裁とに分けてはいるが、それぞれの概念は必ずしも明確なわけではない。法という表現のなかに、各国の実定法（制定法及び慣習法）が含まれることはおそらく異論はないであろうが、そのほかにどのような規則、規範が含まれるかという問題がある。また、どのようにして一定の国家の実定法を選択するのかという問題もある。善と衡平は一定の社会における基本的な法的価値基準というものを指すが、これも人によってその内容が異なるであろう。善と衡平は法の一般原則(7)（general principle of law）とは異なるとされているが、実際にはこの両者を区別することができるかは疑問であり、法の一般原則の名のもとに実質的には善と衡平によることもある。また、善と衡平は判断基準であるから、具体的事案における妥当性への配慮（practical consideration）とは異なり、友誼的仲裁(8)とは観念的には区別しなければならないが、実際の機能においては、両者はほとんど異ならないのではなかろうか。

模範法の規定は国際商取引法委員会仲裁規則第三三条にならったものである。国際商取引法委員会仲裁規則と模範法試案及び模範法の各規定の間には、文言は似ているものの、後に述べるように、若干の相違がある。これが実質的に大きな相違かどうかは解釈によって異なるのであろう(9)。いずれも、法による仲裁を原則とし、例外的に善と衡平による仲裁又は友誼的仲裁を認め、いずれの場合も契約の文言に従って判断すべきこと、また当該取引に適用すべき商慣習を考慮しなければならないとしている（なお、試案では契約の文言に従うべきこと、商慣習の考慮については明文の規定はおいていなかったが、第一八会期で加えられた(10)。

(i)　法による仲裁

模範法では法による仲裁を原則としている。それでは、紛争の実体に適用すべき法規範、すなわち実体についての判断の規準となる法規範はどのようにして決定すべきか。

(イ)　当事者が紛争の実体に適用すべきものとして選択した法の規定（rules of law, regles de droit）がある場合は、それによる（第二八条(1)）。この点については、国際商取引法委員会仲裁規則第三三条(1)では、「仲裁裁判所は、当事者が紛争に適用する法律（law, loi）を指定した場合には、その法律を適用しなければならない。」と規定していた。これは、当事者による準拠法の選択を認めたものと解されていた。ところが、模範法試案では、仲裁規則の「法」が「法の規定（rules of law, règles de droit）」となり、この模範法でも同様である。「法」が「法の規定」に変わった理由は必ずしも明らかではないし、そもそも「法の規定」がいかなる意味であるかが明らかでない(11)。第一八会期では長時間にわたる議論がなされたのであるが、国際取引法委員会においても見解が分かれた(12)。第一八会期の報告書によると、一つの考え方は、国際商事仲裁では当事者は一定の国の法律のみ選択することができるとすべきではないのであって、当事者の法律関係の部分ごとに異なる法を適用すること（いわゆる分割指定dépeçage）、一定の国の法をその一部を除いて選択することができること、発効しているか否か若しくは批准しているか否かを問わず、条約又は国際的にこれに類似する文書（text）にある規定を選択することができることを意味するもののようである(13)。他の考え方は、一九六一年ジュネーヴ条約(欧州仲裁条約)、一九六六年ECAFE仲裁規則、一九七五年ICC仲裁規則、一九七六年国際商取引法委員会仲裁規則のように、当事者が選択した法によるとすることによって、「法の規定」という曖昧で熟さない概念を用いるよりもはるかに法的安定に役立つこと、準拠法の分割指定(dépeçage)は既に多くの国で認められていることからして、第二八条(1)は当事者が選択した法によることを明確すべしとした。[14] その結果、国際商取引法委員会では、「仲裁裁判所は、当事者が紛争の実体に適用さるべしとして指定した法（the law chosen by the parties as applicable to the substance of the dispute; la loi choisie par les parties comme étant applicable au fond du differend）に従って紛争を判断しなければならない」という文言に改めることに決定するとともに、準拠法の分割指定を認めることとした。「法」の解釈として各国が広く解釈することは妨げない。また、当事者が未発効の条約を指定することもできるとした。そして、当事者による指定は実質法の指定であって、牴触法を含まないこととした。[15] ところが、同委員会には、後に、模範法試案の条文どおりに改めることとした。その理由は不明である。[16] しかし、前説は十分に納得し難い。この説では、とくに法の規定の概念が判然としない。一定の国家の法を準拠法に指定しても、準拠法の分割指定は否定されていないし、未発効の条約も統一規則も実質法指定又は契約中で援用するという方法で契約にとり込むことができるのであるから、“the rules of law”, “les règle du droit” と表現することにとくに意味があるとは思われないし、とくにフランス語の表現はフランス民事訴訟法第一四五四条と同じである。従って、後説が妥当と考えられるのであって、国際商取引法委員会仲裁規則第三三条の規定をあえて変えるほどの必要はなかったのではなかろうか。

なお、ここで適用される法について当事者の選択を認めているが、これは契約についてのことと解すべきである。それ以外の法律関係について適用さるべき法の決定には触れていないとみるべきである。

(ロ)　当事者が紛争の実体に適用さるべき法について何らの指定もしていない場合には、仲裁裁判所が相当と考える牴触規則によって決定される法律（law, loi）を適用する（第二八条(2)）。この点についても第一八会期では意見が分かれた。一の見解は、紛争の実体に適用される法律は、牴触規則によって決定されるべきであり、仲裁判断においてその根拠となった抵触規則を選んだ理由を示すことによって予測可能性（predictability）と法的安定性（certainty）が生ずるとする。[17] 他の見解は、紛争の実体に適用される法律は、抵触規則によらず、仲裁人が直接決定すべきであり、抵触規則は各国でその内容が異なるので、このほうが法的安定に役立つという。[18] 結論として、同委員会は前説をとり、試案の条文を維持した。[19]

抵触規則によって適用さるべき法を定める方法と適用さるべき法を直接決定する方法とで実際的にどれほど異なるかは疑問である。しかし、前説のいうように、仲裁人が直接に準拠法をきめるよりも、抵触規則によって準拠法をきめることのほうがその事案に密接な関連のある法規範を選択することになるだけでなく、仲裁人の独断を防ぐことにも役立つであろう。そして、仲裁においては、仲裁地の抵触規則が当然には適用されることにならないので、仲裁裁判所が適当と認める抵触規則によることとされた（仲裁地の抵触規則を適用しなければならない場合はそれにより、そうでない場合には仲裁裁判所が適当と認める規則による）。

なお、(1)及び(2)について第一八会期ではこれを削除すべしとの意見もあった。[20] 既に述べたように、仲裁判断の規準に関する規定は仲裁法で是非とも必要とされるものではないから、疑義を避けるためにはそれも一つの方法ではある。

(ii)　友誼的仲裁及び善と衡平による仲裁

友誼的仲裁（composition amiable）とは、当事者の合意によって仲裁人に友誼的仲裁人（compositeur amiable）の権限を与え、紛争については必ずしも法律を適用して判断する必要はないという制度である。また、善と衡平による（ex aequo et bono）仲裁とは、具体的な実定法によらず、より一般的な規準である「善と衡平」にもとづいて判断する仲裁をいう。

紛争についての判断の規準を実定法によらないでもよいとすると、判断の規準は必ずしも明確ではないため、その妥当性、予測可能性、法的安定性には問題なしとしない。しかし、法による仲裁よりも、当事者間の利害の均衡をはかることができるという利点もないではない。そこで、模範法では、当事者による明示の授権がある場合にかぎって、友誼的仲裁又は善と衡平による仲裁を行うことができるとした(第二八条(3))。ここで注意すべきことは、友誼的仲裁、善と衡平による仲裁といっても特定の国の制度を指すものではない。また模範法ではこの両者をとくに区別するものでもなく、判断の規準が具体的な準拠法(実定法)によらないでなされる仲裁を指している。

このような仲裁を行うためには、当事者によるそのための明示の合意が必要である。この合意は必ずしも書面によることを要しない。また、仲裁に付託する前に合意しなければならないものではなく、仲裁手続中においてもそれについて合意することができると解される。

(iii)　契約文言及び商慣習

第一八会期では、いかなる場合においても、仲裁裁判所は契約の文言(terms of contract, stipulations du contrat)に従って判断し、当該取引に適用すべき商慣習 (usages of the trade, usages du commerce) を考慮しなければならない旨の規定を追加した(第二八条(4))。仲裁規則第三三条(3)では同趣旨の規定があったが、模範法試案ではそれに相当する規定がなかったからである。これは当然のことではあるが、明文の規定のあるほうがよいであろう。この規定は法による仲裁の場合にも、友誼的仲裁又は善と衡平による仲裁の場合にも適用される。

(1)　Julian Lew, Applicable Law in International Commercial Arbitration, 1978はこの問題について丹念にまとめた労作である。そこに引用された資料も豊富である。しかし、この著者の問題の整理の仕方が適切かどうかについては、いくつかの意見があろう。この著者の結論は極く簡単にいえば、次のごとくである。仲裁において、その事案について当事者による準拠法の明示の指定があれば、それにより、それが明示されてなくともさらに契約に関する諸要素から準拠法を決定しなければならない。このような準拠法の指定がない場合には、国際的又は国家的規範（当事者の営業所のある国の採用している条約を含む）又は一般に承認された規範を適用する。そのような規範の存在しない場合には、仲裁人はいずれかの国の法律を準拠法として選択することになるが、選択の方法は適当と考える国際私法の規則（例えば、一九六一年欧州商事仲裁条約第七条）によるといいう（pp. 581-6)。著者は第二次大戦後、国際商事仲裁は国際的商取引から生ずる紛争の解決についてもはや裁判の代替手段ではなく、この分野の国際的規範の形成に寄与すべきであり、仲裁判断の規準は国家的でないもの（non-national）であるべきであり、それによって仲裁判断の国籍喪失（dênationalisation）が達成されるという（pp. 589-590)。

（2）　仲裁に関する論者の多くは、隔地者間の取引で仲裁が用いられる理由の一つとして、国際私法に対する不信を挙げている。確かに、国際私法を通して準拠法を決定することは迂遠であるし、しかも各国の国際私法の規定が異なっているときはさらにわずらわしい。しかし、歴史的にみるかぎり、近代の国際私法の形成は一九世紀中葉からのことであり、これが不都合であるために仲裁が多く利用されるようになったと断定することには疑問がある。現在多くの国の国際私法で認められている契約における当事者自治の原則は、隔地者間の取引についてとくに障害となるものでいない。また、それ以前には、契約の準拠法は契約締結地法又は契約履行地法とされており、それは必ずしも実質的根拠に欠けるとはいえなかったのである。仲裁が用いられてきた理由は商取引に関する法律の整備の遅れと、簡易、迅速にして非公開の解決方法を当事者が求めたことにあるとみるべきではなかろうか。

（3）　フランス民事訴訟法第一四七四条。なお、ここで用いている“aux règles de droit”は模範法第二八条の表現とフランス語としては同じである。

（4）　ドイツ仲裁委員会仲裁規則第一五条では、当事者が他国の法の適用を合意していないかぎり、仲裁裁判所はドイツ法を適用するとし、当事者の一方又は双方がドイツ法の適用に反対するときは、仲裁機関における特別の委員会で決定するとしている。

（5） 国際商業会議所仲裁規則第一三条第三項は、当事者が本案に適用すべき法律を定めることができ、その指定がないときは、仲裁人は事案に適すると判断する抵触規則によって指定される法を適用するとし、同条第四項では当事者が権限を与えられていた場合のみ友誼的仲裁人（amiable compositeur）として、衡平（équité）により判断することができるとする。

（6） UNCITRAL Arbitration Rules 33 (2).

（7） 法の一般原則の概念はこれを説く人によって異なると思われるが、極く簡単にいえば、文明諸国で認められている基本的な法規範というようなことであろう。もっとも、このような漠然とした概念があるかどうかも問題であろう。

（8） 友誼的仲裁とは、仲裁人が一定の法規範によることなく、当事者の主張、立証、両者間の事情等を考慮して、双方が妥協しうるような解決を内容とする判断をいう。いわば、和解的内容の仲裁判断である。これに対して、善と衡平による仲裁は価値判断の基準が法でなく、善と衡平であるのであって、仲裁判断の内容が和解的であるとはかぎらない。この点で両者は概念的には異なる。

（9） UNCITRAL Report 18th Session, paras. 232-9.

（10） UNCITRAL Report 18th Session, para. 240.

（11） “règles de droit” の語はフランス民事訴訟法一四五四条にある。そこでは、当事者が仲裁契約において仲裁人に友誼的仲裁人(amiable compositeur)として裁定すべき権限を与えたのでないかぎり、仲裁人は“règles de droit”によって判断すべしと定められている。これは「法規」によりというほどの意味であって、あいまいな概念ではない。これを“rules of law”と表現することは必ずしも適当ではないであろう。国際商取引法委員会の議論は概念の混乱と無用の議論を重ねているように思われるが、それによってさまざまな問題が表面に出てきた。

（12） UNCITRAL Report 18th Session, paras. 232-3. 沢田寿夫・UNCITRAL国際商事仲裁模範法——各国コメン

ト：委員会での討議：模範法試訳と逐条説明――（一九八六年、国際商事仲裁協会）四〇頁。

(13) UNCITRAL Report 18th Session, para. 232.

(14) UNCITRAL Report 18th Session, para. 233.

(15) UNCITRAL Report 18th Session, paras. 234-5.

(16) UNCITRAL Report 18th Session, para. 239. 報告書は、この結論に至った理由について何ら説明していない。

(17) UNCITRAL Report 18th Session, para. 236.

(18) UNCITRAL Report 18th Session, para. 237.

(19) UNCITRAL Report 18th Session, para. 239.

(20) UNCITRAL Report 18th Session, para. 238.

(7)　仲裁判断の効力

仲裁判断はいかなる効力を有するか。仲裁契約によって当事者は仲裁裁判所の判断に従うことを合意しているのであるから、当事者が仲裁判断に拘束されることは当然であろう。したがって、仲裁判断に拘束力があることは、あえて規定を要しない。

模範法では、仲裁判断には拘束力があることを明文で定めている（第三五条(1)）。そのほかにどのような効力を有するかは、各国の立法政策の問題である。[21] 模範法ではこの点については何ら規定していない。

模範法としては、仲裁判断の承認及び執行の要件について規定を設けておくことで足りるということができよう。

(二) 和解

仲裁手続における当事者は、仲裁判断がなされるまでは、紛争について和解することができる。この和解は必ずしも仲裁裁判所の面前で成立することを要しない。仲裁手続外で当事者間で話し合いが成立することでも差支えない。

当事者間に和解が成立したときは、(i)仲裁裁判所は仲裁手続を終了させ、そのことを明確にする措置をとり、または、(ii)両当事者が申立をして、仲裁裁判所に異論がないときは、和解条項を仲裁判断に記載する(第三〇条(1))。

仲裁に付託された紛争が当事者間における和解により解決すれば、もはや仲裁手続を続行する必要はないから、単に仲裁手続を終了させることでも足りる。しかしながら、当事者間で成立した和解を明確な形で記録し、後日争いが生じないようにするとともに、この和解に執行力を付与することが望ましい。[22] (ii)はそのための方法である。(i)の方法をとると、当事者間で成立した和解は、単なる私人間の契約であって、これにもとづいて強制執行することはできない。和解の内容を仲裁判断とすることによって、執行が可能となる。

そこでこのような仲裁判断について取消又は承認の拒否の事由があるかが問題となる。実質的に当事者の錯誤その他の理由で当事者の合意が成立していないときには、和解にもとづく仲裁判断に仲裁判断としての効力を与えることは適当とは思われない。このような場合には、模範法では、第三四条(2)(a)(iv)及び第三六条(1)(a)(iv)(仲裁手続が当事者の合意に従っていなかったこと)によって取消し、又は承認を拒否することになろう。そのほかに仲裁判断の取消事由があれば、和解にもとづく仲裁判断であっても取消され、又はその承認を拒否されることは当然である。

なお、当事者の互譲による和解だけでなく、請求の認諾、放棄についても、和解に準じて、仲裁判断に記載することができると解すべきである。このような仲裁判断には理由を付すことを要しないことはいうまでもない（第三一条⑵）。

㈢　申立人の懈怠

申立人が合意により定め又は仲裁裁判所の定める期間内に、正当な理由を示すことなく、その主張を記載した書面を提出しないときは、仲裁裁判所は仲裁手続を終了しなければならない（第二五条ⓐ）。申立人に手続を遂行する意思がないと認められるときに、仲裁手続をさらにすすめる必要はないからである。

なお、仲裁規則には、仲裁のために費用、手数料を予納しない場合に仲裁手続を終了させることができることを定めたものもある。(23)

㈣　仲裁申立の取下

仲裁裁判所は、申立人が申立を取下げたときは、仲裁手続を終了する。ただし、相手方が取下に異議を述べ、かつ、仲裁裁判所が紛争の最終的な解決をはかることに相手方が正当な利益を有すると認める場合を除く（第三二条⑵ⓐ）。

仲裁申立の取下により仲裁手続が終了することは当然である。但書の部分は相手方の手続法上の利益を保護するための規定である。仲裁裁判所は紛争の最終的な解決をはかることに相手方が正当な利益を有すると認める場合には、申立人の申立の取下を認めてはならない。これがいかなる場合をいうかは明らかではないが、例えば申立人の主張、立証が不十分であるのに対して、被申立人が主張、立証を準備し、紛争について仲裁で解決することを期待している場合などはこれに相当するであろう。

㈤ 当事者による仲裁手続終了の合意

当事者が仲裁手続の終了を合意したときは[24]、仲裁手続は終了する（三二条(2)(b)）。

㈥ 仲裁手続の続行の不要又は不相当

仲裁裁判所は、仲裁手続の続行が不要又は不相当になったとき、仲裁手続を終了することができる（第三二条(2)(b)）。いかなる場合がこれに該当するかは、具体的に検討を要する。仲裁裁判所が勝手に仲裁手続が不要又は不相当と判断して、仲裁手続を終了することは許されない。したがって、このような措置を是正するための方法を講じておく必要があろう。このような措置の是正は仲裁判断の取消の方法によることはできないからである。

(21) わが国において内国仲裁判断は当事者間において確定した裁判所の判決と同一の効力を有するとされているので（民事訴訟法八〇〇条）、既判力を有する。また、仲裁判断は債務名義となるが（民事執行法二二条六号）、それには確定した執行判決が必要である（民事訴訟法第八〇二条）。仲裁判断は判決と異なり、当事者以外の者（第三者）に対して効力は及ばないので、形成力があるということは疑問である。もっとも、当事者が仲裁判断に拘束されることによって、その間で一定の法律関係が形成されることはあろう（小山昇・仲裁法一九九頁は、仲裁判断も形成力を有するとするが、当事者及びその承継人以外の一般第三者には狭義の形成力は生じないとする）。外国仲裁判断はわが国において承認の要件を具えているときは内国仲裁判断と同一の効力を認められる。外国仲裁判断にもとづく執行にあっては、執行判決が必要である（民事執行法二二条六号）。

(22) 仲裁人の面前での和解は仲裁手続外での和解と同様、裁判外での和解として、単なる私法上の和解でしかない。この和解の内容を証明し、執行しやすくする方法を講ずることが望ましい。なお、仲裁手続における和解については法律で規定している例は意外に少ない。小山昇・仲裁法一七六頁参照。

(23) 例えば、UNCITRAL Arbitration Rules 41 (4). しかし、再度仲裁の申立をすることはさしつかえない。

(24) 申立人が仲裁のための費用、手数料を納付しないことは稀ではない。このような場合には仲裁手続をすすめるべき理由はないから、仲裁規則で手続の終了を定めることができ、その規則はこの模範法に反するものではないと考えられる。

7　仲裁判断の取消

仲裁は仲裁人に対する信頼にもとづく紛争の解決方法であるから、当事者は仲裁人のした仲裁判断に拘束されることは当然であって、あえて仲裁判断を取消し又は変更する必要はないとも考えられる。しかし、当然に仲裁手続が適正、公平であり、仲裁判断が妥当であるとはかぎらない。そこで、社会一般の観点から、このような仲裁判断に法律上の効力を与えないようにしておく必要がある。そのための方法として、仲裁判断の取消と仲裁判断の承認の拒否の制度がある。(1)

仲裁判断が法律上の効果を与えられるためには、法律で定める要件をみたしていなければならない。その要件をみたしていない仲裁判断は承認されず、したがって執行することができないことになる。それとともに、このような仲裁判断を放置しておくこは好ましいことではないから、その除去、是正の方法を講じておくことが望ましい。前者が仲裁判断の承認の拒否であり、後者が仲裁判断の取消である。このように仲裁判断の承認の拒否と仲裁判断の取消とは原則として表裏の関係にある。したがって仲裁判断に取消の事由があるときは、その仲裁判断は承認されないことになる。(2)

それでは仲裁判断の取消事由、その手続はどのようにすべきか。既に述べたように、仲裁判断の取消は国家法による仲裁判断の排除であるから、当然に法令によって定めるべきであって、これについて当事者の合意または仲裁手続規則で定めることはできない。これらは仲裁法で定めておくべき事項の一つである。(3)仲裁判断の取消に関して問題となる事項は次のとおりである。

まず、取消事由はどのように定めるか、すなわち、いかなる事由のある場合に仲裁判断を排除すべきかということである。これは各国の立法政策の問題であるが、仲裁契約が存在せず又はそれが有効でない場合、仲裁人が権限を有しない場合、当事者に主張、立証の機会が十分に与えられなかった場合、適正な証拠にもとづかない判断の場合、仲裁判断の内容が著しく不当である場合などが考えられよう。なお、取消事由よりも大きな瑕疵のある仲裁判断は無効というべきであろう。無効な仲裁判断であっても、裁判所がこれを取消すこと或は取消を宣言することはさしつかえない。

次の問題は取消の手続である。通例、仲裁判断の取消は当事者の申立により裁判所が訴訟手続で行う。これが仲裁判断取消の訴である。ここでは、仲裁判断取消の訴は取消事由ごとに可能か或はそれは一回しか許されないか、また一定期間後は取消の訴や提起することはできないかなどの問題がある。

さらに、取消の手続の対象はいかなる仲裁判断かという問題がある。これも各国の政策によって決定すべき事項であるが、問題は、取消の対象となる仲裁判断は仲裁地が内国にある仲裁判断か、内国の仲裁手続に準拠してなされた仲裁判断(仲裁地が内国にないこともある)か、或はその両方かということにある。この問題は、前にも述べたように、仲裁判断の承認とも関連してくる。すなわち、仲裁判断に効力を与えるに当たって、いかなる仲裁判断を内国仲裁判断とし、いかなるものを外国仲裁判断とするか、或はこの両者を区別しないかということにかかわってくる。仲裁判断の承認に当たっての内国仲裁判断と外国仲裁判断との区別をするとすれば、それは、仲裁判断の取消における内国の裁判管轄権の有無の規準と一致していることが望ましい。

㈠　取消の申立の対象となる仲裁判断

この模範法の規定によって取消の申立の対象となる仲裁判断は、仲裁地(place of arbitration, lieu de l'arbitrage)がその施行地域にある仲裁判断である。それは第一八会期で第一条⑵として付加された「この法律は、仲裁地が本邦の領域（in the territory of this State, sur le territoire du présent Etat）にある仲裁に適用される。」という規定にもとづく。

試案の段階では、この法律の施行されている地域でなされた仲裁判断（in the territory of this State, sur le territoirè du pŕsent Etat）、この法律に従って（under this law, en vertu de la présente loi）なされた仲裁判断、又はこれらの両方の三つの考え方があり、これらのいずれを採るかは決まっていなかった。[4] この法律の施行されている地域でなされた仲裁判断とは、仲裁地がこの法律の施行地域にある仲裁判断をいう。この法律に従ってなされた仲裁判断とは、この法律が仲裁手続の準拠法とされる仲裁判断をいう。第一の考え方によれば、この法律の施行地域でなされた仲裁判断のみが、取消の対象となる。第二の考え方によれば、この法律を仲裁手続の準拠法としてなされた仲裁判断であれば、仲裁地がこの法律の施行地域の外にあった場合であっても取消の対象となるが、この法律の施行地域で行われた仲裁であっても、この法律に準拠しないものは取消すことができない。第三にそのいずれをも取消の対象とする考え方もある。[5]

模範法が仲裁判断取消の訴について、仲裁地がなされた模範法の施行地域にある仲裁判断に限るとしていることとは、適用の対象となる仲裁の範囲が明確になり、適用に当たって困難な問題は生じない。[6] 仲裁手続の準拠法について当事者の選択を許さず、仲裁地法によるという考え方をとれば、模範法の立場でよいといえよう。[7] 第一条⑵が新たに加えられたため、試案の第三四条にあった「仲裁地が本邦の領域にある仲裁」の文言は削除された。

しかし、国際的裁判管轄権を明示するためには、この文言を残しておくべきではなかったと思われる。

㈡　仲裁判断の取消の事由

試案の段階では、仲裁判断の取消事由としてニューヨーク条約第五条の一(a)から(d)まで及び二(a)、(b)をそのまま採りいれた。仲裁判断の承認の要件についても同様である(さらに第五条一(e)が加わる)。模範法の第三六条(1)では、ニューヨーク条約第五条一(a)における「当事者がその当事者に適用される法令により無能力者であったこと」の文言を「当事者が無能力者であったこと」に修正したが、そのほかは同じ文言のままである。第三四条(2)は実質的には第三六条(1)と同趣旨であるが、取消の対象が模範法の施行地域に仲裁地のある仲裁判断であるため、それに適合した文言に改めた[8]((a)(i)、(iv))。

第三四条(2)項の(a)(i)から(iv)までは当事者が立証しなければならないが、(b)(i)及び(ii)は裁判所が職権で調査すべき事由である。

(イ)　取消の申立をした当事者が証明すべき事由

(i)　第七条に定める仲裁契約の当事者が能力者でなかったこと、又は、仲裁契約が、当事者がその準拠法として指定した法令により若しくはその指定がなかったときは本邦の法令により、有効でないこと

当事者が無能力者であったかどうかは、どのようにして判断されるか。ニューヨーク条約では「その当事者に適用される法令により (under the law applicable to them)」とあったが、それは当事者の属人法を指するものと解されるおそれがあるとの意見により、模範法では削除された[9]。その結果、当事者が無能力者かどうかは、仲裁判断の取消の申立がなされた国の抵触規則によって定まることになる。法人の能力及び代表権、代理権についても同様に判断されると解するべきであろう。

ニューヨーク条約第五条(a)(i)では、仲裁契約が有効かどうかは、当事者の指定した仲裁契約の準拠法により、その指定がないときは仲裁判断がなされた国の法令（仲裁地法）によって判断すべきであるとしている。模範法では、仲裁判断がなされた国はその取消を求めている国であるから、「仲裁判断がなされた国の法令」を「本邦の法令」という表現にした。仲裁契約の準拠法が意味をもってくるのは、仲裁裁判所の権限が争われた場合及び妨訴抗弁の主張がある場合のほか、仲裁判断の取消及び仲裁判断の承認の場合である。当事者による準拠法の指定がないときに、仲裁地法を準拠とすることは一つの立場である。

(ii)　取消の申立をした当事者が、仲裁人の選定若しくは仲裁手続について適当な通知を受けなかったこと、又は、その他の理由により、防禦することが不可能となったこと

これは、仲裁人選定の機会又は自己の主張、立証をするための十分な機会を与えられなかったことをいう。

(iii)　仲裁判断が、仲裁契約に定められていない紛争若しくはその範囲内にない紛争に関するものであること、又は仲裁に付託された事項の範囲をこえる事項に関する判断を含むこと（ただし、仲裁に付託された事項に関する判断が、付託されなかった事項に関する判断から分離することができる場合には、仲裁に付託されなかった事項に関する判断を含む仲裁判断の部分のみを取消することができる）

この趣旨は、要するに、仲裁に付託すべきでない紛争又は付託すべき範囲を越えた事項についての仲裁判断は取消されるということである。ただし、仲裁に付託する合意のある紛争とそうでない紛争とをわけることができる場合には、仲裁判断の全部を取消さないで、付託の合意のない部分に関する判断を取消すことができる。仲裁の対象となる紛争の範囲は仲裁契約の解釈の問題であり、それは仲裁契約の準拠法による。

(iv)　仲裁裁判所の構成又は仲裁手続が、当事者の合意（この法律のうち当事者が排除することのできる規定に反して

いるものを除く)、又は、そのような合意がないときは、この法律の規定に従っていなかったこと

ニューヨーク条約第五条一(d)では、仲裁手続の準拠法について、当事者の合意がないときは仲裁地法によるとしている。模範法では仲裁判断取消の訴の対象となる仲裁判断は、この法律の施行地域でなされた仲裁判断であるので、このような表現にした。なお、ここにいう当事者の合意には仲裁機関の仲裁規則を含む(第二条(e))。

(ロ) 裁判所が調査すべき理由

(i) 紛争の対象となる事項が、本邦の法令により仲裁による解決が不可能とされるものであること

仲裁判断は、紛争が仲裁によって解決しうる場合にのみ意味を有する。仲裁によって解決しえない紛争は仲裁に親しまない。すなわち、仲裁適格性(仲裁可能性、arbitrability, arbitrabilité)を有しない。ニューヨーク条約第五条二(a)では仲裁判断の承認又は執行を求められた国の法令(承認地国法)によるとし、模範法では本邦の法令としている。この両者は多少意味が異なる。模範法では承認する国は仲裁地のある国と同じであるのにして、ニューヨーク条約では承認を求められた国は仲裁地のある国以外の国であるからである。仲裁適格性の判断の規準をいかなる国の法律によらしめるかについては、なお検討の余地[10]がある。

(ii) 仲裁判断が、本邦の公の秩序に反すること

ここでいう「公序」は、内国でなされた仲裁判断については、国内の強行法規、国内的公序をいうと解すべきである。これに対して外国でなされた仲裁判断については(模範法では内国でなされた仲裁判断に限定していない。第一条(2)、第三五条(1)、第三六条(1))、事柄の性質からみて、国内的公序ではなく、国際的公序すなわちその国の基本的法秩序と解すべきであろう。

㈢　仲裁判断の取消の手続

（i）　仲裁判断取消の国際的管轄権

模範法では仲裁判断の取消の国際的裁判管轄権について定めた規定はないが、第一条⑵により、仲裁地がこの法律の施行地域にある仲裁判断に第三四条が適用されることからみて、仲裁判断の取消は仲裁地の属する国に提起すべき趣旨と解される。仲裁地がいずれであるかは、仲裁判断の記載による（第二〇条、第三一条⑶）。

(ii)　仲裁判断取消の申立

仲裁判断を取消すためには、当事者は裁判所にその申立をしなければならない（第三四条⑴、⑵）。申立をすべき裁判所は各国の国内法で定めるところによる（第六条）。

取消を求める申立は、その申立をする当事者が当該仲裁判断の送達を受けた日から、又は、第三三条の規定（追加的仲裁判断に関する規定）にもとづく申立をしたときは、仲裁裁判所が当該申立を処理した日から、いずれも三ケ月を経過したときは、これをすることはできない（第三四条⑶）。

(iii)　仲裁判断取消の申立に対する裁判

裁判所は、取消事由があると認めたときは、申立にかかる仲裁判断を取消す旨の裁判を行う。取消事由の認められないときは、仲裁判断取消の申立を却下する。

裁判所は、仲裁判断取消の申立があったときであっても、適当と認めるとき又は当事者の申立のあるときは、仲裁裁判所に仲裁手続の再開の機会を与え、又は仲裁裁判所が取消の事由を除去するために必要と考える措置をとるために、仲裁判断取消の手続を一定の期間停止することができる（第三四条⑶）。

仲裁判断が取消されたときは、再び仲裁手続を行うことができるかどうかは明らかではない。それは取消される原因となった事由によって異なると思われる。仲裁手続上の理由で取消されたときは、あらためて仲裁を申立てることは妨げないであろう。しかし、仲裁契約の不存在、無効にもとづく場合には、その仲裁契約にもとづいて再度仲裁に付託することはできない。仲裁適格性についても同様であろう。これらの場合には、訴訟を提起することは妨げられない。また、あらためて仲裁契約を結ぶこともさしつかえない。

(1)　仲裁判断は多くの国では最終的なものであって、国家の裁判所に対する上訴は認められていない。英国の一九五〇年仲裁法第一六条は、仲裁契約で仲裁裁判所が"final and binding"である意思が表示されていないときは、上訴(appeal)が可能とされている。国際的な契約書の仲裁条項に、仲裁によって紛争を行使することのほかに、その仲裁判断が最終的であり、かつ拘束力を有する旨の記載のあるものがみられるが、それは上に述べたようなことと関係がある。なお、仲裁について、当事者の意思に重きをおけば、仲裁契約で上訴についてもきめることができるようにも思われなくはない。しかし、これは一国の立法政策の問題であって、仲裁契約の問題ではない。なお、フランス民事訴訟法一四八二条では、当事者が上訴の権利を放棄しないかぎり、裁判所に上訴できる、そして、仲裁判断に対する上訴の権利を有するときは、取消の訴は許されないとしている。

(2)　しかし、外国仲裁判断については、仲裁判断は取消されないが、承認もされないということがありうる。それは、外国仲裁判断の取消については原則として内国に裁判管轄権がないからである。

(3)　仲裁手続規則で仲裁判断の取消、承認拒否の事由、手続について定めものはない。仲裁機関のなかには、仲裁人の判断をその機関の他の機関に再審査するところもあるとのことであるが、これは仲裁判断に対する不服申立でも取消でもない。その機関の最終的判断が、法律上は、仲裁判断である。

(4)　模範法試案の段階では、この点について説が分かれ、第三四条は次のようになっていた。

第三四条(1)［本邦の領域において］［この法律に従って］された仲裁判断に対する裁判所への不服申立は、本条(2)項及び(3)項の規定にもとづく仲裁判断取消の申立によってのみすることができる。

(5)　わが国では内国仲裁判断と外国仲裁判断の区別について、仲裁手続の準拠法によって区別する説と仲裁地によるとする説とに分かれる（小山昇・仲裁法〔新版〕二二二頁以下）。前説が多数説である。しかし筆者は内外仲裁判断の区別は仲裁地によって区別することが適当であると考える。そして、仲裁の手続については、仲裁地法が適用され、当事者による準拠法の指定は許されず、それは実質法的指定としての意味しかないと解する（模範法は内外仲裁判断の区別を必要としていないが、仲裁手続の準拠法については筆者の見解と同じことになるように思われる）。なお、外国仲裁判断は、内国で承認されないかぎり、内国で効力を生じないのであるから、問題はこれを承認するか否かにあるのであって、仲裁判断取消の問題は生じない。

(6)　仲裁判断取消の訴の裁判管轄権についてとりきめた条約は未だ存在しない。

(7)　Report of UNCITRAL 18th Session, para. 276.

(8)　Report of UNCITRAL 18th Session, paras. 276, 280–297.

(9)　Report of UNCITRAL 18th Session, paras. 280, 285.

(10)　Report of UNCITRAL 18th Session, para. 292によれば、(b)(i)を削除すると、仲裁適格性を仲裁契約の有効性の問題とする国、これを公序（public policy）の問題とする国などに分かれるとの議論があった。

8　仲裁判断の承認及び執行

仲裁判断は国家によって承認されることによって、はじめて法的に意味を有することになる。これは私権の実現のための強制力を国家が独占しているからである。いかなる仲裁判断を承認するかが仲裁法の最大の関心事であって、仲裁法上の問題は仲裁判断の承認の問題に収束されるといってよい(1)。

仲裁判断の承認と仲裁判断の取消とは表裏の関係にあるから、仲裁判断の取消事由があるときは仲裁判断は承認されないことになる。したがって、各国の仲裁法では、通例、仲裁判断の承認の要件を規定するのではなく、仲裁判断の取消事由について規定し、仲裁判断の効力が問題となったときに、取消事由のある仲裁判断は承認されず、効力を認められないこととしている。

仲裁判断の取消事由のあるときには、仲裁判断を不当とする当事者は仲裁判断の取消を求めればよいのであるから、とくに仲裁判断の承認のための手続を設けておくことを要しないことになろう。ただし、仲裁判断にもとづいて執行する必要のあるときは、裁判所が執行力のあることを確認し、それを執行機関に示すための方法(例えば執行判決など)を講ずる必要は生ずるであろう。(2) 執行関係訴訟において仲裁判断が承認の要件を備えているかどうかを争うことができるかは、各国の立法政策による。その訴訟で承認の要件をそなえていなかったとされても、それによって直ちに仲裁判断そのものが取消されることにはならないであろう。

さらに、仲裁判断によって承認の要件を区別するかという問題がある。通常は内国仲裁判断と外国仲裁判断に分けているが、(3) 内国仲裁判断であっても、国際仲裁とそれ以外の仲裁とに分けることもある。

内国仲裁判断と外国仲裁判断の区別はしばらく措き、内国において取消手続の対象となる仲裁判断を内国仲裁判断ということにすると、内国仲裁判断の取消と承認とは表裏の関係にあるから、取消事由と承認拒否事由とは同じでなければならない。これに対して外国仲裁判断は内国において取消すことのできない仲裁判断、すなわち取消について裁判管轄権を有しない仲裁判断をいうことになる。そうすると、外国仲裁判断の承認拒否事由は、必ずしも内国仲裁判断の取消事由と同一である必要はない。外国仲裁判断の効力を認めない場合にはこれを承認しないことで足りるからである。それは当該外国仲裁判断について本来の取消事由があるかどうかにかかわらない。

内国仲裁判断と外国仲裁判断の区別については、仲裁手続準拠法と仲裁地説とに分かれている。(4) しかし、区別の基準の明確性、仲裁との関連性などを考えると、仲裁手続の準拠法は採用し難く、仲裁地をもってその基準とすることが相当であろう。加えて、内国で行われる仲裁については、仲裁手続の準拠法について当事者による選択の余地を認めず、仲裁地法が仲裁手続の準拠法となるとの見解をとるとすれば、この問題はほとんど解決されることになろう。そうすると、仲裁地が外国にある場合には、当事者が手続の準拠法としてその外国以外の国の法(したがって内国法のこともある)を選択したときであっても、仲裁地が外国であるから、外国仲裁判断ということになる。

模範法では、第三四条(2)と第三六条(1)の規定は、文言は異るところもあるが、実質的には同じであるから、仲裁判断の取消事由と承認拒否事由は一致している。仲裁判断の承認については、内国仲裁判断と外国仲裁判断の区別をしていない。その結果、仲裁判断の承認に関しては、(a)内国の国際商事仲裁、(b)内国の国際商事仲裁以外の仲裁、(c)外国の国際商事仲裁、(d)外国の国際商事仲裁以外の仲裁の四つの場合が生じ、(a)と(c)が模範法の適用の対象となる。

㈠　仲裁判断の効力

仲裁判断は、それがなされた国のいかんにかかわらず、拘束力のあるものとして承認され、第三六条の要件を具備しているときは、これにもとづいて執行することができる（第三五条(1)）。

本項の趣旨は次のとおりである。

まず、仲裁判断は仲裁手続の当事者を拘束する。そのほかに、仲裁判断がいかなる効力を有するかは何ら触れていない。したがって、そのほかの仲裁判断の効力については各国の立法によることとなる。

次に、仲裁判断は、第三六条に規定する事由のある場合を除いて承認され、それにもとづいて執行することができる。すなわち、仲裁判断の承認に当たっては、特別の手続を要しないと解される。もっとも、模範法ではそのように定めていても、各国が承認のための手続を設けることはさしつかえないであろう。仲裁判断にもとづく執行の手続は各国の定めるところによる。

さらに、国際商事仲裁にについての仲裁判断であれば、それがいかなる国でなされたかにかかわらない。結果として、国際商事仲裁の仲裁判断については内外仲裁判断の区別を必要としないことになる。

㈡　仲裁判断の承認又は執行の拒否事由

仲裁判断の承認については第三六条で定める。第三六条にはニューヨーク条約第五条にならって承認又は執行の拒否事由を列挙している。模範法の規定は、第三六条(1)(a)(i)を除いて（これについては**7**㈡㈠で既に説明した）、ニューヨーク条約と同じである。

仲裁判断の承認又は執行は、それがなされた国のいかんにかかわらず、次に掲げる場合にのみ、拒否することができる（第三六条(1)）。

(a)　仲裁判断が不利益に援用される当事者の請求により、その当事者が承認又は執行の申立を受けた管轄裁判所に次の事実を証明した場合

(i)　第七条に定める仲裁契約の当事者が能力者でなかったこと、又は、その仲裁契約が、両当事者がその準拠法として指定した法令により、若しくはその指定がなかったときは、判断がなされた国の法令により、有効でないこと、又は

(ii)　判断が不利益に援用される当事者が、仲裁人の選定若しくは仲裁手続について適当な通告を受けなかったこと、又は、その他の理由により、防禦することが不可能であったこと、又は

(iii) 判断が、仲裁付託の条項に定められていない紛争若しくはその条項の範囲内にない紛争に関するものであること、又は仲裁付託の範囲をこえる事項に関する判断を含むこと（ただし、仲裁に付託された事項に関する判断が付託されなかった事項に関する判断から分離することができる場合には、仲裁に付託された事項に関する判断を含む仲裁判断の部分は承認し、かつ、執行することができるものとする)、又は

(iv) 仲裁裁判所の構成又は仲裁手続が、当事者の合意に従っていなかったこと、又は、そのような合意がないときは、仲裁の行われた国の法令に従っていなかったこと、又は

(v) 判断が未だ当事者を拘束するものとなるに至っていないこと、又は、その判断がされた国若しくはその判断の基礎となった法令の属する国の裁判所により、取消されたか若しくは停止されたこと

(b) 裁判所が次のことを認める場合

(i) 紛争の対象である事項が本邦の法令により、仲裁による解決が不可能なものであること

(ii) 仲裁判断の承認及び執行が、本邦の公の秩序に反すること

(三) 仲裁判断の執行

(1) 仲裁判断の執行を求める手続

仲裁判断にもとづいて執行をする必要のある場合には、第三六条に掲げる事由の有無によりその許否を決定することになる。この申立は模範法の施行地域で執行がなされる場合にかぎる。申立の方式、手続、判断の形式などについては、模範法ではとくに規定していない。これらについては各国の立法に委ねる趣旨であろう。

(2) 必要とされる書類

仲裁判断を援用し又はその執行を求める当事者は、正当に認証された仲裁判断の原本又は正当に認証されたそ

の謄本及び仲裁契約の原本又は正当に証明されたその謄本を提出しなければならない。また、それとともにこれらを法廷地の公用語に翻訳した書面を添付しなければならない（同条(2)）。

この規定は、仲裁判断の執行のための手続だけではなく、別の訴訟において仲裁判断の存在とその効力を主張する場合にも適用されるというべきであろう。

なお、試案では同条(3)として、仲裁判断の登録、裁判所への寄託は、承認又は執行の前提要件ではないとの規定があったが、これらの手続は各国に委ねることで足りるとの理由で、模範法からは削除された[5]。

(四) 仲裁判断の承認手続と取消手続との関係

仲裁判断の取消又は停止が、本条(1)項(a)(v)に定める裁判所に対し申立てられている場合においては、承認又は執行の申立を受けた裁判所は、適当と認められているときは、裁判を延期することができ、かつ、仲裁判断の承認又は執行を求められている当事者の申立により、相当な保証をたてることを相手方に命ずることができる(第三六条(2))。

仲裁判断の取消又は停止が申立てられている場合には、裁判所は直ちに仲裁判断の承認を拒否することなく、適当と認められるときは、裁判を延期することができる。仲裁判断が取消され又はその効力が停止されたときは、あえて仲裁判断の承認を拒否するまでもないからである。その場合には、裁判所は仲裁判断の承認を求めている当事者の申立により、相当な保証を立てることを相手方に命ずることができる。このような場合には仲裁判断の有効性を争う者に、承認が遅れることによって生ずる当事者の損失について負担させることが相当と考えられるからである。

（1） 小山昇・仲裁法六頁。

（2）小山・前掲二二三頁は、仲裁判断は国家の裁判権に基づいていないから、国が執行権をこれに基づいて行使するには、国の裁判権の洗礼を受けなければならない。そのための制度として執行判決の制度が存在するという。
（3）国際仲裁については、第一章**1**参照。
（4）内外仲裁判断の区別については、中田淳一「外国仲裁判断の承認と執行」（訴訟及び仲裁の法理二九九頁以下）、川上太郎「仲裁」国際私法講座三巻八六〇頁以下、同・わが国における外国仲裁判断の執行判決に関する総合的研究、三井哲夫「外国仲裁判断の承認及び執行に関する若干の問題について」民訴雑誌一六号、金洪奎「外国仲裁判断の承認及び執行について」法学雑誌二七巻一号・二号など参照。いずれも、仲裁判断の準拠法が内国法であれば内国仲裁判断とし、そうでないものを外国仲裁判断とする。筆者はこのような立論とその理由づけに疑問を有する。
（5）Report of UNCITRAL 18th Session, paras. 316-7.

三　補　説
――仲裁法に関する二、三の問題――

1　仲裁規則と仲裁法

仲裁では当事者は、仲裁手続の開始、仲裁人の選定からはじまって、仲裁手続及び仲裁手続の終了までについて、合意によって定めることができる。そのような定めを仲裁規則または仲裁手続規則という。常設仲裁機関はそれぞれに仲裁規則を有するが、当事者がこれらの仲裁機関における仲裁を合意することによって、原則としてその仲裁規則を選択することとなる。もっとも、当事者がその仲裁規則の全部又は一部を排除することもある。常設仲裁機関によらない仲裁の場合には、その都度当事者又は仲裁人が仲裁規則を定めるか、一種の模範規則(例えば国際商取引法委員会仲裁規則)に依拠して仲裁手続をすすめることになろう。それとともに、各国で仲裁に関する法令がある。これを仲裁法という。これも仲裁手続に関する規定を設けている。そこで両者の関係が問題となる。

当事者が仲裁規則を定めたときには、仲裁手続は仲裁規則によって直接規律されるのであって、仲裁法の規定は当事者が裁判所の協力を求めたときに、はじめて補充的に適用される。仲裁法と仲裁規則とは同一の事項についてそれぞれ規定を設け、両者が重複することの多いのは、このような理由による。このことから明らかなように、仲裁法と仲裁規則の関係は法律とその細則という関係ではない。仲裁規則も仲裁法のいずれも仲裁手続を規律することを目的としているが、仲裁が当事者の合意にもとづく紛争解決方法であるので、通常は、仲裁規則が仲裁法に優先して適用される。したがって、仲裁の当事者にとって直接的な意味をもつのは仲裁規則であって仲裁法ではない。しかし、仲裁規則は何らの制限なく適用されるわけではない。すなわち、当事者は仲裁法の許す範囲内で仲裁規則を定めることができる。それでは、いかなる事項について、またどの限度で当事者が仲裁規則を定めることができるであろうか。結局、それは、いかなる場合に仲裁判断の取消の事由が生ずるか、いいかえると、仲裁判断が承認されないかという問題との関連で判断されることになる。そして、これらは各国における正義、公平の観念と民事政策によるということになろう。

仲裁法では、仲裁手続に関する規定のほかに、仲裁契約の有効性、仲裁適格性、仲裁と訴訟の関係、裁判所の協力、仲裁判断の取消、仲裁判断の効力などについても規定している。これらは当事者の合意によって定めることのできない事項であるから、仲裁規則によることはできないのであって、仲裁法によらなければならない。仲裁法の存在理由は仲裁手続に関する準則よりも、これらの事項についてどのように定めるかにあるというべきであろう。

2　仲裁手続の準拠法

そこで、一定の仲裁にいかなる国の仲裁法が適用されるかという問題が生ずる。これが仲裁手続の準拠法の問題である。これについては当事者による選択を認める考え方と仲裁地法によるとする考え方とがある。当事者による選択を認める考え方では、当事者による明示の指定があればそれにより、明示の指定がないときは当事者の黙示の意思を探求し、それもないときは一定の国の法律によることになる。仲裁が当事者の合意による紛争解決方法であることを理由に、この考え方を支持する者が少なくない。しかし、仲裁契約の有効性、仲裁判断の効力、仲裁判断の取消は仲裁がなされた地に最も密接な関係を有するのではなかろうか。したがって、仲裁地の法律を仲裁手続の準拠法とすることが適当ではないかと思われる。

仮に、仲裁地において他国の仲裁法にもとづいてなされた仲裁判断がある場合に、仲裁地法上は効力を認められない仲裁判断が他国法によって効力を認められるとすれば、それは仲裁地の基本的な法秩序に反することになるのではなかろうか。また、仲裁地法上その効力を認められる仲裁判断が他国法によって効力を否定されることも問題であろう。そのように考えると、仲裁手続の準拠法については当事者自治の原則をとることは適当ではないというべきであろう。したがって、仲裁手続に関する部分について仲裁地法以外の法を指定することは、仲裁規則としてとり入れることを意味し（実質法的指定）、その限度でのみ認められるというべきであって、準拠法としての指定（牴触法的指定）としては認められないというべきではなかろうか。

3 仲裁法に関する国際的立法の必要性とその形式

㈠ 国際的立法における条約と模範法の得失

この模範法は仲裁法全体にわたる国際的立法であるが、条約の形をとっていない。条約の形式をとれば、条約採択会議を開かなければならず、時間と費用がかかることは明らかである。しかも、条約案の内容がさらに改善されるとの保証はない。さらに、条約を採択したからといって多くの国が直ちにこれを批准し或はこれに加入するとはかぎらない。また条約の締約国となるについては、各国とも自国の国内法制との調整を要するであろう。これに対して、模範法の形式をとれば、専門家の会議で内容を決定すれば足りるのであるから、それ以上の時間と費用をかける必要はないし、条約採択会議における各国の利害によって条約案が改悪されるというおそれもない。そして、それは模範法であるから、各国が採用するに際して、国際的にも国内的にも特別の手続は必要としないし、また、その一部を修正することもできるし、採用しないこともできる。これまでに私法の分野で、かなりの数の条約が採択されながら必ずしも十分な成果を収めていないことを考えると、模範法の形式をとることのほうが条約の形式によるよりも利点が多いようにも思われよう。仲裁について模範法の形式を採用した理由は、そのような考慮にもとづくものであろう。

それでは、一般的にみて、私法の分野における法の統一については、条約よりも模範法によるべきであろうか。筆者は、私法の分野における法の統一のために模範法の形式を採用する必要のあることを認めるにやぶさかではないが、一般的にいえば、必ずしも模範法によることが統一への途とはいえないと考える。何となれば、各国で法の内容を統一しておく必要のある事項又は一定の限度を定めておく必要のある事項については、条約によって、各国が同一内容の規定を有することを確保する必要があるからである。模範法の形式をとると、一定に事項について各国の国内法が統一されるとの保証はないが、条約の形式をとると、少なくともそこに定める事項については締約国間では統一されることになる。しかも、条約で定める事項については、その条約の締約国が法廷地となった場合には、その国の国際私法の規則を介しないで条約の規定が直接に適用されることを定めることもできる。しかし、模範法ではこのようなことは不可能であって、原則として法廷地の国際私法の規則によって準拠法を決定することになり、準拠法国がたまたま模範法を採用して国内法としていないかぎり、或は模範法を採用した国が法廷地法主義をとらないかぎり、模範法が適用されることにはならない。したがって、模範法によって法の統一を行なうことは必ずしも期待どおりの成果をあげるとはかぎらないのでなかろうか。

㈡　仲裁法の統一の必要性

このようなことを考慮しながら、仲裁に関する国際的な立法について検討してみよう。まず、仲裁に関する各国の法を統一する必要があるか、またそれが必要であるとすればそれはいかなる事項についてであるかが問題となろう。各国の仲裁法の内容が同じであるに越したことはなかろう。しかし、各国で仲裁法の内容が異なっていることが、果たして、それほど好ましくないことであろうか。いいかえると各国の国内法たる仲裁法が異なっていることによって、どのような不都合が生ずるであろうか。まず、仲裁が当事者の合意にもとづく紛争解決手段であることからすれば、仲裁手続は原則として当事者の合意によって定めることができるのであり、それに関する仲裁法の規定は補充的な意味を有するにとどまる。このような規定について、あえて各国で統一しておかなければならないものではないであろう。このような補充規定だけでなく、強行規定である仲裁判断取消事由に関する規定についても同様のことがいいうるであろう。いかなる場合にその国でなされた仲裁判断に法的効力を与えるかは、各国で異なってもとくにさしつかえはないからである。

そうすると、仲裁法として統一しておくことが必要な規定は、外国仲裁判断の承認・執行に関する規定ということになるのではなかろうか。自国でなされた仲裁判断にいかなる効果を与えうるかは自国のみできめることができるが、他国でなされた仲裁判断を自国で執行し、自国でなされた仲裁判断を他国で執行する場合には、共通の規準が存在することが望ましいからである。そして、これについては各国の国内法の規定を統一しておくためには、条約形式によることが必要であろう。一九世紀末からの仲裁に関する条約が外国仲裁判断の承認及び執行に関する条約であることはこのような理由によると思われる。その代表的なものは一九二七年の外国仲裁判断の執行に関する条約(ジュネーヴ条約)、一九五八年の外国仲裁判断の承認及び執行に関する条約(ニューヨーク条約)である。

㈢　内国仲裁判断と外国仲裁判断の区別

そこで、内国仲裁判断と外国仲裁判断との区別をどのようにするかが問題となろう。この点について長々と論ずることは紙面の制約と本稿の目的から避けることとしたい。しかし、私は内国仲裁判断と外国仲裁判断とを区別する必要があるとすれば、それは仲裁地が内国にあるか否かで区別することが適当であると考える。従来から、とくにわが国では、外国法のもとに成立した仲裁判断すなわち外国法を仲裁手続の準拠法とする仲裁判断を外国仲裁判断とする説が有力に主張されているけれども、これにはにわかに賛成し難い。この説の主張の核心は次のとおりである。まず、仲裁法を二つに分け、仲裁手続に関して当事者の合意又は仲裁規則を補充する任意法規を私的仲裁手続とし、仲裁判断の取消、仲裁判断の執行に関する部分を公的仲裁判断とする。そして、法律が私的仲裁手続の結果である仲裁判断に対して確定判決と同一の効力を付与する理由は、このような紛争解決手段によって私法秩序が一応維持されうると認めたからであるとし、内国私的仲裁手続に従ってなされた仲裁判断、いいかえると内国の裁判所の関与の下に、又は関与の可能性の下に成立した仲裁判断が内国仲裁判断であるとする（中田淳一・訴訟及び仲裁の法理四一三頁―四二七頁参照）。

しかし、仲裁法の意味と機能を考えてみると、仲裁法としては私法的仲裁手続の部分よりも公法的仲裁手続の部分のほうが重要ではなかろうか。既に述べたところから明らかなように、仲裁手続に関する当事者の合意又は仲裁手続を補充する規定は必要不可欠なものではないからである。むしろ、仲裁判断の取消について、いずれの国がその裁判管轄権を有するか、いずれの国の法律によって取消事由の有無が判断されるかが重要な意味をもつというべきではなかろうか。そのように考えると仲裁判断の取消については仲裁地の属する国が裁判管轄権を有するとすることが適当であり、仲裁判断の取消事由の有無については仲裁手続の準拠法、すなわち仲裁地法によると解すべきことになろう（なお、既に前項で述べたように、仲裁手続の準拠法について当事者自治の原則を認めることは適当ではないというべきである）。そして、仲裁地法が仲裁手続の準拠法となると解することによって、いわゆる私法的仲裁手続の部分と公法的仲裁手続の部分は統一された形で適用されることになることはいうまでもない。仮に、仲裁手続の準拠法について当事者の選択をみとめるとすれば、仲裁判断の取消にあたって、仲裁地の裁判所はまず仲裁手続の準拠法を決定しなければならない。このようなことは繁煩であるのみならず、外国の手続法を適用することになり、必ずしも妥当な結果を生ずるとはかぎらない。それならば、むしろ、仲裁判断の取消は仲裁手続の準拠法法所属国の裁判管轄権に属するとすべきであろう。

ところで、一九二七年のジュネーヴ条約によれば、締約国の領域内（in the territoruy of the High Contracting

Parties)でなされた仲裁判断の執行を定めており、また一九五八年のニューヨーク条約では、この条約は承認及び執行の求められている国以外の国（in the territory of a state other than the state where recognition and enforcement of such awards are sought）でなされた仲裁の承認及び執行に適用されるとしていることからすれば、これらの条約においては、仲裁判断のなされた地の属する国が内国であるか否かによって内国仲裁と外国仲裁とを区別していると解される。ニューヨーク条約のこの規定を、これはできる限り多くの国の満足をえようという特別の必要に基づいてとくに作られた規定であって、理論上の要求に適する規定であるとはいえないとの見解（川上太郎「仲裁」国際私法講座第三巻八六一頁）もあるが、既に述べたような理由でこのような見解には賛成し難い。仮に、理論的にはいくつかの可能性があるとしても、条約でこの問題を扱うときは、適用に当たって明確な基準を選択する必要があるのであって、仲裁手続の準拠法をもって内国仲裁判断と外国仲裁判断の区別の基準とし、かつ、これに当事者自治の原則をみとめるとすれば、統一的な基準による、画一的な処理に適しないといわなければならない。

そして、既に多くの国がニューヨーク条約の締約国となったことからすれば、この点に関する議論は半ば実益を失ったというべきであろう。わが国についていえば、相手国がニューヨーク条約又はジュネーヴ条約の締約国でなく、また、わが国との間に二国間条約もない場合に、このような問題が生ずることになる。

4 将来への展望

模範法は仲裁に関する立法としては、すぐれたものであるということができる。しかし、これは伝統的な商事仲裁を念頭において立案されたものであって、仲裁に関する全ての問題について規定しているわけではない。たとえば、多数当事者間の仲裁、外国への送達、外国での証拠調における共助、当事者の地位の承継と仲裁判断の効力というような事項については、何ら定めていない。今後も、新しい問題が生ずるであろう。そして、そのたびごとに対応を迫られることになろう。仲裁法も仲裁規則もさらに民事訴訟法に接近し或は類似し、紛争の一般的解決手段である民事訴訟と仲裁の境界は曖昧になってくるであろう。そうなると、仲裁と訴訟の相違はいかなる点にあるかが改めて検討されることになりはしないであろうか。たとえば、訴訟に対する仲裁の特色は当事者による仲裁人の選任にあるのか、仲裁手続の簡易なことにあるのか、仲裁の非公開にあるのか、仲裁判断にあるのかというようなことが再び問われることになりはしないであろうか。これは各国における仲裁の位置付けによっても異なるであろう。

従来からいわれている仲裁の特色として、手続の簡易、迅速、費用の低廉、手続の非公開、仲裁人に人を得られること、善と衡平による判断、判断内容の妥当性等があげられているが、これらについては、機会を改めて詳しく検討する必要があろう。ここであえて一言私見を述べるならば次のごとくである。まず、従来仲裁の特色とされてきた仲裁手続の簡易、迅速、費用の低廉等の理由は現在でも当たっているとはいい難い。おそらく将来もそうであろう。また、仲裁判断の基準が法によらず善と衡平によることにあるとの理由も、多くの支持は得られないであろう。そうすると、多くの当事者が仲裁を利用する主たる理由は、おそらく、仲裁人に対する信頼と仲裁の非公開にあるのではなかろうか。当事者の仲裁人に対する信頼とは、当事者が信頼できる仲裁人を選任することのできることと、仲裁人が専門的知識と経験を有していることである。それに加えて、民事紛争に関する国際的裁判管轄権について統一された規則がないことも大きな理由として挙げられよう。当事者としては裁判管轄権の有無がはっきりせず、またこれについて、本案前に、長々と争うことははなはだ困るからである。

そうだからといって仲裁法がより簡潔なものになるとはかぎらない。むしろその逆ではなかろうか。仲裁に関する法律問題はさらに多くなり、仲裁法はさらに詳しい規定をおくことになるように思われる。

他方で、訴訟は国際的な紛争を解決することに適しないということになるか。世界的にみれば必ずしもそうではないが、わが国の現状をみるかぎり、近い将来にわが国の裁判所が国際的紛争の解決のために大いに利用されることになるとはいえそうにない。それは、わが国の裁判所では従来から経済活動に関する訴訟の数が少く、経験の蓄積に乏しく、国際的には、一般に、国際的な経済活動を解決するに適しているとは思われていないからである。世界的視野に立って考えるならば、裁判の遅滞を解決すること、裁判官が専門的知識を得られるような方法を講ずること、そして国際的裁判管轄権について、国際的統一がなされないまでも、各国で明確な基準を設けることがなされるならば、訴訟による解決も利用されるようになるであろう。

民事紛争の解決手段は一つに限る必要はない。いくつかの制度があってよく、しかもそれらは社会の情況に応じて改良を加えられるべきであろう。

〈参考文献〉

(1) 国連総会文書
Report of the United Nations Commission on International Trade Law on the Work of its Twelfth Session
Official Record of the General Assembly, Thirty-Fourth Session, Supplement No. 17 A/34/17

(2) 国際商取引法委員会作成の文書
Report of the Secretary-General: Study on the Application and Interpretation of the Convention on the

Recognition and Enforcement of Forein Arbitral Awards (New York, 1958) (A/CN. 9/168, 20 April 1979)-UNCITRAL Yearbook, 1979, Vol. X.

Note by the Secretariat: Further Work in Respct of International Commercial Arbitration (A/CN. 9/169, 11 May 1979)- UNCITRAL Yearbook, 1979, Vol. X.

Report of the Secretary-General: Possible Features of a Model Law on International Commercial Arbitration (A/CN.9/207, 14 May 1981)-UNCITRAL Yearbook 1981 Vol. XII.

A/CN. 9/216 (24 February 1892), A/CN. 9/232 (10 November 1982), A/CN. 9/233,A/CN. 9/245, A/CN. 9/246 (6 March 1984)

(3)　契約実務作業部会関係の資料

A/CN. 9/WG. II/WP. 35(1 December 1981), A/CN. 9/WG. II/WP. 37 (15 July 1982), A/CN. 9/WG, II/WP. 38 (31 August 1982), A/CN. 9/WG. II/WP. 40 (14 December 1982), A/CN. 9/WG. II/WP. 41 (12 January 1983), A/CN. 9/WG. II/WP. 42 (21 January 1983), A/CN 9/WG. II/WP. 44 (5 July 1983), A/CN. 9/WG. II/WP, 45 (13 June 1983), A/CN. 9/WG. II/WP. 46 (13 June 1983), A/CN. 9/WG. II/WP. 48 (29 November 1983), A/CN. 9/WG. II/WP. 49 (21 December 1983), A/CN. 9/WG. II/WP. 50 (16 November 1983)

ICCA, UNCITRAL'S Project for a Model Law on International Commercial Arbitration (Kluwer, 1984)

(4)　日本語よる報告書

青山善充「国際商事仲裁の現代的課題と問題点―UNCITRAL国際契約実務作業部会の資料と会議の紹介」法律時報第五四巻八号一一一号

同「国際商事仲裁モデル法立法上の問題点」ＮＢＬ二七〇号

同「国際商事仲裁モデル法（第一次）草案」ＮＢＬ二七四号
同「国際商事仲裁モデル法（第一次）草案の審議とその結果」ＮＢＬ二七五号
同「国際商事仲裁に関するUNCITRALモデル法について」ＪＣＡジャーナル第三一巻五—六号
沢田寿夫・UNOITRAL国際商事仲裁模範法、一九八六年、国際商事仲裁協会

国際連合国際商取引法委員会の国際商事仲裁に関する模範仲裁法

（一九八五年六月二一日採択）

第一章　総　則

第一条　適用範囲*

(1) この法律は、本邦と外国との間において現に効力を有する取極ある場合を除き、国際商事仲裁**に適用する。

(2) この法律の規定は、第八条、第九条、第三五条及び第三六条を除き、仲裁地が本邦の領域にある場合にのみ適用する。

(3) 仲裁は、次の場合に国際的とする。

(a) 仲裁契約の当事者が仲裁契約の当時互に異なる国に営業所を有する場合、又は

(b) 次に掲げる地の一が、当事者が営業所を有する国の外にある場合、

(i) 仲裁契約において又は仲裁契約により定められた仲裁地

(ii) 商取引における義務の実質的な部分を履行すべき地若しくは紛争の主たる事項と最も密接に関連を有

する地、又は

(c)　当事者の合意で、仲裁契約の対象となる事項が二国以上に関係することを明示した場合

(4)　(3)項の適用上、

(a)　当事者が二以上の営業所を有するときは、仲裁契約と最も密接な関連を有する営業所をその営業所とする。

(b)　当事者が営業所を有しないときは、常居所による。

(5)　この法律は、紛争を仲裁に付託することができるか否かに関する他の法律の規定の適用を妨げるものではない。

第二条　定義及び解釈に関する規則

この法律の適用上、

(a)　「仲裁」には、常設仲裁機関によらない仲裁を含む。

(b)　「仲裁裁判所」とは、単独仲裁人又は仲裁人の合議体をいう。

(c)　「裁判所」とは、国の司法制度上の機関をいう。

(d)　この法律（第二八条を除く）で、当事者がある事項について決定することができるとされているときは、当事者が第三者（団体を含む）にその決定を行う権限を与えることを含む。

(e)　この法律で、当事者が合意した事実若しくは合意することができる事実には、又はその他の当事者の合意には、その合意で指定した仲裁規則を含む。

(f)　この法律（第二五条(a)及び第三二条(2)(a)を除く）で、申立に関する規定は反対申立にも適用し、答弁に関す

る規定は反対申立に対する答弁にも適用する。

第三条　書面による通知の受領

(1)　当事者に合意のある場合を除き、

(a)　書面による通知は、名宛人に交付したとき又はその営業所、常居所若しくは郵送先に到達したときに受領されたものとみなす。相当な調査によってもこれらの送付先が明らかでない場合には、知ることのできた最後の営業所、常居所若しくは郵送先に、書留郵便または送付の試みを証する他の方法によって書面が到達したときに書面による通知が受領されたものとみなす。

(b)　通知は、書面が到達した日に受領されたものとみなす。

(2)　本条は裁判所における手続には適用しない。

第四条　責問権の放棄

当事者が、この法律の規定のうち当事者がそれと異なる合意をすることができる規定又は仲裁契約における取極が遵守されていないことを知っているにもかかわらず、遅滞なく又は、期限が定められているときは、その期限内にそのような違背に対し異議を述べることなく仲裁手続を進めたときは、その当事者は、異議を述べる権利を放棄したものとみなす。

第五条　裁判所の介入の限度

この法律の定める事項については、裁判所はこの法律に定めのある場合を除き、介入してはならない。

第六条　仲裁の援助及び監督のための職務を行う裁判所その他の機関

第一一条(3)、(4)、第一三条(3)、第一四条、第一六条(3)及び第三四条(2)に規定する職務は、……が行うものと

する。〔空欄は模範法を国内法として採用するに当って、各国がその職務を行う裁判所その他の機関を指定する。〕

第二章　仲裁契約

第七条　仲裁契約の定義及び方式

(1)　「仲裁契約」とは、一定の法律関係（契約に基くものであるかないかを問わない）について、当事者間においてすでに生じているか又は生ずることのある、全ての又はいくつかの紛争を仲裁に付託する当事者の合意をいう。仲裁契約は、契約中の仲裁条項によっても、また、独立の合意によってもすることができる。

(2)　仲裁契約は、書面によらなければならない。仲裁契約は、当事者の署名した文書に記載されている場合、交換された文書、テレックス、電報その他隔地者間の通信手段で合意を記録するものに記載されている場合、又は仲裁申立及び答弁において当事者の一方が仲裁契約のあることを主張し、他方の当事者がこれを争わない場合は、仲裁契約は書面によるものとする。契約において仲裁条項を含む文書を引用した場合には、その契約が書面でなされ、かつ、その引用がその仲裁条項を当該契約の一部分とするものであるときに限り、仲裁契約を構成するものとする。

第八条　仲裁契約と裁判所における権利の主張

(1)　裁判所に仲裁契約の対象とされる事項について訴がなされた場合において、当事者が、本案について弁論をする前に、仲裁によるべきことを主張したときは、裁判所は仲裁に付託すべきことを命じなければならない。ただし、裁判所が仲裁契約を無効、失効又は履行不可能であると認めたときを除く。

(2)　前項の訴がなされた場合において、訴が現に裁判所に係属している間であっても、仲裁手続を開始し、続行し、仲裁判断をすることができる。

第九条　仲裁契約と裁判所による暫定措置

仲裁契約は、当事者が仲裁手続前又は仲裁手続中に、裁判所に権利保全のための暫定措置を申立てること及び裁判所がそのための措置をとることを妨げない。

第三章　仲裁裁判所の構成

第一〇条　仲裁人の数

(1)　当事者は、仲裁人の数を定めることができる。

(2)　当事者が仲裁人の数を定めないときは、仲裁人は三人とする。

第一一条　仲裁人の選定

(1)　当事者間に合意のある場合を除き、何人もその国籍によって仲裁人となることを妨げられない。

(2)　当事者は、仲裁人を選定する手続を合意により定めることができる。ただし、本条(4)及び(5)の規定に従うものとする。

(3)　(2)の規定にいう当事者の合意のない場合には、

(a)　三人の仲裁人による仲裁においては、各当事者が一人の仲裁人を選定し、選定された二人の仲裁人が第三の仲裁人を選定する。当事者の一方が他方の当事者から仲裁人の選定の要求をうけた後三〇日以内にその選定をしないとき又は二人の仲裁人が選定された後三〇日以内に第三者の仲裁人について合意に達しないときは、その選定は、当事者の申立により、第六条に定める裁判所その他の機関が行う。

(b)　単独の仲裁人による仲裁においては、当事者が仲裁人について合意しないときは、当事者の申立により、

第六条に定める裁判所その他の機関が選定する。

(4) 当事者の合意した選定手続において、

(a) 当事者がその手続において必要とされる行為をしないとき、又は

(b) 当事者又は二人の仲裁人が、その手続において合意に至らないとき、又は

(c) 第三者（団体を含む）が、その手続において委ねられた任務を行わないときには、いずれの当事者も第六条に定める裁判所その他の機関に必要な措置をとることを申立てることができる。ただし、選定手続についての合意において、他に選定のための方法を定めている場合を除く。

(5) 本条(3)項又は(4)項の規定により第六条に定める裁判所その他の機関に委ねられている事項に関する決定に不服を申立てることはできない。裁判所その他の機関は、仲裁人を選定するに当たり、当事者の合意により仲裁人に要求される資格及び独立かつ公正な仲裁人の選定に配慮し、かつ、単独の又は第三の仲裁人に要求される資格および独立かつ公正な仲裁人の選定に配慮し、かつ、単独の又は第三の仲裁人については、当事者の国籍以外の国籍を有する仲裁人を選定することが望ましいことも考慮しなければならない。

第一二条　忌避の理由

(1) 仲裁人となることについて交渉を受けた者は、自己の公正又は独立について理由のある疑いを生じさせるようなあらゆる事情を開示しなければならない。仲裁人がそのような事情をとしもに知らせていないときは、仲裁人は選定された時及びその後の仲裁手続において、遅滞なくこれをすべての当事者に開示しなければならない。

(2) 当事者は、仲裁人の公正若しくは独立について理由のある疑いを生じさせるような事情のあるとき、又は

仲裁人が当事者の定めた資格を有しないときは、仲裁人を忌避することができる。当事者は、自ら選定し又は選定に関与した仲裁人については、その選定がなされた後に知った事由に基づいてのみ忌避することができる。

第一三条　忌避手続

(1)　当事者は、仲裁人の忌避に関する手続を合意により定めることができる。ただし、(3)項の規定に反してはならない。

(2)　前項の合意のないときは、忌避の申立をしようとする当事者は、仲裁裁判所が構成されたことを知った日又は第一二条(2)に定める事情を知った日から一五日以内に、忌避の理由を記載した書面を仲裁裁判所に提出しなければならない。忌避の申立を受けた仲裁人が辞任した場合又は他方の当事者が忌避に同意した場合を除き、仲裁裁判所は忌避の申立について決定する。

(3)　当事者の合意した手続又は本条(2)項に定める手続のもとで忌避の理由なしとされたときは、忌避を申立てた当事者は、忌避の申立を却下する決定の通知を受けた日から三〇日以内に、第六条に定める裁判所その他の機関に、忌避の理由の有無について決定することを申立てることができる。その決定に不服を申立てることはできない。その申立の係属中であっても、仲裁裁判所（忌避された仲裁人を含む）は、仲裁手続を続行し、仲裁判断をすることができる。

第一四条　仲裁人の行為の懈怠又は不能

(1)　仲裁人が法律上若しくは事実上その任務を遂行することができなくなった場合又はその他の理由により遅滞なく仲裁人としての行為をしない場合において、仲裁人が辞任し又は当事者が仲裁人の任務の終了を合意したときは、仲裁人の任務は終了する。これらの理由に関して争いがあるときは、いずれの当事者も、第六条に定める裁判所その他の機関に、任務の終了を決定することを求めることができる。その決定に不服を申立てることはできない。

(2) 第一三条(2)項又は本条の場合において、仲裁人が辞任し又は一方の当事者が仲裁人の任務の終了に同意したことをもつて、第一二条(2)項又は本条に定める理由が相当であることを承認したものと解してはならない。

第一五条　補充仲裁人の選定

第一三条若しくは第一四条の規定、その他の理由による仲裁人の辞任、当事者の合意による解任、又はその他の委任終了によって仲裁人の任務が終了した場合には、これに代わる仲裁人を、従前の仲裁人の選定に適用した規則に従って選定するものとする。

第四章　仲裁裁判所の管轄権

第一六条　仲裁裁判所の自己の管轄権を決定する権限

(1) 仲裁裁判所は、自己の権限（仲裁契約の成立又は有効性に関する異議を含む）に関して決定することができる。この場合には、主たる契約の一部を構成する仲裁条項は、契約の他の条項から独立した合意として扱われる。契約を無効とする仲裁裁判所の判断は法律上当然に仲裁条項を無効とするものではない。

(2) 仲裁裁判所が権限を有しないとの主張は、答弁書提出後にしてはならない。当事者は、仲裁人を選定し又は仲裁人の選定に関与したことをもって、その主張をすることを妨げられない。仲裁裁判所がその権限の範囲を越えているとの主張は、仲裁手続においてその事由が生じた後速やかに行われなければならない。仲裁裁判所は、いずれの場合においても、遅延に正当の理由ありと認めるときは、時機に遅れた主張を許すことができる。

(3)　仲裁裁判所は、本条(2)項の主張について、前提問題として又は本案に関する仲裁判断において、判断することができる。仲裁裁判所が、前提問題として、仲裁裁判所が権限を有するとの判断をした場合には、当事者は、その判断の通知を受けた日から三〇日以内に、第六条に定める裁判所に、それについて決定することを申立てることができる。その決定に対して不服を申立てることはできない。その申立に対する決定がされるまでの間、仲裁裁判所は仲裁手続を続行し、仲裁判断をすることができる。

第一七条　暫定措置を命ずる仲裁裁判所の権限

当事者間に合意がある場合を除き、仲裁裁判所は、当事者の申立により、紛争の対象となっている事項に関し、権利保全のために仲裁裁判所が必要と認める暫定措置を命ずることができる。仲裁裁判所は、いずれの当事者に対しても、この措置に関連して適当な担保の提供を求めることができる。

第五章　仲裁手続

第一八条　当事者の扱いの公平

当事者は公平に扱わなければならず、各当事者にその主張及び立証のための十分な機会を与えなければならない。

第一九条　手続規則の決定

(1)　この法律の規定に反しないかぎり、当事者は、手続を進めるに当たって、仲裁裁判所が従うべき手続規則を合意によって定めることができる。

(2)　当事者間に合意のない場合は、仲裁裁判所は、この法律上の規定に反しないかぎり、適当と認める方法で仲裁手続を進めることができる。仲裁裁判所の権限には、証拠の許容性、関連性、重要性及び証明力について決定する権限を含む。

第二〇条　仲　裁　地

(1)　当事者は仲裁地について合意することができる。その合意がないときは、仲裁地は仲裁裁判所が当該事案における事情（当事者の便宜を含む）を考慮して決定する。

(2)　本条(1)項の規定にかかわらず、仲裁裁判所は、当事者間に合意がある場合を除き、仲裁人の評議、証人、鑑定人若しくは当事者の尋問又は動産その他の証拠物若しくは文書の取調のために、適当と認める場所においても会合を開くことができる。

第二一条　仲裁手続の開始

当事者間に合意がある場合を除き、特定の争いに関する仲裁手続は、その争いを仲裁に付託する申立を相手方が受領した日に開始する。

第二二条　言　語

(1)　当事者は、仲裁手続において用いるべき一又は二以上の言語を合意により定めることができる。その合意がないときは、仲裁裁判所が手続において用いるべき一又は二以上の言語を定める。当事者の合意又は仲裁裁判所の決定は、その合意又は決定においてとくに定める場合を除き、当事者の書面による陳述、審問及び仲裁裁判所の判断、決定又はその他の通知に適用する。

(2)　仲裁裁判所は、いずれの書証にも、当事者が合意し又は仲裁裁判所が決定した一の言語又は二以上の言語の一による翻訳を添付すべきことを命ずることができる。

第二三条　申立及び答弁の陳述

(1)　当事者が合意し又は仲裁裁判所が決定した期間内に、申立人は、その申立の根拠となる事実、争点及び求める措置につき陳述しなければならず、また、相手方は、これらの事項に関する自己の主張を陳述しなければならない。但し、当事者が予め陳述すべき事項について定めているときを除く。当事者は、その陳述書に関連があると認めるすべての書類を添付し、又は後に提出する文書その他の証拠を引用することができる。

(2)　当事者間に合意がある場合を除き、いずれの当事者も、仲裁手続が行われている間は、その申立又は主張を改め又は補足することができる。ただし、仲裁裁判所が、時機に遅れたことを理由にこれを許すことを相当でないとした場合を除く。

第二四条　審問及び書面による手続

(1)　当事者の合意に反しないかぎり、仲裁裁判所は、証拠の提出又は弁論のための審問期日の指定をするか、文書その他の資料に基づいて手続を進行するかのいずれかを決定しなければならない。当事者が審問は必要でないことを合意した場合を除き、仲裁裁判所は、当事者の要請があるときは、手続の適当な段階において、証拠の提出又は弁論のため、審問期日を開かなければならない。

(2)　審問期日及び証拠物又は文書の取調のための審問期日及び仲裁裁判所の会合は、当事者に十分な余裕をもって通知しなければならない。

(3)　当事者が仲裁裁判所に提出するすべての陳述書、文書、その他の通知は、他方の当事者にも送付しなければならない。仲裁裁判所の判断に際して参考となりうる鑑定書、その他の証拠書類も、当事者に送付しなければならない。

第二五条　当事者の懈怠

当事者間に合意のある場合を除き、当事者が十分な理由を示すことなく

(a)　申立人が、第二三条(1)項に従ってその主張を記載した書面を提出しないときは、仲裁裁判所は仲裁手続を終了しなければならない。

(b)　相手方が、第二三条(1)項に従って答弁書を提出しないときは、仲裁裁判所はこの懈怠をもって申立人の主張を認めたものとして扱うことなく、手続を続行しなければならない。

(c)　いずれかの当事者が、審問期日に出席せず又は書証を提出しないときは、仲裁裁判所は手続を続行し、提出された証拠に基づいて仲裁判断をすることができる。

第二六条　仲裁裁判所による鑑定人の選任

(1)　当事者間に合意のある場合を除き、仲裁裁判所は、

(a)　仲裁裁判所が判断しなければならない特定の争点についての意見を求めるため、鑑定人を選任することができる。

(b)　必要な資料を鑑定人に提出することを当事者に求め、又は、関連ある文書、物品若しくは他の証拠物を調査のため提出し、若しくは利用できるようにすることを当事者に求めることができる。

(2)　当事者間に合意のある場合を除き、当事者の申立により又は仲裁裁判所が必要と認めたときは、鑑定人は、書面または口頭により意見を陳述した後に、審問期日に出頭しなければならない。その審問期日において、当事者は当該鑑定人を尋問し、かつ、争点につき証言をさせるため、他の鑑定人を出頭させることができる。

第二七条　証拠調における裁判所の援助

仲裁裁判所又は仲裁裁判所の許可を得た当事者は、本邦の権限ある裁判所に対し、証拠調のための援助を要請することができる。裁判所は、その権限の範囲内で、かつ、本邦における証拠調についての規則に従い、その要請を実施することができる。

第六章　仲裁判断の作成及び手続の終了

第二八条　紛争の実体に適用すべき法規

(1)　仲裁裁判所は、当事者が紛争の実体に適用すべきものとして選択した法の規定に従って紛争を解決しなければならない。当事者間に明示の合意のある場合を除き、一定の国の法律又は法体系の指定は、その国の実質法を直接に指定したものであって、抵触規則を指定したものではないと解釈しなければならない。

(2)　当事者がいかなる指定もしていないときは、仲裁裁判所は、仲裁裁判所が適当と認める抵触規則によって決定される法律を適用しなければならない。

(3)　仲裁裁判所は、当事者の明示の授権がある場合にかぎり、善と衡平により、又は友誼的仲裁人として、判断する。

(4)　いかなる場合においても、仲裁裁判所は契約の文言に従って判断し、当該取引に適用すべき商慣習を考慮しなければならない。

第二九条　仲裁人の合議体による決定

二人以上の仲裁人による仲裁裁判所手続においては、仲裁裁判所の決定は、当事者間に合意がある場合を除き、仲裁人の過半数によってしなければならない。ただし、裁判長たる仲裁人は、当事者又は仲裁人全員によって権限を与えられたときは、手続問題にて決定することができる。

第三〇条　和　解

(1)　当事者が仲裁手続において、紛争について和解した場合には、仲裁裁判所は、仲裁手続を終了し、かつ、当事者の要請により、仲裁裁判所に異議がないときは、その和解を合意にもとづく仲裁判断の形式で記載しなければならない。

(2)　合意にもとづく仲裁判断は、第三一条の規定に従って作成し、かつ、それが仲裁判断である旨を記載しなければならない。この仲裁判断は、本案に関する仲裁判断と同一の地位及び効力を有する。

第三一条　仲裁判断の形式及び内容

(1)　仲裁判断は書面によるものとし、仲裁人が署名しなければならない。二人以上の仲裁人による仲裁手続においては、仲裁人の過半数の署名があれば足りる。ただし、署名のないことについて、その理由を記載しなければならない。

(2)　仲裁判断には、当事者間に理由の記載を要しない旨の合意がある場合及び第三〇条の合意にもとづく仲裁判断の場合を除き、判断の根拠となる理由を記載しなければならない。

(3)　仲裁判断には、作成の日付及び第二〇条(1)項により決定された仲裁地を記載しなければならない。仲裁判断は、その地においてなされたものとみなす。

(4)　仲裁裁判所が作成されたときは、本条(1)項により仲裁人が署名した仲裁判断の謄本を各当事者に交付しなければならない。

第三二条　手続の終了

(1)　仲裁手続は、終局判断又は本条(2)項にもとづく仲裁裁判所の命令により終了する。

(2) 仲裁裁判所は、次の場合には、手続の終了を命ずる。
(a) 申立人が申立を取り下げた場合。ただし、相手方が申立の取下に異議を述べず、かつ、仲裁裁判所が、紛争の最終的な解決を図ることについて、相手方が正当な利益を有すると認める場合を除く。
(b) 当事者が手続の終了を合意した場合。
(c) 仲裁裁判所が、前二号以外の理由により、仲裁手続の続行を必要でないとし又は可能でないとした場合。
(3) 仲裁裁判所の任務は、第三三条及び第三四条(4)項の場合を除き、仲裁手続の終了によって終了する。

第三三条　仲裁判断の訂正及び解釈並びに追加的仲裁判断

(1) 当事者間に期間についての合意がある場合を除き、当事者は仲裁判断を受領した後三〇日以内に、
(a) 当事者は、他方の当事者に通知をして、仲裁裁判所に、仲裁判断における違算、書損じ、誤植又はこれに類する誤りの訂正を申し立てることができる。
(b) 当事者間に合意のあるときは、当事者は、他方の当事者に通知をして、仲裁裁判所に、仲裁判断の特定の個所又は部分についての解釈を求める申立をすることができる。
仲裁裁判所はその申立を正当と認めたときは、申立を受けた後三〇日以内に訂正又は解釈をしなければならない。この解釈は当該仲裁判断の一部となるものとする。
(2) 仲裁裁判所は、仲裁判断をした日から三〇日以内に本条(1)項(a)の誤りを職権で訂正することができる。
(3) 当事者間に合意がある場合を除き、当事者は、他方の当事者に通知をして、仲裁判断を受理した後三〇日以内に、仲裁裁判所に、仲裁判断から脱漏している請求について追加して仲裁判断をなすべきことを申立てることができる。仲裁裁判所は、その申立を正当と認めるときは、六〇日以内に追加的仲裁判断をしなければ

ばならない。

(4) 仲裁判断は、必要と認めるときは、本条(1)項又は(3)項の規定による訂正、解釈又は追加的仲裁判断を行うための期間を延長することができる。

(5) 第三一条の規定は、仲裁判断の訂正若しくは解釈又は追加的仲裁判断に適用する。

第七章　仲裁判断に対する不服申立

第三四条　仲裁判断に対する唯一の不服申立としての仲裁判断取消の申立

(1) 仲裁判断に対する裁判所への不服申立は、本条(2)項及び(3)項の規定に基づく仲裁判断取消の申立によってのみすることができる。

(2) 仲裁判断は、次に掲げる場合にのみ、第六条に定める裁判所がこれを取り消すことができる。

(a) 取消の申立をした当事者が次の事実を証明した場合

(i) 第七条に定める仲裁契約の当事者が能力者でなかったこと、又は、仲裁契約が、当事者がその準拠法として指定した法令により若しくはその指定がなかったときは本邦の法令により、有効でないこと、又は

(ii) 取消の申立をした当事者が、仲裁人の選定若しくは仲裁手続について適当な通告を受けなかったこと又はその他の理由により防禦することが不可能であったこと、又は

(iii) 仲裁判断が、仲裁付託の条項に定めれていない紛争若しくはその条項の範囲内にない紛争に関するものであること又は仲裁に付託された事項の範囲をこえる事項に関する判断を含むこと、ただし、仲裁に付託された事項に関する判断が、付託されなかった事項に関する判断から分離することができる場合に

は、仲裁に付託されなかった事項に関する判断を含む仲裁判断の部分のみを取消すことができる、又は

(iv) 仲裁裁判所の構成又は仲裁手続が、当事者の合意（この法律の規定のうち、当事者が排除することのできない規定に反しているものを除く)又は、そのような合意がないときは、この法律の規定に従っていなかったこと、又は

(b) 裁判所が次のことを認めた場合

(i) 紛争の対象である事項が本邦の法令により仲裁による解決が不可能なものであること、又は

(ii) 仲裁判断が本邦の公けの秩序に反すること。

(3) 仲裁判断の取消を求める申立は、申立をする当事者が仲裁判断の送達を受けた日から、又は、第三三条の規定に基づく申立をしたときは、仲裁裁判所が当該申立を処理した日から、三ヶ月を経過した後は、することができない。

(4) 裁判所は、仲裁判断取消の申立があったときであっても、適当と認め、かつ、当事者の申立があるときは、仲裁裁判所に仲裁手続の再開の機会を与え、又は、仲裁裁判所が取消の事由を除去するために必要と考える、その他の措置をとるために、手続を一定の期間停止することができる。

第八章　仲裁判断の承認及び執行

第三五条　承認及び執行

(1) 仲裁判断は、いかなる国でなされたかにかかわらず、拘束力のあるものとして承認され、管轄裁判所に対する書面による申立によって、本条及び第三六条の規定に従い、執行することができる。

(2) 仲裁判断を援用し又はその執行を求める当事者は、正当に認証された仲裁判断の原本又は正当に証明され

たその謄本及び第七条に定める仲裁契約の原本又は正当に証明されたその謄本を提出しなければならない。
仲裁判断又は仲裁契約が本邦の公用語で作成されていない場合には、当事者は、これらの文書について、正当に証明された公用語への翻訳文を提出しなければならない。***

第三六条　承認又は執行の拒否理由

(1) 仲裁判断の承認又は執行は、いかなる国でなされたかにかかわらず、次に掲げる場合にのみ、拒否することができる。

(a) 仲裁判断が不利益に援用される当事者の請求により、その当事者が承認又は執行の申立を受けた管轄裁判所に次の事実を証明した場合

(i) 第七条に定める仲裁契約の当事者が能力者でなかったこと、又は、その仲裁契約が、両当事者がその準拠法として指定した法令により、若しくはその指定がなかったときは判断がなされた国の法令により、有効でないこと、又は

(ii) 仲裁判断が不利益に援用される当事者が、仲裁人の選定若しくは仲裁手続について適当な通告を受けなかったこと又はその他の理由により防禦することが不可能であったこと、又は

(iii) 仲裁判断が、仲裁付託の条項に定められていない紛争若しくはその条項の範囲内にない紛争に関するものであること又は仲裁に付託された事項の範囲をこえる事項に関する判断を含むこと、ただし、仲裁に付託された事項に関する判断が付託されなかった事項に関する判断から分離することができるときは、仲裁に付託された事項に関する判断を含む仲裁判断の部分は、承認し、かつ、執行することができるものとする、又は

(iv) 仲裁裁判所の構成又は仲裁手続が、当事者の合意に従っていなかったこと又は、そのような合意がないときは、仲裁が行われた国の法令に従っていなかったこと、又は

(v) 仲裁判断が、未だ当事者を拘束するものとなるに至っていないこと、又は、その判断がされた国若しくはその判断の基礎となった法令の属する国の裁判所により、取消され若しくは停止されたこと、又は

(b) 裁判所が次のことを認めた場合

(i) 紛争の対象である事項が、本邦の法令により、仲裁による解決が不可能なものであること、又は

(ii) 仲裁判断の承認又は執行が、本邦の公の秩序に反すること。

(2) 仲裁判断の取消又は停止が、本条(1)項(a)(v)に定める裁判所に対し申し立てられている場合において、承認又は執行の申立をうけた裁判所が適当と認めるときは、裁判を留保し、かつ、仲裁判断の承認又は執行を求めている当事者の申立により、相当な保証を立てることを他方の当事者に命ずることができる。

* 各条文の見出しは便宜のためであって、解釈のために用いてはならない。

** 「商事」という用語は、契約に基づくと否とにかかわらず、商事的性格を有するすべての関係から生ずる事項を含むように広く解釈しなければならない。商事的性格を有する関係は次の各取引を含むが、これに限られるものではない。物品の供給若しくは役務の提供又はこれらの交換に関する商取引、販売契約、商事代理、ファクタリング、リース契約、土木建設、コンサルティング、エンジニアリング、ライセンシング、投資、金融業務、銀行業務、保険、開発契約又はコンセッション、合弁事業その他の形態の産業協力又は業務提携、航空機・船舶・鉄道又は道路による物品又は旅客の運送。

*** 第(2)項は最も多くの要件を設けることを意図している。したがって、これよりもより寛やかな要件を定めることは模範法による調和の趣旨に反するものではない。

訳文は原文の趣旨を表現するようにし、必ずしも逐語訳によらないところもある。必要とあれば正文（General Assembly, Official Records: Fortieth Session Supplement, No. 17 (A/40. 17) Annex I. のアラビア語、中国語、英語、フランス語、ロシア語及びスペイン語）を参照されたい。

事項索引

あ 行

アメリカ仲裁協会（AAA）……12

か 行

外国仲裁 ……………………………4
外国仲裁判断 ………………151,187
——の執行に関する条約(ジュネーブ条約)(Convention for the Execution of Foreign Arbitral Awards) …………22
——の承認及び執行 ……147,181
——の承認及び執行に関する条約(ニューヨーク条約)(Convention on the Recognition and Enforcement of Foreign Arbitral Awards) ……………………………23
——の承認及び執行に関する二国間条約 ……………149,163
海上物品運送に関する1978年国際連合条約……………………61
合衆国仲裁法（United States Arbtitration Act） ……………11
機関仲裁 ……………………………3
忌避手続 …………………………337
忌避の理由 ………………………337
旧ソ連および東欧諸国……………15
強制仲裁 ……………………………3
経済及び科学・技術協力関係から生ずる民事紛争の仲裁による解決に関する条約(モスクワ条約) ……………………………23
契約の適応・補充 …………………3
契約の文言・契約文言（terms of contract） …………260,264,381
建設工事紛争審査会………………34
公害審査委員会……………………34
公害等調整委員会…………………34
公示催告手続及ビ仲裁手続ニ関スル法律 ………………………148
交通事故紛争処理センター………34
神戸海運集会所……………………32
国際商業会議所（ICC） …………13
国際商事仲裁 ……………………305
国際商事仲裁協会 ……………17,34
国際商事仲裁に関する欧州条約(European Convention on International Commercial Arbitration) ………………23,25
国際商事仲裁に関する米州国間条約（パナマ条約）……………23
国際商取引法委員会 ……………202
——における仲裁規則の作成 206
——における仲裁法の作成 …293
——の活動方針 ………………204
——の設立と活動 ……………202
——の構成 ……………………204
国際仲裁 ……………………4,306
国際複合運送条約…………………62
国際連合アジア極東経済委員会国際商事仲裁規則………………24
国際連合欧州経済委員会仲裁規則 …………………………24,26
国際連合国際商取引法委員会仲裁規則（UNCITRAL Arbitration Rules）…24,26,201,211,276
国際連合国際商取引法委員会の国

際商事仲裁に関するモデル・ロー（模範法）(UNCITRAL MODEL LAW on International Commercial Arbitration) ……………23,27,293,408
国籍のない仲裁 …………………162
国内仲裁 ……………………4,141
国家と他の国家の国民との間の投資紛争の解決に関する条約 (Convention on the Settlement of Investment Disputes between States and Nationals of Other States) ……………23
個別仲裁 ……………………………3

さ行

裁判所の介入 ……………………322
裁判手続と仲裁契約 ……………328
暫定措置(裁判所による) …329,347
ジュネーブ議定書…………………24
ジュネーブ条約……………………24
渉外仲裁………………………22,138
商慣習 ………………260,264,376
商事仲裁 ……………4,141,305
商人法(lex mercatoria) …137,140
条約相互の関係 ………………53,91
条約と国内法の関係 …………51,89
審問手続 …………………………245
審問の終結 ………………254,361
責問権の放棄・喪失 ………252,321
善と衡平 (aequo et bono) ……………………259,262,375
——による仲裁 ……138,262,375
相　殺 ……………………………239
訴　訟 ………………………………5

た行

多数国間条約……………89,147,163
地域的条約と一般的条約…………54
中央建設工事紛争審査会…………34
中間措置 ……………253,329,347
仲　裁……………………1,93,147
アメリカの——……………11,183
イギリスの——…………9,20,183
イタリアの——…………………14
オランダの——…………………14
各国の—— ………………………9
ドイツの—— ……………13,21
日本の——……………16,21,31
フランスの——…………………12
——における費用 ……………272
——と和解 ……………270.380
——に関する条約………………47
——に関する統一法を定める欧州条約(European Convention Providing a Uniform Law on Arbitration) 23,26
——に関する法の抵触…………93
——の意義 ………………………1
——の種類 ………………………3
——の特色 ………………………5
——の付託 ……………226,353
——の用語 ……………236,353
仲裁可能性（仲裁適格性） ……125
仲裁鑑定 ……………………………3
仲裁規則 ……………………………8
——と仲裁手続の準拠法 221,399
——と仲裁法 …………………397
——の統一…………………………24
仲裁契約 ……………2,93,99,323
——と裁判所による暫定措置 ………………………………329,347
——と書面 ……………………326
——の準拠法 ……93,99,101,219
——の成立 ……………………101
——の定義 ……………………324

——の締結能力……………99,386
——の独立性 ……………217,325
——の方式…………………99,217
仲裁裁判所 …………………227,333
——の権限 ………………242,343
——の評決 …………237,256,363
仲裁人の数 …………………227,334
仲裁条項に関する議定書(ジュネーブ議定書) (Protocol on Arbitration Clauses) ………22
仲裁地 ………………………234,351
——の機能 ………………235,353
——の決定 ………………234,352
仲裁適格性 ………………2,313,326
——の判断 ………………314,326
仲裁手続 ………2,119,230,232,349
——における言語 ………236,353
——における和解 ………270,380
——の開始 ………………226,353
——の終了 …………269,271,361
——の準拠法 …119,121,123,399
仲裁人 ……………………………2
——による事情の開示 ………336
——の数 …………………227,334
——の忌避 ………………230,336
——の行為の懈怠・不能 232,338
——の資格 ……………………334
——の選定 ………………228,334
——の選任 ………………227,333
——の補充 …………232,249,339
仲裁人契約 …………………229,333
仲裁判断 ……………2,126,256,361
——の預置・登録 …125,260,366
——の解釈 ………………267,366
——の基準 129,130,134,259,370
——の寄託 ………………259,366
——の形式 ………………257,364
——の効力 264,265,379,382,393
——の執行 ……147,266,391,395
——の執行拒否事由 …………394
——の種類 ………………256,363
——の承認 …………147,391,396
——の成立 …………126,256,363
——の送付・送達 …126,258,366
——の追加判断 …………266,367
——の訂正 ………………267,366
——の登録 ………………260,366
——の取消 ……………………383
——の取消手続の管轄権 384,385
——の取消の裁判 ……………389
——の取消事由 ………………386
——の取消手続 ………………389
仲裁費用の予納 ……………236,350
仲裁法試案 ………………45,87,181
仲裁法 ……………………………7
——に関する国際的立法…50,400
——の統一………………………22
——の統一の必要性………48,401
——の特色………………………47
仲裁申立 ……………………238,353
——の取下 ………………272,381
調　停 ……………………………5
追加的仲裁判断 ……………266,367
統一仲裁法 (Uniform Arbitration Act) ………………………11
当事者による仲裁手続終了の合意 ……………………………271,382
当事者の懈怠 ………………250,356

な　行

内国仲裁 …………………………4
内国仲裁判断と外国仲裁判断の区別 ………………………151,402
二国間条約 ………………51,88,163
二国間条約と多数国間条約の関係 ……………………………55,91,163

日英通商航海条約 ………51, 89, 169
日米友好通商航海条約51, 88, 92, 168
日ソ通商条約 ……………51, 92, 169
日中貿易協定 ………51, 56, 169, 175
日本海運集会所 ………………17, 33
日本国とポーランド人民共和国との間の通商航海条約
……………………55, 91, 168, 169
日本商工会議所 ………………17, 34
ニューヨーク条約…………………25
——第7条 ……………………170

は 行

パナマ条約…………………………25
反対請求 …………………………239
反対申立 …………………………319
費用の予納 ………………………273
費用負担の決定 …………………274
船荷証券と仲裁条項………………63
米州商事仲裁委員会手続規則……24
弁護士会の仲裁 ………………18, 34
法による仲裁 …………………260, 370
補充仲裁人の選定 ………………339

ま 行

民事訴訟法第8編（大正15年法律第61号） ………………16, 32, 148
民事仲裁 …………………………141
民事手続に関する条約（モンテビデオ条約） ……………………22, 24
申立人の懈怠 ………………250, 381
モスクワ条約………………………25
模範仲裁法（UNCITRAL Model Law on International Commercial Arbitration） …293, 400
——の構成 ………………………297
——の特色 ………………………297
モンテビデオ条約 ……………23, 24

や 行

友誼的仲裁（amiable composition） ……138, 262, 259, 262, 375
友誼的仲裁人（amiable compositeur） …………………262, 375

ら 行

リング・リング・サーカス事件
…………………………………97
レックス・メルカトリア（lex mercatoria 商人法） ……137, 140
ロンドン仲裁裁判所（LCA） …10
ロンドン海事仲裁人協会（LMAA） ……………………10
ロンドン国際仲裁裁判所（LCIA）
…………………………………11

わ 行

和　解 ……………………270, 380

〈著者紹介〉
高 桑　昭（たかくわ・あきら）

1937年 4 月　東京市渋谷区生れ。
1960年　東京大学法学部卒業。1962年東京地方裁判所判事補となり、その後法務省訟務局付、民事局付、法務省民事局参事官、立教大学法学部教授を経て、京都大学法学研究科教授（法学部兼担）となり、2000年 3 月に定年退職。この間米国コロンビア大学ロー・スクール留学、外務省条約局付、法制審議会各部会幹事等併任。国際連合国際商取引法委員会、ハーグ国際私法会議等の各作業部会及び各会期に参加。
現在、帝京大学法学部教授。

〈著作〉 注解仲裁法（小島武司と共編著、青林書院、1988年）、国際商取引法〔第 2 版〕（江頭憲治郎と共編著、青林書院、1993年）のほか、国際商取引法、海商法、国際私法、国際民事訴訟法及び国際商事仲裁法に関する論文及び判例評釈がある。

国際商事仲裁法の研究

2000年（平成12年） 9 月30日　　第 1 版第 1 刷発行

著　者　高　桑　　昭
発行者　今　井　　貴
発行所　信山社出版株式会社
〒113　東京都文京区本郷6-2-9-102
電　話 03（3818）1019
F A X 03（3818）0344
http://www.shinzansha.co.jp

Printed in Japan

印刷・製本／勝美印刷・大三製本

ISBN4-7972-1930-0 C3332
1930-012-030-020
NDC分類 329.847

ISBN4-7972-4121-7
NDC 分類 325.201 商法

新刊案内 1999.12

中東正文 編著
名古屋大学大学院法学研究科助教授

4121 商法改正［昭和25年 昭和26年］GHQ/SCAP文書

――日本立法資料全集 91――

菊判変型上製箱入　総 000頁　　予定価：本体36,800 円（税別）

――アメリカ国立公文書館所蔵の原典照合――

☆北澤正啓先生推薦の言葉（中京大学学長・名古屋大学名誉教授・弁護士）　昭和 25 年商法改正は、戦後の会社法の骨格を形作ったという点で、現在までの最も重要な改正である。それにもかかわらず、これまで改正の経緯に関する資料については、関係者の回顧録などがあるにとどまり、学術的な分析が十分になされてこなかった。

このような状況のもとで、しかも商法が明治 32 年の制定 100 周年を迎えた年に、昭和 25 年と翌 26 年の改正に関する GHQ/SCAP 文書が、完全な形で刊行されることは誠に意義深い。これによって、少なくとも GHQ 側の資料はほぼ完全に出揃い、他方、日本側から提出された資料も少なからず明らかにされたから、占領当局との折衝過程も相当程度明らかになった。

昭和 25 年と 26 年の改正について、いつの日か誰かがこのような研究をしてくれることを私自身期待していたが、名古屋大学で私の最後の講義を聞き、浜田道代教授の薫陶を受けている新進気鋭の中東正文君がこれを完成されたことは、欣快至極である。

今後の商法の発展を考えるに当っては、会社法の歴史を確認することが不可欠である。本書は、会社法の研究者のみならず、実務家にとっても、必読の書物といえよう。

☆浜田道代先生推薦の言葉（名古屋大学大学院法学研究科教授）　本書は、第２回大隅健一郎賞の対象となった論文を核として、資料集としてもいっそうの完全を期したものである。栄誉ある賞が授与されたものであるだけに、会社法の来し方行く末を考えてみる上で不可欠の文献となっている。

歴史的な研究は、地道で着実な努力を要する割には、労力に見合った成果を得ることが極めて困難なものである。しかし中東氏は、昭和 25 年・26 年の商法改正につき、その鍵が収められている GHQ/SCAP 文書に正面から取り組み、膨大な資料の収集および分析に総力を結集した結果、実に実り多い成果を導き出すことに成功した。それも全ては、彼の着眼点の良さと分析力の確かさと注ぎ込んだ情熱の大きさのなせる技であろう。

GHQ 体制下で進められた商法改正は、わが国の戦後の様相を大きく規定したものであり、日本会社立法史上最大級の意義を有するものであった。50 年前の資料とはいえ、読みとることすら困難な資料が多かったようであるが、それを読み込み、系統的に整序する作業は一段と難しく、並大抵の労力をもってしては行いうるものではない。

近時は、会社法の改正を巡る動きも一段と目まぐるしく、それに伴って会社法の研究も目前にある問題を直接的に取り扱うものが多くなっている。それ自体必要であり、有意義であるには違いないが、このような時代環境にあるだけに現在の問題のルーツがどこにあるのかを探求することが欠かせなくなっている。その意味でも、本書は様々な立法提案がなされる現代にあって、古くて新しい視点を提供するものである。中東氏の意欲的な労作が、会社法の研究者のみならず、法の運用や立案に携わる人々に活用されることを期待してやまない。

☆ 信山社からアメリカ国立公文書館（ワシントン DC）に有本司氏（信山社リヨン在住社員）を派遣して直接原典と照合し、編著者（中東正文先生）の最終校閲を得ているので本書を以て決定版といえる。

＊ なお、別件ながらリヨン大学法文総合図書館が焼失したことは誠に残念という他ない。日本は大丈夫だろうか。

1867　企業結合・企業統合・企業金融　中東正文 著　12,500 円

信山社　〒113-0033
東京都文京区本郷 6-2-9-102　TEL 03-3818-1019
FAX注文制
FAX 03-3818-0344
order @ shinzansya.co.jp　　H P :shinzansya.co.jp

ISBN4-7972-1867-3
NDC分類325.201会社法

中東 正文 著
名古屋大学大学院法学研究科助教授

新刊案内1999.8

1867 企業結合・企業統治・企業金融

Ａ５判変型　総約 450頁　　定価：本体12,500円（税別）

☆北澤正啓（中京大学学長・名古屋大学名誉教授・弁護士）名古屋大学で私の最後の講義を聞き、浜田道代教授の薫陶を受けている新進気鋭の中東正文君が、このような書物をまとめたことは誠に喜ばしい。

本書の特徴は、現行法の解釈論に重点を置くのではなく、現実の社会の要求に即した立法論を展開することにある。実務の場当たり的な要望には慎重な態度をとりつつも、理論的に裏付けが可能なものについては、その要望に応えうる提案を行うように試みている。

これまでの会社法学は、実務の動向に対して解釈論としてどのように対応するかに重点を置いてきたが、法制審議会商法部会の委員を20年余にわたって勤め、立法に関与してきた私としては、立法論に興味を持つ若い研究者が育っていることを大変心強く思う。

立法論としては、浜田道代教授の『アメリカ閉鎖会社法』、江頭憲治郎教授の『結合企業法の立法と解釈』などが名著として知られている。本書は、これらの書物に肩を並べるべく、若手研究者が最大限の努力をした成果である。

本書が成るに当っては、名古屋大学内外の中堅ないし若手の研究者が中東君の研究に刺激を与え、研究内容を一段と深化させたと聞く。このような形で、多くの研究者が切磋琢磨し、学界における議論が活発になっていくことは、嬉しいことである。

本書が、会社法を学ぶ人々に広く読まれることを期待したい。

☆浜田道代（名古屋大学大学院法学研究科教授）　本書は中東正文氏が、商法の研究を志して大学院の門をくぐってから今日までの、研究成果を集大成したものである。研究の中心となっているのは、企業結合の方法に関する比較法的研究とわが国における立法論である。平成11年の商法改正においては、アメリカ法に倣った株式交換制度が導入された。このアメリカ会社法においても比較的新しい生成物である株式交換制度に着目して、その意義を的確に理解し、いち早く紹介するとともにわが国に導入すべきことを提言したのも、中東氏の一連の研究の成果の一部である。株式交換制度導入を提唱する論文を公表し、私法学会でもそれに関する報告を行ったのは平成6年のことであった。それが、実に5年という短期間で世の中で受け入れられるところとなったのである。

本書の優れたところは、企業結合の問題を取り扱いながら、それのみで完結することを目指しておらず、コーポレート・ガバナンスやコーポレート・ファイナンスの領域をも横断する形で議論が展開されているところにある。書名に並べられた3つのテーマは、その一つ一つがそれ自体で生涯の研究テーマにするのに相応しいものである。しかし中東氏は、これら3つの、現実には内的に密に関わり合っているテーマを見事に鳥瞰している。

株式交換制度の導入見通しが立った頃から、学界においてはアカデミックな批判に堪えうる形で企業結合の方法を一層多様化することが必要であることが自覚されるようになった。この点でも本書は先見の明に満ちている。所収されている論文を時の経過にあわせてみると、数年の歳月にわたる地道な研究の積み重ねによって、基本的な姿勢を崩すことなく自己の見解を発展させるべき方向を的確に探っていると評価することができる。

本書に結実した中東氏の研究成果は、企業の再編が注目を浴びる中で、わが国会社制度の将来を立法論的に構想する際にも、企業実務においてフェアでかつダイナミックな戦略を練る際にも、まさに必読の文献である。

ISBN4-7972-1864-9
NDC分類324.551賠償法

新刊案内1999.6

ヘルマン・ランゲ 著
西原道雄・齋藤 修 共訳

1864

損害額算定と損害限定

――ドイツ損害賠償法研究必読の文献・損害責任の限定斟酌は妥当か――

四六変型上製　総144頁　　定価：本体2,500円（税別）

☆有責的な行為によって惹起された損害に対する責任を限定することは妥当か？損害賠償義務の範囲を過責の程度および侵害された規範の射程距離に合わせて斟酌することができるか？

☆1960年にﾐｭﾝﾍﾝで開催された第43回ﾄﾞｲﾂ法曹大会において、当時ｷｰﾙ大学教授であったﾍﾙﾏﾝ・ﾗﾝｹﾞ（Hermann Lange）博士が、鑑定報告書として提出した論文を翻訳したものである。

☆ﾄﾞｲﾂでは、1940年のﾄﾞｲﾂ法学院の損害賠償法改正草案以降、損害賠償の制限に関する議論が活発になされており、ｸﾞﾗｰﾂ大学のｳﾞｧﾙﾀｰ・ｳﾞｨﾙﾌﾞﾙｸ(Walter Wilburg)教授および連邦裁判所のﾌﾘｯﾂ・ﾊｳｽ(Fritz Hau)裁判官による報告の強い影響を受けて、同大会では責任制限条項を新設する提言がなされた。以来、損害賠償義務の範囲を過責の程度および侵害された規範の射程距離に合わせて決定することができるかどうかの問題について多数の著者が論じるようになった。

☆その後、1967年のﾄﾞｲﾂ連邦法務省の『損害賠償法の改正および補充のための参事官草案』の第255a条第1項に、「損害が賠償義務を基礎づける諸事情を顧慮して異常に大きいときは、裁判所は、債権者の正当な利益を斟酌しても賠償義務者に著しく不衡平となる限度において、賠償義務を制限することができる。」と規定するに至った。

☆本書は、損害賠償額の決定に関していかなる要素がその範囲を確定するのかという問題を始めとして、相当因果関係説に対して批判的立場に立つ規範目的説を検討するうえにおいても重要な文献である。

目　次

A序論　損害賠償法改正の基礎
B有責に惹起された損害に対する責任を限定することは妥当か？
C損害限定の構造に関する諸原則
D賠償義務の範囲を過責の程度に合わせることができるか？
E損害賠償義務の範囲を侵害された規範の射程距離に合わせて斟酌することができるのか？
F提言要旨